# 초등학교 수학지도 방법론

초등학교 수학지도 방법론

**초판 발행** 2019년 1월 3일
**2쇄 발행** 2023년 9월 8일

**지은이** 이대현
**펴낸이** 최국주
**펴낸곳** 동명사
**출판등록** 1950년 11월 1일(제1-76호)
**주소** (우 10881) 경기도 파주시 회동길 50(문발동)
**전화** 031-955-7200(대표)~2, 7203(편집부), 7204(물류)
**팩스** 031-955-7205
**전자우편** webmaster@dmsbook.com
**홈페이지** www.dmsbook.com

ISBN 978-89-411-8198-9 93370
값 20,000원

# 머리말

2016년 Klaus Schwab이 이끄는 다보스 포럼(Davos Forum)에서 천명된 4차 산업혁명은 우리 주변의 다양한 영역과 학문 분야에 영향을 끼치고 있다. 특히, 4차 산업혁명 시대에서는 주요 핵심 영역인 물리학, 디지털, 생물학에서의 급변만이 아니라, 이에 부응할 교육에서도 변화를 요구하고 있다. 즉, 사회 변화에 발맞추어 이에 부응하도록 교육과정이 변화되어야 하고, 교육과정이 변화하면 교육 방법도 바뀌어야 한다. 마찬가지로 수학을 가르치는 교사도 가르칠 교재에 대한 연구와 학습 지도 원리 및 방법 면에서 변화하는 시대에 맞추려는 노력이 필요하다.

최근 우리나라에서 수학교육에 대한 관심은 미래 사회를 준비하는 수학교육에 대한 요구와 TIMSS나 PISA와 같은 국제평가 결과에서 나타난 우리나라 학생들의 수학 교과에 대한 낮은 흥미도에서 촉발되었다. 이에 따라 그 관심이 2012년에 발표된 수학교육 선진화 방안과 2015년에 발표된 제2차 수학교육 종합 계획에 표출되었다. '배움을 즐길 수 있는 수학교육'이 되기 위하여 수학교사들은 수학 내용에 대한 지식과 수학을 어떻게 가르칠 것인가에 관한 지식을 갖추어야만 한다. 이것은 초등 예비교사 교육과 현장 수학교사들의 재교육 측면에서도 강조되어야 한다.

이 책은 2015 개정 수학과 교육과정(교육부 고시 제 2015-74호)이 강조하는 수학교육의 방향과 수학 교과역량의 함양을 위하여 초등수학 지도를 위한 교재연구 및 원리와 방법을 탐색할 수 있도록 구성하였다. 다시 말해, 이 책에는 현행 2015 개정 수학과 교육과정에 따른 교육과정 내용에 대한 이해 및 교재연구, 각 영역에 대한 지도 원리와 방법을 제시하였고, 동시에 각 교육내용에 대한 구체적인 예를 제시하여 이해를 돕도록 구성하였다.

구체적으로 전반부 1장에서 4장까지는 '수학교육과 수학의 이해, 수학학습 심리학, 수학과 교수·

학습 방법, 수학과 평가'를 다루었다. 그리고 5장에서 11장까지는 수학 교과 내용에 대한 이해와 지도 원리 및 방법을 이해할 수 있도록 자연수와 분수, 소수 및 그 연산, 도형, 측정, 자료와 가능성, 규칙성, 문제해결 영역에 대한 내용을 제시하였다.

수학을 가르치고 있는 교사나 예비교사들이 이 책에 제시된 수학교육의 목표와 내용, 방법, 평가 등에 대해 폭넓은 이해를 함으로써 학생들이 수학의 가치와 유용성을 인식하고 수학의 원리와 법칙, 성질들이 왜 그렇게 전개되고 성립되는가를 알 수 있도록 지도할 수 있는 역량을 기를 수 있기를 기대해 본다. 특히, 초등수학은 구체에서 추상으로 전개되는 수학의 초기 단계를 주로 다루기 때문에 수학교사는 이 책을 활용하여 초등학생들의 특성에 맞는 학습 지도에 더 많은 관심과 노력을 기울여 주길 바란다.

마지막으로 이 책이 우리나라 초등학교 수학 학습 지도를 위한 길잡이가 되길 바라며, 책이 출판되도록 수고해 주신 출판사 관계자 분들에게도 감사를 드립니다.

2018년 겨울에<br>이대현

# 목 차

# 수학교육과 수학의 이해 01

## 이 장을 시작하면서

분수의 덧셈이나 뺄셈 문제를 풀지 못해도 직장생활을 하는데 불편을 느끼지 않을 수 있다. 학교에서 배운 이차방정식 문제는 학교를 졸업한 후에 더 이상 해결할 상황이 없을지도 모른다. 그렇다면 초등학교 과정에서 배운 정도의 수학 지식으로도 세상을 살아가는데 불편하지 않으므로 그 정도로만 수학을 배우라고 할 수 있을 것인가?

수학을 지속적으로 배움으로써 폭넓게 직업을 선택할 기회가 늘어나고, 단순 계산 이상의 수학적 판단을 요구하는 근무 환경에서 더 좋은 직종의 일을 할 가능성은 높아진다. 직업 선택에 필요한 수학 지식을 바탕으로 직업을 분석한 결과에 따르면, 높은 수준의 직업에 종사하는 사람은 고등 수준의 미적분학에 대한 지식을 겸비한 사람이라는 것이다. 높은 수준의 수학 지식을 가질수록 상위 수준의 직업 선택의 기회가 높아지는 것이다(Stein, 1996). 단지 좋은 직업 선택의 기회를 가지기 위해 수학 공부를 하라는 것은 아니다. 일상생활에서 다양한 판단의 상황에 접하게 될 때 가장 올바르고 현명하게 판단하게 하는 힘은 수학 공부를 통해 길러진 논리적이고 창의적인 사고능력에서 나온다는 것이다.

수학 공부를 함께 시작하는 아이들에게, 수학을 가르치고 있거나 가르치게 될 자기 자신에게 다음의 질문을 해보고, 스스로 생각해 보도록 하자.

- 수학을 무엇이라 생각하는가?
- 나에게 수학은 무엇인가?
- 학교에서 수학 공부에 대한 나의 경험은 무엇인가? 즐거움이었는가? 괴로움이었는가?
- 내가 수학을 싫어한다면 앞으로 수학을 좋아할 가능성은 있는가?

# 1장

# 수학교육과 수학의 이해

수학은 오랜 인류의 역사와 더불어 시작되어, 오늘날에 이르기까지 끊임없는 변화와 발전을 거듭해 왔습니다. 2천년 이상 수학의 지존으로 지위를 지켜온 유클리드 원론에서 현대에 이르기까지 수학에는 새로운 분야가 많이 생겨나기도 하였습니다. 그리고 수학을 바라보는 관점에도 많은 변화가 있어 왔습니다. 수학의 변화와 더불어 인공 지능, 빅 데이터, 사물 인터넷 등의 융합으로 이전의 산업혁명과는 현저하게 다른 4차 산업혁명 시대를 살아갈 인재를 양성하기 위하여 우리의 수학교육은 패러다임의 대 전환을 요구받고 있습니다. 이 장에서는 수학교사에게 필요한 기본 지식으로 수학과 수학교육의 본질에 대해 숙고해 보는 기회를 갖도록 합니다.

◎ 4차 산업 혁명과 수학교육

## 1-1. 수학의 의미

4차 산업 혁명시대의 수학교육은 자기 주도적으로 지적 가치를 창출할 수 있는 자율적이고 창의적인 인간을 육성하는데 초점을 두어야 한다. 이를 위해 학교 수학은 수학을 배우고 사용하려는 긍정적인 성향과 탐구하고 논리적으로 추론하며 수학적으로 의사소통할 수 있는 수학적 능력을 신장시키도록 해야 한다. 이에 덧붙여, 2015 개정 교육과정에 따른 수학과 교육과정에서는 6가지 '교과 역량'을 강조하고 있는바, 이것은 문제해결, 추론, 창의·융합, 의사소통, 정보 처리, 태도 및 실천의 6가지를 의미한다. 이에 수학을 가르치는

◎ **수학 교과 역량**
문제해결
추론
창의·융합
의사소통
정보 처리
태도 및 실천

교사들은 6가지 교과 역량의 의미를 알고 아이들의 수학 교과 역량을 길러주도록 노력을 기울여야 하며, 자신이 가르치는 '수학'과 '수학교육'에 대한 기본적인 이해를 하는 것은 중요하다.

**탐구활동**

경이와 민이는 같은 시간에 집에서 출발하여 학교까지 걸어서 가기로 하였다. 그런데 경이는 학교까지 가는데 걸린 시간의 반을 $v_1$의 속력으로 걸어가고, 나머지 반을 $v_2$의 속력으로 걸어갔다. 그리고 민이는 집에서 학교까지 거리의 반을 $v_1$의 속력으로 걸어가고, 나머지 거리의 반을 $v_2$의 속력으로 걸어갔다. $v_1 > v_2$라고 할 때 누가 먼저 학교에 도착했을지 구하여라.

**Tip**

수학은 한 가지 방법으로만 문제를 해결하는 것이 아니라, 다양한 방법으로 문제를 해결할 수 있다. 그리고 그 방법들은 낮은 수준부터 높은 수준까지 다양한 수학적 모델을 이용할 수 있다. 문제를 다양한 방법으로 풀 수 있는 것은 창의적인 수학적 능력을 기르는 좋은 방법이기도 하다.

많은 사람들은 수학을 산술과 동일시하는 경향이 있다. 산술은 수와 그 연산에 관한 것으로 교육과정에 비추어 보면 자연수, 분수, 소수, 정수, 유리수, 무리수, 실수 등에 대한 기본 개념과 그 연산에 초점을 두는 것이다.

◎ 수와 연산
도형
측정
규칙성
자료와 가능성

그러나 우리의 교육과정에서는 수학 내용 영역을 초등학교의 경우에는 '수와 연산', '도형', '측정', '규칙성', '자료와 가능성'의 5개 영역으로, 중등학교의 경우에는 '수와 연산', '문자와 식', '함수', '기하', '확률과 통계'의 5개 영역으로 설정하고 있는 것과 같이, 수학은 산술을 넘어선다. 이런 면에서 학교수학에서 관심의 대상이 되는 수학 내용을 근거로 수학을 다음과 같이 생각해 볼 수 있다(강문봉 외 18 역, 1999). 그렇지만 이 책에서 제시하는 수학의 의미에 덧붙여, 독자들은 자신이 생각하는 수학은 무엇인지, 수학교사로서 수학에 어떤 의미를 부여할 것인지에 대해 생각해 볼 필요가 있다.

### (1) 수학은 규칙성과 관계를 탐구하는 학문이다.

◎ 수학은 규칙을 탐구하는 학문이다.

많은 수학자들은 수학을 '패턴의 과학'이라고 규정하고 있다(Devlin, 1994; National Research Council, 1990; Schoenfeld, 1994; Steen, 1988). 현대 수학을 특징지을 수 있는 이러한 정의의 형성 과정을 살펴보기 위하여,

수학의 역사를 고찰하면 다음과 같다(Devlin, 1994).

① 기원전 500년경까지의 이집트와 바빌로니아의 수학은 수에 관한 연구의 시기였다.
② 기원전 500년경부터 기원후 300년경까지의 그리스 수학은 주로 기하학에 관심을 두었고, 이 시대의 사람들에게 수학은 수와 형태에 관한 연구를 의미하였다.
③ 17세기 중엽까지는 수학의 전 분야에 큰 변화가 없었다. 뉴턴과 라이프니찌 이후의 수학은 운동과 변화, 공간에 대한 연구가 중심을 이루었다.
④ 18세기 중엽부터 19세기까지는 수학 자체에 대한 관심이 증가되었던 시기였다.
⑤ 20세기에 들어서 수학적 활동과 결과물의 양이 엄청나게 급증하였고, 대부분의 수학자들이 동의하는 수학은 '패턴의 과학'이라는 것이다.

이와 같이, 현대수학이 '패턴의 과학'이라는 것은 수학이 패턴의 원리와 특성을 결정하기 위하여 공리나 이론적으로 정의된 체계 안에서 체계적인 시행과 관찰을 기반으로 탐구나 실험을 행하거나, 실생활로부터 패턴을 추출하여 재구성한 추상화된 모형이라는 것을 의미한다.

수학자가 연구하는 것은 '추상적인 패턴'이다. 특히, 정보와 통신 및 계산에 의해 지배되는 오늘날에 수학의 영향은 매우 크며, 추상적인 패턴은 우리 삶 자체의 본질을 이루고 있다. 특히, 컴퓨터와 같은 매체의 발달로 인하여, 수학은 그 영향권에 들 수밖에 없게 되었는데, 프랙탈(fractal)의 등장은 컴퓨터의 힘으로 체계화된 학문의 영역으로 패턴이 자리 잡게 된 결과라고 볼 수 있다.

**패턴은 우리 삶 자체의 본질을 이루고 있다.**

**탐구활동**

사육장에 한 쌍의 토끼가 있다. 이 토끼는 두 달이 지나면 한 쌍의 토끼를 낳을 수 있으며, 계속해서 한 달마다 한 쌍의 토끼를 또 낳는다. 한편, 새로 태어난 한 쌍의 토끼도 두 달 째부터는 매달 한 쌍의 토끼를 낳을 수 있다. 이와 같은 과정을 계속할 때 1년 뒤 그 사육장에는 몇 쌍의 토끼가 있을까?(단, 토끼는 죽지 않는다고 생각하자.)
여기에서 매 월 사육장에 있는 토끼 쌍의 수를 차례로 나열하면 1, 1, 2, 3, 5, 8, 13, 21, 34, 55, … 같은 수열을 얻을 수 있는데, 이 수열을 피보나치 수열이라고 한다. 피보나치 수열을 나타낼 때 수열의 첫 번째 항부터 차례로 $F_1$, $F_2$, $F_3$, $F_4$, $F_5$, …로 나타낼 때, 다음을 구해보자.

① $F_1 + F_2 + F_3 + F_4 + \cdots + F_n$
② $F_1^2 + F_2^2 + F_3^2 + F_4^2 + \cdots + F_n^2$
③ $F_1 + F_3 + F_5 + F_7 + \cdots + F_{2n-1}$
④ $F_2 + F_4 + F_6 + F_8 + \cdots + F_{2n}$

◎ 수학은 여러 가지 수학적 개념들 간의 관계를 탐구하는 학문이다.

한편, 수학은 여러 가지 수학적 개념들 간의 관계를 탐구하는 학문이다. 교육과정은 이전에 학습한 내용을 새로운 내용과 연결시켜주는 관계망으로 구성되어 있다. 따라서 학생들은 학습하게 될 내용이 이전에 학습한 내용과 어떻게 관련되는가를 알고, 그러한 관계를 정확히 파악하도록 해야 한다.

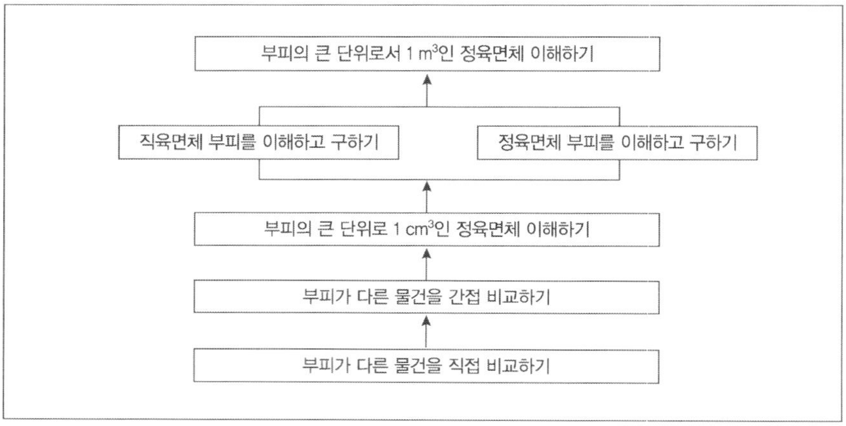


[그림 1-1] 부피 단원의 지도 내용 위계도

### (2) 수학은 사고하는 방법을 제공한다.

◎ 수학은 사고하는 방법을 제공하는 학문이다.

수학은 수와 계산만을 다루는 것이 아니라, 다양한 자료를 수집하여 분석하고 해석하여 판단하는 과정 속에서 많은 판단을 요구하는 학문이다. 이러한 과정에서 학생들은 다양한 사고를 하게 된다. 어떤 판단을 하거나 문제를 해결할 때에는 직관적으로 판단하기도 하고, 주도면밀하게 체계적인 과정을 통해 판단하기도 한다. 때로는 몇 몇의 연관된 사실을 기초로 유추적 사고를 하기도 한다.

수학 학습을 통해 다양한 사고의 방법을 습득하고 익히는 것은 수학교육의 중요한 목적이다. 사고를 구분하는 방법은 여러 가지가 있으나, 여기서는 직관적 사고와 논리적 사고, 귀납적 사고와 연역적 사고, 유비추론(유추적 사고)에 대하여 알아보자(이정재, 2004).

### 1) 직관적 사고와 논리적 사고

직관적 사고는 즉각적으로 사고 대상의 전체를 감지할 수 있는 사고이며, 수학 문제해결의 실마리나 수학 이론 전개의 방향을 마련해 주는 직관적 관념이다. 직관 교육의 중요성은 수학교육자뿐만이 아니라, 다른 여러 분야의 교육학자들도 강조하여 왔다. 그러나 직관주의적 태도는 주관적일 수 있고, 개인적 편견에 사로잡힐 수 있으므로 이를 보완할 수 있는 논리적 사고가 보완되어야 한다.

◎ 직관적 사고는 즉각적으로 사고 대상의 전체를 감지할 수 있는 사고이다.

논리적 사고는 인과관계라는 입장에서 전제로부터 결론을 이끌어 내는 사고이다. 논리적 사고과정은 분석적이고 단계적이며, 선행하는 명제에서 후속 명제를 정당한 추론으로 이끌어내는 사고이다. 일반적으로 직관적 사고는

◎ 논리적 사고는 전제로부터 결론을 이끌어 내는 사고이다.

**탐구활동**

1. 다음 [그림 1]은 한 변의 길이가 3cm, 4cm인 두 개의 정사각형에서 작은 종이의 중심과 맞도록 큰 종이의 한 꼭짓점이 겹쳐있는 것이다. 두 종이가 겹친 부분의 넓이를 구해 보자.

2. 다음 [그림 2]의 삼각형의 넓이를 구하여라.

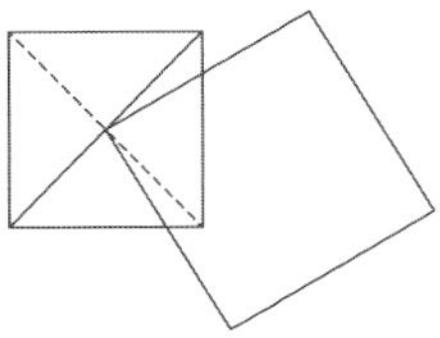

[그림 1]

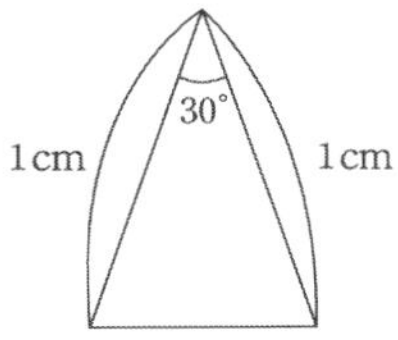


[그림 2]

논리적 사고의 도움 없이는 정당성을 보장하기 어려우며, 논리적 사고는 직관적 사고를 통해 발견된 사실에 정당성을 부여하는 힘을 준다.

### 2) 귀납적 사고와 연역적 사고

◎ 귀납적 사고는 특수 사실로부터 공통된 보편법칙이나 성질을 추출해 내는 사고이다.

귀납적 사고는 개개의 특수 사실로부터 그것들에 공통된 보편법칙이나 성질을 추출해 내는 사고이다. 귀납적 사고의 특징은 특수 사실로부터 일반적인 것에 이르도록 인식시키는 사고라고 할 수 있다. 귀납적 사고는 다음과 같은 과정을 거치게 된다.

① 몇 개의 구체적인 자료를 수집한다.
② 수집한 자료를 관찰하여 성질이나 규칙을 찾는다.
③ 찾아낸 성질이나 규칙이 그 자료를 포함하는 대상 전체에서도 성립하리라는 추측을 한다.
④ 추측한 성질이나 규칙이 '참'임을 확인하기 위하여 새로운 자료를 찾아 확인한다.

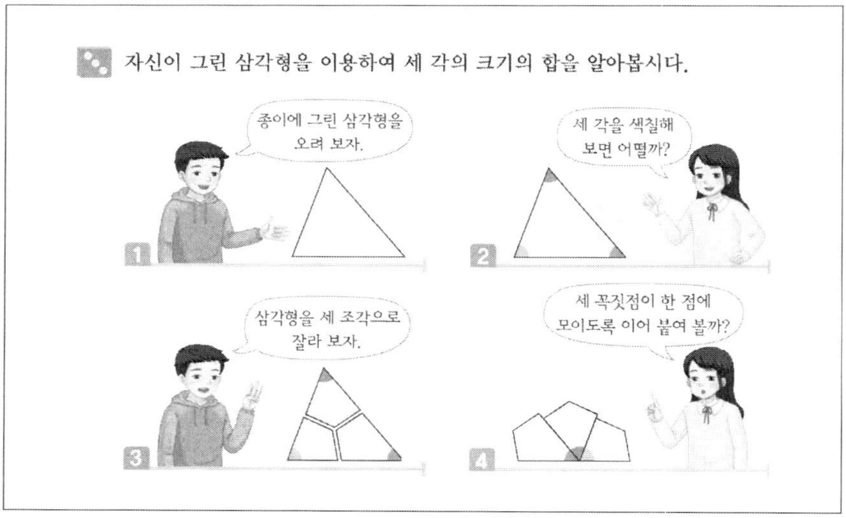


[그림 1-2] 삼각형 세 각의 크기의 합에 대한 귀납적 추론 과정(교육부, 2018c, p. 51)

◎ 연역적 사고는 일반적인 원리나 법칙에서 특수한 경우에 성립하는 것을 유도하는 사고이다.

연역적 사고는 일반적인 경우에 성립하는 원리나 법칙이 알려져 있을 때, 그것을 이용하여 특수한 경우에 성립하는 것을 유도하는 사고이다. 연역적 사고의 전형적 방법은 공리계를 설정하여 그것에 의해 이론이 전개되고, 그것을 어떤 특수 상황에 추론의 근거로 적용하는 방법이다. 그러나 학교수학에서는 공리계를 사용하기 어려우므로, 선행된 원리나 법칙, 성질이나 사실로부터 밝히고자 하는 수학적 사실을 체계적으로 추론해 가는 연역적 사고를 훈련시키도록 해야 한다.

### 3) 유비추론(유추적 사고)

유비추론은 유추, 유추적 사고라고도 하는데, 두 사실에서 서로 유사한 점을 근거로 하여, 하나의 특수한 사실의 성질을 그와 유사한 다른 특수한 사실의 성질에 비추어 추리하는 사고를 말한다. 유비는 두 사상의 유사성에 유의하여 기지사항으로부터 미지사항의 구조를 유도하는 것이다.

◎ 유비추론(유추적 사고)는 특수한 사실의 성질을 그와 유사한 다른 특수한 사실의 성질에 비추어 추리하는 사고를 말한다.

예를 들면, 자연수의 덧셈 방법과 소수의 덧셈 방법은 서로 유비적이다. 그러므로 먼저 배운 자연수의 덧셈 방법으로부터 소수의 덧셈 방법을 발견하는 데에는 유추적 사고가 개입되어있는 것이다. 또한 선분의 중점의 성질을 이용하여 그와 유사한 구조를 가지는 삼각형의 무게중심을 구하는 방법과 그 성질을 발견하는 것도 유추적 사고에 의한다고 할 수 있다.

**탐구활동**

다음 두 문제를 각각 풀어 보고, 유추적 사고가 두 문제 풀이에 어떻게 적용되었는지 알아보아라.

**[문제 1]** 농장에 토끼와 닭이 모두 10마리가 있는데, 모든 다리 수의 합은 32이다. 농장에 토끼와 닭이 각각 몇 마리인지 구하여라.

**[문제 2]** 목수가 다리 3개짜리 의자와 다리 4개짜리 탁자를 만들고 있다. 어느 날 목수가 의자와 탁자를 만드는데 이용한 다리의 수가 모두 31개였다면 이 날에 목수가 만든 의자와 탁자는 각각 몇 개인지 구하여라.

## (3) 수학은 과학이고 예술이다.

수학을 사고 활동의 과정으로 보는가와 사고 활동의 결과로 보는가에 따라 과학과 예술로 볼 수 있다. 수학을 사고 과정으로 보는 관점은 수학을 행하는 과정이 현상을 탐구하여 개념과 원리를 추출하고 현상에 적용하는 수학화 과정을 중시하는 측면이다. 이 과정에서 수학을 행하는 사고의 유연성과

◎ 수학은 사고 활동의 과정으로 보는가와 결과로 보는가에 따라 과학과 예술로 볼 수 있다.

시행착오를 허락하며, 사고의 유연성을 바탕으로 다양한 접근 방법을 가치 있는 것으로 여긴다.

한편, 사고 활동의 결과로 보는 관점은 사고 활동의 결과로 얻어지는 결과물을 중시하는 측면이다. 이 관점에서는 수학의 엄밀성과 심미성을 추구하며 수학의 내적, 외적인 가치를 중시한다. 특히 황금비는 주어진 길이를 가장 이상적으로 둘로 나누는 비로, 근삿값이 약 1.618인 무리수이다. 기하학적으로 황금분할은 예술분야, 특히 건축, 미술 등에서 즐겨 응용되었다. 황금비는 우리의 인체 속에서도 반영되어 있다. 인간의 몸은 황금비에 의해서 분할되어 있으며, 이것이 아름다운 몸의 보편적 기준이 되고 있다. 이와 같이 수학적 사실들은 인간이 느끼는 미적 기준의 척도가 되기도 한다.

### 수학산책

**생활 속에서 찾을 수 있는 황금비**

- 건축물 속의 황금비: 개선문, 파르테논 신전, 피라미드
- 조각 속의 황금비: 석굴암의 불상, 밀로의 비너스 상
- 사물 속의 황금비: 명함, 카드, 액자, 창문, 책, 별모양
- 인체 속의 황금비: 머리부터 어깨까지 코를 중심으로 분할, 배꼽부터 발까지 무릎을 중심으로 분할, 머리부터 발끝까지를 배꼽을 중심으로 분할하면 각각 황금비가 된다.

또한 오랜 세월동안 발달해 온 수학을 살펴보면, 수학적 사실들이 고립된 별개의 사실이 아니라, 수학이라는 큰 테두리 안에서 서로 연관되어 있음을 알 수 있다. 이러한 사실들은 수학을 하나의 완결된 아름다운 예술 작품과 동일시 할 수 있음을 의미한다.

### 탐구활동

직각삼각형의 세 변 사이의 관계를 나타내는 피타고라스 정리($c^2 = a^2 + b^2$)가 있다. 이 정리는 직각삼각형의 세 변 사이에 성립하기 때문에 일반 삼각형에 대해서도 세 변 사이의 관계를 설정하길 원할 것이다. 일반 삼각형의 세 변 사이의 관계를 나타내는 식은 무엇인지 찾아보고, 피타고라스 정리와의 관계를 탐구해 보아라.

### (4) 수학은 도구이다.

◎ 수학은 도구이다.

수학은 수학자들이 수학을 발견하고 발견한 수학을 현상에 적용하고 이용하는 도구이자, 수학을 배운 모든 사람들이 일상에서 부딪치는 많은 문제를 해결하고 현상을 해석하는 도구이다. 즉, 수학은 수학자들이 문제를 해결하는 도구이며, 일반인들이 생활에서 접하는 문제를 해결하는 유용한 도구이다.

#### 수학산책

주민등록번호는 개인의 신분을 증명할 수 있는 가장 기본적인 수단이다. 주민등록 번호 13자리에서 앞의 6개 숫자는 자신의 생년월일을 나타내고, 뒤의 7개 숫자들은 성별, 주소 및 어디서 발급을 했는지 등을 확인할 수 있다. 먼저 뒷자리의 첫 번째 숫자는 성별을, 두 번째와 세 번째 숫자는 출생 지역의 고유번호를, 넷째 다섯째 숫자는 해당 출생 지역의 읍, 면, 동 사무소의 번호를, 그 다음 여섯 번째 숫자는 같은 날 같은 관공서의 출생신고 순서, 일곱 번째 숫자는 위조·변조방지를 위한 식별번호이다. 특히 위조·변조 방지를 위한 마지막 숫자는 체크 숫자를 제외한 12자리 숫자에 2부터 9까지 일련의 수를 곱한 결과와 체크숫자를 더하여 11의 배수가 되도록 정하게 된다.

### (5) 수학은 언어이다.

◎ 수학은 언어이다.

일상생활에서 언어를 이용하여 서로 간에 의사소통이 일어나듯이, 수학은 수학 사회에서 수학자들이, 수학 교실에서 아이들이 수학을 이용하여 수학적으로 의사소통하는 중요한 언어이다. 특히 최근에 강조되고 있는 수학 교실에서의 수학적 의사소통은 수학을 이용하여 수학적으로 이야기하는 수학 교실의 사회적 측면의 중요성을 강조하고 있는 것이다.

일반적으로 수학의 영역은 크게 순수수학과 응용수학으로 나눌 수 있으며, 구체적으로는 다음과 같이 분류할 수 있다.

- 집합과 논리(set theory and logic)
- 대수학(algebra): 정수론, 선형대수, 현대대수 등
- 해석학(analysis): 미적분학, 미분방정식, 실해석학, 복소해석학 등
- 기하학(geometry): 유클리드기하, 비유클리드기하, 미분기하 등
- 위상수학(topology)
- 확률론(probability)과 통계학(statistics)

## 1-2. 수학교육의 목적

모든 사람이 인정할 수 있는 수학을 배워야 하는 이유나 목적을 말하는 것은 쉽지 않다. 그렇지만 우리는 수학을 가르치고 배우는 사람들이 일반적으로 받아들일 수 있는 수학교육의 목적을 설정할 수는 있다.

먼저, 우리의 삶 속에서 부딪치는 많은 문제를 해결할 때 문제 상황을 분석하고 그것을 수학적으로 번역하여 해결하는 열쇠이기 때문에 수학을 배워야 한다. 또한 수학을 통하여 사고하는 능력을 기를 수 있기 때문에 수학을 배워야 하며, 수학은 우주와 자연의 조화로운 질서와 아름다움을 지니고 있기 때문에 그 아름다움을 향유하기 위하여 배워야 한다. 또한 우리의 선조들이 물려준 문화유산인 수학을 후손들에게 물려주기 위하여 수학을 배워야 한다. 이를 구체적으로 살펴보면 다음과 같은 네 가지 수학교육의 목적을 설정할 수 있다.

### (1) 실용적 가치

◎ 수학은 사회생활을 하거나 과학이나 다른 학문을 공부하는데 도움이 되며, 국가 발전에도 도움이 되기 때문에 배워야 한다.

수학은 사회생활을 하거나 과학이나 다른 학문을 공부하는데 도움이 되며, 국가 발전에도 도움이 되기 때문에 아이들은 수학을 배워야 한다. 실제로 어떤 수학적 지식은 일상생활에서 꼭 필요하다. 수를 읽고 쓰기, 사칙 계산하기, 그래프 읽기, 여론조사 결과 해석하기, 할부금 계산하기, 자동차 보험금 계산하기 등을 할 수 없으면 일상생활에서 어려움을 겪게 된다. 선의 굽은 정도를 나타내는 곡률이 고속도로를 설계하는 설계사에게 필요한 수학 지식이듯이, 어떤 수학적 지식은 일상생활에서 사용되지는 않지만 특정 직업에서 사용되기도 한다. 학교에서 배우는 수학은 사회생활에 직접 이용되기도 하지만, 사회생활에 직접 이용이 되지 않는 수학적 지식도 수학 이외의 학문을 하는 데 필요한 지식이 되기도 한다.

최근에 과학기술의 발달로 수학을 필요로 하는 분야가 많아지고 있어 수학의 중요성은 점점 증대되고 있다. 그러나 사회생활에서 필요한 수학은 극히 일부분이며, 수학자나 과학자가 되지 않을 아이도 그렇게 많은 수학을 배워야 하는가 하는 의문을 제기할 수 있다. 또한, 실용성의 기준은 시대에 따라 다르기 때문에 어떠한 수학 지식을 장차 응용할 것인지, 그리고 지금 응용하는 수학 지식이 장래에도 여전히 유용할 것인가 라는 의문을 제기할 수도 있다.

### 수학산책

**직업에서 사용되는 수학의 수준(Stein, 1996)**

| | |
|---|---|
| 1 수준 | 사칙연산의 기본(4학년 정도) == 매점 판매원 |
| 2 수준 | 분수와 소수(6학년 정도) == 일반 사무원, 운전원 |
| 3 수준 | 상점 수준, 대수의 기초 == 상담원 |
| 4 수준 | 대수, 삼각함수, 기하 == 행정직 |
| 5 수준 | 해석학 기초, 미적분학, 통계학 == 건축가, 생명과학자 |
| 6 수준 | 대학수준의 수학(3년 동안의 미적분학, 한 학기의 현대대수, 통계학) == 공학자, 물리학자, 경제학자 |

### (2) 도야적 가치

도야적 가치는 수학 학습을 통해 우리의 정신 능력을 신장시킬 수 있다는 것이다. 합리적이고 논리적인 사고력, 추상적 사고력, 창의적 사고력, 단순화하고 종합화하는 사고 능력 등은 수학을 배움으로써 신장시킬 수 있다. 이러한 정신 능력은 미래에 수학과 관련이 없는 분야에 종사하게 될 아이들에게도 필요한 능력으로 수학을 배워야 하는 중요한 이유이기도 하다.

◎ 수학 학습을 통해 우리의 정신 능력을 신장시킬 수 있기 때문에 배워야 한다.

수학교육의 도야적 가치를 중시하는 입장에 따르면, 수학교육에서 중요한 것은 수학을 하는 방법과 그 경험이라고 할 수 있다. 그러나 어떤 수학 내용의 학습을 통하여 정신 능력이 도야될 수 있는지, 과연 수학을 하는 방법이 학습될 수 있는 것인지와 같은 의문이 제기되기도 한다.

### (3) 심미적 가치

도형이나 황금 분할 등을 보면 수학적 대상도 아름답다고 할 수 있으며, 수학 공식이나 방법을 절묘하게 적용하는 경우에서도 수학의 아름다움을 찾을 수 있다. 이와 같이 수학과 수학적 활동을 통해 아름다움을 느끼는 것이 수학의 심미적 가치이다. 수학교육의 심미적 가치를 중시하는 관점에 따르면, 수학을 가르치는 이유는 수학적 안목을 가지고 주변의 현상을 올바르게 파악하고 아름답다고 느낄 수 있도록 하기 위함이다.

◎ 수학 학습을 통해 수학의 아름다움을 찾을 수 있기 때문에 배워야 한다.

그러나 수학의 미적 가치에 대한 견해는 주관적인 요소가 강하기 때문에 수학을 배우는 아이들에게 수학의 심미성을 인식시키기는 쉽지 않다. 그러나 위대한 수학자들은 수학의 아름다움을 인식하였고, 바로 이 아름다움의 인식이 그들의 수학 연구에 커다란 원동력이 되었음은 부인할 수 없다.

### (4) 문화적 가치

◎ 수학이라는 문화를 우리는 수용하고 더욱 발전시켜 후손에게 전달해야 하기 때문에 배워야 한다.

문화적 가치는 인류가 오래 전부터 오늘날까지 발전시켜 온 수학이라는 문화를 우리가 수용하고 더욱 발전시켜 후손에게 전달해야 한다는 것이다. 그러나 그 많은 문화를 전달하는 것이 가능하고 전달할 가치가 있는 것인가, 취사선택하여야 한다면 어느 것을 선택하여 가르쳐야 하는가와 같은 의문이 남는다.

수학을 가르쳐야 하는 이유를 여러 가지 들 수 있으며, 어느 한 가지만을 고집하는 것은 잘못일 것이다. 그 시대의 사회, 경제 구조, 철학 등에 따라 어느 한 쪽을 강조하기도 하고 무시하기도 하지만, 경중은 있되 위의 주장을 종합하는 것이 수학교육의 올바른 목적이 될 것이다. 한편, 우리나라 2015 개정 수학과 교육과정에서는 수학교육의 목표를 다음과 같이 제시하고 있다(교육부, 2015a).

> 수학의 개념, 원리, 법칙을 이해하고 기능을 습득하며 수학적으로 추론하고 의사소통하는 능력을 길러, 생활 주변과 사회 및 자연 현상을 수학적으로 이해하고 문제를 합리적이고 창의적으로 해결하며, 수학 학습자로서 바람직한 태도와 실천 능력을 기른다.
>
> (1) 생활 주변 현상을 수학적으로 관찰하고 표현하는 경험을 통하여 수학의 기초적인 개념, 원리, 법칙을 이해하고 수학의 기능을 습득한다.
>
> (2) 수학적으로 추론하고 의사소통하며, 창의·융합적 사고와 정보 처리 능력을 바탕으로 생활 주변 현상을 수학적으로 이해하고 문제를 합리적이고 창의적으로 해결한다.
>
> (3) 수학 학습의 즐거움을 느끼고 수학의 유용성을 인식하며 수학 학습자로서 바람직한 태도와 실천 능력을 기른다.

## 1-3. 수학의 특성

◎ 수학 지식의 형성 과정, 적용 및 발전 과정, 정리 및 보존 과정

수학의 특성은 수학 지식의 형성 과정, 적용 및 발전 과정, 정리 및 보존 과정으로 나누어 살펴볼 수 있다. 지식의 형성 과정의 특징으로는 추상성, 형식성, 이상성을 들 수 있고, 지식의 적용 및 발전 과정의 특징으로는 일반성과

특수성을 들 수 있다. 마지막으로 지식의 정리 및 보존 과정의 특징으로는 계통성과 논리성을 들 수 있다.

### (1) 추상성

추상성은 구체화에 반대되는 특성으로, 어떤 구체물의 집합에서 이질적인 속성을 제거하고, 동질적인 속성만을 추출하여 만든 표상을 이상화하여 개념을 얻는 것을 의미한다. 예를 들면, 1, 2, 3, 4, …와 같은 자연수의 개념을 지도할 때, 주변에 있는 물건을 세는 것으로부터 시작할 수 있는데, 이때 세는 대상이 되는 물건 자체는 수가 아니고, 수의 개념을 형성시켜 주는 구체물이다. 책 3권, 연필 3자루, 바둑돌 3개, 사탕 3개 등의 구체물의 집합에서 대응의 조작을 통하여 이질적인 속성(물질적인 것, 형, 크기)은 제거하고, 동질적인 속성(센 수 3)을 추출하여 수 개념 '3'을 형성하는 것이다.

◎ 추상성은 구체물의 집합에서 이질적인 속성을 제거하고, 동질적인 속성만을 추출하여 만든 표상을 이상화하여 개념을 얻는 것을 의미한다.

직육면체와 같은 도형 개념도 마찬가지이다. 예를 들어 사과 상자, 장난감 상자, 연필 상자 등은 실질적인 내용 면에서 보면 면의 크기나 모서리의 길이가 다르고, 색깔도 각각 다르다. 이런 이질적인 성질을 모두 제거하면 결국 점, 선, 면으로만 구성된 이상적이고 추상화된 직육면체를 얻게 된다.

이와 같이 수학의 추상성은 외부의 물리적 경험을 직접 다루는 것이 아니라, 마음속에 있는 아이디어를 다루는 것이다. 수학에서 다루는 대상은 대부분이 추상화 과정을 통해 얻어진 개념이며, 수학은 이들 개념 사이의 상호 관련성을 다루는 학문이라고 할 수 있다. 추상화는 물리적 대상으로부터의 추상화뿐만이 아니라, 수학적 대상의 더 높은 수준으로의 재추상화도 포함한다.

**수학산책**

어린 아이들은 그림을 그릴 때 눈에 보이는 대로 그리지 않고 자신이 가지고 있는 지식의 개념을 시각이나 지각에 적용하여 그린다. 예를 들면 해에 눈, 코, 입을 그리고, 사람의 손은 필요한 손만 그린다. 잠자리는 사과나무와 비슷할 정도로 크게 그린다. 그렇지만 나이가 들어가면서 그림은 상당히 단순해진다. 나무는 삼각형이나 사각형으로 표현하고 구름도 기하학적으로 단순해진다. 아이가 대상을 단순화시키고 기하학적으로 표현한다는 것은 추상화가 된 증거라고 볼 수 있다. 이러한 상상력과 추상화가 창조의 힘이다(계영희, 2008).

### (2) 형식성

형식성이란 사고 작용에 의해서 그 대상을 형식화하는 것을 의미한다.

◎ 형식성은 사고 작용에 의해서 그 대상을 형식화하는 것을 의미한다.

즉, 형식화란 어떤 대상에서 추상화의 사고 방법을 통하여 공통적인 원리나 규칙 등을 만들어 가는 과정을 뜻한다. 수학적 개념이나 원리가 추상화의 과정을 통해 발견된 다음에는 보다 일반성을 가지는 활용 방법을 얻는 형식화 과정이 필요하다. 이 형식성 때문에 수학의 힘과 응용 능력이 신장되는 것이다. 예를 들면, 정수의 덧셈 계산 형식은 분수·소수의 덧셈 계산 형식과 공통되는 점이 있어서 최종에는 유리수의 덧셈 계산 형식이라는 틀이 만들어지게 되며, 역으로 이 형식이 정수, 소수, 분수의 계산에 적용되는 것이다.

다른 예로 십진기수법의 경우에 각 자리수마다 독특한 기호를 정하지 않고, 10이 되면 자리의 위치에 따라 의미를 부여하는 방법으로 추상화된 수의 기록 방법을 택하게 된다. 이러한 원리는 다른 진법의 수에도 같은 원리로 형식화되는 것이다.

꽃은 모두 몇 송이인지 수 모형으로 알아봅시다.

• 꽃의 수를 수 모형으로 나타내어 보세요. 준비물 6

| 백 모형 | 십 모형 | 일 모형 |
|---|---|---|
| | | |
| 100이 □ | 10이 □ | 1이 □ |

• 어떻게 나타내었는지 말해 보세요.

• 꽃은 모두 몇 송이인가요?

[그림 1-3] 세 자리 수(교육부, 2017c, p. 14)

### (3) 이상성

◎ 이상성은 사유하는 힘을 통하여 사물이나 현상의 특성을 이상화하여 개념을 얻는 것을 의미한다.

이상성이란 사물이나 현상의 본질적인 속성을 무시하고 사유하는 힘을 통하여 사물이나 현상의 특성을 이상화하여 개념을 얻는 것을 의미한다. 예를 들면 '빠르기가 일정할 때에 달리는 거리는 주행시간에 비례한다.'라고 하는 비례 관계는 현실 장면에서 정확하게 들어맞는 것이 하나도 없다. 그러나 실제 사례에서 수학적 개념으로서 비례의 개념을 구성하려는 것은 우리의 사유하는 힘에 의해서 이 사례를 이상화할 수 있기 때문이다. 마찬가지로 피보나치 수열을 표현하는 이상적인 토끼의 사례도 우리의 사유의 힘으로 토끼의 특성을 규정한 것이다.

### (4) 일반성

일반성이란 추상화된 수학적 개념을 보다 넓은 범위에 적용해 가는 특성을 의미한다. 즉 일반화는 주어진 집합에 대한 고찰로부터 이를 포함하면서 더 큰 집합에 대한 고찰로 사고를 옮겨가는 것을 의미한다.

◎ 일반성은 추상화된 수학적 개념을 보다 넓은 범위에 적용해 가는 특성을 의미한다.

예를 들면, 덧셈의 계산 원리는 한 자리 수끼리의 계산 원리로부터 시작하여, 두 자리 수, 세 자리 수, 네 자리 수끼리의 계산 원리로 확장(일반화)해 가는 데서 이루어진다. 이와 같이 한 개념이나 원리는 넓은 범위의 것을 포함하도록 확장해 가는 작용으로 일반성을 가지게 된다. 또 다른 일반성의 예로 예각의 삼각함수에 대한 고찰로부터 임의의 각에 대한 삼각함수의 고찰로 나아가는 것을 들 수 있다.

### (5) 특수성

특수성이란 특수화의 사고에 의해서 얻어지는 것으로써, 일반성에 대립되는 개념이다. 즉, 특수화는 주어진 대상의 집합에 대한 고찰로부터 그 집합에 포함되는 더 작은 집합에 대한 고찰로 이동하는 것을 의미한다.

◎ 특수성은 주어진 대상의 집합에 대한 고찰로부터 그 집합에 포함되는 더 작은 집합에 대한 고찰로 이동하는 것을 의미한다.

예를 들면, 연산으로서의 곱셈은 배의 개념으로 정의되며, '2×3=6'이라는 곱셈 연산으로 일반화된다. 이와 같이 곱셈 계산 형식을 특수 장면에 적용해 가는 것을 볼 수 있는데, 일반화된 곱셈을 어떤 장면에 적용하는 것이 특수성이다. 즉, 공깃돌이 5개씩 몇 번 있을 때, 공깃돌의 총 개수를 구하는 계산이나, 가로와 세로의 길이에서 직사각형의 넓이를 구하는 계산은 곱셈 계산

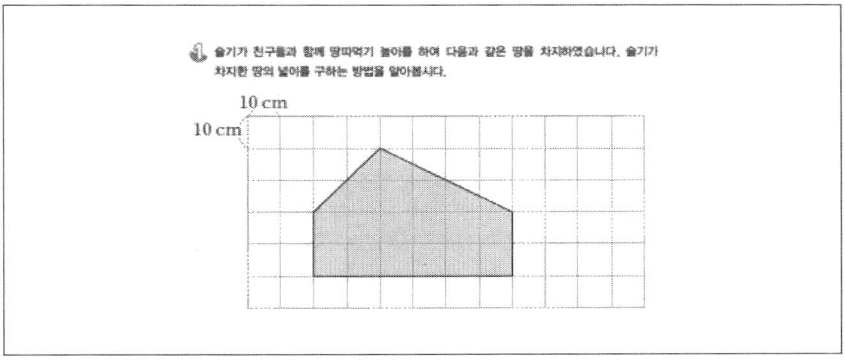


[그림 1-4] 기본 도형을 이용한 도형의 넓이 구하기(교육부, 2018e, p. 136)

형식을 특수한 장면에 적용하는 특수성인 것이다. 또한 여러 가지 다각형으로 이루어진 도형의 넓이를 구하기 위하여 기본 도형의 넓이 공식을 이용하는 것도 특수화의 예이다.

### (6) 계통성

◎ 계통성은 지식 체계가 어떤 기초적인 내용을 토대로 하여 새로 조합되거나 통합되어 새로운 개념을 구성하고 새로운 내용을 형성해 가는 것을 의미한다.

계통성이란 지식 체계가 어떤 기초적인 내용을 토대로 하여 새로 조합되거나 통합되어 새로운 개념을 구성하고 새로운 내용을 형성해 가는 것을 의미한다. 이런 과정으로 구성된 내용을 토대로 다음 단계의 내용을 만들어 가게 된다. 즉, 앞의 학습내용과 뒤의 학습내용을 차례차례 위계적으로 연결하면서 새로운 것을 첨가하거나, 누적적으로 조직하여 수학내용을 구성해 가는 것이 계통성이다.

예를 들면, 정수, 소수, 분수는 모두 서로 다른 개념이지만, 정수와 소수는 십진수라는 점에서 통일되며, 정수와 분수를 통틀어서 유리수라는 개념으로 총괄된다. 또 무리수는 유리수와 대립되는 개념이지만, 이들은 합하여 실수라는 개념으로 발전한다. 연산에서도 구체물에서 첨가나 합병의 조작에 의하여 덧셈을 이루고, 덧셈에서 동수누가는 곱셈을 정의한다. 또 구체물에서 제거나 비교의 조작을 통하여 뺄셈이 이루어지고, 뺄셈에서 동수누감은 나눗셈으로 정의된다. 뺄셈은 덧셈의 역연산으로, 나눗셈은 곱셈의 역연산으로 정의할 수도 있다.

정수, 소수, 분수와 같은 계통은 이들 수를 사용한 연산을 배경으로 하여, 하나의 새로운 계통을 구성하게 된다. 예를 들면, 곱셈은 처음에 정수를 곱할 때는 동수누가의 뜻에서 시작되지만, 그것이 배의 개념으로 발전하고, 승수가 소수, 분수로 확장됨에 따라 비율에 해당하는 양을 구하는 비율의 조작으로 발전한다.

### (7) 논리성

◎ 논리성이란 수학적 지식이 논리적 요소나 체계에 맞도록 보존, 정리되는 특성을 의미한다.

논리성이란 수학적 지식이 논리적 요소나 체계에 맞도록 보존, 정리되는 특성을 의미한다. 즉, 수학 지식의 보존 및 정리의 과정에서 수학 지식의 관계가 논리적으로 모순이 없도록 체계화 해가는 것을 의미한다. 이런 면에서 수학자들은 수학의 기본적, 또는 기초적 개념과 추리의 형식인 귀납, 연역, 분석, 종합, 유추 등을 바탕으로 지식간의 관계를 밝혀보고 논리적으로 모순이 없는 명제를 체계화해 가게 된다. 수학의 논리성이 함의된 대표적인 예로는 유클리드의 원론(Elements)을 들 수 있다. 원론은 그 당시까지 발전하였던 그리스 수학을 연역, 논리적으로 정리한 산물이다.

학교 수학교과의 내용도 학습에 기초가 되는 사항을 토대로 해서 누적되어 가도록 내용 구조가 이루어져 있다. 이 누적은 조리가 바르고, 계통성이 있으며, 사소한 불합리도 허용되지 않는 엄격한 논리성을 가지고 있다. 그러나 초등학교 아이들에게는 형식화된 논리의 지도가 학습발달 과정상 강조될 것은 못되며, 직관에 의한 통찰로써 구체적인 조작 활동을 하거나, 실험 실측을 하여 직관적으로 대상을 보고 사고하는 힘을 기르게 해야 한다.

## 1-4. 수학의 구성 요소

수학 학습을 통하여 아이들은 다양한 수학 내용을 배우게 된다. 아이들이 배우는 수학 내용으로는 사실, 기능, 개념, 정리, 공식, 법칙 등이 있다. 사실(fact)은 수학에서 표기와 같은 약속체계이다. 예를 들면, 2는 짝수이다, +은 더하기, $i$는 허수 단위를 의미한다는 것이다.

○ 사실(fact)은 수학에서 표기와 같은 약속체계이다.

쓰기 3+1=4

읽기 3 더하기 1은 4와 같습니다.
3과 1의 합은 4입니다.

[그림 1-5] 합의 정의(교육부, 2017a, p. 64)

기능(skill)은 속도와 정확성을 가지고 해 내는 연산과 같은 과정으로, 순서가 정해진 일련의 알고리즘을 수행하는 것을 의미한다. 예를 들면, 두 자리 수의 덧셈, 교집합 구하기와 같은 것이 있으며, 다양한 문제해결 과정을 통해 습득 여부를 확인할 수 있다([그림 1-6]).

○ 기능(skill)은 순서가 정해진 일련의 알고리즘을 수행하는 것이다.

개념(concept)은 많은 사물, 현상, 관계 등에서 그들이 가지는 공통적인 특성을 추출하고 공통적이지 않은 특성은 버려서 정신적으로 구성한 관념이다. 이를테면, 책, 복사용지, 칠판 등의 구체물에서 색깔이나 소재 등을 버리고, 공통적인 모양만을 추출해서 직사각형이라는 개념을 추출하게 된다.

○ 개념(concept)은 많은 사물, 현상, 관계 등에서 공통적인 특성을 추출하고 공통적이지 않은 특성은 버려서 정신적으로 구성한 것이다.

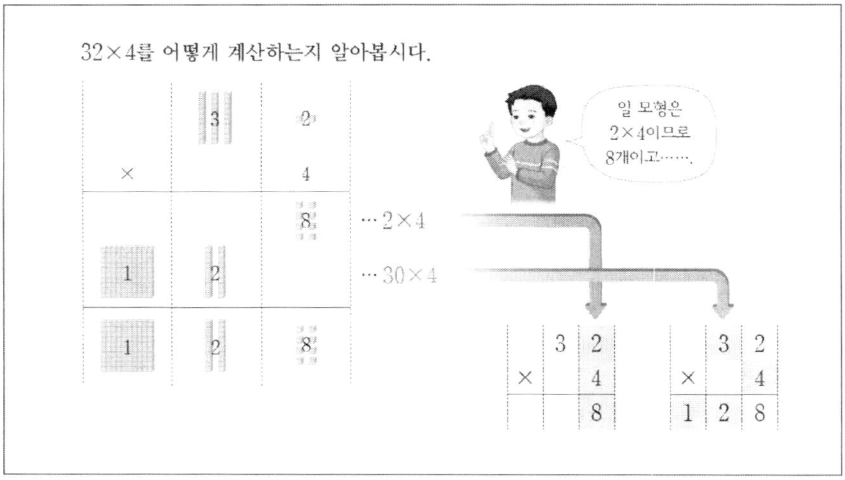


[그림 1-6] (두 자리 수)×(한 자리 수) 구하기(교육부, 2018a, p. 75)

개념을 분류하면 개별개념으로 자연수, 분수, 소수, 정수 등이 있고, 조작개념으로 더한다(+), 뺀다(−), 곱한다(×), 나눈다(÷), 미분한다, 적분한다 등이 있다. 조작개념은 조작을 의미하는 용어이고 개념이지만 기호로 나타내어진다. 관계개념은 평행, 수직, 비례, 반비례, 같다, 합동이다, 닮음, 크다, 작다 등과 같이 관계를 나타내는 용어나 기호이다.

네 각이 모두 직각인 사각형을 직사각형이라고 합니다.

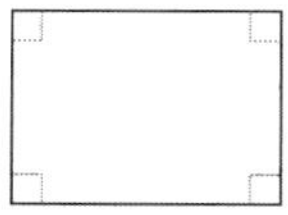

[그림 1-7] 직사각형의 정의(교육부, 2018a, p. 41)

○ 정리(theorem)는 증명할 수 있는 문장이다.

정리(theorem)는 정의나 참이라고 증명된 결과들을 기초로 하여 증명할 수 있는 문장이다. 예를 들어, 'A가 B의 부분집합이고, B가 C의 부분집합이면 A는 C의 부분집합이다.', '미분 가능한 함수는 연속함수이다.' 등은 정리이다.

삼각형의 세 각의 크기의 합은 180°입니다.

[그림 1-8] 삼각형의 내각의 크기의 합(교육부, 2018c, p. 51)

공식(formula)은 어떤 양 사이의 관계를 나타내는 것이다. 예를 들면, 사다리꼴의 넓이를 $S$라 하고 아랫변의 길이를 $a$, 윗변의 길이를 $b$, 높이를 $h$라 할 때, 사다리꼴의 넓이를 구하는 공식은 $S=\frac{(a+b)h}{2}$이다.

> 공식(formula)은 어떤 양 사이의 관계를 나타내는 것이다.

법칙(rule)은 공인된 사실을 하나의 형식화된 틀로 구축한 수학적 약속이나 공리를 말한다. 법칙은 정의에서 생각할 수도 있고, 정리 중에서 특수한 경우를 생각할 수도 있으며, 이들이 가지는 고유의 특징으로 생각할 수도 있으며, 주로 직관적으로 이해될 수 있는 것들이다. 예를 들어, 자연수의 곱셈에서 교환법칙이나 결합법칙 등이 성립한다는 것을 들 수 있다.

> 법칙(rule)은 사실을 하나의 형식화된 틀로 구축한 약속이나 공리이다.

## 1-5. 수학의 역사

수학은 고대 문명의 발달과 더불어 태동하였는데, 주로 측량이나 조세 수입, 천문관측이나 인구조사 등과 같이 산업과 통치의 기본 수단으로 발달하였다. 초기의 수학은 메소포타미아, 이집트, 황하 등에서 나타났다. 메소포타미아와 이집트 수학은 그리스로 전해져 체계적이고 연역적인 학문으로 정착되어 오늘날 수학의 근원이 되었다. 여기에 다시 인도와 아라비아에서 태어난 수학이 더해져 중세 유럽으로 전해지게 되었다(박세희, 1995).

> 수학의 역사 탐구

17세기 유럽에서는 해석기하학, 미분적분학, 수리적 자연과학이 형성되었고, 19세기 말에 체계화된 칸토르의 집합론은 수학을 현대수학으로 유도하였다. 이 절에서는 Eves(1953)가 '*An Introduction to the History of Education*'에서 제시한 수학사를 바탕으로 간략한 수학의 역사와 수학사가 수학교육에 끼친 영향에 대하여 알아본다.

### (1) 고대 오리엔트 수학

초기의 수학은 주로 고대 오리엔트 지역에서 농업이나 토목, 건축과 같은 일에 필요한 실용적인 면에서 발생하였다. 그러나 고대 오리엔트 수학에서는 일상적인 문제를 다루고 있는 수치 계산 위주의 실용적인 산술과 측량으로, 오늘날 논증이라고 부르는 어떤 단순한 형태도 찾아볼 수 없었다.

> 초기 수학은 주로 고대 오리엔트 지역에서 농업이나 토목, 건축과 같은 일에 필요한 실용적인 면에서 발생하였다.

19세기에 메소포타미아 지역에서 발견된 점토판에서는 바빌로니아인들이 60진법 위치 수 체계를 이용했음을 보여준다. 그들은 60진법으로 된

계산표를 이용하여 수 계산을 용이하게 할 수 있도록 하였고, 수학 문제나 흥미 있는 수를 계산하는 것부터 일차방정식이나 특수한 이차방정식의 해법 등과 같은 대수적 조작에도 관심을 가졌다.

바빌로니아의 기하학은 도형의 면적이나 체적의 계산 방법이나 측량과 관계된 것이 많으며, 주로 대수적인 문제를 해결하는 것이었다. 이런 면에서 바빌로니아인들은 대수에 더 관심이 많았음을 알 수 있다.

### 수학산책

이집트 수학 문제 중에는 신화와 관련된 문제가 있다. 매의 머리를 한 호루스 신은 이집트 왕을 상징하며, 호루스의 눈은 오른쪽이 태양, 왼쪽이 달을 상징한다. 호루스는 아버지를 죽인 세트와의 싸움에서 왼쪽 눈을 다치고 말았는데, 세트가 호루스의 눈을 뽑아 $\frac{1}{2}$, $\frac{1}{4}$, $\frac{1}{8}$, $\frac{1}{16}$, $\frac{1}{32}$, $\frac{1}{64}$로 산산조각 내었다. 그러나 지혜의 신 토토가 흩어진 호루스의 눈을 모아서 다시 만들어 주었다고 하는데, 조각난 호루스의 눈을 모두 더해 보면 좀 모자라게 되어 토토가 주문을 외워 $\frac{1}{64}$을 더하여 1이 되게 하였다고 한다. 호루스의 눈은 모두 여섯 부분으로 구성되어 사람의 여섯 가지 감각인 후각, 시각, 지각, 청각, 미각, 촉각을 의미하고 있다.

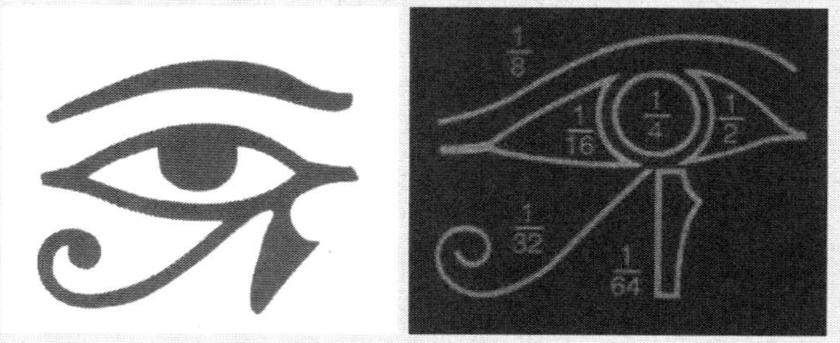


**이집트 수체계 단위분수의 활용**

이집트 수 체계는 10진법에 기초를 둔 가법적인 성질을 가지며, 위치적 기수법은 아니었고, 1, 10, 100, … 등의 수는 각기 다른 상형문자로 표기하였다. 또한 $\frac{2}{5}$, $\frac{2}{7}$, $\frac{2}{9}$, …와 같은 분수를 크기가 다른 단위분수의 합으로 표현하여 분수를 다룰 때 발생하는 어려움을 피하고자 하였다.

**탐구활동**

파피루스에 이집트인들이 기록한 표에는 분자가 2이고 분모가 5와 101 사이에 있는 홀수로 이루어진 분수를 서로 다른 단위분수들의 합으로 표현하고 있다. 분수 $\frac{2}{5}$, $\frac{2}{7}$, $\frac{2}{9}$를 서로 다른 단위분수들의 합으로 나타내어라. 그리고 그 방법에 대해 이야기해 보아라.

## ⑵ 그리스의 수학

'어떻게'에 치중했던 고대 오리엔트의 사고방식에서 벗어나 '왜'를 강조하는 논증기하학이 기원전 6세기 초반에 탈레스(Thales; B.C. 640~546)에서 시작되었다. 탈레스는 직관이나 실험 대신 논리적 추론을 통해 수학적 성질을 입증하였다.

탈레스보다 약 50년 뒤에 태어난 위대한 수학자 피타고라스(Pythagoras; B.C. 580?~500?)는 '피타고라스 정리'를 발견하고 증명하였다. 그는 피타고라스학파를 세웠는데, 이들 학파의 철학은 정수가 만물의 근원이라는 가정 위에 세워졌다. 피타고라스학파는 수론의 발달에 크게 기여했으며, 무리수를 발견하였다.

도형을 수학의 주요 대상으로 삼았던 것은 그리스 수학이다. 기원전 300년경 오늘날 대학과 유사한 형태의 최고의 교육기관인 알렉산드리아 대학이 문을 열게 되는데, 그 후 천년 가까이 그리스인의 학문의 중심지가 되었다. 유클리드(Euclid; B.C. 300년 경)는 알렉산드리아 대학의 수학교수를 역임했으며, 정의, 공리 및 논리적 연역에 의해 모든 개념이나 성질을 이끌어 내는 체계인 원론(Elements)을 저술하였다. 유클리드는 원론에서 많은 증명을 손수 만들어 넣고, 또 많은 내용을 완성시켰다. 그렇지만 그의 업적은 명제를 기술적으로 정선하고 논리적인 결과가 유도되도록 그것을 잘 배열하였으며, 명제를 가정으로부터 연역적으로 추론해 내는 논증수학을 형성·발달시켰다는데 있을 것이다. 유클리드의 원론은 기하학뿐만 아니라, 수론과 약간의 대수 내용도 담고 있다. 원론은 13권의 책으로 이루어져 있고, 모두 465개의 명제가 수록되어있다.

○ 유클리드와 원론(Elements)

유클리드 이후에 위대한 수학자인 아르키메데스는 정적분법의 아이디어를 개발하였는데, 이것은 물리적 직관에 의해 구의 부피를 계산한 방법 중에

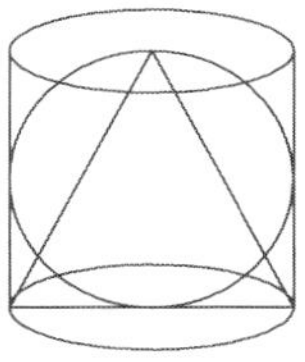

원뿔 부피 : 구 부피 : 원기둥 부피

$= \frac{2}{3}\pi r^3 : \frac{4}{3}\pi r^3 : 2\pi r^3$

$= 1 : 2 : 3$

[그림 1-9] 원뿔, 구, 원기둥의 부피 관계

나타나 있다. 에라토스테네스는 산술에서 $n$보다 작은 모든 소수를 발견하는 방법을 발견하였는데, 이를 '체'라고 한다.

아르키메데스보다 약 25년 뒤에 태어난 아폴로니우스는 '원추곡선론'을 저술하였는데, 모두 8권의 책으로 원추곡선에 관한 약 400여개의 명제가 실려 있다. 타원(ellipse), 포물선(parabola), 쌍곡선(hyperbola)이라는 용어도 아폴로니우스가 만든 것이다. 그 외에 그리스의 위대한 수학자들로 헤론, 디오판투스, 파푸스 등이 있다.

### (3) 동양수학

◎ 고대 중국의 수학에 대한 자료는 남아있는 것이 거의 없다.

고대 중국의 수학에 대한 자료는 지식을 대나무에 기록함으로써 쉽게 훼손되었고, 진시황에 의한 분서갱유(焚書坑儒)에 의해 많은 서적이 불타버림으로써 남아있는 것이 거의 없다. 고대 중국의 수학책 중 '구장산술'은 한나라 때 쓰인 것으로 농업, 상업, 공업, 측량 등 246개의 문제를 제시하고 있다. 구장산술의 제8장 방정(方程)에서는 다원일차방정식을 취급하고 있는데, 오늘날의 '방정식'이라는 용어는 여기서 유래하였다.

**탐구활동**

1. 원형 모양의 밭이 있다. 주위의 길이는 30보, 직경이 10보라고 할 때 밭의 넓이는 얼마인가? (구장산술, 제1장, 방전)

2. 실 한 근의 가격은 240전이다. 1328전으로는 실을 얼마나 살 수 있는가? (구장산술, 제3장, 쇠분)

구장산술보다 오래된 것으로 추정되는 책으로는 주비산경이 있는데, 이 책에는 피타고라스 정리에 관한 논의가 제시되어 있다. 한편 로마에서 사용되었던 계산도구인 abacus가 중국에 전해지고 주판과 주판에 의한 계산법인 주산(珠算)이 발명되었다.

◎ 인도에서는 0의 발견, 위치적 기수법의 발명, 음수의 발견, 이차방정식의 근의 공식의 발견이 기원전부터 12세기까지 걸쳐서 이루어졌다.

고대 인도의 수학에 대해서도 정확한 기록의 부족으로 별로 알려진 것이 없다. 인도에서는 0의 발견, 위치적 기수법의 발명, 음수의 발견, 이차방정식의 근의 공식의 발견이 기원전부터 12세기까지 걸쳐서 이루어졌다. 인도-아라비아 수 체계는 인도인들이 발명하고 아라비아인들이 서유럽으로 전파했다고 하여 붙여진 이름이다. 초기에는 0도 없고 위치표시도 이용되지 않았으나, 알콰르즈미가 825년에 출간한 책에서는 완전한 인도 수 체계를 설명하는 것으로 볼 때, 0과 자릿값이 800년 이전부터 사용되었을 것으로 생각된다.

우리에게 알려진 최초의 아라비아 산술책은 알콰르즈미가 쓴 것으로, 이후 후대의 제자들이 산술책을 쓰는 계기가 되었다. 한편 대수(代數, algebra)라는 용어도 알콰르즈미의 논문으로부터 유래하였다. 이 책의 이름은 오늘날 Algebra(=대수학)의 어원이 되었으며, 저자 알콰르즈미는 Algorithm(=계산법)의 어원이 되었다.

### (4) 6세기에서 16세기까지 유럽 수학

로마제국이 몰락한 5세기 중엽부터 11세기에 이르는 기간을 '유럽의 암흑시대'라고 한다. 수학에 있어서도 기독교 역법(曆法)의 발전을 제외하고는 이 암흑시대의 500여 년 동안 이렇다 할 업적을 이루지 못하였다.

13세기 초에 피보나치는 산술과 초등대수에 관한 산반서를 출간하였다.

13세기 초에 피보나치는 산술과 초등대수에 관한 산반서를 출간하였다. 산반서는 산술과 초등대수에 관하여 쓴 것으로, 알콰르즈미의 대수의 영향을 받았다고 한다. 그리고 '피보나치 수열'이라고 불리는 문제도 이 책에 나타나 있다.

14세기에는 수학의 역사에서 황폐한 시대였다. 15세기에는 유럽의 르네상스가 시작된 시기이다. 15세기의 수학적 활동은 주로 이탈리아의 도시와 유럽의 중심 도시인 뉴렘베르크, 빈, 프라하에서 일어났고, 대개 산술, 대수, 삼각법 등에 관심이 집중되었다. 따라서 수학은 주로 무역, 항해, 천문학, 관측 등과 관련하여 상업도시에서 활발하게 연구되었다.

우리가 사용하고 있는 +, −기호는 비트만이 1489년에 출간한 산술책에 처음 나타났다. 여기서는 연산 기호로 사용된 것이 아니라, 과부족을 나타내는데 사용되었다. +, −기호는 1514년 독일 수학자 호이케가 쓴 책에서 처음 연산기호로 사용되었다.

16세기의 가장 큰 업적은 3, 4차 방정식의 대수적 해법의 발견일 것이다.

16세기의 가장 큰 업적은 이탈리아 수학자들에 의한 3, 4차 방정식의 대수적 해법의 발견일 것이다. 삼차방정식의 대수적인 해법이 발견되기 전에도 이를 해결하기 위한 많은 도전이 있었으며, 어느 정도는 성공을 거두었다. 예를 들면, 볼로냐 대학의 페로는 이차항이 없는 삼차방정식 $x^3+ax=b$꼴의 해법을 성공적으로 이끌었다. 삼차방정식의 일반 해법은 타르탈리아가 1541년에 발견하였다고 한다. 타르탈리아는 카르다노에게 해법을 절대 발설하지 않겠다는 맹세를 받고 해법을 알려 주었으나, 카르다노는 이를 어기고 1545년에 수학서인 '위대한 술법'이라는 책을 출간하면서 이 해법을 발표하였다. 이로 인해 타르탈리아는 역사에서 망각되었고, 삼차방정식의 해법의 발견은 카르다노의 이름으로 알려지게 되었다.

삼차방정식의 뒤를 이어 사차방정식의 해법이 카르다노의 제자인 페라리(*Ferrari*)에 의해 발견되었다. 이후, 오차 또는 그 이상의 고차방정식의 해법을 발견하려는 노력은 결국 아벨(N. H. Abel)에 의해 일반적으로 오차방정식과 그 이상의 고차방정식은 대수적으로 풀 수 없다는 사실로 입증되었다.

◎ 16세기에 비에트는 기호대수의 시대를 열었다.

16세기의 수학자 비에트(1540~1603)는 기호대수의 발전에 커다란 기여를 한 유명한 책인 '해석학 서설'을 출간하였다. 이 책에서 비에트는 미지의 량을 나타낼 때는 모음을, 기지의 량을 나타낼 때는 자음을 사용하는 예를 제시하였다. 오늘날과 같이 미지의 량을 나타낼 때에는 알파벳의 뒤의 문자($x$, $y$, $z$ 등)를, 기지의 량을 나타낼 때에는 알파벳의 앞의 문자($a$, $b$, $c$ 등)를 이용하는 관습은 1637년 데카르트에 의해서 소개되었다.

### (5) 근대 유럽의 수학

17세기는 수학의 역사에서 가장 빛나는 시기였다. 17세기 초에 네이피어는 로그를 고안하여 천문학, 항해, 무역, 공학 등 수치 계산이 중시되는 분야에서 빠르고 정확하게 계산을 수행할 수 있도록 하였다. 헤리엇(T. Harriot, 1560~1621)과 오트레드(W. Oughtred, 1574~1660)는 대수의 기호화와 체계화에 기여하였고, 갈릴레오(G. Galilei, 1564~1642)는 역학의 기초를 세웠으며, 케플러(J. Kepler, 1571~1630)는 행성의 운동법칙을 발견하였다.

17세기 후반에 데자르그(G. Desargues, 1593~1662)는 순수 기하학의 새로운 장을 열었고, 페르마(P. Fermat, 1606~1665)는 현대정수론의 기초를 확립하였으며, 파스칼(B. Pascal, 1623~1662)은 1653년에 수삼각형론을 출간하였는데, 이 책에 수삼각형을 만들었다. 17세기 유럽에서는 해석기하학, 미분적분학, 수리적 자연과학이 형성되었다. 해석기하학의 본질은 기하학적인 고찰을 그에 대응하는 대수적인 고찰로 바꾸는데 있다. 데카르트는 해석기하학을 이용하여 일반적인 경우의 문제를 풀 수 있는 새로운 전기를 마련하였다.

17세기 말에 주목할 만한 수학의 역사적 사실은 뉴턴(I. Newton,

1642~1727)과 라이프니찌(G. W. Leibniz, 1646~1716)가 만든 미적분학의 출현으로, 이로 인해 수학은 고등 수준으로 올라가게 되었다. 학교수학에서는 미분을 먼저 배우고 적분을 배우지만, 적분학의 착상은 미분학보다 먼저 시작되었다. 적분학의 착상은 면적, 부피, 호의 길이 등을 구하는 것과 관련하여 나타났으며, 그 기원은 고대 그리스까지 거슬러 올라가게 된다. 라이프니찌에 의한 미적분학의 기호 계산의 도입은 근대 이후의 수학 발전에 커다란 영향을 끼쳤다. 데카르트와 뉴턴 이후 유럽 수학의 중요한 특징은 자연과학에 대한 탐구와 직접적으로 결부된 수학이라는 점을 들 수 있다.

◎ 17세기 말에 뉴턴과 라이프니찌가 만든 미적분학이 출현하였다.

18세기 수학에 주요한 공적을 남긴 사람들은 베르누이, 드 무아브르, 테일러, 메클로린, 오일러, 라그랑주, 라플라스 등이 있다. 이들의 수학은 대부분 역학과 천문학 분야에 미적분학의 응용으로부터 시작하였다. 이와 같이 18세기의 수학은 새롭고 강력한 방법인 미적분학을 개발하는데 소요되었다.

**수학산책**

미분과 적분은 그 응용이 다양하여 생활 속의 여러 곳에서 활용되고 있다. 자동차의 순간 속도와 같이 변하고 있는 것을 연구하는 것이 미분이고, 유물의 발굴 과정에서 부서진 토기 조각을 모아 전체를 만드는 것이 적분이다. 병원에서 CT촬영을 하는 과정은 머리를 여러 부분으로 나누어 촬영한 뒤, 이 사진을 종합하여 머리의 내부 모습을 보는 것으로, 미분과 적분이 의학에 활용되는 대표적인 예이다.

### (6) 19세기 수학의 발달

이 시대의 유명한 수학자로는 가우스(C. F. Gauss, 1777~1855)를 들 수 있다. 1777년 독일에서 태어난 가우스는 18세기와 19세기에 걸쳐 위대한 수학자의 삶을 살았다. 그는 아르키메데스, 뉴턴과 더불어 3대 수학자로 손꼽히고 있다. 그 외에도 응용수학을 연구한 푸리에와 푸아송, 19세기 전반부의 위대한 해석학자인 코시(A. Cauchy, 1789~1857), 아벨(N. H. Abel, 1802~1829)과 갈루아(E. Galois, 1811~1832), 디클레리 함수로 유명한 디클레리(P. Dirichlet, 1805~1859) 등이 있다.

◎ 아르키메데스, 뉴턴, 가우스를 3대 수학자라 칭한다.

19세기 전반에 주목할 두 가지 혁명적인 수학적 발전이 일어났는데, 1829년에 유클리드 기하학과는 다르며 그 자체가 모순이 없는 비유클리드 기하학의 발견이고, 1843년 실수체계를 바탕으로 한 대수와는 다른 대수의 발견이 그것이다.

대수학은 산술을 기호화한 것이다.

19세기 초의 대수학은 산술을 기호화한 것으로, 산술에서 특수한 수를 계산하는 대신에 문자를 사용하게 되었다. 덧셈의 교환법칙과 결합법칙, 곱셈의 교환법칙과 결합법칙, 덧셈에 대한 곱셈의 분배법칙과 같은 다섯 개의 양의 정수에 대한 성질은 전혀 다른 체계의 원소의 성질로 간주될 수 있다. 이 다섯 가지 기본 성질은 특수한 유형의 대수적 구조에 대한 공준으로 간주될 수 있고, 이 공준에 의해 만들어진 정리는 다섯 가지 기본 성질을 만족시키는 어떤 해석도 적용될 수 있다. 이런 면에서 대수학은 전형적인 가설-연역적 학문이 된 것이다.

피코크는 산술대수 법칙의 기호대수로의 확장을 형식불역의 원리라고 불렀다.

대수학의 현대적 관점의 출발은 피코크(G. Peacock, 1791~1858)의 논문에서 나타났다. 그는 산술대수(arithmetic algebra)와 기호대수(symbolic algebra)를 구별하고, 산술대수를 일정한 양의 십진수를 나타내는 기호와 덧셈, 뺄셈과 같은 연산기호를 이용하여 얻어지는 학문이라고 하였다. 산술대수에서 뺄셈 $a-b$는 $a>b$이어야 하듯이, 어떤 연산은 그 적용성이 제한된다. 그러나 기호대수는 그러한 제한을 받지 않는다는 면에서 산술대수와 구별된다. 피코크는 산술대수 법칙의 기호대수로의 확장을 형식불역의 원리(principle of the permanence of equivalent forms)라고 불렀다. 형식불역의 원리는 수학에서 강력한 개념으로 간주되었고, 복소수 체계에서 산술의 초기 발견과 양의 정수의 지수로부터 보다 일반적인 수의 지수로 지수법칙을 확장하는 것 등에서 중요한 역할을 하였다.

**수학산책**

기존의 수 체계에서 인정된 성질이 유지되도록 수 체계를 확장하고 연산과 관계를 확장하듯이, 기본적인 성질이 유지되도록 대수적 구조를 확장하는 것을 '형식불역의 원리'라고 한다. 이것은 방정식에서 미지의 것을 $x$라 놓고, 기존의 수의 연산 법칙을 적용하여 해를 구하는 기본 원리의 바탕이 된다.

### (7) 현대의 공리적 수학

20세기의 수학 연구의 많은 부분은 주제의 논리적 기초와 구조를 점검하는데 전념하였다. 많은 수학의 기본 개념이 발전되고 일반화되었으며, 집합론, 추상대수학, 위상수학과 같이 순전히 기본적인 분야가 발달하였다. 19세기 말에 체계화된 칸토르(G. Cantor; 1845~1918)의 집합론은 수학을 공리와 구조라는 거대한 건축물로서 현대수학으로 유도하였으며, 실무한의 수학적 취급에 기초를 두어 초한수 이론을 발전시키고 초한수 계산법을 만들었다.

집합론이 부딪힌 역설을 해결하고자 하는 노력으로 주어진 가정으로부터 결론을 얻어내는 논리 자체를 엄밀히 검토하게 되어 수리 논리가 등장하였다. 논리와 철학 사이의 결합은 다양한 수리철학의 주요 학파로 발전하였다. 수리철학은 오랫동안 축적되어 온 수학적 지식의 혼돈 상태에서 벗어나 의미와 규칙을 찾는 시도이다. 현대의 주요 수리철학의 학파로는 러셀(B. Russell, 1872~1970)과 화이트헤드(A. N. Whitehead, 1861~1947)가 주요 개척자인 논리주의, 브로워(L. E. J. Brouwer, 1882~1966)가 이끄는 직관주의, 힐베르트(D. Hilbert, 1862~1943)의 형식주의가 있다. 그러나 어느 학파도 완벽한 수학적 기초를 확립하지는 못하였다.

◎ 집합론이 부딪힌 역설을 해결하려는 노력으로 논리주의, 직관주의, 형식주의가 나타났다.

**수학산책**

짝수의 개수는 얼마나 될까? 무한히 많을 것이다. 그렇다면 홀수의 개수는 얼마나 될까? 홀수도 역시 무한개 있다. 그럼, 짝수와 홀수로 이루어진 자연수의 개수는 어떤가? 무한개일 것이다. 그런데 자연수는 짝수와 홀수로 구성되어 있다. 부분인 짝수와 홀수의 개수가 그 전체인 자연수의 개수와 같은 것이다. 이것이 무한에서 성립하는 원리이다.

## 1-6. 세계 수학교육의 흐름

### (1) 수학교육 근대화 운동

수학의 역사는 인류의 역사와 더불어 시작되었지만, 학교수학에 관심을 가지고 체계적인 수학교육의 모습을 갖추기 시작한 것은 19세기 말이었다. 19세기 말 근대 사회에서 고전적 교양 교육과 생활 준비로서 교육이 대립되기 시작하였고, 20세기에 들어오면서 수학교육계에서도 당시의 시대적 상황과 사회적 요구에 부합하는 수학교육의 필요성을 인식하고 수학교육을 개선하려는 움직임이 일어났는데, 이러한 움직임을 '수학교육 근대화 운동'이라고 한다.

◎ 수학교육 근대화 운동

영국의 페리는 1901년 '수학의 교육(The Teaching of Mathematics)'이라는 제목의 강연에서 수학교육의 개혁을 주장하였다. 페리의 주장은 영국의 수학교육 개선에 크게 기여하였고, 독일과 미국 등 다른 나라 수학교육 근대화 운동의 기폭제가 되었다. 독일의 클라인은 1893년경부터 체계적인 수학교육 개혁 운동에 착수하였는데, 함수 개념의 함양과 공간 관찰력의 함양을 수학교육에서 가장 강조해야 할 것으로 주장하였다.

독일에서 클라인은 1905년에는 메란(Meran) 교육과정을, 1908년에는 메란 교육과정에 따른 함수 개념이 처음으로 도입된 교과서를 출판하였다. 교육과정과 교과서로 구체화된 클라인의 수학교육 개혁 운동은 이후 독일의 중등교육에 큰 영향을 미쳤다.

**수학산책**

국제수학교육대회(ICME; International Congress on Mathematical Education)는 전 세계 수학교육자들이 한 자리에 모여 수학교육을 논의하는 것으로, 4년 주기로 열려 수학교육 올림픽으로도 불린다. 이 대회는 1969년 프랑스 리옹을 시작으로 미국, 영국, 독일 등 주요 선진국에서 번갈아서 개최됐으며, 아시아에서는 2000년 일본 도쿄에 이어 대한민국 서울에서 2012년에 ICME-12가 개최되었다. 이 대회에서는 수학교육 분야 최고의 상으로 불리는 두 가지 상을 수여하는데, 수학교육에 공로를 남긴 학자에게는 'Felix Klein medal'을 수학교육 분야에서 뛰어난 연구 업적을 남긴 학자에게는 'Hans Freudenthal medal'을 수여한다.

미국에서 수학교육 근대화 운동은 1902년 무어의 '수학의 기초에 관하여(On the Foundation of Mathematics)'라는 강연으로부터 시작되었다. 무어는 구체적인 사실과 직접 관련지을 수 있도록 아이의 관찰, 실험, 추리의 힘을 육성하는 수학교육을 주장하였다.

◎ 수학교육 근대화 운동은 수학교육의 중요성 부각, 학교 수학의 내용의 충실화 노력, 수학의 실용성과 아이들의 심리적 측면을 고려하였다.

20세기 초에 일어난 수학교육 근대화 운동은 수학교육의 중요성을 크게 부각시켰으며, 학교 수학의 내용을 충실하게 하기 위한 체계적인 노력을 시작하였다는 점에서 큰 의미를 찾을 수 있다. 또한 수학의 실용적 측면을 부각시켰고, 아이들의 심리적 측면을 고려하였다는 점에서도 의미가 있다.

### (2) 수학교육 현대화 운동

◎ 수학교육 현대화 운동은 현대 수학의 내용과 방법을 조기에 도입하였다.

제2차 세계 대전 후 과학 기술의 발달에 따른 변화에 대응하기 위해 수학교육 개혁의 필요성이 요구되었다. 특히 1957년 10월 4일에 구 소련의 인공위성 스프트니크 1호의 발사 성공에 자극 받은 미국과 유럽은 획기적인 개혁 운동을 전개하였는데, 이를 '수학교육 현대화 운동', 또는 '새수학 운동'이라고 한다.

수학교육 현대화 운동의 방향은 현대수학의 내용과 방법을 조기에 과감히 도입한다는 것을 들 수 있다. 특히 집합, 함수, 확률, 대수적 개념 등과 이와 관련된 용어, 기호 등을 과거에 비해 일찍 도입해야 한다는 것이다. 그리고 대수적 구조를 강조하고, 논리적 엄밀성을 강조하였다.

수학교육 현대화 운동은 '어떤 교과든지 지적으로 올바른 형식으로 표현하면 어떤 발달 단계에 있는 어떤 아이에게도 효과적으로 가르칠 수 있다'는 브루너(Bruner)의 이론에 의해 지지를 받았으며, 이 이론은 현대화 운동이 세계적으로 파급되는 데 결정적인 역할을 하였다. 그렇지만, 수학교육 현대화 운동은 급진적인 개혁, 아이들의 발달 단계와 부합하지 않는 조급한 추상화와 형식화, 준비되지 못한 교사 재교육 등으로 많은 부작용을 초래하였다. 결과적으로 새수학 운동으로 인해 아이들의 이해가 저조하고 기본적인 계산 능력마저 저하되어 1970년대에는 '기본으로 돌아가자(The Back-to-Basics Movement)'는 운동이 촉발되었다.

### (3) 기초·기본으로 돌아가자 운동

수학교육 현대화 운동에 대한 비판의 결과, 의미 있는 학습이 이루어지지 못했을 뿐만 아니라, 아이들의 기초적인 계산 능력마저도 저하되었다는 주장이 팽배해졌다. 이에 아이들의 발달 단계를 고려하여 기초·기본(basics 또는 basic skills)을 찾아 교재로 재구성하자는 움직임이 대두되었다.

이 운동에서는 행동적 목표를 강조하였고, 필산과 함께 소비자 수학을 강조하였다. 이 운동으로 인해 진급을 위한 최소 학력 기준을 설정하게 되었고 어느 정도 성공을 거두었으나, 우수한 아이들의 학력은 오히려 더 낮아졌으며, 응용력과 문제해결 능력도 감소되는 문제가 발생하였다.

◎ 기초·기본을 강조한 수학교육은 행동적 목표를 강조하였고, 필산과 소비자 수학을 강조하였다.

### (4) 1980년대의 수학교육

1980년대의 수학교육에서는 문제해결을 강조하였다. 또한 수학 학습 수준 이론이 크게 주목을 받았던 시대도 1980년대였다. 1980년에 NCTM(1980)은 '1980년대의 학교수학을 위한 권고'에서 문제해결(problem solving)이 1980년대 수학교육의 초점이 되어야 한다고 주장하였다. 그 이래 수학교육은 세계적으로 문제해결을 강조하게 되었다. 폴리아(Polya)는 수학교육에서 문제해결을 논의의 대상으로 부각시킨 최초의 인물이었다. 문제해결 연구가 활발해

◎ 1980년대의 수학교육에서는 문제해결과 수학 학습 수준 이론이 주목을 받았다.

지면서 문제해결과 관련된 연구도 활발하게 진행되었는데, 문제해결 자체와 문제만들기(problem posing) 등에 대한 연구가 그것이다.

◎ 반힐레의 기하 학습 수준 이론

1980년대에는 네델란드의 반힐레(Dina van Hiele Geldo와 Pierre Marie van Hiele) 부부의 기하 학습 수준 이론이 크게 각광을 받았다. 반힐레 부부의 기하 학습 수준 이론에 관한 최초의 논문은 1955년에 발표되었다. 그러나 이 이론이 세계적으로 알려지게 된 것은 1980년대이다. 반힐레 부부는 기하학을 가르치면서 아무리 애써서 설명해도, 또 아이들은 아무리 최선을 다해도 이해하지 못하는 그런 때가 있음을 알았다. 그러나 적당한 때가 오면, 아이들이 쉽게 이해하는 것을 보았다. 반힐레 부부는 이에 대한 이유를 생각해 보는 과정에서 기하 학습에는 서로 다른 5개의 수준이 있다는 것을 제시하였는데, 이것이 기하 학습 수준이론이다.

### (5) 1990년대의 수학교육

◎ 1990년대의 수학교육은 NCTM 규준과 구성주의의 시대라고 할 수 있다.

1990년대 수학교육의 방향을 선도한 것은 NCTM의 '규준(Standards)'이라 할 수 있다. 그러나 '구성주의(constructivism 또는 constructivist view)'라고 하는 수학교육 철학이 그에 못지않게 1990년대를 지배하였다. 1986년 NCTM은 교육과정(K–12)과 아이들의 성취도 평가와 관련된 규준을 작성하여 1989년 3월에 '학교수학을 위한 교육과정과 평가 규준(Curriculum and Evaluation Standards for School Mathematics)'이라는 이름으로 발표하였다. 이 규준에는 향후 10년간 교육과정에 포함되어야 할 우선적인 내용과 강조점에 대한 비전 및 1990년대 학교수학이 지향해야 할 새로운 정신의 요지로서 수학 학습 목표 5가지를 다음과 같이 제시하고 있다.

- 수학의 가치를 이해할 수 있어야 한다.
- 수학을 행하는 자신의 능력에 대해 확신을 가져야 한다.
- 수학 문제의 해결자가 되어야 한다.
- 수학적으로 의사소통하는 것을 배워야 한다.
- 수학적으로 추론하는 것을 배워야 한다.

◎ 수학적 소양

이러한 목표는 아이들이 문제해결을 위해 수학적 방법을 다양하게 사용하는 능력뿐 아니라, 탐구하고, 추측하고, 논리적으로 추론하는 능력

즉, 수학적 소양(mathematical literacy)을 갖추게 할 것을 의도하고 있다.

구성주의가 수학교육 분야에서 논의의 대상이 된 것은 비교적 최근의 일이다. 그러나 구성주의는 최근에 갑자기 출현한 이론이 아니라, 인식론의 발달과 함께 끊임없이 진화·형성되어 오다가 1960~70년대를 거치면서, 그 이론적 체계를 갖추게 된 것이다(박영배, 1996). 구성주의는 '구성'의 의미를 어떻게 해석하느냐에 따라 다음의 세 가지로 구별될 수 있는데, 2장에서 자세히 알아보기로 한다.

- 조작적 구성주의(operational constructivism)
- 급진적 구성주의(radical constructivism)
- 사회적 구성주의(social constructivism)

### (6) 21세기의 수학교육

◎ 21세기의 수학교육은 NCTM 규준과 현실주의 수학교육의 시대이다.

2000년대 수학교육의 방향은 NCTM의 '학교 수학을 위한 원리와 규준(*Principles and Standards for School Mathematics*)'이라 할 수 있다. 또, 현실적 수학교육이 2000년대에 세계적으로 주목받고 있다.

2000년대의 수학교육을 선도하기 위해 2000년에 NCTM이 발표한 '학교 수학을 위한 원리와 규준'은 1989년에 발표한 '학교수학을 위한 교육과정과 평가 규준'을 대체하는 것이었다. 이 원리와 규준에서는 수학의 교수·학습을 위한 원리로 공평, 교육과정, 교수, 학습, 평가, 테크놀리지의 원리와 같은 여섯 가지를 제시하고 있다. 또한 수와 연산, 대수, 기하, 측정, 그리고 자료 분석과 확률의 다섯 개 내용 규준과 문제해결, 추론과 증명, 의사소통, 연결성, 그리고 표현의 다섯 개 과정 규준을 제시하고 있다.

현실적 수학교육(RME, realistic mathematics education)은 1970년대 초부터 네델란드에서 프로이덴탈(Hans Freudenthal, 1905~1990)의 아이디어를 지지하는 사람들이 30여 년 간 연구·실행해 온 수학교육 개혁 운동이라 할 수 있다. 현실적 수학교육은 수학교육의 이론과 실제를 이상적으로 조화시킴으로써, 2000년대 들어 세계적인 관심을 받고 있다. 현실적 수학교육이라는 이름은 트레퍼스(Adrian Treffers)가 수평적 수학화와 수직적 수학화를 모두 강조하는 수학교육을 '현실적(realistic)'이라고 한 것에서 비롯되었다(Treffers, 1987).

◎ 수평적 수학화
수직적 수학화

수학화(mathematizing)는 현실(reality)을 적절히 손질하여 어떤 새로운 것으로 조직해 내는 조직화 활동을 의미한다. '점진적인 수학화'란 수학화가 점진적(progressive)으로 심화되어짐을 시사한다. 이 과정에서는 무엇보다도 일상적 현실을 수학화하는 것에 목표를 두어야 한다. 현실적 수학교육에서 중요한 것은 단순히 아이들의 현실 세계에서 시작한다는 것뿐만이 아니라, 수업 상황 자체가 아이들의 체험의 일부(현실화)가 되도록 하는 것이다. 현실적 수학교육은 실세계와의 연결을 넘어, 아이들의 마음속으로 현실적인 것으로 받아들여지게 하는 것을 강조하고 있기에 '현실적'인 것이다.

## 1-7. 우리나라 수학과 교육과정의 변천

◎ 우리나라는 국가 수준의 교육과정이 문서로 존재하며, 모든 초,중,고등학교는 국가 수준의 교육과정에 의해 운영되고 있다.

우리나라에는 '국가 수준의 교육과정'이 문서로 존재하며, 모든 초·중·고등학교는 교육과정에 의해 운영되고 있다. 우리나라는 2015년 9월에 '2015 개정 교육과정에 따른 수학과 교육과정'을 공표함으로써, 해방 이후 10번에 걸쳐 고시된 교육과정 문서를 가지게 되었다. 〈표 1-1〉은 우리나라 수학과 교육과정의 발달 과정과 특징을 제시한 것이다. 이를 중심으로 각 교육과정의 특징을 알아본다.

〈표 1-1〉 우리나라 수학과 교육과정의 발달 과정과 특징

| 기별 | 공포 (고시) | 주 요 특 징 |
|---|---|---|
| 교수 요목기 | 1946. 3. | • 가르칠 주제(교수요목)를 열거<br>• 해방 전의 교육 내용 답습<br>• 내용이 어렵고 과다 |
| 제1차 | 1955. 8. | • 경험 중심 교육과정, 생활 단원 학습<br>• 수학 용어의 한글화 |
| 제2차 | 1963. 2. | • 교과 중심, 수학의 계통성 중시<br>• 기초 학력 배양 |
| 제3차 | 1973. 2. (초)<br>1973. 8. (중)<br>1974. 12. (고) | • 학문중심교육과정, 현대화 운동의 정신 반영<br>• 수학 내용의 조기 도입<br>• 수학적 구조와 엄밀성 강조 |
| 제4차 | 1981. 12. | • 수학 교육 현대화 운동의 반성<br>• '기본으로 돌아가기' 정신의 반영<br>• 학습 부담 경감을 위한 학습 내용 축소 |

| 기별 | 공포 (고시) | 주요특징 |
|---|---|---|
| 제5차 | 1987. 6. (초)<br>1987. 3. (중)<br>1988. 3. (고) | • 문제해결력의 강조, 기초 학력 배양<br>• 학습 부담 경감을 위한 학습 내용 축소 |
| 제6차 | 1992. 9. (초)<br>1992. 6. (중)<br>1992. 10. (고) | • 문제해결력의 강조<br>• 다양한 교수·학습 및 평가 방법 권장<br>• 계산기와 컴퓨터 활용 권장<br>• 학습 부담 경감을 위한 학습 내용 축소 |
| 제7차 | 1997. 12. | • 수준별 교육과정(단계형, 과목 선택형)<br>• 학습 부담 경감을 위한 학습 내용 축소<br>• 고등 사고 능력의 신장 |
| 2007 개정 | 2007. 2. | • 현실 적합한 수준별 수업 방안 구축<br>• 학습 내용의 적정화<br>• 수학적 사고력 신장 강조<br>• 수학의 가치 제고와 정의적 측면 강조 |
| 2009 개정 | 2011. 8. 9 | • 창의성과 인성 강조<br>• 학년군제 도입<br>• 수학적 과정 도입<br>• 학습내용의 적정화 |
| 2015 개정 | 2015. 9. 23 | • 6가지 교과 역량 강조<br>• 학습부담 경감 실현<br>• 학습자의 정의적 측면 강조<br>• 실생활 중심의 통계 내용 재구성<br>• 공학적 도구의 활용 강조 |

### (1) 교수 요목기

1945년 8월 15일 광복을 맞아 10월에 각급 학교가 개교하였으나, 우리 고유의 교육법이나 교육과정이 없었다. 따라서 군정청 학무국에서는 '교수요목

◎ 교수요목은 지도해야 할 수학 내용만을 간추려 제시한 것이다.

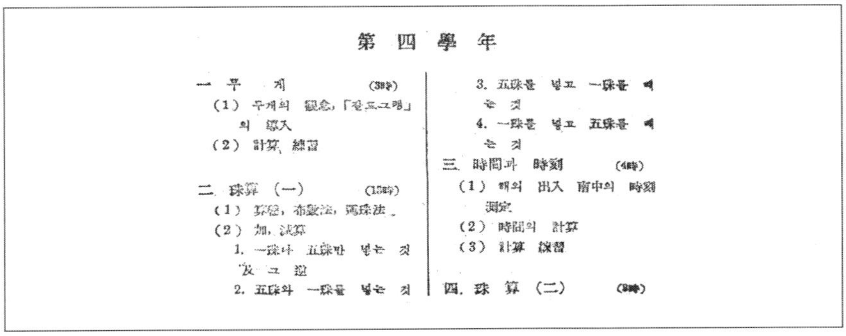

第 四 學 年

一 무 게 (3時)
(1) 무게의 觀念, 「킬로그램」의 導入
(2) 計算, 練習

二. 珠算 (一) (15時)
(1) 珠算, 布數法, 置珠法
(2) 加, 減算
1. 一珠나 五珠만 넣는 것 及 그 逆
2. 五珠와 一珠를 넣는 것
3. 五珠를 넣고 一珠를 떼는 것
4. 一珠를 넣고 五珠를 떼는 것

三. 時間과 時刻 (4時)
(1) 해의 出入 南中의 時刻 測定
(2) 時間의 計算
(3) 計算 練習

四. 珠算 (二) (8時)

[그림 1-10] 교수요목의 4학년 학습 내용 예시

제정 위원회'를 조직하였으며, 1946년 3월 학교에서 지도해야 할 수학 내용만을 간추려 교육과정 성격의 문서를 제정하여 9월 1일부터 시행하였다. 교수요목기와 관련하여 주목할 만한 사실은 초등학교의 교과 명칭이 '산수'에서 '셈본'으로 바뀌었다는 점이다.

교수요목에는 포괄적인 주제만 열거되어 있어 구체성이 부족하였으며, 수학적 체계와 계통이 제대로 확립되어 있지 않았지만, 1955년 제1차 교육과정이 제정될 때까지 10년간 사용되었다.

### (2) 제1차 수학과 교육과정

제1차 교육과정은 1954년 4월 공포된 '교육과정 시간 배당 기준령'과 1955년 8월 공포된 초·중·고·사범학교 '교과과정'을 말한다. 이 교육과정은 우리가 만든 최초의 체계적인 교육과정으로 법령상 명칭은 '교과 과정'이라 하였다. 제1차 교육과정은 듀이(Dewey)의 실용주의 사상의 영향을 받아 실생활에서의 실용성이 매우 강조되었다. 따라서 이 시기의 교육과정은 사회적, 경제적, 문화적 생활과 관련된 상황과 문제를 수학적으로 해결하려는 생활 경험을 강조하는 방향으로 교육과정을 구성하여 '생활 단원 학습기'라고도 한다. 이 시기의 또 다른 특징은 '나란히꼴(평행사변형)', '나란히금(평행)', '맞모금(대각선)', '맞선꼴(대칭형)', '돌림체(회전체)', '펼친그림(전개도)', '모기둥(각기둥)' 등과 같이, 수학 용어를 한글화하려는 시도를 했다는 것이다.

### (3) 제2차 수학과 교육과정

제2차 교육과정은 시간적 여유를 가지고 만들어진 우리나라의 합리적이고 현대적인 교육과정이었다. 이 교육과정은 이전의 생활 중심을 과감하게 탈피하여, 수학 본연의 계통과 이론적 계열성을 강조하는 교과 중심 교육과정이라는 특징을 가지고 있다. 제2차 교육과정은 수학의 계통을 중시한다는 점에서는 성공했으나, 수학교육 현대화 운동이라는 그 당시의 세계적인 수학교육의 조류를 반영하지 못하였다는 단점을 가지고 있었다.

### (4) 제3차 수학과 교육과정

수학 교육 현대화 운동은 1950년대 초부터 미국을 비롯한 여러 나라에서 시작되어 1960년대 수학교육의 흐름을 이끌었다. 그러나 우리나라에서는 당시 새 수학의 구체적인 내용을 파악하지 못하였으며, 1970년을 전후하여 수학 교육 현대화 운동의 본격적인 내용이 SMSG(School Mathematics Study Group) 교재를 통해 국내에 전파되어 제3차 교육과정에는 '새 수학'의 내용을 적극적으로 반영하였다.

◎ 제3차 교육과정에는 새 수학의 내용을 적극적으로 반영하였다.

제3차 교육과정 개정의 기본 방향은 수학적 구조의 강조, 집합 개념을 토대로 한 수학 내용 전개, 수학의 논리적 엄밀성 강조, 현대 수학의 발전에 따른 교재의 재구성, 응용 면이 넓은 교재의 조기 도입 등으로 요약할 수 있다. 제3차 교육과정은 '새 수학' 운동의 영향을 많이 받았기 때문에 수학적 구조와 엄밀성을 강조하였고, 현대수학과 응용수학의 내용이 비교적 조기에 도입되었으며, 집합은 대표적인 현대 수학적 개념으로 학교 수학의 근간을 이루는 개념으로 자리 잡게 되었다. 제3차 교육과정은 각 영역에서 학습할 내용과 용어와 기호를 제시함으로써 교육과정에 제시된 내용의 수준을 분명히 파악할 수 있도록 하여 수학과 교육과정 문서의 체계가 어느 정도 정립되었다.

### (5) 제4차 수학과 교육과정

제3차 수학과 교육과정은 수학 내용의 조기 도입이나 지나치게 수학적 엄밀성을 강조하는 경향 등으로 인해 시행 초기부터 많은 문제점이 노출되었다. 이에 세계적인 '기초와 기본으로 돌아가자'는 운동과 같이, 1970년대 중반부터 제3차 교육과정에 대한 비판이 대두되기 시작하여 제4차 교육과정 개정에 이르게 되었다.

◎ 제4차 교육과정에는 문제해결력의 강조와 교육내용 적정화 작업이 시작되었다.

제4차 수학과 교육과정은 새 수학의 정신을 유지하되, 수학적 구조와 논리적 엄밀성의 무리한 강조를 지양하고, 일상생활의 여러 가지 현상을 수리적으로 생각하는 경험을 통하여 문제해결력의 계발에 중점을 두었다. 그리고 제4차 교육과정에서는 지나치게 수준이 높았던 내용을 삭제하거나 경감하여(우리나라의 경우에 교육내용 적정화 작업의 시작) 아이들의 지적 발달 수준에 적절하게 학습 내용을 재조직하였으며, 수학적으로 엄밀한 용어나 기호의 사용을 완화하였다. 또한 학년 간, 학교급 간의 중복되는 나선형식 교재 구성을 탈피하고, 단계적 교재를 구성하여 기본 개념을 보다 철저하게 이해시키도록 하였다.

한편 교육과정의 문서에서 지도 및 평가상의 유의점을 '지도'와 '평가'의 항목으로 구분하여 진술함으로써 이전의 교육과정과 비교할 때, 지도 및 평가상의 유의점이 강조되었다.

### (6) 제5차 수학과 교육과정

제5차 교육과정은 제4차 교육과정의 운영에서 나타난 문제점을 수정·보완하고 꼭 개선해야 할 부분만을 개정하는 것을 기본 원칙으로 하였기 때문에 이전의 교육과정 개정과 비교할 때 변화의 폭이 크지 않다. 제5차 교육과정 개정에서 추구한 가장 핵심적인 사항은 문제해결력의 신장이었는데, 미국 수학 교사 협의회(NCTM)에서 제안한 '1980년대는 문제해결이 학교 수학의 초점이 되어야 한다는 것'에 기인하였다.

문제해결 이외에 제5차 교육과정 개정의 기본 방향으로는 정의적 목표의 강조, 최소의 필수 기본 지식 및 기능의 정선, 수학적 활동의 강화, 대다수 아이를 위한 수학 교육, 학교 수학의 유용성과 적용 가능성의 강조, 학습자 개개인의 경험, 욕구, 흥미 중시 등을 꼽을 수 있다. 또한 교육과정의 지도상의 유의점에서 발문의 역할을 언급하고, 평가상의 유의점에서 정의적 목표와 문제해결력의 평가에 대하여 언급한 것도 특징이라고 할 수 있다.

### (7) 제6차 수학과 교육과정

제6차 교육과정 개정은 제5차 교육과정의 기본 구조를 가능한 한 그대로 유지하면서 문제점을 보완한 것이므로, 전면적인 개정이라기보다는 부분적인 개정이라고 할 수 있다. 제6차 교육과정은 제4차와 제5차 교육과정에서 강조하였던 문제해결력에 대하여 그 전략이나 방법 등을 명시함으로써 보다 구체화하였으며, 교수·학습 및 평가 방법을 개선하고 정보화 사회에 적응하기 위한 수학교육을 실시한다는 개정의 필요성을 염두에 두고 개정되었다.

제6차 교육과정의 특징적인 부분으로 꼽을 수 있는 것은 문제해결력의 강조, 수학 내용의 정선과 기초 학습 능력의 강화, 컴퓨터의 활용, 다양한 교수·학습 및 방법 활용 등이다. 그리고 초등학교의 경우 제6차 교육과정에서 교과의 명칭이 '산수'에서 '수학'으로 바뀌었는데, 이는 단순히 계산 위주의 교수·학습이 아님을 분명히 하기 위한 것으로, 세계적인 추세에 따른 것이다.

◎ 제6차 교육과정에서 교과명이 산수에서 수학으로 바뀌었다.

### (8) 제7차 수학과 교육과정

제7차 수학과 교육과정에서는 초등학교 1학년부터 고등학교 1학년까지 10년간의 교육과정을 국민 공통 기본 교육과정으로, 고등학교 2, 3학년을 선택 중심 교육과정으로 구분하여 제시하였다. 국민 공통 기본 교육과정에서는 10년 동안을 10개의 단계와 각 단계에 대한 2개의 하위 단계로 구성하여 모두 20개의 단계를 운영하였다.

제7차 수학과 교육과정에서는 기존의 〈학년-학기〉 대신 〈1-가 단계〉, 〈1-나 단계〉, …, 〈10-가 단계〉, 〈10-나 단계〉와 같이 〈단계-하위 단계〉의 명칭을 사용하였고, 단계간의 내용 체계나 연결에서 중복이나 단절을 피하고 연속적이고 점진적인 전개가 되도록 내용을 조직하였다.

특히 수학과의 경우에 단계형 수준별 교육과정으로 운영하도록 하여, 학습자의 학습 능력 수준과 요구에 대응하는 차별적, 선택적 교육을 제공한다는 데 근본적인 의의를 두었다. 아이들의 수준 차이에 적극적으로 대처한다는 단계형 수준별 교육과정의 아이디어를 구현하기 위하여 각 단계의 영역별로 제시된 심화 과정은 기본 과정을 성공적으로 학습한 아이들이 발전적으로 학습할 수 있는 내용으로, 기본 과정에서 습득한 지식을 실생활에 활용하는 다양한 방법을 찾아보거나, 문제해결력의 배양과 관련된 내용이 주류를 이루었다. 그러나 심화 과정의 내용이 상위 단계에서 학습할 수학적 개념, 원리, 법칙을 미리 도입하거나 탐구하게 해서는 안 된다는, 즉 심화 과정이 속진의 의미나 난이도상의 심화로 해석되어서는 안 됨을 명시하였다.

◎ 제7차 교육과정은 단계형 수준별 교육과정으로 운영하여, 학습자의 학습 능력 수준과 요구에 대응하는 차별적, 선택적 교육을 제공한다는 데 의의를 두었다.

기본 내용을 중심으로 '심화 과정'과는 달리 '보충 과정'은 교육과정에 제시하지 않았는데, 보충 과정에 선정될 수 있는 내용은 아이의 수준에 따라 달라질 수 있기 때문이다. 그 대신 보충 과정에 해당하는 최소 필수 내용 선정 시 고려해야 할 사항이나 보충 과정 내용의 예시를 제시함으로써, 보충 과정 내용을 선정하는 데 도움이 되도록 하였다. 한편, 제7차 교육과정의 1단계부터 10단계 수학을 '수와 연산', '문자와 식', '규칙성과 함수', '확률과 통계', '도형', '측정'으로 영역 구분을 하고 내용을 체계화시켰다.

### (9) 2007 개정 수학과 교육과정

2007년 개정 교육과정[1]의 개정의 기본 방향은 제7차 교육과정의 기본 철학 및 체제 유지, 단위 학교별 교육과정 편성·운영의 자율권 확대, 국가·사회적 요구 사항의 반영, 교과별 교육 내용의 적정화 추진 등이다. 2006년에

1 2007년 2월 28일자로 개정 고시된 교육과정의 정식 명칭이 '2007년 개정 교육과정'이다.

개정 고시된 수학과 교육과정[2]은 2007년 개정 교육과정과 동일한 방향에서 개정이 추진되었다. 따라서 2006년 개정 수학과 교육과정에서는 이러한 개정의 기본 방향과 수학과 교육과정 개정의 필요성을 반영하여 개정의 기본 방향을 다음과 같이 설정하였다.

먼저, 제7차 교육과정의 체제를 유지하여 초등학교 1학년부터 고등학교 1학년까지는 국민 공통 기본 교육과정 체제로 편성·운영하고, 고등학교 2, 3학년은 선택 중심 교육과정으로 편성·운영하도록 하였다. 다음으로 국가 수준의 교육과정에서는 모든 아이들이 필수적으로 학습해야 할 수학과 교육 내용만 제시하고, 단위 학교에서는 각 학교 아이의 능력과 수준, 적성에 적합하게 수학과 교육 내용 및 방법을 재조직하여 지도할 수 있도록 수준별 수업의 편성·운영 권한을 각 학교에 부여하도록 하였다.

그리고 수학적 사고력 신장을 강조하여 귀납적 추론 및 논리적 추론 능력, 수학적 문제해결 능력, 의사소통 능력 신장 등을 강조하였고, 공학적 도구를 활용한 수업을 허용하였다. 특히 수학의 가치 제고와 정의적 측면을 강조하여 현실 세계에서의 수학의 역할과 유용성을 인식하도록 하고, 수학 학습에 대한 즐거움, 자신감, 흥미 등 긍정적인 수학적 태도를 배양하도록 하였다.

수학과 교육과정 개정의 주요 내용으로는 학교급별 특성을 고려하여 내용 영역 명을 변경하였는데, 초등학교의 경우에는 수와 연산, 도형, 측정, 확률과 통계, 규칙성과 문제해결을, 중등학교의 경우에는 수와 연산, 문자와 식, 함수, 확률과 통계, 기하를 들고 있다. 목표의 제시에서도 10년간 교육목표만 제시하던 방식에서, 초등학교, 중학교, 고등학교의 수학 교육의 초점을 고려하여 학교급별 목표를 제시하였고, 의사소통 능력 신장과 수학의 가치 이해 및 수학에 대한 긍정적 태도 신장을 추가하였다.

◎ 2007 개정 교육과정에서 학년, 학기가 다시 사용되었고, 학습 내용을 학년 단위로 제시하였다.

마지막으로 문서 체제의 개정 내용으로는 단계형 수준별 교육과정 개선에 따라 '단계' 대신 '학년', '학기'라는 용어를 사용하였고, 내용 영역을 단계(20단계) 단위로 제시하던 것에서, 학년(10개 학년) 단위로 제시하였다. 또한 심화 내용이 삭제되었고, 내용의 학년간 이동도 많이 이루어졌다.

2 수학 및 영어과 국민 공통 기본 교육과정은 2006년 8월 29일자로 개정 고시되었기 때문에 '2006 개정 교육과정'이라고 한다.

### (10) 2009 개정 교육과정에 따른 수학과 교육과정

2009 개정 교육과정 총론은 2009년 12월 23일 교육과학기술부 고시 제 2009-41호로 고시되었다. 이 교육과정은 초등학교 1학년부터 중학교 3학년까지의 공통 교육과정과 고등학교 1학년부터 3학년까지의 선택 교육과정으로 편성하고 있다. 선택 교육과정에서는 아이들의 기초영역 학습 강화와 진로 및 적성 등을 감안한 적정 학습이 가능하도록 4개의 교과 영역으로 구분하고, 필수이수단위를 제시하고 있다. 이에 따른 수학과 교육과정이 2011년 8월 9일에 교육과학기술부 고시 제 2011-361호로 고시되었다.

2009 개정 교육과정에 따른 수학과 교육과정의 배경 및 방향으로 수학 교과 내용 양의 20% 경감, 수학적 과정을 통한 수학적 창의성 강조, 교육과정 운영의 유연성 확보를 위한 학년군제 시행, 인성의 강조 등을 들 수 있다. 특히 수학적 과정은 문제해결, 의사소통, 추론으로 구성되며, 학습 내용 성취기준 및 교수·학습상의 유의점, 교수·학습 방법 등에 최대한 반영하고자 하였다. 이를 통해 미래사회에서 사회 구성원에게 필요한 핵심역량을 수학적 과정을 통해 길러주도록 의도하고 있다. 또 교육과정 운영의 유연성 확보를 위한 학년군제 시행은 초등학교 교육기간을 3개의 학년군으로 편성하여 아이의 발달 단계와 시기별 교육 중점을 강조하는데 초점을 두었다.

◎ 2009 개정 교육과정에 따른 수학과 교육과정에서는 수학적 과정을 통한 수학적 창의성 강조, 학년군제 시행, 인성을 강조하였다.

한편, 교육과정의 운영은 초등학교 1학년부터 중학교 3학년까지는 국민 공통 기본 교육과정 체제로 편성·운영하고, 고등학교는 선택 중심 교육과정으로 편성·운영하도록 하였다. 선택 교육과정의 교과목으로는 기초 과목으로 기초수학, 일반과목으로 수학Ⅰ, 수학Ⅱ, 확률과 통계, 미적분Ⅰ, 미적분Ⅱ, 기하와 벡터, 심화과목으로 고급수학Ⅰ, 고급수학Ⅱ를 제시하고 있다.

### (11) 2015 개정 교육과정에 따른 수학과 교육과정

2015 개정 교육과정은 초등학교 1학년에서 고등학교 공통 과목까지는 모든 아이들이 수학에 흥미와 자신감을 잃지 않도록 아이의 발달 단계와 국제적 기준(global standards)을 고려하여 학습내용의 수준과 범위를 적정화하였다. 그리고 이후에는 아이의 진로와 적성에 따른 맞춤형 교육과 수월성 추구가 이루어질 수 있도록 '실용 수학', '경제 수학', '수학과제 탐구', '심화 수학Ⅰ, Ⅱ' 등을 신설함으로써 선택 과목을 재구조화하였다. 아울러, 수학적인 논리적 사고력을 기르고 수학에 대한 흥미도를 높이기 위해 활동과 탐구 중심으로

교수·학습 방법을 제시하고, 수업 내용과 실제 평가와의 괴리가 발생하지 않도록 '평가 방법 및 유의 사항'을 신설하여, 교육과정을 벗어난 내용을 평가하지 않도록 안내함으로써 실질적인 학습부담 경감을 실현하고자 하였다.

◎ 자기관리 역량, 지식정보처리 역량, 창의적 사고 역량, 심미적 감성 역량, 의사소통 역량, 공동체 역량

한편, 2015 개정 교육과정은 창조경제 사회가 요구하는 핵심역량을 갖춘 '창의·융합형 인재'상을 제시하였다. 또한 이를 구체적으로 구현하기 위해 추구하는 인간상과 창의·융합형 인재가 갖추어야 할 핵심역량으로 자기관리 역량, 지식정보처리 역량, 창의적 사고 역량, 심미적 감성 역량, 의사소통 역량, 공동체 역량을 제시하였다. 이에 따른 수학과 교육과정이 2017년 9월 23일에 교육부 고시 제2015-74호로 고시되었다.

◎ 2015 개정 교육과정에 따른 수학과 교육과정에서는 교과 역량, 학습부담 경감 실현, 학습자의 정의적 측면, 실생활 중심의 통계 내용 재구성, 공학적 도구의 활용 등을 강조하였다.

2015 개정 교육과정에 따른 수학과 교육과정의 배경 및 방향으로 6가지 교과 역량 강조, 학습부담 경감 실현, 학습자의 정의적 측면 강조, 실생활 중심의 통계 내용 재구성, 공학적 도구의 활용 강조 등을 들 수 있다. 특히 수학 교과 역량은 교육과정이 추구하는 인간상과 창의·융합형 인재가 갖추어야 할 핵심역량에 비추어 문제해결, 추론, 창의·융합, 의사소통, 정보 처리, 태도 및 실천의 6가지로 구성되어 있다. 또 이 전 교육과정과 마찬가지로 교육과정 운영의 유연성 확보를 위한 학년군제를 시행하며, 초등학교 교육기간을 3개의 학년군으로 편성하여 아이의 발달 단계와 시기별 교육 중점을 강조하는데 초점을 두었다.

◎ 성취기준

특히 2009 개정 수학과 교육과정과는 달리 2015 개정 수학과 교육과정에서는 성취기준을 코드화하고 있는데, 성취기준이란 수학을 통해 아이들이 배워야 할 지식과 기능을 의미한다. 즉, 수학을 통해 배워야할 지식뿐만 아니라, 그 지식을 통해 할 수 있어야 할 수행능력(competency)을 나타낸다. 따라서 성취기준은 내용 요소나 지식, 기능이 결합된 형태로 기술되는데, 성취기준에 코드를 함께 제시하고 있다. 다음의 예를 살펴보면 성취 코드는 학년군 1자리, 교과목 명 앞 글자 1자리, 영역 2자리, 성취기준 2자리로 구성되어 있다.

[2수01-01] 0과 100까지의 수 개념을 이해하고, 수를 세고 읽고 쓸 수 있다.

| 0과 100까지의 수 개념을 | 이해하고, | 수를 | 세고 읽고 쓸 수 있다. |
|---|---|---|---|
| 내용 요소 | 기능 | 내용 요소 | 기능 |

# 단원 탐구문제

1. '나에게 수학이란?' 제목의 글을 쓰시오.

2. 수학을 배워야 하는 이유를 4가지 제시하시오.

3. 수학의 역사적 사실을 이용한 수학 학습 지도의 원리를 생각해 보시오. 그리고 지수법칙 $a^m \cdot a^n = a^{m+n}$에서 $m$, $n$이 자연수에서 정수, 유리수, 지수로 확장되는 원리를 설명하시오.

4. 2015 개정 교육과정에 따른 수학과 교육과정의 특징을 논하시오.

5. 다음은 2015 개정 교육과정에 따른 초등학교 수학과 교육과정의 목표이다. 이에 대한 설명으로 옳지 않은 것을 고르면?

> (1) 생활 주변 현상을 수학적으로 관찰하고 표현하는 경험을 통하여 수학의 기초적인 개념, 원리, 법칙을 이해하고 수학의 기능을 습득한다.
> (2) 수학적으로 추론하고 의사소통하며, 창의·융합적 사고와 정보 처리 능력을 바탕으로 생활 주변 현상을 수학적으로 이해하고 문제를 합리적이고 창의적으로 해결한다.
> (3) 수학 학습의 즐거움을 느끼고 수학의 유용성을 인식하며 수학 학습자로서 바람직한 태도와 실천 능력을 기른다.

① (1)를 구현하기 위하여 수평적 수학화 하도록 한다.
② (2)의 의사소통 능력을 강조하는 배경은 수학 교실을 사회적 공동체로 바라보는 사회적 구성주의에 근거한다.
③ (3)에서 수학 학습자로서 바람직한 태도와 실천 능력을 기르는 것은 2015 개정 교육과정에 따른 수학과 교육과정에서 새롭게 강조된 내용이다.
④ 수학적 표현을 정확히 이해하고 사용하는 능력을 평가하는 수학 평가는 (2)에서 제시한 의사소통 능력의 평가와 관련 있다.
⑤ 2015 개정 교육과정에 따른 수학과 교육과정의 목표에서 강조된 것은 교과 역량이다.

6. 수학교육 근대화 운동의 의의를 4가지 제시하시오.

7. 수학의 추상성과 형식성을 수를 이용하여 설명해 보시오.

8. 사각형의 내각의 합이 360°임을 지도하려고 한다.

(1) 사각형의 내각의 합이 360°임을 귀납 추론과 연역 추론으로 입증하시오.

(2) 위 수업 목표를 달성하기 위한 귀납적 탐구 방법과 연역적 탐구 방법을 제시하시오.

9. 다음 문제를 읽고, 물음에 답하시오.

**[문제]** 다음과 같은 배열에서 빈칸에 올 것이 무엇인지 알아보시오.

♧, ♡, ♧, ♡, ♡, ♧, (        ),

(1) 빈칸에 올 것이 무엇이라고 생각합니까? 왜 그렇게 생각합니까?

(2) 이 문제를 해결하는데 이용된 문제해결 전략은 무엇입니까?

(3) 2015 개정 교육과정에 따른 수학과 교육과정에 제시된 교과 역량에 비추어 이 문제의 가치를 논하시오.

10. 바둑돌을 다음 조건에 맞도록 배열한다고 하자.

(1) 바둑돌은 가로로 서로 붙어있어야 한다.
(2) 위층의 바둑돌은 반드시 아래층 바둑돌 2개와 붙어있어야 한다.

위의 조건에 의하면 아래와 같은 경우는 잘못된 경우이다.

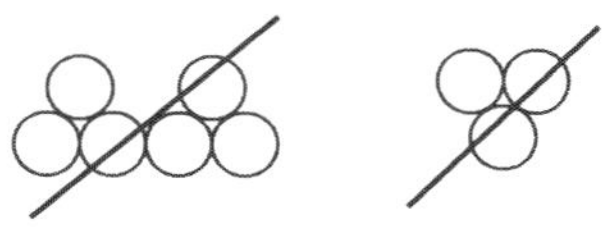

(1) 다음 표는 바둑돌이 1–4개일 때 조건에 맞게 배열하는 서로 다른 방법을 찾은 것이다. 바둑돌 5개를 배열하는 서로 다른 방법을 아래 빈칸에 그림으로 나타내고 가짓수를 구하시오.

| 개수 | 서로 다른 방법 | 가짓수 |
|---|---|---|
| 1 |  | 1 |
| 2 |  | 1 |
| 3 |  | 2 |
| 4 | 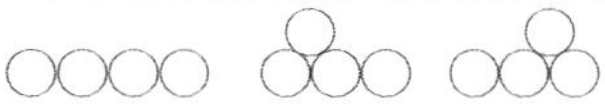 | 3 |
| 5 | | |

(2) 바둑돌 6개를 배열하는 서로 다른 방법은 몇 가지인지 예측해 보아라. 또, 가능한 경우를 그림으로 나타내어 자신의 예측이 맞는지 확인해 보시오.

(3) 바둑돌 7개를 배열하는 서로 다른 방법은 몇 가지인지 예측해 보아라. 또, 가능한 경우를 그림으로 나타내어 자신의 예측이 맞는지 확인해 보시오.

(4) 바둑돌이 6개일 때, 7개일 때 예측한 것이 맞았는가? 바둑돌이 점점 많아질 때 조건에 맞게 배열하는 방법이 몇 가지인지 귀납적으로 예측할 수 있는가? 이 예측이 옳은지 설명할 수 있는가?

(5) 위의 문제해결을 통해 알 수 있는 것에 대해 논하시오.

# 수학학습 심리학 02

## 이 장을 시작하면서

학교 수학을 비밀스러운 절차와 규칙의 모임으로 보는 관점과 규칙과 질서를 탐구하는 과학으로 보는 관점을 들 수 있다. 비밀스러운 절차와 규칙의 모임으로 보는 관점에서는 교과서에서 가르치고자 하는 것을 교사가 설명하고 연습문제로 넘어간다. 이 관점을 가진 교사는 가르칠 내용을 정해진 방법대로 충실하게 설명하고 안내하며, 수업의 초점은 주로 정답을 얻는 것이며, 아이들은 교사의 권위에 의해 풀이에 대한 답의 옳고 그름을 판단한다.

반면에, 규칙과 질서를 탐구하는 과학으로 보는 관점에서는 진정한 수학적인 활동이 가능하도록 이해와 탐구의 과정을 중시하며, 아이들은 수동적인 학습자가 아니라, 능동적으로 탐구하고 설명하고, 추측하며 정당화하는 과정을 따르게 된다. 규칙과 질서는 수와 방정식 같은 수학뿐만이 아니라, 자연, 예술, 건축물, 음악 등 여러 곳에서 발견할 수 있으며, 이 질서를 바탕으로 체제를 만들어 우리의 삶과 지식을 확장시켜 나가게 된다. 다음 수업 상황을 보고, 이 수업의 특징에 대해 토론해 보아라. 이 수업의 개선점은 무엇인지 얘기해 보아라.

- 선생님: $\frac{2}{3} \times \frac{2}{5}$ 를 구해보세요.
- 영 수: $\frac{4}{15}$ 입니다.
- 선생님: 어떻게 구했지요?
- 영 수: 분모끼리, 분자끼리 곱했습니다.
- 선생님: 왜 그렇게 구했나요?
- 영 수: (침묵) 그렇게 구하면 답이 나오는데요.

# 2장

# 수학학습 심리학

인간에 관한 과학적인 연구는 동물을 대상으로 하는 실험실 연구에서 비롯되었습니다. 20세기 초반에 Thorndike, Skinner와 같은 행동주의 이론가나 Wertheimer, Köller와 같은 형태 심리학을 배경으로 하는 인지심리학자들은 실험실에서 동물을 대상으로 인간의 학습 행위를 파악하려고 노력하였습니다. 이러한 학습이론들은 실험실에서 실시한 동물 실험으로부터 나온 이론에 불과했지만, 1950년대부터 교실 현장에 적용되기 시작하였습니다. 이 장에서는 수학교육의 심리학적 배경을 이루는 수학 학습 심리학자들과 그 이론에 대하여 알아보도록 합니다.

## 2-1. 행동주의 이론(자극-반응이론)

학습에 관한 행동주의적 접근 방식에서는 학습 결과로 나타나는 외현적인 행동 변화에 관심을 가지며, 학습이 이루어지는 상황이나 행동의 변화와 같은 인간의 학습에 관한 포괄적인 내용을 연구하였다. 행동주의 이론은 인간의 행동을 설명하는 가장 중요한 학습이론으로, 오늘날까지 수학교육에 큰 영향을 끼치고 있다.

행동주의 이론은 '경험의 결과로 나타나는 관찰할 수 있는 행동의 변화'라고 학습을 정의하고, 인간의 내부에서 일어나고 있는 변화 과정보다는 관찰 가능한 결과로서 행동에 초점을 맞추고 있다.

◎ 행동주의 이론은 관찰 가능한 결과로서 행동어 초점을 맞추고 있다.

행동주의 이론에서 학습은 자극과 반응의 연합에 의해 이루어진다고 보고, 자극(stimulus)은 학습자가 오감을 통해 환경으로부터 얻어지는 모든 것을 의미하며, 반응(response)은 자극으로 인해 얻어지는 행동을 의미한다. 행동주의에서는 인간을 환경에 의해 수동적으로 결정되고 반응하는 피조물로 보는 기계적인 인간관(mechanism)을 가지고 있다. 이러한 행동주의 이론은 미국의 학습이론을 발달시키는데 커다란 공헌을 했는데, 이를 대표하는 학자로는 Thorndike, Skinner 등을 들 수 있다.

손다이크(Edward Lee Thorndike: 1874~1949)는 특정한 자극과 자발적인 행동 사이의 연결에 중시하며 연결주의(connectionism)라고 불렸다. 그는 문제해결을 하는 행동들이 어떠한 것인지에 대해 학습자에게 다양한 반응을 해보면서 그중에서 문제를 성공적으로 해결한 반응이 학습된다는 것을 증명하였다(Resnick & Ford, 1981). 성공하기까지 다양한 반응을 해보며 그러한 시행착오 결과, 성공적인 결과를 가져다 준 반응이 도구가 되기 때문에 이를 도구적 조건형성(instrumental condition)이라 불렀다.

손다이크는 산술을 구성하는 특별한 본드들을 밝히고 명백히 하는 것이 중요하다고 하였다. 만약 이 본드들을 잘 조직하고 계열화할 수 있다면 보상된 연습은 본드들을 강화시키기 위한 효과의 법칙을 통해 산술에서 향상된 수행 능력을 기를 수 있다. 그렇지만 손다이크는 산술 기능 발달에 유익한 본드와 바람직하지 않은 본드를 구별하였다. 연속량으로서 수, 두 자리 수와 한 자리 수의 기본 덧셈, 나머지가 있는 나눗셈은 바람직한 본드이며, 임의 단위 11의 배수, 추상적이고 무의미한 계산 등에 대한 연습은 바람직하지 않은 본드이다.

손다이크는 막대기를 밀면 문을 열 수 있게 장치된 상자 안에 굶주린 고양이를 집어넣고 상자 밖에 먹이를 두었다. 상자 안의 고양이는 먹이를 먹기 위해 밖으로 나오려고 이리저리 뒹굴고 몸부림을 치다가 우연히 상자 안의 막대기를 밀어 밖으로 나와 먹이를 먹을 수가 있었다. 손다이크는 다시 그 고양이를 상자 안에 넣고 처음과 같은 상황을 다시 만들었는데 이를 여러 번 시행한 결과, 고양이가 막대기를 밀고 나오는 시간이 점차 줄어들었다. 실험에서 자극과 반응은 연합이 되고, 만족스러운 결과가 따라오면 결합의 강도는 증가하며 시행착오는 줄어들게 된다. 손다이크는 이러한 실험을 통해 인간에게 주어지는 외적인 사건인 '자극'과 그러한 외적 사건에 대해 인간이 대응하는 '반응'이 인간 사고 행위의 기본임을 유추하였다. 손다이크는 이러한 실험을 반복하여 학습을 보다 효율적으로 이루어지게 하는 법칙을 제시하였다.

효과의 법칙
연습의 법칙
준비의 법칙

- 효과의 법칙: 유기체에 만족한 결과가 따르는 반응은 강화되고, 만족을 주지 않는 반응은 약화되어 사라진다. 학습자의 학습에 대한 만족도가 높을수록 본드는 강화되고, 따라서 본드는 학습 목적을 달성해 줄 때 강력한 학습 추진력이 된다.
- 연습의 법칙: 연속적으로 되풀이 되는 연습의 빈도와 연습의 중지 시간 간격에 따라 자극과 반응의 결합은 달라진다. 본드가 형성된 자극과 반응이라 할지라도 사용하지 않으면 결합은 약해지게 된다.
- 준비의 법칙: 학습에 대한 심리적 준비가 되어 있을 때 학습은 보다 효과적으로 이루어진다. 학습하고자 하는 의지가 있을 때 학습에 대한 만족도가 높아지고 학습도 자연스럽게 이루어질 수 있다.

1930년대 이후에 손다이크는 그의 이론을 수정하게 되는데, 결국 보상은 연합의 강도를 증가시키지만, 혐오적인 결과는 연합의 강도와는 아무런 관계가 없다는 것이다. 이것은 체벌이 효과적이지 못하며, 대신 만족스러운 결과를 얻게 되는 자극과 반응의 연합은 행동 변화에 중요하므로 긍정적인 피드백이 학습에 효과적임을 제시해 주고 있다.

| 자극 / 목표 | 행동의 증가 | 행동의 감소 |
|---|---|---|
| 제공 | 정적 강화: 유쾌한 자극 제공(칭찬, 상, 스티커 등) | 벌 제시: 불쾌한 자극 제시(체벌, 비난, 청소 등) |
| 제거 | 부적 강화: 불쾌한 자극 제거(체벌, 비난, 청소 등 제거) | 유쾌 제거: 유쾌한 자극 제거(자유 시간 박탈) |

손다이크가 제안한 것은 결합을 구성하고 강화시키기 위해 이러한 능력을 더욱 세분하여 분석하자는 것이다. 예를 들면, 두 자리의 세로 덧셈에는 7개의 과정과 기능이 필요하다고 한다.[3] 교육은 교과 내용에 대한 분석 과정을

3 ① 세로로 수가 더해질 때 자릿값 맞추어 쓰기 ② 새로운 수가 더해질 때까지 그 때까지 더한 결과를 기억하기 ③ 눈에 보이는 수를 기억했던 수에 더하기 ④ 세로 열에서 빈자리 무시하기 ⑤ 세로 열에서 0무시하기 ⑥ 10씩 커지는 수 이용하기(예를 들어 8+7=15이므로 18+7=25일 것이다.) ⑦ 세로 열의 총합이 받아올림을 할 경우, 받아올리기로 기록하기 (Resnick & Ford, 1981, p. 14)

통해 적절한 '결합'을 선택하면, 그것을 아이들의 머릿속에 강화시키기 위하여 훈련과 연습이 중요한 수단이 된다. 손다이크에 따르면, 적절한 훈련과 연습이란 중요한 결합은 자주 연습시키고 덜 중요한 결합은 덜 연습시키도록 신중하게 프로그램화된 것을 의미한다.

◎ 브라우넬은 수학이 원리와 패턴의 통합체이므로 유의미한 학습을 해야 한다고 강조하고 있다.

손다이크의 이론에 대하여 브라우넬(Brownell)은 훈련 방법이 아이의 계산 방식과 성인의 계산 방식 사이의 질적인 차이를 고려하지 않은 점, 훈련 방법이 학습 목적에 대한 왜곡된 관점을 반영한다는 점을 들어 비판하고 있다. 브라우넬과 손다이크는 가르쳐야 할 것에 대한 관점의 차이를 보여주는데, 브라우넬에게 수학 교과는 원리와 패턴의 통합체이므로 유의미한 학습을 강조하고 있는 반면에, 손다이크는 수학 교과란 세세한 결합으로 이루어진 통합체이며 훈련을 중시한다.

손다이크 이론에 대한 비판에도 불구하고, 연습은 수학 학습에서 중요한 위치를 차지하고 있다. 특히 수학은 위계적인 학문이므로 하위 기능에 대한 충분한 숙달이 이루어져야만 상위 개념으로 이행할 수 있는 것이다. 수학 학습에서 연습을 중요시하는 손다이크의 이론은 재생적인 사고를 필요로 하는 학습에 여전히 중요하지만, 창의적인 사고를 요구하는 학습에는 부합하기 어렵다는 단점이 있다.

## 2-2. 형태심리학 이론

미국을 중심으로 왓슨(Watson)이나 손다이크(Thorndike) 등과 같은 행동주의 심리학자들이 분트(Wundt)의 구성심리학(Structuralism)과 내성법의 비과학성을 비판하고 있을 즈음, 독일의 심리학자들 사이에서는 형태심리학(Gestalt psychology)이 등장하였다. 인지주의 학습이론은 정신적 과정에 초점을 맞추어 학습을 설명하는 이론으로, 개인의 정신적인 구조의 변화를 다룬다. 학습에 관한 인지적 접근(cognitive approach) 방식은 인간의 기억, 지각, 언어, 추리, 지식, 개념 형성, 문제해결, 또는 인간의 내재적인 심리과정과 정신적 구조를 설명하기 위한 방식으로 처음에는 형태주의 이론이나 통찰에 관한 연구에서 비롯되었으나, 현대 인지심리학에서는 주로 인간의 정보처리 과정을 연구하고 있다.

형태심리학자들은 인간의 지각에 관한 연구를 통해 학습자는 학습 상황에서 부분을 보는 것이 아니라, 각 부분의 상호관계의 맥락에서 전체를 지각한다고 보는데, 이에 대한 연구가 인지이론의 시초가 되었다. 형태 심리학자들은 문제 상황 속에서 개인이 이해하고 경험하는 장(field) 속에서 부분과 부분간의 관계에 작용되는 것이 통찰(insight)이며, 학습은 통찰에 의해 이루어진다고 보았다.

◎ 형태심리학에서는 부분을 보는 것이 아니라, 각 부분의 상호관계의 맥락에서 전체를 지각한다고 본다.

통찰이론은 쾰러(Köller)에 의해 주장된 학습이론으로, 일반적으로 형태심리학을 대표하는 이론으로 손꼽히고 있다. 쾰러는 아프리카에서 원숭이를 대상으로 동물 실험을 하였다. 이것이 유인원의 지각실험으로, 이 결과를 1917년에 발표하게 되는데, 문제해결은 시행착오의 과정을 거쳐 점진적으로 이루어지는 것이 아니라, 문제해결의 열쇠가 되는 것은 통찰, 즉 어떤 관계를 지각함으로써 비롯된다고 보았다.

그는 굶주린 원숭이를 우리에 집어넣었다. 그 우리 안에는 높은 천장에 바나나가 매달려 있었고 두 개의 상자와 막대기가 있었다. 원숭이는 우리 안에서 웅크리고 앉아 바나나와 나무상자, 막대기 등을 한참 동안 우두커니 바라보고 있었다. 원숭이는 갑자기 상자를 쌓아 올리고 막대기를 들고 올라가 바나나를 탁 쳐서 떨어트렸다. 이는 문제를 해결하는 과정으로 전체 장면에 대한 통찰이 생겼기 때문에 가능했고, 이 순간 원숭이는 시행착오가 아니라 '아하'라는 경험(aha! experience)을 통해 인지구조의 변화가 이루어진 것이며, 이것을 학습이라고 보았다. 그러므로 학습은 시행착오 결과로 얻어지는 행동의 변화가 아니라, 능동적이고 의도적인 정신 활동과 전체적 구조 파악에서 비롯된 인지구조상의 변화로 본다.

형태심리학의 핵심이론은 인간 지각이 감각에 충격을 주는 모든 자극을 단순히 더해 놓은 것 이상으로, 현재 지각하는 사람이 그와 관련하여 과거의 어떤 경험을 가지고 있는가에 따라 다르게 지각할 수 있다. 또한 인간은 전체적인 모양이나 형태를 찾으려는 경향이 있다는 것이다. 형태심리학자들은 인간의 사고가 본질적으로 지각작용과 마찬가지로 전체를 파악하려는 성향이 있다고 한다.

형태심리학자인 베르트하이머(Wertheimer)는 인간의 인지에 대한 형태심리학의 견해를 설명하고 있다. 그는 '생산적 사고(Productive thinking)' 또는, '구조의 이해에 기초한 사고'의 역할을 입증하기 위하여 평행사변형 문제를

◎ 베르트하이머는 구조의 이해에 기초한 사고를 생산적 사고라 부른다.

이용하였다(Wertheimer, 1945).

수업 중에 교사는 [그림 2-1]의 (a)와 같은 평행사변형을 그린 다음, 평행사변형의 넓이는 밑변의 길이와 높이를 곱하여 구할 수 있음을 가르쳤으나, 다음 날 아이들은 [그림 2-1]의 (b)와 같은 평행사변형의 넓이를 구할 수 없었다.

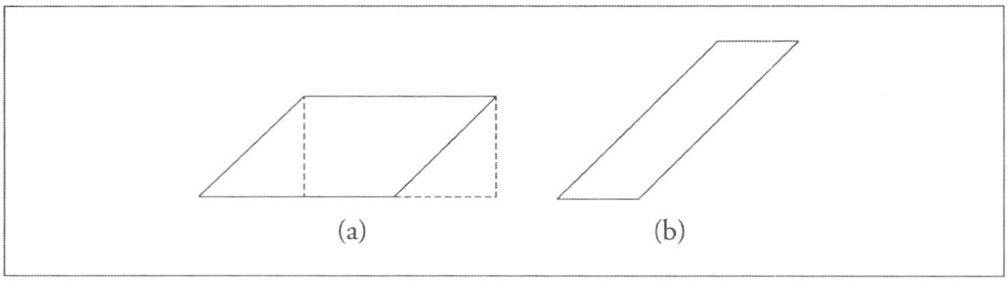


[그림 2-1] 평행사변형 모델

이 문제의 어려움은 아이들이 배운 대로 평행사변형의 왼쪽 꼭짓점으로부터 수선을 그으면, 그 수선은 밑변이 아닌 곳에 내려지게 되어, 표준적인 공식을 적용할 수 없기 때문이다. 베르트하이머는 넓이를 구하기 위한 알고리즘의 기초가 되는 구조적인 원리를 이해하지 않은 채, 교사가 제시한 공식의 형태에 맹목적으로 따르기 때문에 이와 같은 현상이 나타난다고 보았다. 그는 문제해결을 설명하는데 있어서, 맹목적으로 알고리즘을 따르는 사고를 '비생산적 사고(Nonproductive thinking)'라고 불렀다.

[그림 2-2]에서, 사다리꼴 (a)의 넓이를 구하라고 했을 때, 그림 (b), (c)와 같이 보조선을 그어 도형을 변형시키려 한다면, 그것은 의미 있는 반응이

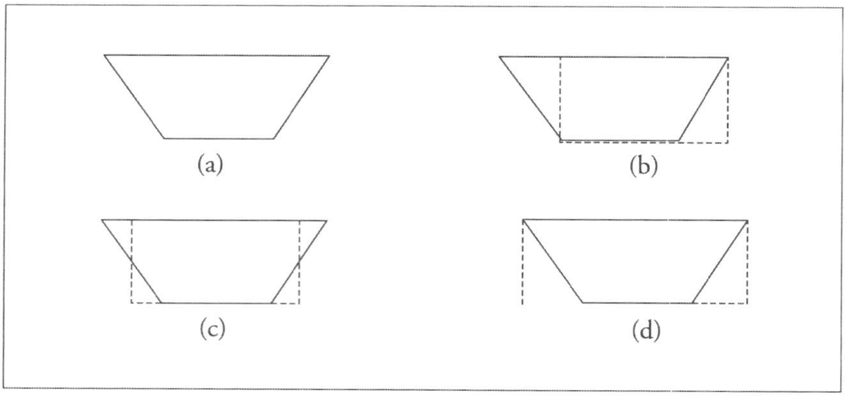


[그림 2-2] 사다리꼴에서의 A반응과 B반응

며, 통찰이 일어나는 경우이다. 베르트하이머는 이것을 'A-반응'이라 하였다. 그러나 그림 (d)와 같이 보조선을 그어 도형을 변형시키고자 한다면, 그것은 맹목적이고 무의미한 반응이며, 결국 문제해결에 성공할 수 없게 된다. 즉, 이 경우에 통찰은 일어나지 않으며, 그는 이것을 'B-반응'이라 하였다.

베르트하이머는 문제해결에서 통찰이 일어나는 생산적 사고의 예로, 수학자 가우스(Gauss)가 1부터 100까지의 자연수의 합을 구하는 과정에서 나타났을 일화를 제시하고 있다(Wertheimer, 1945). 이 예시에서는 계단 널판지의 모양을 큰 도형의 반으로 시각화하도록 제안하고 있다. 계단의 한 면에 똑같은 모양과 크기의 다른 조각을 맞추면 직사각형이 되기 때문에 쉽게 답을 구할 수 있는 것이다.

베르트하이머가 이 예시로 밝히고자 했던 것은 가우스의 일반적인 공식 산출에 기반이 되는 직관이었다(Resnick & Ford, 1981). 문제해결 과정에서 문제의 전체 구조에 대한 통찰은 문제를 직관적으로 해결하도록 하며, 적용될 알고리즘의 이치를 분명하게 알게 하고, 문제 해결자에게 알고리즘의 적용과 선택에 이로움을 준다.

◎ 문제의 전체 구조의 이해에 기초한 생산적 사고는 수학 학습에서 강조되어야 한다.

문제의 전체 구조의 이해에 기초한 '생산적 사고'는 수학 학습에서 강조되어야 한다. 예를 들어, 학습자에게 1, 4, 9, 1, 6, 2, 5, 3, 6, 4, 9, 6, 4와 같이 긴 수열을 학습시킨다고 가정하자. 무의미하게 수를 암기시킨 집단과 이 수들 간에 어떤 규칙이 있음을 발견하도록 유도된 집단간의 파지율은 후자가 현저하게 높았다(Resnick & Ford, 1981).

한편, 피아제(Piaget)는 인간의 발달에 따른 인지발달 과정과 통합된 인지구조를 강조하며 인지적 평형상태(cognitive equilibrium)에서의 교육을 주장하였고, 브루너(Bruner)는 인지적 과정을 중요시하며 발견학습의 방법을 제시하였다. 또한 오수벨(Ausubel)은 언어학습에 중점을 두며 유의미 학습의 필요성을 지적하였다. 초기의 인지이론가들이 통합된 인지구조를 강조하는데 비해, 1960년대 이후의 인지이론가들은 정신구조와 더불어 인간이 어떻게 사고하는가 하는 인지과정, 즉 정보처리 이론에 더욱 비중을 두고 있다.

## 2-3. Piaget의 인지발달 이론

피아제(Jean J. Piaget, 1896–1980)는 스위스에서 태어났으며, 대학에서는 생물학과 철학을 전공하였다. 그는 인지 문제를 심리학적으로 접근하여 발생적 인식론을 세웠다. 발생적 인식론은 인간의 정신적 과정 또는 인지과정을 생물학적 과정의 일부로 보고, 개체가 동화와 조절에 의한 환경에의 적응원리를 통해서 외계의 지식을 습득한다는 점을 근간으로 하고 있다.

피아제에 의하면, 출생하는 유아는 하나의 생물적인 유기체이고, 그 생물적 유기체는 몇 개의 반사작용의 기능을 가지고 태어난다고 보았다. 그래서 피아제는 아동기에 이루어지는 심적 구조발달에 관심을 가져야 한다고 하고, 지적 분야의 발생적 연구를 중시하였다. 그는 이를 위해 임상연구법(clinical method)이 아동의 사고연구에 유용하다고 보고, 아동의 사고과정을 규명하기 위한 실험적 연구 기반을 마련하였다.

◎ 합리적 사고와 지식의 본질은 내면화된 가역적 행동인 조작이다.

피아제는 합리적 사고와 지식의 본질을 내면화된 가역적 행동인 조작(operation)으로 보고, 조작의 특성을 4가지로 정의하였다(남승인 외, 2018).

- 조작은 심리적으로 물리적으로 실행되며 내면화될 수 있는 행동이다.
- 조작은 가역적인 행동이다. 예를 들어 시간은 되돌릴 수 없지만, 덧셈은 되돌릴 수 있다.
- 조작은 변형이나 행동이지만, 보존성이나 불변성을 전제로 한다. 예를 들면 덧셈에서 4+1, 2+3과 같이 더하는 수들의 조합은 변화시켜도 그 합은 5로 일정하다.
- 조작은 독립적으로 존재하는 것이 아니라, 더 큰 조작 체계의 일부분이다.

피아제는 행동과 조작을 반복 가능하고 일반화할 수 있는 인지구조를 schemes이라고 하였다. 예를 들면 태어나서 젖을 빠는 schemes, 순서 짓는 schemes, 더하고 빼는 schemes 등 인간의 모든 행동과 조작을 가능하게 하는 것이 schemes인 것이다. 행동과 조작의 schemes은 적응상황에서 일반적인 구조로 재구성되어 가는데, schemes의 재구성 과정이 학습이고 인지발달이라고 한다(우정호, 1998).

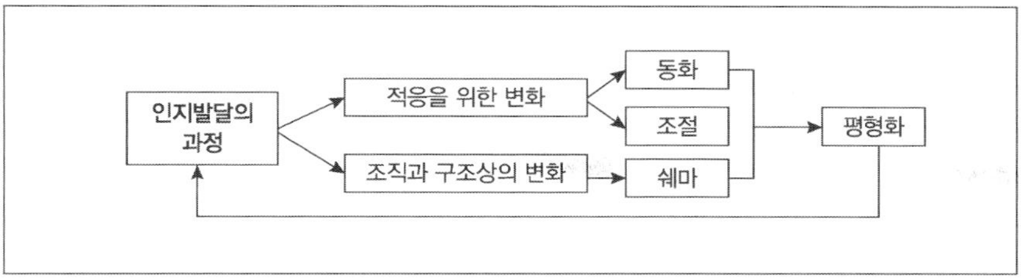


[그림 2-3] 인지구조의 발달에 영향을 미치는 요인들간의 관계(남승인 외, 2018, p. 92)

피아제의 상호 작용설의 독특한 점은 그의 발달 이론의 기본이 되는 평형화(equilibrium)의 개념을 도입한 점이다. 모든 행동은 동화(assimilation)와 조절(accommodation) 간의 평형화를 이루는 방향으로 나아가기 때문에, 발달이론은 이러한 평형화의 개념을 꼭 필요로 한다. 즉, 외부세계와 인지적 만남은 언제나 동화와 조절의 두 상보적인 측면을 지닌다. 동화는 기존 인지체계에 의해 외부자료를 해석하는 것을 의미하고, 조절은 외부자료의 구조를 참작(이리저리 비추어 보아서 알맞게 고려함)하는 것을 말한다.

동화와 조절기능의 어느 하나만 작용한다면 인지작용은 제대로 일어날 수 없다. 이들 간에는 상보적인 작용에 의해 동시에 일어나게 하는 역동적인 평형화 과정이 필요한 것이다. 여기서 평형화란 개념은 인지구조가 한 상태에서 다른 상태로 변화하는 과정이고, 그 과정의 결과가 바로 평형상태인 것이다. 이러한 관점에서 본다면, 수학적 개념 형성은 아이의 인지발달 과정을 중시한 동화와 조절이라는 두 가지의 상보적인 평형화 과정을 통해서 이루어지는 것이 바람직하다고 보겠다. 즉 반성에 의하여 새로운 것이 생겨나는 과정은 동화와 조절 사이의 균형화 과정에서 나타나게 되는데, 반성에 의하여 구성적으로 창조된 새로운 형식은 다음 단계의 반사 과정에서는 보다 세련된 내용으로 기능하여 결과적으로 끊임없는 반사와 반성의 순환이 이루어진다는 것이다.

◎ **평형(equilibrium)화란 개념은 인지구조가 한 상태에서 다른 상태로 변화하는 과정이고, 그 과정의 결과가 바로 평형상태인 것이다.**

피아제의 이론에서 중요한 것은 추상화인데, 그는 세 종류(경험적 추상화, 반영적 추상화, 의사 경험적 추상화)의 추상화를 구별하였다. 경험적 추상화는 아이의 외부 대상이 갖는 성질들로부터 일반화된 지식을 끌어내는 추상화이고, 반영적 추상화는 아이의 활동에 대한 일반적 조정으로부터 이루어지는 추상화이며, 의사 경험적 추상화는 아이의 활동으로부터 구성이 이루어지지만 그 구성 결과의 확인은 외부 대상에 대해서 행해지는 추상화이다. 이러한 각각의 수준의 추상화에 대하여 다음과 같은 예를 들어 설명할 수 있다(우정호, 1998).

◎ **경험적 추상화**
**반영적 추상화**
**의사 경험적 추상화**

먼저, 어린 아이가 큰 사과는 작은 사과보다 무겁다는 것을 발견하였다면 물리적인 경험을 한 것이다. 그러한 성질은 아이가 경험하기 전에도 사과가 갖고 있던 성질이며, 아이가 그 성질을 단지 경험한 데 불과하다. 이와 같이, 경험으로부터 무게의 개념을 추상하였을 때 그것은 '경험적 추상화'에 의한 것이다. 다음으로 사과를 어떤 모양으로 늘어놓고 어떤 순서로 세어 보아도 개수가 같다는 것을 발견하였을 때, 이러한 성질은 사과 자체와는 무관한 것으로서 아이는 자신의 활동과 그 결과에 대한 경험을 한 것으로 논리-수학적 경험을 한 것이다. 이러한 경험으로부터 원소의 개수라고 하는 개념을 추상하였을 때 아이는 '반영적 추상화'를 하였다고 볼 수 있다.

그런데 전조작적 수준의 아이나 구체적 조작 수준의 아이는 자신이 확인할 수 있는 구성 결과에 근거하지 않고는 구성을 실행할 수가 없다. 이 경우에 그 결과의 확인이 대상에 행해진다고 하는 점에서는 경험적 추상화와 관련된 것처럼 보이지만, 확인된 성질은 주체의 활동에 의해서 그 대상에 도입된 것인 바, 그것을 '의사 경험적 추상화'라고 부른다.

피아제에 따르면 반영적 추상화의 메커니즘은 반사와 반성이라는 상보적인 두 가지 과정의 나선적 교대에 의하여 진행된다. 반사는 전 단계에서 얻은 것을 보다 상위의 단계로 옮긴다고 하는 것을 의미하며, 행동을 의식하고 그 행동을 다른 행동과 결합할 수 있게 하는 내면화 과정으로부터 시작된다. 반사가 이루어진 상위 단계에서 반성이 이루어지기 위해서는 하위 단계에서 사고의 도구였던 것이 사고의 대상이 되어야 하는데, 피아제는 이를 주제화라고 한다. 결국 반사는 이전 단계의 행동이나 조작을 사고의 대상으로 만드는 주제화로 귀착되어서 상위 단계에서 반성을 가능하게 하는데, 반성에 의해 구성된 새로운 형식은 보다 정교해진 내용을 다시 반사할 수 있게 하므로 내면화와 주제화의 순환이 계속 반복되어 일어나게 된다는 것이다(홍진곤, 1999).

◎ 인간의 인지 발달은 감각운동기, 전조작기, 구체적 조작기, 형식적 조작기를 거친다.

한편, 피아제는 인간의 지적활동도 유기체적 발달을 거쳐 이루어진다고 보았는데, 인간의 인지 발달은 생물학적 성장에 따라 감각운동기, 전조작기, 구체적 조작기, 형식적 조작기를 거치면서 이루어진다고 한다. 이들 각 단계는 시작되고 끝나는 시기가 개인에 따라 다르지만, 각 단계는 이 순서를 지키며 이들 단계를 통과하면서 지적 발달과정을 형성한다고 한다. 특히 피아제는 보존성의 개념을 통하여 구체적 조작기의 특성을 연구하였다. 보존성은 모양이 다른 컵에 물을 옮겨 담아도 양의 변화가 일어나지 않는다는 것을 아는 것으로, 이 단계에 도달하려면 조작의 가역성이 가능해야 된다. 조작의 가역성에 대한 심리학적 판단 기준이 보존성의 개념인 것이다. 일반적으로 보존성은 수, 양, 무게, 부피의 순으로 발달한다.

◎ 보존성은 수, 양, 무게, 부피의 순으로 발달한다.

피아제는 지식의 습득이 S–R적인 학습과정에 의존하지 않는 것으로 보았는데, 그 이유는 다음과 같은 것을 들고 있다. 첫째, 외부세계에 대한 아이의 관념은 성인이 가지고 있는 관념들과는 매우 다르다. 둘째, 아이가 형성하는 관념들은 고대인들이 가졌던 관념들과 유사한 점이 있으며, 이러한 사실은 역사적·문화적 조건들의 제약을 받지 않는 어떠한 심적 활동 및 구조가 지식 습득을 위해서 필요하다. 셋째, 아이는 성인의 관점에서 볼 때 틀린 생각들을 자연 발생적으로 외부세계에 대하여 갖게 되는데, 이는 지식이 단순한 학습과정을 거쳐서 습득되지 않는다. 따라서 지식을 습득하기 위해서는 능동적인 사고활동이 필요하다.

## 2-4. Bruner의 수학학습 심리학

브루너(Bruner)는 미국의 인지심리학자로 '지식의 구조'라는 개념을 통해 수학교육 현대화 운동의 이론적 배경을 제공하였으며, 피아제의 인지 발달 단계 이론에 기초하여 EIS이론을 제시하였다. 브루너는 '교육의 과정(The Process of Education)'에서 새 수학의 심리학적 근거로 발견, 구조, 조기준비성, 직관적 사고를 제시하고, '어떤 교과라도 지적 성격을 그대로 지닌 채, 발달의 어느 단계에 있는 아이에게도 효과적으로 가르칠 수 있다.'라는 가설을 제시하고 있다.

◎ 브루너는 식의 구조를 통해 수학교육 현대화 운동의 이론적 배경을 제공하였고, EIS이론을 제시하였다.

그는 학교 수학에서 지식의 구조를 지도할 것을 주장하는데, 지식의 구조란 '각 학문의 기저를 이루고 있는 핵심적인 개념과 원리', 즉 단순한 사실들이나 잡다한 현상에 대한 정보가 아니라, 이러한 사실이나 현상을 서로 관련짓고 체계화하는 주요 개념이나 원리를 의미한다. 그에 의하면 초기의 학습 내용이 보다 기초적이고 기본적인 아이디어일수록 차후 학습에 적용성이 커지는 전이 효과가 있다는 것이다. 이 구조학습이 갖는 장점은 교육과정의 구성에 있어서 나선형 구조를 택하게 하는 것이다. 따라서 일단 학습한 내용은 차후에 계속되는 여러 수준의 수학학습에서 계속적으로 확장되고 발전

◎ 지식의 구조란 각 학문의 기저를 이루고 있는 핵심적인 개념과 원리를 의미한다.

시켜 나가게 된다(남승인 외, 2018).

교과의 학문 구조는 아이가 스스로 발견할 수 있도록 교사가 문제 상황을 제공해야 하는데, 구조는 교과에 필수적인 정보로 기본적인 아이디어, 관계, 패턴으로 구성된다. 따라서 특정한 사실이나 자세한 내용은 이 구조에 포함시키지 않는다. 아이들이 기본 구조를 이해한다면 특수한 사실들은 알 수 있게 되기 때문이다.

어떤 기본적인 구조들은 여러 개념들로 구성되어 있고, 그 개념들은 서로 연결되어 하나의 구조를 이룬다. 예를 들어 도형에 관한 여러 개념들은 다이어그램으로 표현하면 관련된 도형의 기본 구조를 잘 이해할 수 있는 것이다. 즉 상위 개념과 하위개념의 관계를 잘 표현하여 그 관계를 쉽게 인식할 수 있는 것이다.

브루너가 제시하는 수학교육의 목적은 '수학적 안목의 형성'인데, 교육에서 다루어야 할 것은 '수학에 대한 것'이 아니라 '수학 그 자체'이고, 수학자들이 하는 일을 아이들이 경험하도록 해야 하며, 이를 통하여 아이들에게 수학자들이 수학을 통하여 현상을 바라보는 안목을 길러 주어야 한다고 본다. 이를 위해 아이들이 갖고 있는 사고 양식과 아이가 이해할 수 있는 표현 수단에 대응되는 적절한 형태로 전달될 수 있도록 해야 하는데, 피아제의 이론을 본질적으로 받아들이고 있으면서도 개인에 의한 자주적인 형성보다는 교육적 전달을 강조하고 있다는 점에서 차별되며, 전달 수단으로서 언어의 역할을 강조하고 있다. 브루너의 이러한 생각을 구현하기 위한 학습 이론이 바로 EIS 이론이다.

◎ 지능의 발달은 활동적 표현, 영상적 표현, 상징적 표현의 순서로 이루어지는 표현 수단의 발달과 그 사이의 조정 능력의 발달을 의미한다.

브루너에 따르면 아이의 지능의 발달은 활동적(enactive) 표현, 영상적(iconic) 표현, 상징적(symbolic) 표현의 순서로 이루어지는 표현 수단의 발달과 그 사이의 조정 능력의 발달을 의미한다. 활동적 표현은 적절한 운동적 반응을 통하여 표현하는 것으로, 조작적인 활동이나 행동이 중심이 된다. 예를 들어, 바둑돌을 합치거나 분리하는 행동은 자연수의 덧셈과 뺄셈에 대한 활동적 표현으로 볼 수 있다.

영상적 표현은 도식을 이용하여 표현하는 것으로, 수도(數圖)를 이용하여 수를 나타내는 것은 자연수에 대한 영상적 표현이며, 벤 다이어그램은 집합에 대한 영상적 표현이고, 여러 가지 함수의 그래프는 함수에 대한 영상적 표현이다. 상징적 표현은 언어 능력의 발달과 더불어 나타나는 것으로, 숫자 표현은 자연수에 대한 상징적 표현이며, 덧셈식이나 뺄셈식은 덧셈과 뺄셈에 대한 상징적 표현이다. 상징적 표현은 추상화가 이루어진 단계이므로 수학화 되었다고 볼 수 있고 기호를 사용한다는 특징이 있다.

한편, 브루너는 교수 이론이 처방적이고 규범적이어야 한다고 한다. 여기서 처방적이라는 것은 어떤 내용을 지도하든 그 내용의 지도 과정이 효과적이기 위한 원리를 포함(학습목표 달성을 위한 교수 과정과 방법에 대한 처방을 준비)하고 있어야 한다는 것이고, 규범적이라는 것은 그 이론이 교수·학습 전략을 평가하거나 수정할 수 있는 기능(학습의 기준과 그 기준에 도달하기 위한 조건)을 갖추고 있어야 한다는 것을 의미한다.

수학 지도의 4가지 원리를 제시하고 있는데, 구성(construction), 표기(notation), 대조와 변경(contrast and variation), 연결성(connectivity)이다.

- 구성의 원리: 아이는 어떤 개념을 형성하기 위하여 그 개념에 대체되는 구체적인 표현을 구성하는 과정을 거치는 것이 용이하다는 것이다. 아이들은 자신의 힘으로 예를 만들 수 있을 때 그 개념을 쉽게 학습할 수 있기 때문에 수학의 원리나 규칙을 교사가 완성된 형태로 제시하기보다, 아이 스스로 규칙이나 원리를 구성하도록 하는 방법이 효과적이다.
- 표기의 원리: 아이가 체계적인 기호를 사용하면 더 간단히 이해하고 표현할 수 있다는 것이다. 수학의 효과적인 표기 방법은 수학 원리를 확립하고 확장하는데 도움을 준다.
- 대조와 변경의 원리: 아이들은 어떤 개념이나 표현을 대조하고 변경함으로써 구체적이고 특수한 표현 형태에서 추상적이고 일반적인 표현 단계로 나아갈 수 있다. 개념의 일반화는 그 개념의 표현이나 구체적인 예를 다양하게 변화시킴으로써 이루어진다. 즉, 주어진 개념의 일반화는 그 개념의 표현이나 구체적인 예를 다양하게 변화시킴으로써 이루어질 수 있다.
- 연결성의 원리: 수학의 형식적 체계는 개념과 연산이 분리되어 있지 않고, 연결되어 있어 완전히 분리된 채로 존재하지 않는다.

◎ 구성의 원리
표기의 원리
대조와 변경의 원리
연결성의 원리

### 수학산책

수학에는 노벨상이 없다. 그러나 수학자들도 노벨상에 버금가는 '아벨상'을 갖고 있다. 아벨상은 27세로 생을 마감한 수학자 아벨을 기념해 수학에서 뛰어난 업적을 이룬 수학자에게 수여하는 권위 있는 상이다. 그동안 필즈상은 4년에 한 번, 수상자 나이도 40세로 제한하였기 때문에 대중의 주목을 받지 못했다.

## 2-5. Dienes의 수학 학습 심리학

◎ Dienes는 수학 학습 과정에 구체적 자료와 게임을 이용할 것을 주장하였다.

디엔에스(Dienes)는 심리학의 연구 결과를 수업에 통합해야 한다고 주장하고, 수학 학습 과정에 구체적 자료와 게임을 이용할 것을 주장하였다. 특히 피아제의 이론을 바탕으로 브르너와 더불어 실험 프로젝트를 수행하였는바, 이는 1960년대 새수학 운동의 심리학적 배경이 되었다. 디엔에스는 서로 다른 진법을 구현할 수 있는 다진수 블록(multibase arithmetic blocks; MAB), 속성블록(attribute blocks)과 같은 수학 학습을 위한 자료를 고안하였다. 그의 이론은 수학교육에 많이 활용되고 있으며, 그 영향력도 크다고 볼 수 있다.

### (1) 수학 개념의 학습 과정

◎ 자유 놀이 단계
게임 단계
공통성 탐구 단계
표현 단계
기호화 단계
형식화 단계

디엔에스(Dienes)는 수학 학습 지도를 자유 놀이(free play) 단계, 게임(games) 단계, 공통성 탐구(searching for communalities) 단계, 표현(representation) 단계, 기호화(symbolization) 단계, 형식화(formalization) 단계로 구분하여 제시하고 있다.

자유 놀이 단계에서 아이들은 여러 가지 구체적인 자료를 이용하여 구조화되지 않은 조작이나 실험과 같은 자유로운 놀이를 하게 된다. 이 단계에서는 다양한 조작활동이 가능하도록 아이들에게 여러 가지 구체물을 많이 제공하여, 아이들이 자유로운 놀이를 하는 가운데 새로운 개념에 대한 많은 경험을 하도록 해야 한다. 예를 들면, 패턴블록을 제공하여 다양한 놀이를 하도록 한다.

게임 단계에서 아이들은 자유롭게 놀이를 하는 가운데 점차로 어떤 규칙성이 있다는 느낌을 갖게 되는 시기이다. 이 단계에서 아이들은 주어진 개념을 여러 가지 방법으로 표현한 다양한 게임들을 통하여 그 개념의 논리 수학적인 요소를 발견한다. 예를 들면 패턴블록에서 어떤 모양은 각진 곳이 4개라는 것, 어떤 모양은 각진 곳이 6개라는 것을 인식한다.

공통성 탐구 단계에서 아이들은 놀이의 소재인 구체물 속에 공통적으로 들어 있는 어떤 특정한 수학적 개념의 구조를 파악하게 된다. 이러한 학습 능력을 갖추게 될 때 아이들은 주어진 특정 개념의 예와 반례를 분류할 수 있게 된다. 이 단계에서는 동시에 제시된 여러 가지 예들의 분석을 통해 각각의 예로부터 공통된 성질을 찾아낼 수 있게 된다. 예를 들면 여러 개의 패턴블록

사다리꼴의 성질을 알아봅시다.

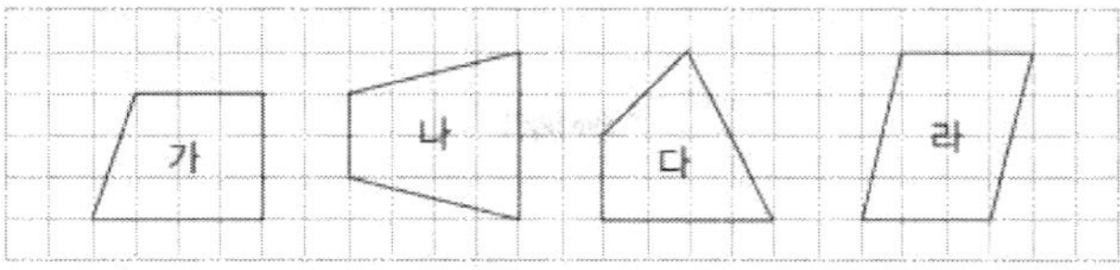


- 평행한 변이 있는 사각형을 찾아보세요.
- 알게 된 사다리꼴의 성질을 이야기해 보세요.

[그림 2-4] 사다리꼴의 성질 탐구(교육부, 2018d, p. 85)

**교육과정 성취기준**

[4수02-10] 여러 가지 모양의 사각형에 대한 분류 활동을 통하여 직사각형, 정사각형, 사다리꼴, 평행사변형, 마름모를 알고, 그 성질을 이해한다.

에서 네모 모양을 구분하고 그 특징을 파악하게 된다.

표현 단계에서 아이들은 추상화 과정을 통하여 파악한 개념의 공통성을 적절한 방법으로 표현하게 된다. 이 때 사용되는 표현은 간단한 그림의 형태나 언어적인 방법, 전형적이거나 포괄적인 예 등과 같이 다양할 수 있다. 아이들은 주어진 개념을 다시 표현해 보는 과정을 통해 주어진 개념과 관련된 추상적인 수학적 구조를 쉽게 알 수 있다.

기호화 단계에서 아이들은 자기 나름의 적절한 수단으로 표현한 개념을 수학적 기호를 이용하여 표현하게 된다. 아이들이 자기 나름의 기호 체계를 개발하는 것도 중요하지만, 의사소통을 위하여 교과서에서 사용하는 방법과 같은 통일된 방법을 사용하도록 지도되어야 한다. 이 때 아이들은 상징적인 기호 체계의 사용이 수학을 하는데 가치가 있다는 것을 인식하여야 한다.

형식화 단계에서 아이들은 추상화한 수학적 개념이 가지고 있는 수학적 구조를 파악하고, 그 개념이 가지고 있는 여러 가지 성질을 체계화하게 된다. 즉 발견한 개념으로부터 나오는 여러 성질 가운데 기본적으로 선정된 몇 개의 성질로부터 다른 성질에 도달하게 된다.

### (2) 수학 학습 원리

브루너와 더불어 수학학습의 실험적·이론적 연구를 추진해 온 디엔에스는 자신의 수학 학습이론을 실행하기 위한 효과적인 학습 원리를 4가지 제시하였는데, 이것은 다음과 같다.

① 역동성의 원리(dynamic principle)

② 구성의 원리(constructivity principle)
③ 수학적 다양성의 원리(mathematical variability principle)
④ 지각적 다양성의 원리(perceptual variability principle)

◎ 역동성의 원리는 장래에 수학적 개념을 구성해 낼 수 있는 다양한 활동을 하도록 해야 한다는 것이다.

역동성의 원리는 장래에 그것으로부터 수학적 개념을 구성해 낼 수 있는 다양한 활동을 하도록 해야 한다는 것이다. 이 원리는 '수학적 개념은 인간의 활동을 통해서 형성된다.'고 하는 피아제의 활동주의적 수학관의 영향을 받은 것으로, 활동을 통해서 학습되게 한다는 것이다. 예를 들어 아이들이 경험하는 쌓기나무 놀이는 부피 개념 형성에 기여한다.

◎ 구성의 원리는 대상의 전체를 먼저 인식하도록 해야 한다는 것이다.

구성의 원리는 수학 학습에서는 구성이 분석에 선행되어야 한다는 원리이다. 구성이란 물체를 만들거나 전체를 파악하는 것이고, 분석이란 물체를 분해하거나 세부적인 것을 검토하는 일, 또는 어떤 근거를 묻는 것을 말한다. 이를 공간도형의 학습에 적용하면 먼저 공간도형이나 그 단면을 만드는 것이 선행되고, 이어서 그 성질의 분석이나 성질의 근거를 조사하는 학습이 이루어지는 것이 좋다는 것이다.

◎ 수학적 다양성의 원리는 수학적 개념을 제시할 때 변화시킬 수 있는 것은 가능한 한 변화시켜서 다양하게 제시해야 한다는 것이다.

수학적 다양성의 원리란 수학적 개념을 제시할 때 변화시킬 수 있는 것과 변화시킬 수 없는 것이 있는데, 변화시킬 수 있는 것은 가능한 한 변화시켜서 다양하게 제시해야 한다는 것이다. 이를테면, 평행사변형의 지도에서 아래 그림과 같이 제시하여 변의 길이, 각, 위치 등 가변적인 요소는 여러 가지로 변화시킨 것을 보여 주어야 한다는 것이다.

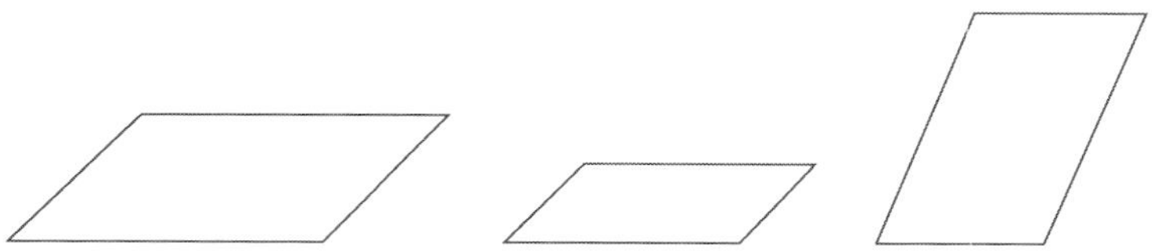

◎ 지각적 다양성의 원리는 다양한 구체물로 개념을 제시해야 한다는 것이다.

지각적 다양성의 원리는 수학적 개념 형성에 있어서는 그 개념을 가능한 한 다양한 구체물로 제시해야 한다는 것이다. 예를 들면, 평행사변형의 개념 형성 과정에서는 종이 위에 그려진 평행사변형, 대나무로 만든 모형, 점판 위에 만들어진 평행사변형, 컴퓨터 모니터에 그려진 평행사변형 등을 제시하여 다양한 경험을 하는 것이 효과적이다.

## 2-6. Skemp의 수학 학습 심리학

스켐프(Skemp)는 영국의 수학교육학자로서, 수학학습 심리와 수학교육 방법론에 관한 연구 업적을 남겼다. 스켐프는 영국의 옥스퍼드 대학에서 순수 수학을 전공하였으나, 대학을 졸업한 뒤에 수학교육 연구에 관심을 가지고 수학을 재미있게 지도하는 방법을 연구·개발하기 위하여 대학 교수직도 사양하고 초·중등학교 교직 생활을 하였다.

스켐프는 훌륭한 이론은 현장에서 나온다는 신념에 따라 교사 생활을 하면서도 다시 옥스퍼드, 맨체스터, 워릭 대학에서 심리학과 수학, 교육 심리학, 아이 심리학, 인지발달 심리학, 수학학습 심리학, 초등수학교수법 등의 연구를 하여 수학과 교수·학습 이론을 체계화하는 업적을 남겼다. 그의 이론은 지능, 개념, 이해로 나누어 이해할 수 있다.

### (1) 지능

스켐프에게 지능이란 '유능한 정신적 능력의 집합체'로 우리 대부분의 행동을 목표 지향적인 것으로 보고, 목표 지향적인 학습을 강조하고 있다. 이러한 목표 지향적인 학습으로서 지능은 '델타-1'과 '델타-2'라는 두 가지 지휘 체계로 구성되어 있다. 델타-1은 물리적 환경에 대하여 작동하는 지휘 체계이며, 델타-2는 델타-1을 피동자로 하는 이차적인 지휘 체계로서, 델타-1이 보다 잘 작동될 수 있는 상태가 되도록 델타-1을 바꾸어 주는 역할을 한다.

델타-2의 중요한 목표의 하나는 스키마의 구성이며, 지능의 가장 중요한 기능으로서 스키마의 구성을 들고 있다. 한편, 스켐프는 지능의 역할에 있어서 직관적 지능과 반성적 지능을 구분하여 제시하고 있다. 지능의 직관적 단계에서 우리는 외부에서 얻은 자료를 우리의 감각기를 통하여 인식하고, 아이가

◎ 직관적 지능
반성적 지능

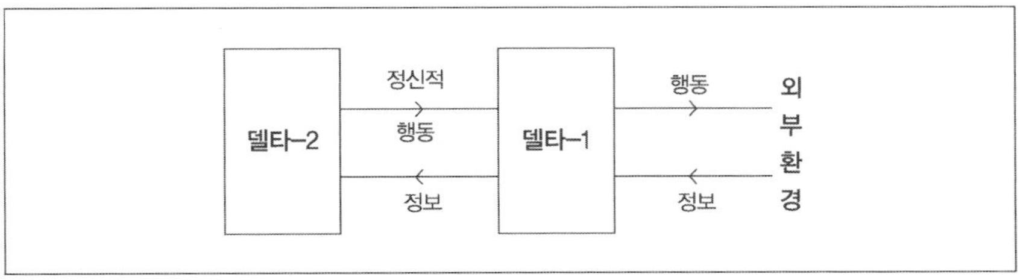


[그림 2-5] 지능의 두 지휘체계

갖고 있는 개념 구조에 의하여 이 자료들을 자동적으로 분류하고 다른 자료들과 연결하는 중재 사고 활동을 거치게 된다.

직관의 반성적 수준에서 이러한 중재 사고 활동이 자기 반성적 인식의 대상이 되며, 여기에 필요한 정보는 우리의 외부 환경에서 찾을 수 있는 것이 아니라, 우리의 개념 체계에서 찾을 수 있다.

### (2) 개념

지식은 개념과 스키마이며, 여러 개념을 적절히 결합한 결과인 개념적 구조를 스키마라고 한다.

스켐프의 개념학습의 원리를 이해하기 위하여 개념의 의미를 이해할 필요가 있다. 개념은 추상화 과정을 거쳐 형성되는 것으로, 추상화 과정의 산물을 개념으로 받아들이고 있다. 스켐프에게 지식은 개념과 스키마이며, 여러 개념을 적절히 결합한 결과인 개념적 구조를 스키마라고 한다.

개념과 스키마 학습은 아이들의 수학 학습을 이해하는데 중요한 부분이며, 사물의 공통 성질에 대한 정신적 표현이 개념이고, 개념 사이의 규칙을 발견하여 구조로 조직하는 것이 중요하다. 개념은 추상 수준에 따라 외부 세계의 감각적이고 직접적인 경험을 통해 이끌어 내는 1차 개념과 다른 개념으로부터 추상화된 2차 개념으로 구분될 수 있다.

개념의 학습지도 방법에는 설명과 예를 이용하는 방법이 있다.

개념의 학습지도 방법에는 설명과 예를 이용하는 방법이 있다. 설명은 아이들이 이미 알고 있는 개념과 같은 수준이거나 낮은 수준일 때 아이들이 이미 알고 있는 개념을 이용하여 서로 관련짓고 결합함으로써 새로운 개념을 형성하도록 해 주는 방법이다. 그렇지만 높은 수준일 때에는 예를 제시하여 아이 스스로 개념을 추상화할 수 있도록 해주어야 한다.

### (3) 관계적 이해와 도구적 이해

관계적 이해와 도구적 이해라는 용어는 스켐프가 수학교육 심리학에서 사용하기 시작함으로써 널리 사용되기 시작하였다. 스켐프는 관계적 이해를 지적 학습에, 도구적 이해를 습관적 학습에 대응되는 용어로 보았다.

지적 학습을 관계적 이해를 통한 학습으로 보면, 습관적 학습은 도구적 이해에 의한 학습으로 생각할 수 있다. 예를 들면, 긴 전화번호 목록을 외워야 한다면 어떤 전화번호 하나를 외워도 다음 전화번호를 외우는 데 전혀 도움을 주지 못한다. 이와 같이 전화번호를 암기하는 학습은 습관적 학습이다. 우리가 만일 수열 4, 7, 10, 13, 16, 19, 22⋯(100번째 항까지)으로 모든 항을 외워야 한다면, 4부터 시작하여 3씩 증가한다는 사실만 안다면 수열 전체를 찾아 낼 수 있다. 이런 학습이 지적 학습이다. 지적 학습에서는 수열을 2배로 늘리더라도 기억의 부담은 거의 늘어나지 않는다. 지적 학습에서 과제를 의미 있게 하기 위해서는 다음과 같은 조건이 필요하다.

첫째, 학습과제가 유의미해야 한다. 학습과제가 학습자의 인지구조와 의미 있게 관련지을 수 있어야 한다. 그러므로 학습과제는 학습자가 관계적 이해를 할 수 있는 인지발달 수준에 적합한 과제부터 출발하는 것이 의미 있게 학습하는 조건이 된다.

둘째, 학습자가 주어진 과제와 관련을 맺을 수 있는 사전지식이 있어야 한다. 새로 만나는 학습과제를 어떤 형태로든지 받아들일 수 있는 인지구조가 있어야 한다.

셋째, 학습자가 의미 있게 학습할 자세가 되어 있어야 한다. 학습이 시작되는 단계에서부터 학습하려는 자세를 갖도록 하는 것은 학습이 시작된 후에도 학습에 대한 동기가 계속 되도록 하는 조치가 취해져야 한다.

수학학습에서 이해의 모델을 제시한 것은 스켐프가 처음이다. 수학학습은 일반적으로 관계적 이해에 의한 학습을 원칙이지만, 아이의 인지수준상 관계적 이해가 어려운 경우에는 도구적 이해에 의한 학습도 효과가 있는지 알아볼 필요가 있다. 관계적 이해란 문제해결의 방법과 이유를, 무엇을 왜 하는지를 알고 있으면서 보다 일반적인 수학적인 관계로부터 특수한 규칙이나 절차를 연역할 수 있는 상태를 말한다. 도구적 이해는 적당히 규칙을 기억하고 있으면서 그 규칙이 왜 그렇게 되느냐를 알지 못한 채 기억된 능력을 문제해결에 적용하는 상태를 말한다. 우리들이 말하고 있는 이해는 관계적 이해를 뜻한다. 예를 들면 삼각형의 넓이를 구하는 문제에서 첫째 날은 직각삼각형이 그려진 모눈종이를 등적 변형시켜 직각삼각형으로 만들고 이들의 관계에서 삼각형의 넓이를 구하는 공식 '(밑변)×(높이)÷2'를 만들어 내는 수업을 한다. 둘째 날은 만들어 낸 공식을 이용하여 실제로 삼각형의 넓이를 구해 보게 한다.

○ 도구적 이해
관계적 이해

이러한 수업과정에서 어떤 아이가 첫째 날은 결석을 하고, 둘째 날은 출석을 했다고 가정하자. 첫째 날에 결석한 아이는 평소에 곱셈과 나눗셈을 잘하고 있다고 한다. 둘째 날 교사가 어제 학습한 삼각형의 넓이를 구하는 공식 '(밑변)×(높이)÷2'를 상기시키고 삼각형의 넓이를 구하는 문제를 제시했을 때,

첫째 날 결석한 아이도 곱셈과 나눗셈을 잘할 수 있기 때문에 공식에 수를 대입하여 삼각형의 넓이를 구하는 데는 어려움이 없이 쉽게 문제를 해결할 것이다. 이 경우 결석했던 아이는 삼각형의 넓이를 구하는 학습에서 도구적 이해는 하고 있지만, 관계적 이해는 하지 못했다고 볼 수 있다.

이와 같이 첫날 결석했던 아이는 삼각형의 넓이를 구하는 공식을 만들어 내는 과정을 모른 체 주어진 공식을 이용하여 정답을 찾아낼 수 있을 때 우리는 이 아이가 도구적 이해의 상태에 있다고 한다. 관계적 이해를 통한 유의미 학습이 수학교육의 본질에서 요구되는 학습이다. 그러나 아이의 인지수준이 낮아서 관계적 이해를 통한 학습이 어려운 경우에는 도구적으로 이해시키는 학습이 필요하다고 스켐프는 밝히고 있다. 그리고 관계적 이해와 도구적 이해에 의한 학습의 장점을 다음과 같이 설명한다.

#### 1) 관계적 이해의 장점

① 관계적 이해에 의한 학습은 새로운 과제해결에 적응하기가 쉽다.

② 관계적 이해에 의한 학습은 기억하기가 쉽다.

③ 관계적 이해 그 자체만으로도 하나의 목적으로 유효하다.

#### 2) 도구적 이해의 장점

① 도구적 이해에 의한 학습은 정리하기 쉽고 빠르게 학습목표를 달성할 수 있다.

② 도구적 이해에 의한 학습결과의 보상은 보다 즉각적이고 가시적이다.

③ 도구적 이해에 의한 학습은 관계적 이해에 의한 학습보다 더 적은 단순한 지식이 관련되므로 때로는 관계적 이해보다 더 빠르고 정확하게 정답을 구할 수 있다.

기호적 이해
논리적 이해

한편, 스켐프는 기호가 이해의 새로운 유형임을 알고, 기호적 이해(symbolic understanding)를 제시하고 있다. 기호적 이해는 수학 기호와 표기를 수학 아이디어와 적절히 연결하고 논리적 추론을 하여 국소적으로 연역하는 능력을 필요로 하는 형식적 이해와 같은 의미로 사용되고 있다. 또 논리적 이해(formal understanding)를 제시하고 있는데, 논리적 이해란 논리적 필요성에 따라 서술된 것을 나타낼 수 있는 능력, 그리고 주어진 전제들과 함께 공리나 정리와 같이 이미 수립된 수학적 지식으로 받아들여지는 것들 가운데에서 적절히 선택된 것으로부터 연쇄적으로 추론하는 능력이다. 따라서 논리적 이해는 충분한 관계적 이해와는 다르게 다른 사람까지 확신시킬 수 있는 능력을 의미한다.

## 2-7. van Hiele의 기하학적 사고 수준 이론

반힐레(van Hiele)는 1950년대에 많은 아이들이 기하학습에 어려움을 느끼고 있음을 알고, 이를 해소하기 위하여 연구를 한 결과, 피아제의 이론을 바탕으로 수학 학습 사고수준 체계에 따라 지도하는 것이 합리적인 해결 방안이라고 생각하고, 기하학적 사고 수준 이론을 제시하였다. 그는 종전의 기하 학습이 아이들의 사고 수준을 넘어서는 용어를 사용하거나, 성질을 이해하도록 하고 있음을 발견하였는데, 학습 지도가 아이들의 사고 수준을 넘어서면 그 학습은 아이들에게 의미가 없음을 알아내었다. 반 힐레가 제시한 기하학적 사고 발달의 과정, 또는 기하에 관련된 학습 수준은 시각적 인식 수준(또는 통합적 수준), 분석적 수준, 비형식적 연역 수준, 형식적 연역 수준, 엄밀한 수준으로 구분된다. 이들 수준을 자세하게 살펴보면 다음과 같다.

◎ 시각적 인식 수준
분석적 수준
비형식적 연역 수준
형식적 연역 수준
엄밀한 수준

### (1) 1[4]수준: 시각적 인식 수준(또는 통합적 수준)–인지, 인식

주변 대상을 모양이라는 측면에서 인식하고 파악하는 단계이다. 이 수준에 있는 아이들은 도형을 그 구성요소에 대한 명확한 고려 없이 전체로서 시각적 외관에 의해 판별한다. 예를 들면, 삼각형, 사각형, 육면체 등으로 도형의 이름을 말할 수 있으나, 그 성질을 명확하게 파악하지 못한다. 이 수준의 아이는 기하의 용어를 배울 수 있으며, 구체화된 도형을 식별할 수 있고, 도형이 주어졌을 때 그것을 똑같이 그릴 수 있으며, 이 도형들을 기하판이나 모눈종이에 그대로 옮길 수 있다.

---

4 반 힐레는 기하학습의 5가지 수준을 처음(1957)에는 0수준에서 4수준까지 구분하였으나, 그 후(1986)에 0수준으로 구분했던 학습의 출발점을 중시하기 위하여 1수준에서 5수준으로 바꾸었다.

### (2) 2수준: 분석적 수준-분석

이 수준의 아이들은 도형의 성질에 주목하여 도형의 구성 요소와 성질에 대한 비형식적 분석을 통해 도형을 파악한다. 즉, 관찰과 실험을 통해 도형의 특성을 식별한다. 이 수준의 아이들은 '직사각형'이라는 용어의 사용에는 익숙하면서, '직사각형' 대신에 '모든 각이 직각인 네 변을 갖는 모양'으로 언급한다. 그렇지만 이 수준의 아이들은 다른 도형들의 성질과의 연관성을 파악하지 못하는 상태이다. 예를 들면, '정사각형은 네 각이 직각이고 변들이 합동이다', '마름모의 네 변의 길이는 같다'라고 말할 수는 있지만, 정사각형과 마름모의 성질 사이에 어떤 관계가 있는지는 알지 못한다. 또한 기하학적 정의를 이해하지 못하고 수학적 증명도 잘 이해하지 못하며, 그 가치를 충분히 인식하지 못한다.

### (3) 3수준: 비형식적 연역 수준-관계

이 수준의 아이들은 한 도형 내에서, 또는 다른 도형들과의 성질에서 상호 관련성을 이해할 수 있다. 이 수준의 아이들은 도형과 그 성질 사이의 논리적인 관계가 정의를 통해 확립되지만, 연역의 완전한 관계를 아직 이해하지 못한다. 즉, 간단한 추론은 가능하지만, 증명은 이해하지 못한다. 예를 들면, 위의 '정사각형은 직사각형이다', '정사각형은 마름모이다'라고 말할 수는 있으나, 이러한 추론을 증명할 일련의 명제를 조직하지 못한다. 그러나 도형들 사이의 포함 관계를 이해할 수 있으며 다른 상황에 응용할 수는 있다.

### (4) 4수준: 형식적 연역 수준-연역

이 수준의 아이들은 명제가 연구의 대상이 되어 명제들 간의 논리적 관계를 통해 공리, 정리, 증명의 의미와 역할을 이해하고, 기하의 연역(또는 추론)의 본질을 이해할 수 있다. 또한 이 수준에 도달한 아이는 기하학적 사고의 전개와 형성의 수단인 연역의 의미를 이해하며, 한 명제에서 다른 명제로 연역해 나가기 위해 명제들을 논리적으로 연결시킬 수 있고 어떤 명제가 참임을 증명할 수 있다.

이 수준의 아이들은 무정의 용어, 공리, 공준, 정의, 증명의 역할과 상호 관련성을 알 수 있으며, 증명을 단순 암기에 의해서가 아니라, 구성할 수 있다. 필요조건과 충분조건의 상호 관계를 이해하며, 명제와 그 역의 차이점을 알 수 있다.

### (5) 5수준: 엄밀한 수준–공리

이 수준에 도달한 아이들은 다양한 공리체계를 이해할 수 있으며 비교할 수도 있다. 즉, 비유클리드 기하와 같은 다양한 공리체계를 학습할 수 있다. 또한 구체적인 대상(도형)이 없이도 이론을 전개할 수 있을 정도로 추상화가 발달되어 있다.

반힐레는 수준 5에 대해서는 거의 관심을 두지 않았고, 따라서 연구의 초점도 되지 못했다. 반힐레는 처음 세 수준에 대해서 많은 관심을 두고 연구를 했다. 일반적으로 학교 기하교육의 목표는 아이들이 형식적 연역 수준에 도달하게 하는 것, 즉 증명의 의미를 이해할 수 있도록 하는 것이다. 학교 기하교육을 통하여 엄밀한 수준에 도달하는 아이는 거의 없으며, 이 수준의 측정은 불가능한 것이라고 한다. 반힐레가 제시한 기하 학습 수준은 다음의 도표로 나타낼 수 있다.

| 수준 / 고찰 | 1수준 시각적 인식 수준 (통합적 수준) | 2수준 분석적 수준 | 3수준 비형식적 연역수준 | 4수준 형식적 연역수준 | 5수준 엄밀한 수준 |
|---|---|---|---|---|---|
| 대상 | 주변의 사물, 구체물 | 도형 | 성질 | 명제 | 논리 |
| 수단 | 도형 | 성질 | 명제 | 논리 | 추상화 |

1수준을 보면 주변의 사물이나 구체물이 연구 대상이 되고, 도형은 그 수단이 된다. 2수준에서는 주변 사물이나 구체물의 정리 수단이었던 도형이 연구의 대상이 되어 도형의 구성 요소와 성질에 대한 분석을 통해 도형을 파악한다. 3수준에서는 도형의 성질과 도형 사이의 관계가 연구의 대상이 되고, 명제가 그 정리 수단이 된다. 4수준에서는 명제가 연구의 대상이 되며, 명제 사이의 논리적 관계가 정리 수단으로 등장하여 공리, 정의, 정리, 증명의 의미와 역할을 이해하며, 전체 기하의 연역 체계를 파악한다. 그리고 마지막 5수준에서는 기하학 체계 그 자체가 연구의 대상이 되어 여러 가지 공리체계를

비교하고 그 성질을 이해한다.

◎ 학습 수준 이론은 아이 사고의 층별화 보다는 교수를 위한 처방에 있다.

반 힐레의 학습 수준 이론의 가치는 아이의 사고가 어떤 수준에 있는가 하는 아이 사고의 층별화 보다는 교수를 위한 처방에 있다(황혜정 외 5, 2004). 이를 위해 반 힐레는 각 수준 안에서 교수를 계열화하기 위한 교수학적 수단을 처방하였다. 반 힐레는 아이들이 한 수준에서 다음 수준으로 발전하도록 교사가 어떻게 지도할 것인가에 대해 질의/안내 단계, 안내된 탐구 단계, 발전/명료화 단계, 자유 탐구 단계, 통합 단계의 다섯 단계로 이루어진 교수·학습 과정을 제시하고 있다(van Hiele, 1986).

**• 1단계(질의/안내)**

◎ 질의/안내, 안내된 탐구, 발전/명료화, 자유 탐구, 통합

초기 단계로서 질의/안내 단계에서는 교사와 아이 사이의 대화를 통해서 새로운 학습 목표를 확인하는 단계이다. 교사는 학습할 주제에 관한 아이의 선행지식이 무엇인지를 파악하여 아이가 새로운 주제를 이해하도록 도움을 주고 질문을 하며, 아이는 제시된 자료와 필요한 논의를 통해 탐구할 분야에 친숙해지기 위한 활동을 하면서 앞으로 공부할 과제의 방향이 무엇인지 배운다.

**• 2단계(안내된 탐구)**

안내된 탐구 단계에서 아이는 신중하게 계열화된 활동을 통해 새로운 학습 주제의 특징에 익숙해진다. 아이은 교사가 제공하는 자료를 통해 학습 주제를 탐구하면서 그 진행 방향을 감지하고 탐구 분야의 구조를 점진적으로 파악한다. 교사는 학습 주제를 탐구하는 활동에 아이가 능동적으로 참여하도록 하기 위하여 조심스럽게 설명해 나간다.

**• 3단계(발전/명료화)**

발전/명료화 단계에서 아이는 교사의 개입이 최소인 상태에서 자신의 개념화와 어휘를 정련시킨다. 이 단계에서는 안내된 탐구 단계에서 익숙해진 새로운 과제를 표현하는 활동을 통하여 그것을 명확히 하며 전문적인 용어를 학습한다. 아이는 예전의 경험과 교사로부터 얻은 최소한의 힌트를 토대로 탐구 분야의 구조에 대한 자신의 견해를 표현하며, 관계 체계를 형성하기 시작한다.

• **4단계(자유 탐구)**

자유 탐구 단계에서 아이는 문제해결 성격을 갖는 보다 복잡한 과제에 도전하게 되는데, 여러 가지 해결 방법을 찾아봄으로써 탐구 분야의 구조에 정통하게 되며, 그 과제를 완성한 후에 공부한 그 영역 안에서 스스로 자신의 나아갈 바를 정해서 새로운 관련성을 찾는다.

• **5단계(통합)**

통합 단계에서 아이는 자신의 관찰을 재검토하고 요약하며, 대상과 관계의 새로운 그물망을 형성하기 위해 그 동안 배운 새로운 개념과 관련성을 통합한다. 결국 아이는 탐구 활동을 개관하여 전체를 조망하게 되면서 사고 수준의 비약에 이르게 된다.

이와 같은 교수·학습 단계를 통해 수준의 비약이 가능하도록 하기 위해서는 교사의 일방적인 설명이 아니라, 학습자 스스로의 탐구 활동이 가장 중요한 요인이라고 할 수 있다. 반 힐레의 교수·학습의 다섯 단계를 직접 교수에 적용하는데 있어서, 교사는 아이들의 필요에 따라 몇 시간 동안을 계속해서 특별한 단계에 머무를 수도 있고, 또한 여러 단계를 몇 번이고 되풀이할 수도 있다(황혜정 외 5, 2004).

## 2-8. Freudenthal의 수학화 이론

프로이덴탈(Freudenthal)은 기성의 수학 지식의 전달이 아니라, 아이의 창조적 활동에 의한 수학화 과정을 중시하는 '만인을 위한 수학교육(mathematics for all)'을 주장하였다. 수학은 실제적인 문제 상황으로부터 출발하여, 그 정리 수단인 본질로 이행하는 점진적인 수학화 과정을 거쳐 구성되는 실제적인 지식이다. 따라서 학교 수학도 현실적인 문맥으로부터 출발하여, 그에 대한 아이들의 실제적인 정신 활동인 비형식적 상황적 지식으로 재구성되어 가는 '상식'으로 경험하고, 이에 대한 아이들의 상호 과정을 통한 반성적 사고를 거치면서 점진적인 수학화 과정을 이행하도록 해야 한다. 이것이 현실주의 수학교육이론(Realistic Mathematics Education)이다.

◎ 수학은 실제적인 문제 상황으로부터 출발하여, 그 정리 수단인 본질로 이행하는 점진적인 수학화 과정을 거쳐 구성되는 실제적인 지식이다.

프로이덴탈은 수학적 사고활동의 본질적 특성의 지속적인 재조직화로 수학 학습을 보고, 이것을 수학화로 표현하였다. Treffers는 수학화 과정을 수평적 수학화와 수직적 수학화로 구분하였는데, 수평적 수학화는 현실에서 수학적 내용을 끌어내는 과정이고, 수직적 수학화는 수학적으로 세련시키는 과정이다. 이를 이용한 수학화 과정을 나타낸 것이 아래 [그림 2-6]이다.

◎ 수평적 수학화
수직적 수학화

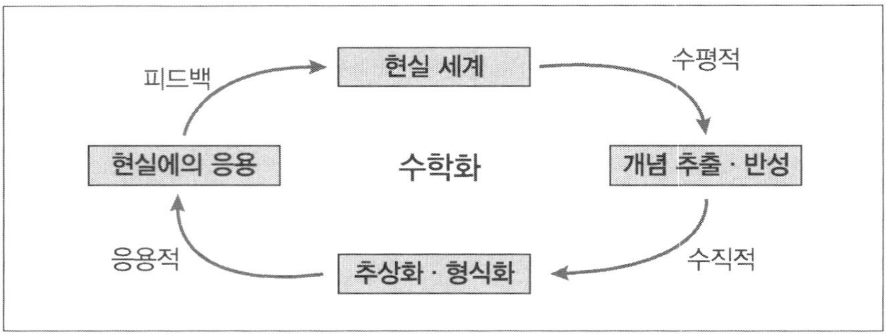


[그림 2-6] 수학 수업에서의 수학화 과정(De Lange & Verhage, 1987)

프로이덴탈이 강조하는 수학화에 의한 수학 학습 지도는 교사의 적절한 안내로 아이가 창조적 활동을 통해 기성의 수학을 재발명하는 것이다. 그는 점진적인 수학화를 통한 수학 학습 지도를 구현하기 위하여 안내된 재발명, 교수학적 현상학, 학습 수준이론, 수학적 상황을 제시하였다.

### (1) 안내된 재발명

◎ 교사의 안내 하에 현실에서부터 수학화 활동을 통해 수학적 내용을 재발명해야 한다.

프로이덴탈은 학습자에게 수학적 활동의 재발명을 경험시키는 학습지도 방법을 강조하였는데, 교사의 안내 하에 현실에서부터 수학화 활동을 통해 수학적 내용을 재발명할 것을 주장하였다. 재발명(reinvention)은 수학자들이 이미 발명했던 것을 아이들이 발명자의 관점에서 다시 발명하는 것을 의미한다. 안내된(guided) 재발명은 재발명의 과정에서 아이들이 교사의 안내를 받는다는 것을 시사한다. 이러한 재발명을 위해서는 수학사나 아이들의 비형식적 지식과 전략이 도움이 될 수 있다. 특히 수학의 역사 발생 과정을 염두에 두고, 가상적인 아이들을 상대로 가르치고 아이의 반응을 생각하며 대응방안을 준비하는 '사고실험'을 할 것을 제안하였다.

### (2) 교수학적 현상학

현상학이란 인간의 의식 활동과 현상과의 관계를 밝힘으로써 자아의 본질을 밝히는 학문으로, 교수학적 현상학이란 현상과 그 정리 수단인 본질로서의 수학과의 관계를 교수학적 측면에서 다룸으로써 학교 수학의 본질을 밝히는 것을 의미한다. 수학교육에서 교수학적 현상학(didactical phenomenology)은 물리적, 사회적, 그리고 정신적인 세계의 여러 현상과 수학적 개념, 구조, 또는 아이디어라고 하는 본질의 상대적인 관계를 교수학적 측면에서 설명하는 이론이다. 프로이덴탈은 수학의 교수·학습의 과정에서 조직할 필요가 있는 현상으로부터 시작하여 학습자로 하여금 조직의 수단인 그 본질에 숙달하도록 해주어야 한다는 관점에서 교수학적 현상학을 도입했다. 여기서 '현상'이란 물리적, 사회적, 정신적, 세계, 수학적 현상 등을 의미하고, '본질'이란 수학적인 개념, 구조를 의미한다.

◎ 교수학적 현상학이란 현상과 그 정리 수단인 본질로서의 수학과의 관계를 교수학적 측면에서 다루는 것이다.

### (3) 학습 수준이론

수학의 발달 과정은 현상이 그것을 정리하는 수단인 본질로 조직되고, 그 본질이 다시 현상이 되어 새로운 본질로 조직되는 과정이며, 한 수준에서 그 위 수준으로의 비약이 일어난다. 따라서 수학 학습은 수학화 과정을 통해 수준의 비약이 일어나도록 적절한 조치를 취해가면서, 더 높은 개념으로 점진적으로 안내할 필요가 있다. 이 때 수준 상승의 원동력은 반성적 사고이며, 이것은 자신의 행동과 생각을 의식화하여 객관적으로 분석하는 사고이다.

◎ 수준 상승의 원동력은 반성적 사고이다.

### (4) 수학적 상황

추상적인 수학을 곧 바로 도입하는 것은 수학을 통해 수학화하는 경험을 할 수 없고, 기성의 지식을 수동적으로 수용하기 때문에 수학의 진정한 이해가 어려우며, 수학의 유용성도 체험하지 못한다. 따라서 아이들의 현실 상황을 수학화하는 경험으로부터 출발하여 아이 자신의 상상력을 발휘하여 실제(reality)로 느낄 수 있는 풍부한 문맥을 제공하여야 한다. 이러한 현실 상황으로 놀이, 게임, 이야기, 신문 등을 제시할 수도 있다.

## 2-9. 구성주의 학습 이론

구성주의(Constructivism)는 철학적인 배경에서부터 나온 인식론적 입장을 지닌 이론이다. 구성주의에서 보는 '지식'의 개념은 그 동안 객관주의 관점에서 가정하는 '지식'의 개념과는 아주 다르다. 구성주의는 '실재' 혹은 '현실'이라는 것을 인식자, 또는 관찰자가 자신의 현실에서의 경험적, 인지적 활동을 통하여 구성하는 것이라고 본다.

◎ 구성주의는 지식이 아이의 내면세계에서 자주적으로 구성되어진다.

구성주의는 지식이 외부적인 강화 또는 강요에 의하여 교사로부터 아이에게 전달되는 것이 아니라, 아이의 내면세계에서 자주적으로 구성되어진다는 새로운 관점을 가지고 현대 교육의 핵심적인 원리인 학습자 중심의 교육을 뒷받침하고 있다.

구성주의가 교육에서 본격적으로 논의되기 시작한 것은 1960-1970년경으로, 구성주의자들은 인식론의 근거를 B.C. 6세기경의 회의주의까지 거슬러 올라가서 찾고 있으나, 직접적인 영향은 칸트로부터 비롯되었다고 볼 수 있다. 칸트는 자연 대상에 관한 확실한 인식을 위해서는 인식이 대상에 의존할 것이 아니라, 대상이 인식에 의존해야 한다고 상정함으로써, 인식론적 관점의 대변환을 가져왔다. 이와 같이 '객체에 대한 표상'으로서의 지식관으로부터 '주체에 의한 구성'으로서의 지식관으로의 이행을 가져온 칸트의 견해는 구성주의자의 주장에 대한 배경이 되며, 20세기 들어서는 듀이의 실용주의적인 아이중심 교육철학의 영향도 구성주의에 적지 않은 영향을 미쳤다.

◎ 조작적 구성주의
급진적 구성주의
사회적 구성주의

구성주의는 철학적, 인식론적, 심리적 측면에서 조망해 볼 수 있을 뿐만 아니라, 구성주의 자체가 다양한 견해들을 포괄하기 때문에, 구성주의 자체가 명료하지 않고 구체성이 결여된 경향이 있다. 예컨대, 구성주의는 크게 피아제(Piaget)의 조작적 구성주의, 폰 글레이저펠드(von Glaserfeld)의 급진적 구성주의(radical constructivism), 어니스트(Ernest)의 사회적 구성주의(social constructivism)로 대별될 수 있다. 피아제의 발생적 인식론은 모든 구성주의를 관통하는 일종의 원형(prototype)으로 간주되고 있기 때문에, 조작적 구성주의뿐만 아니라, 급진적, 사회적 구성주의의 바탕이 되고 있다. 급진적(radical) 구성주의자는 지식의 객관성을 주관독립성으로 과감히 바꿔 놓은 반면, 사회적 구성주의자는 지식의 객관성을 공통주관적인 사회화 과정으로 대체하였다.

### (1) 조작적 구성주의

◎ 조작적 구성주의는 조작 활동을 바탕으로 지식을 구성해 간다는 것이다.

피아제의 원래 전공은 생물학으로 그의 이론에는 생물학적 모델, 특히 다윈의 진화론의 색채가 농후하다. 환경에의 보다 나은 적응을 향한 유기체의 진화과정이라는 기본 아이디어를 인식론에 전용한 것이 소위 '발생적 인식론'이다. 이에 따르면, 지식의 발달은 보다 지적인 행동 양식, 사고 양식의 구성을 의미하며, 이는 인식 주체와 현실과의 보다 나은 균형을 위한 것이다(김응태, 박한식, 우정호, 1984).

피아제의 발생적 인식론의 중심 아이디어는 '조작'으로, 이러한 이유에서 그의 발생적 인식론은 조작적 구성주의(operational constructivism)라 명명할 수 있다. 조작은 대상에 대하여 행해지는 일종의 내면화된 행위이자 가역적 행위로, 논리적 구조를 구축하는 특별한 형태의 행위이며, 지식의 발달에 있어 중심적 역할을 한다.

### (2) 급진적 구성주의

◎ 급진적 구성주의는 지식의 객관성 검증에 대한 논의를 거부한다.

급진적 구성주의는 진리에 대한 검증을 시도하는 것 그 자체가 하나의 앎의 행위이므로 그러한 시도는 주관적이 될 수밖에 없다고 보고, 형이상학적 실재론(metaphysical realism)을 거부하고 있다는 점에서 급진적인 성격을 띤다. 즉, 급진적 구성주의에서는 지식의 진리성(지식의 객관성) 검증에 대한 논의를 거부하고 진리성에 대한 관점의 변환을 시도함으로써, 오래된 인식론적 논쟁의 고리를 버렸다.

급진적 구성주의의 견해는 '자주적 구성의 원리', '생장 지향성의 원리', '비객관성의 원리'로 압축시킬 수 있다. 자주적 구성의 원리란 지식은 인식 주체가 대상에 대한 활동을 능동적으로 수행함으로써, 스스로의 내면 세계 속에 구성해 나가는 것이지, 감각 기관에 의한 지각이나 의사 전달에 의하여 타인으로부터 수동적으로 받아들임으로써 획득되는 것이 아니라는 원리이다.

생장 지향성의 원리란, 인식의 주체인 아이가 구성하는 지식은 생물계의 자연 도태처럼 실제의 세계에 적합하여 생장력이 있는 것은 살아 남아 지속되고, 그렇지 못한 것은 도태된다는 것이다. 즉, 인식 기능은 적응적이고, 적합성 또는 생장성을 지향하는 경향이 있다.

비객관성의 원리란, 지식은 인식 주체가 경험 세계를 조직, 정리한 결과로 획득하는 것이므로, 주관 독립적인 의미에서의 객관적인 지식의 존재를 부정하는 것을 말한다.

급진적 구성주의는 근본적으로는 피아제의 조작적 구성주의를 바탕으로 하고 있지만 다음과 같은 두 가지 측면에서 차이가 있다고 할 수 있다. 첫째, 피아제는 학습은 본질적으로 내용과 상황에 따라 가변적이지 않은 보편적 현상이며, 아이의 성숙도 예정된 방향으로 이루어진다고 보지만, 급진적 구성주의자들은 학습은 내용과 상황에 의존하므로 가변적이며, 아이의 발달도 어떤 예정된 방향으로 이루어지는 것은 아니라고 본다. 둘째, 피아제의 조작적 구성주의는 합리주의적 철학관에 보다 가까우며 객관성을 완전히 배제하고 있지는 않지만, 급진적 구성주의자들은 상대주의적 철학관에 입각하여 객관성을 배제하고 있다고 할 수 있다.

### (3) 사회적 구성주의

◎ 사회적 구성주의는 객관적인 수학적 지식으로 변모하기 위해서는 간 주관적, 공통 주관적인 사회적 과정이 필요하다고 보았다.

어니스트(Ernest)는 절대주의적 입장을 취하고 있는 종래의 수리철학인 논리주의, 직관주의, 형식주의가 모두 불완전하다는 지적을 하고, 이러한 수리철학을 대신하여 규약주의 수학관을 기반으로 한 상대주의적, 회의주의적인 철학으로 사회적 구성주의를 제창하였다. 사회적 구성주의는 급진적 구성주의의 기본 원리를 출발점으로 하고 있으나, 급진적 구성주의에서의 기본 원리인 비객관성의 원리를 수정·보완하는 것에 주안점을 두고 있으며, 그 수정·보완의 근거를 사회적 입장에서 추구하고 있다.

어니스트에게 있어 수학적 지식의 기초는 사회적 구성물인 언어적 지식, 규약, 규칙이며, 주관적인 수학적 지식의 공표된 후에 수용될 수 있는 객관적인 수학적 지식으로 변모하기 위해서는 간 주관적, 즉 공통 주관적인 사회적 과정이 필요하다고 보았다([그림 2-7]). 급진적 구성주의자인 폰 글레이저펠드와 사회적 구성주의자인 어니스트 모두 상대주의를 바탕으로 출발하고 있지만, 폰 글레이저펠드는 언어의 비공유성을 전제하면서 주로 주관적 구성과 인지적 측면에서 논의를 전개하는데 반해, 어니스트는 언어의 공유성을 전제하고 주로 사회적 구성과 철학적 측면에서 논의하고 있다.

사회적 구성주의는 급진적 구성주의의 비객관성의 원리를 사회적 상호 작용의 메커니즘에 근거하여 수정·보완한 것이다. 따라서, 사회적 구성주의의 입장을 수학교육에 적용한다면, 수학 지식은 아이에 의해 주체적으로 구성되고, 또 이렇게 구성된 지식은 학급에서의 발표 및 친구들과의 토의에 의해

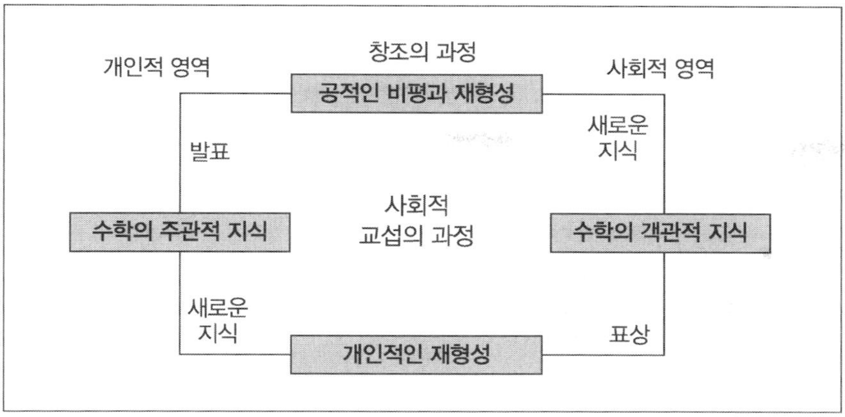


[그림 2-7] 사회적 구성주의의 지식의 구성 과정

공통 주관적인 의미의 객관적 지식이 될 수 있다.

### (4) 사회문화적 관점

비고스키(Vygotsky)는 지적능력을 ZPD(Zone of Proximal Development) 이론으로 설명하고 있다. 근접 발달 영역은 아이가 현재 스스로 과제를 해결할 수 있는 실제적 발달 수준(level of actual development)과 자신보다 인지적으로 유능한 성인이나 또래의 도움을 받아 과제를 해결할 수 있을 것으로 기대되는 잠재적 발달수준(level of potential development)간의 격차를 의미한다.

◎ 근접 발달 영역은 실제적 발달 수준과 잠재적 발달수준 간의 차를 의미한다.

비고스키는 개인의 지적 발달은 사회, 문화적인 영향을 크게 받는 것으로 생각한다. 그에 따르면, 모든 지식은 한 공동체 속에 오랜 역사를 통해 누적된 문화적 형태로 존재하는 것으로, 아이는 성인의 도움을 받아 문화적 산물로서 지식을 내면화함으로써 개인적인 인지발달이 가능하게 된다. 따라서 아이의 지적발달은 내면화를 가능하게 하는 성인과의 사회적 상호작용을 통해 촉진된다. 이렇게 아이가 지적으로 성장하는데 도움을 주는 것을 비계(scaffolding)라 하는데, 이는 아이가 스스로 문제를 해결할 수 있도록 도움을 주는 체제를 말한다.

## 단원 탐구문제

1. 자극–반응 이론을 설명하고, 이에 대한 Brownell의 비판 내용을 쓰시오.

2. Piaget의 인지발달 이론이 수학교육에 끼친 영향에 대해 논하시오.

3. Dienes의 수학학습 원리 4가지를 제시하고, 삼각형을 이용하여 이를 구현할 방안에 대해 논하시오.

4. Skemp의 이해 이론을 설명하시오.

5. 수현이는 삼각형의 내각의 크기의 합을 이용하여 사각형의 내각의 크기의 합을 구하였다. van Hiele의 기하학습 사고 수준에 따르면 수현이는 어느 수준에 속하는가? 그리고 그 이유는 무엇인지 서술하시오.

6. 수학 교실에서의 의사소통의 강조의 배경을 구성주의 관점에서 논하시오.

7. 다음 각 교사의 진술 내용과 관련 있는 것을 잘못 연결한 것은?

> 김교사: 받아올림이 있는 두 자리 수의 덧셈 지도에서는 구체물을 이용하여 받아올림의 원리를 이해한 후에 이를 형식화 하도록 합니다.
> 박교사: 도형을 지도할 때는 먼저 도형을 나타내는 그림, 구체물, 모형 등을 풍부하게 제공해 줍니다.
> 최교사: 4학년에서 여러 가지 사각형을 지도할 때는 아이들이 도형의 성질 사이의 상호 관련성을 파악할 수 있는 사고 능력이 있는가를 먼저 조사합니다. 아이를 상대로 가르치고 아이의 반응을 고려하여 대응 방안을 준비하는 교재 준비가 필요합니다.
> 문교사: 가상의 아이들을 대상으로 가르치고 아이의 반응을 생각하며 지도방안을 생각해야 합니다.
> 신교사: 개념의 지도에서는 아이 스스로 분류하고 공통성을 찾아 추상화하도록 해야 합니다.

① 김교사 – 반성적 사고　　② 박교사 – 수학적 다양성의 원리
③ 최교사 – 관계　　④ 문교사 – 사고실험
⑤ 신교사 – 자유 놀이 단계

8. 민이와 경이는 직사각형의 두 대각선의 길이가 같다는 것을 알았다. 그런데 민이는 분석 수준에, 경이는 관계 수준에 있다고 한다. 두 사람이 어떻게 직사각형의 두 대각선의 길이가 같다는 것을 알았을지 설명해 보시오.

9. 울릉이와 독도는 사다리꼴의 넓이가 (아랫변+윗변)×높이÷2를 알고, 주어진 사다리꼴의 넓이를 구할 수 있었다. 그런데 울릉이는 Skemp의 이해 수준이 도구적 이해 수준에, 독도는 관계적 이해 수준에 있다고 한다. 두 아이의 이해 정도를 사다리꼴의 넓이 구하는 수업 상황으로 설명해 보시오.

# 03 수학과 교수·학습 방법

## 이 장을 시작하면서

교실에서 아이들을 가르치는 과정은 매 순간 의사결정의 과정이다. 가르침에 대한 의사결정을 해야 할 때는 다음과 같은 고민을 하게 된다.

- 수업에 제시할 좋은 과제는 무엇인가?
- 아이들은 수업 주제에 대해 어떻게 생각하고, 어떤 방향으로 변화되어 갈까?
- 학습 능력 수준이 다른 아이들의 반응에 대하여 각각 어떻게 반응해야 하는가?
- 아이들의 반응에 교사로서 어느 부분까지 반응하고 답을 주어야 하는가?
- 수업 주제에 대하여 어떤 교수·학습 방법을 활용할 것인가?
- 아이 중심의 활동을 위해 어떤 방법을 사용할 것인가?
- 아이들의 학습 도달도에 대한 평가를 어떤 방법으로 할 것인가?

교사가 수업에 대하여 끊임없이 생각하고, 판단하고 실행하는 과정은 도전의 과정이다. 효율적인 교수를 위해 중요한 것은 아이들의 사고 발달을 위한 아이디어에 대한 반성적 사고와 지적 열의이다. 수업에 필요한 여러 요소에 대한 적극적인 사고와 노력이 없으면 수업이 나아질 것이라는 기대는 할 수 없는 것이다.

# 3장

# 수학과 교수·학습 방법

학교 교육의 핵심은 교실에서 일어나는 수학 교수·학습 활동입니다. 전통적인 교수·학습 상황은 교사의 전달과 아이의 수용이라는 일방적인 의사소통이 주를 이루었습니다. 그러나 최근 교육의 관심은 아이들이 자기 주도적으로 지적 가치를 창출할 수 있는 창의적인 인간 양성을 목적으로 하고 있습니다. 이를 위해서는 다양한 교수학적 환경과 내용에서의 변화가 필요합니다. 이 장에서는 아이들이 창의적으로 수학을 행할 수 있는 수학 교수·학습 방법에 대하여 알아보기로 합니다.

◎ 학교 교육의 핵심은 교실에서 일어나는 수학 교수·학습 활동이다.

## 3-1. 수학과 교수·학습 방법

학교 수학교육의 핵심적인 활동은 수학 교수·학습 활동이다. 이를 위해 교사들은 연간지도 계획이나 각 주제별 단원지도 계획을 세우고, 이에 따라 단위 시간의 세부적인 학습 지도 목표와 방법을 설계한다. 그렇지만 학습지도 계획은 획일화된 내용이나 형태로 나타나는 것이 아니며, 교사와 환경, 상황에 따라 개별적이고 다양할 수밖에 없다.

◎ 학습지도 계획은 교사와 환경, 상황에 따라 개별적이고 다양하다.

수학과는 수학의 개념, 원리, 법칙을 이해하고 기능을 습득하여 주변의 여러 가지 현상을 수학적으로 관찰하고 해석하며 논리적으로 사고하고 합리적으로 문제를 해결하는 능력과 태도를 기르는 교과이다(교육부, 2015b). 따라서 수학과 교수·학습 방법은 다음의 사항에 초점을 두어 운영이 될 필요가 있다.

- 아이들의 구체적 경험에 근거하여 여러 가지 현상을 수학적으로 해석하고 조직하는 활동 중심 학습
- 구체적 사실에서 점진적으로 추상화 단계로 나가는 과정을 중시하는 학습
- 직관이나 구체적인 조작 활동에 바탕을 둔 통찰 등의 수학적 경험을 통하여 형식이나 관계를 발견하고, 수학적 개념, 원리, 법칙 등을 이해하는 학습
- 수학 문제를 해결하는 과정에서 문제를 명확히 이해하고 합리적인 해결 계획을 세워 실행하며, 반성을 통하여 풀이 과정을 점검하고 다양하게 활용하는 학습
- 수학적 지식과 기능을 활용하여 실생활의 여러 가지 문제를 해결해 봄으로써 수학의 필요성과 유용성을 인식하고, 수학 학습의 즐거움을 경험하도록 함으로써 수학에 대한 긍정적인 태도를 갖도록 하는 학습

학교 현장에서 결과 중심의 형식적, 주입식 교육에서 탈피하여 아이들의 수학적 사고력을 길러 줄 수 있는 학습 방법을 구안하기 위하여 다음과 같은 내용이 반영되는 수업이 되도록 해야 한다(강치형 외, 2008).

### (1) 학습 위계에 따르는 학습

◎ 수학학습은 기초학습을 충실히 해야 하고, 선수학습 내용을 확인하여야 한다.

수학은 체계적, 계통적, 논리적 위계를 가지고 있는 학문이므로, 선수학습에 결손이 있으면 학습의 진행이 어렵다. 그러므로 수학학습은 다른 어떤 교과보다도 기초학습을 충실히 해 두어야 하고, 선수학습 내용을 확인하여야 한다.

예를 들면, 나눗셈 학습을 하기 위해서는 곱셈을 할 수 있어야 하고, 곱셈은 곱셈구구의 학습이 바탕이 된다. 수학학습에서 결손이 누적되면 수학을 싫어하는 요인이 될 수 있으므로 학습위계에 따라 기초학습을 충실히 해야 한다.

이러한 면에서 볼 때, 계통성이 뚜렷한 수학학습에서는 문제해결에 필요한 하위 학습 요소를 찾아내고, 이들을 학습위계에 따라 학습할 필요가 있다. 학습자가 선수학습 요소를 충분히 이해하였을 때 후속학습을 보다 용이하게 할 수 있다. 따라서 각 단원의 수업이나 각 차시별 수업을 위해서는

학습 위계를 확인하고 선수학습과 후속학습의 관계를 유지하여야 한다.

### (2) 인지경로에 따르는 학습

인지발달의 경로에 따른 학습은 브루너의 지식의 구조 이론에서 강조하는 최적의 학습계열인 활동적 표상, 영상적 표상, 기호적 표상의 방향으로 나아가는 학습의 중요성을 의미한다. 브루너의 EIS 이론에 따르는 수학학습의 예로 '4+3=□'를 다음과 같이 계획할 수 있다.

◎ 인지발달의 경로에 따른 학습은 활동적 표상, 영상적 표상, 기호적 표상의 방향으로 나아가는 학습의 중요성을 의미 한다.

첫 단계인 활동적 표상에서는 구체물의 조작활동에 의한 학습을 한다. 덧셈 도입에서 합병 유형으로 '오리 4마리와 3마리가 있다. 오리는 모두 몇 마리인가?'를 생각해 보자. 아이들은 바둑알이나 타일, 수 막대 등을 가지고 구체물로 오리를 대신하여 조작활동을 함으로써 덧셈의 의미를 보다 명확하게 파악할 수 있게 될 것이다. 둘째 단계인 영상적 표상에서는 수직선을 이용하여 그림이나 도식으로 학습을 한다.

마지막 단계인 기호적 표상에서는 덧셈 학습을 형식화해 주는 단계이다. 이 단계에서는 4+3=□의 가로 형식의 셈과 세로 형식의 셈을 병행해서 정확하고 신속하게 할 수 있는 학습을 한다. 이와 같은 4+3=□의 인지경로에 의한 3단계 학습이 끝난 후에 다른 덧셈을 아이 개개인의 능력 수준에 따라 각 단계를 혼용하여 학습하도록 한다. 활동적 표상이나 영상적 표상은 기호적 표상만으로는 수학적인 지식을 이해할 수 없을 때 보조수단으로서 의미를 가진다.

[그림 3-1] 덧셈 지도에서 EIS(교육부, 2017a, p. 65)

◎ 교육과정 성취기준

[2수01-05] 덧셈과 뺄셈이 이루어지는 실생활 상황을 통하여 덧셈과 뺄셈의 의미를 이해한다.

### (3) 개인차를 고려한 수준별 학습

수학 교과만큼 개인차가 크게 나타나는 교과도 없을 것이다. 따라서 수학 학습은 개인의 다양한 능력수준에 따르는 개별화 학습이 중시되어야 한다.

◎ 수학 학습은 개인의 다양한 능력수준에 따르는 개별화 학습이 중시되어야 한다.

이에 2015 개정 교육과정에 따른 수학과 교육과정에서는 교육과정에 제시된 내용을 지도한 후 학습 결손이 있는 아이에게는 보충 학습, 우수 아이에게는 심화 학습의 기회를 추가로 제공하도록 권고하고 있다(교육부, 2015a)

그렇지만 우리나라와 같이 다인수 학급에서는 개인차를 고려한 학습지도에 한계가 있다. 따라서 소집단 편성을 통한 의사소통을 강조하는 학습지도라든가, 우수아가 부진아를 지도하는 상호 협력학습 체제 등에 관심을 가질 필요가 있다. 즉 다른 어떤 교과보다도 학습의 개인차가 뚜렷이 나타나는 수학학습을 보다 효율적으로 지도하기 위해서는 개인의 능력수준이 고려된 학습의 개별화 전략이 필요하다고 본다.

### (4) 귀납 추론이 중심이 되는 학습

◎ 초등수학의 학습방법으로 귀납적인 추론방법이 효율적이다.

특수한 사실에서 일반적인 것을 찾아내는 추론을 귀납 추론이라 하는데, 초등수학의 학습방법으로서 발견방법과 관련된 귀납적인 추론방법이 효율적이다. 피아제에 따르면, 연역적 사고가 가능한 시기는 11-12세 정도이기 때문에 초등학교 시기에는 연역적 추론에 의한 수학학습보다는 귀납적 추론활동에 의한 수학학습이 더 적절하다고 볼 수 있다. 따라서 초등학교 수학과 학습에서는 연역적 추론에 의한 학습보다는 귀납적 추론에 의한 학습이 대부분이다. 이런 면에서 수학학습은 계통적이고 연역적으로 '만들어진 수학'을 귀납적 추론을 통한 '만들어 가는 수학'으로 개선해 나가는 전략이 필요하다.

### (5) 범례 제시에 의한 학습

◎ 초등수학의 개념지도에서는 적절한 범례를 이용해야 한다.

영국의 수학교육학자인 스켐프는 학습자가 이미 가지고 있는 개념보다 고차의 개념은 정의만으로는 이해할 수 없고 적절한 범례를 이용해야 한다고 하였다. 범례란 개념의 예에 해당하는 정례와 예에 해당하지 않는 비례로 이루어진다. 일상경험이나 환경에 의해서 직접 얻어지는 범례들은 추상도가 높지 않기 때문에 수학적인 의미가 포함된 범례를 착안하고 제작하여 제시할 필요가 있다. 이것은 범례 제시를 통한 학습만이 아이들에게 보다 명확한 개념을 형성시키게 되어 지적 사고활동의 범위를 넓혀 가는데 중요한 핵심적인 역할을 하기 때문이다.

범례제시에 의한 학습의 예를 들면, 평행사변형의 개념을 끌어내기 위하여 다양한 사각형에서 평행사변형인 것과 평행사변형이 아닌 것을 구별한다.

다음으로 평행사변형의 모임에서 공통성을 추출하고, 공통성을 바탕으로 평행사변형을 정의하는 과정을 거치도록 한다.

### (6) 알고리즘을 개발·적용하는 학습

알고리즘은 문제를 풀기 위한 절차가 아니라, '같은 유형의 어떠한 문제라도 쉽게 풀 수 있는 문제해결의 단계적 순서'를 의미한다. 수학학습이 일방적으로 알고리즘을 주고 이런 순서로 문제를 풀면 답이 나온다는 식으로 알고리즘을 암기시켜 문제를 해결하도록 해서는 안 된다. 아이들은 알고리즘을 적용하여 왜 올바른 답이 얻어지는가에 대한 이유나 의미를 이해하여야 한다.

알고리즘을 강조한 학습이 비판의 대상이 되지 않으려면 충분한 사고과정을 중시한 확실한 이해를 바탕으로 하여 문제를 풀어 가도록 해야 한다. 또 구체물을 이용한 다양한 조작활동과 그에 대한 반성적 사고를 통해 알고리즘을 발견하도록 해야 한다.

◎ 알고리즘은 문제를 풀기 위한 절차가 아니라, '같은 유형의 어떠한 문제라도 쉽게 풀 수 있는 문제해결의 단계적 순서'를 의미한다.

### (7) 결과보다 과정 중심의 학습

수학 학습은 많은 양의 문제를 결과 중심으로 답만을 요구하는 것보다, 적은 양의 핵심적인 문제를 깊이 있고 다양한 방법으로 해결해 보게 하는 것이 중요하다. 이를 위해 수학 문제해결 학습은 양보다 질을 중시한 다양한 해결방법을 스스로 찾아보게 하는 학습과정을 중시하여야 한다. 또 문제를 한 가지 방법으로만 해결해 보게 할 것이 아니라, 여러 가지 방법으로 해결해 보게 하면 그 문제를 확실하게 이해하게 되어 학습의 전이와 파지가 좋아질 것이다.

◎ 수학 학습은 많은 양의 문제를 다양한 방법으로 해결해 보게 하는 것이 중요하다.

### (8) 조작·관찰·실험·실측 등의 체험학습

20세기 초에 영국의 페리, 미국의 무어, 독일의 클라인을 중심으로 일어난 수학교육 근대화 운동에서는 수학교육의 실용성을 강조하였으며, 관찰과 실험과 같은 구체적 체험활동을 강조하였다. 마찬가지로 듀이(Dewey)의 경험주의적인 교육이론에서도 활동적인 조작활동을 강조하였고, 프로이덴탈(Freudenthal)의 수학교육에서의 감각적 신체적 활동에서도 조작활동이 중시되었다. 그 밖에 페스탈로치(Pestalozzi), 가테노(Gattegno), 퀴즈네르(Cuisenaire) 등도 조작 활동의 중요성과 필요성을 강조한 사람들이다.

◎ 아이들은 조작·관찰·실험·실측 등의 경험을 바탕으로 체험학습이 필요하다.

조작활동의 중요성을 발달 심리학의 입장에서 연구한 피아제는 아이들의 사고는 성인들의 사고와는 본질적으로 다르다고 한다. 성인들은 구체물의 조작 없이도 머릿속에서 사고할 수 있지만, 아이들은 조작활동을 필요로 한다고 한다. 따라서 수학적인 개념을 보다 명확히 형성시키기 위하여 아이들이 조작·관찰·실험·실측 등의 경험을 바탕으로 직접적인 체험학습이 필요하다.

### (9) 소집단 구성에 의한 상호 협력학습

◎ 소집단 학습은 아이 스스로 능동적이고 의욕적인 생기 있는 학습이 될 수도 있다.

소집단 학습에서 아이들은 자기 의견이나 생각을 제시하고 모르는 것은 서로 알려 주고 협력해 가면서 문제를 해결한다. 이것은 인지적인 면에서만 아니라, 정의적인 면에서도 서로 이해하고 노력할 수 있는 태도를 기를 수 있게 되는 것이다. 소집단 학습은 아이 스스로 능동적이고 의욕적인 생기 있는 학습이 될 수도 있다.

상호 협력학습은 학습능력의 개인차를 줄이는데 효과가 있는 학습으로, 부진아에게는 부진학습 요인의 교정과 보충을, 우수아에게는 학습의 심화와 강화를, 교사에게는 개별학습 지도부담의 경감이라는 목적을 달성할 수 있다.

### (10) 흥미와 관심, 의욕을 유발하는 학습

◎ 수학 학습은 나도 해결할 수 있다는 자신감을 가질 수 있는 분위기를 조성해 주는 것이 중요하다.

수학학습에서 수학은 재미있는 것, 즐겁게 할 수 있는 것, 관심과 의욕을 가지고 할 만한 것, 나도 해결할 수 있다는 자신감 등을 가질 수 있는 분위기를 조성해 주는 것이 중요하다. 교사는 아이들이 학습에 흥미·관심·의욕을 가지고 문제해결에 적극적으로 참여할 수 있도록 하기 위하여 수학의 다양한 측면을 탐구하도록 격려해 주고 질문해야 한다. 또한 그들에게 흥미·관심·갈등상태를 주어 계속해서 분석하고 서로 관련지어 볼 수 있게 하며, 단순한 것에서 복잡한 것으로, 구체적인 것에서 추상적인 것으로 전개해 나가도록 해야 한다.

## 3-2. 수학과 교수·학습의 실제

수학교육의 목적인 실용적 목적, 도야적 목적, 문화적 목적, 심미적 목적을 달성하기 위하여 수업은 과학적으로 설계되어야 한다. 수업은 다양한 변인이 혼재된 사회적 환경에서 이루어지기 때문에 수업을 설계할 때 체계적이고 조리 있게 계획하는 것과 더불어, 예상하지 못한 상황에 적절히 대응할 수 있는 유연성도 갖추어야 한다. 즉, 학습지도를 설계할 때에는 학습지도를 과학적인 측면에서 보는 것과 아이들의 의외의 반응이나 질문에 적절히 임기응변적 대응도 고려해야 한다.

◎ 학습지도를 설계할 때에는 과학적인 측면에서 보는 것과 임기응변적 대응도 고려해야 한다.

학교교육은 연간지도 계획이나 단원지도 계획을 세우고, 이에 따라 학습지도의 목표를 설정한다. 학습지도의 설계는 앞으로의 수업전개에 대한 하나의 가설로서, 교사의 입장에서는 단원 또는 매 시간의 지도계획, 즉 학습지도안(교수·학습안)을 작성하는 것이다. 학습지도의 설계는 설정된 목표를 확실하게 실현하기 위하여 장래에 실현 가능한 사상이나 사태를 예측하면서 구성요소를 개념적으로 조작해서 전체와 부분과의 관련을 명확히 하는 행위라고 규정하는 사람도 있다.

이 생각의 원류는 교수 단계론으로 알려져 있는 헤르바르트(J. F. Herbart, 1776~1841) 학파인데, 교수 단계란 예비·제시·비교·총괄·응용의 5단계였다. 그 후 경험주의 교육에서는 도입·전개·총괄·평가로 변화되어 이와 같은 단계를 지도안에 기술하는 경우가 있는데, 최근에는 형식적 단계를 고집하지 않는 것이 일반적이다.

### (1) 수업 모형

수업 모형이란 복잡한 수업 현상을 특징적 사태를 중심으로 단순화시킨 형태를 말하며, 수업 실제를 기술하기 위하여 수업의 주요 특징을 요약해 놓은 설계도라고 할 수 있다. 수업 모형을 교수·학습 모형으로 부르기도 하지만, 1960년대 이후 수업 모형이라는 용어가 교육 현장에 널리 사용되고 있다.

◎ 수업 모형이란 복잡한 수업 현상을 특징적 사태를 중심으로 단순화시킨 형태를 말한다.

수업 모형은 수업 절차를 체계적으로 기술한 것이므로, 수업 모형에는 대체로 수업의 각 진행 단계에 따른 교수·학습 활동의 특성이 제시된다. 수업 모형이 선정되면, 교사는 이러한 단계별 교수·학습 활동의 특성에 따라, 아이에게 제시할 자료나 설명 등을 준비하게 된다. 이 때, 특정한 수업 모형에서 제시되는 진행 단계가 모든 수업에 일률적으로 적용될 필요는 없다. 수업에 적합한 수업 모형을 선정하였다고 하더라도, 교사는 그 수업 모형의 절차를 적절히 수정하여 사용할 수 있다.

◎ 수업 모형을 선정할 때에는 '교사', '아이', '교육 내용'의 세 가지 요소를 고려해야 한다.

수업 모형을 선정할 때에는 '교사', '아이', '교육 내용'의 세 가지 요소를 고려해야 한다. 먼저, 교사는 수업에 있어 가장 중요한 요소라고 할 수 있다. 교사의 수학교육에 대한 관점, 교사가 지지하는 수학 학습 이론, 교사가 지닌 수업 기술과 교직관 등은 교사의 수업 모형 선정에 영향을 준다.

다음으로, 수업 모형 선정에서는 수업에 참가하는 아이의 수학 학습 능력과 동기, 선수 학습 내용 등을 고려할 필요가 있다. 아이의 학습 능력 수준이 낮을 경우 교사의 상세한 설명이 효과적이지만, 학습 능력 수준이 높은 경우에는 탐구식 수업이 효과적일 수 있다. 또한, 아이가 얼마나 학습에 적극적으로 참여하는가에 따라 수업 모형의 효과가 달라지기도 한다.

마지막으로, 가르치려는 교육 내용의 특성도 수업 모형의 선정 과정에서 고려해야 할 요소이다. 수학 교수·학습의 내용의 성격에 따라 수업 모형이 달라질 수 있다.

수학 교수·학습에 활용될 수 있는 수업 모형으로 여러 가지를 들 수 있지만, 여기에서는 수학 내용의 특징에 비추어 개념 학습 모형, 원리 탐구 학습 모형, 귀납 추론 학습 모형, 문제해결 학습 모형을 살펴보기로 한다. 교사는 이와 같은 수업 모형들을 그대로 사용하거나, 자신의 교수 활동에 적절하게 재구성하여 사용할 수 있을 것이다(교육부, 2017e). 각 모형에서 수업 초반에 도입 과정과 정리 과정이 포함되지만, 이 절에서는 전개 과정만을 특징적으로 제시하였다.

## (2) 수학과 수업 모형

### 1) 개념 학습 모형

◎ 개념 학습 모형은 수학적인 용어나 기호, 개념 등을 학습하는데 이용되는 모형이다.

개념 학습 모형은 많은 수학적 개념을 다루는 초등학교 수학에서 활용할 수 있는 대표적인 학습 모형으로, 수학적인 용어나 기호, 개념 등을 학습하는데 이용되는 모형이다. 즉 새로운 개념을 형성하는데 필요한 적절한 범례(정례와 비례)를 제시하고 추상화 과정을 통하여 수학적인 용어나 기호, 개념을 언어화나 문자화한다. 개념 학습의 핵심적인 목표는 수학적 개념의 올바른 형성이나 획득이다. 개념 형성 학습은 개념의 속성을 확인하는 것으로 간주되어야 하는데 개념을 학습하기 위해서는 아이들에게 그 개념을 구체화할 수 있는 다수의 경험을 하게 해야 한다.

스켐프는 아이들에게 수학적 개념에 대한 적절한 범례, 즉 정례(example)와 비례(non-example)를 제시하고, 공통적인 성질을 추상화하여 개념을 형성하도록 하는 것이 효과적이라고 주장하였다. 예를 들어, 아이들에게 삼각형이라는 개념을 지도하고자 할 때, 삼각형인 예(정례)와 삼각형이 아닌 예(비례)를 함께 제시하여 아이들이 삼각형인 예와 그렇지 않은 예를 분류하고, 삼각형인 예의 공통 성질을 추상화하여 삼각형이란 세 변으로 둘러싸인 도형임을 개념화하도록 해야 한다.

의미 있는 수학적 개념 형성을 위해서는 단지 개념의 언어적 정의만을 학습하는 것으로는 부족하다. 아이들은 범례의 분류 및 공통 성질의 추상화 활동을 통해 보다 명확하게 개념을 형성해야 한다. 수학과 개념 형성 모형은 대체로 〈표 3-1〉과 같은 절차로 진행될 수 있다.

**〈표 3-1〉 개념 학습 모형의 수업 과정**

| 단계 | 교수·학습 활동 |
|---|---|
| 범례 제시 및 범례 분류하기 | • 개념의 정의에 필요한 범례(정례와 비례)를 제시한다.<br>• 조작, 관찰 등에 의해 범례를 여러 가지 속성에 따라 분류한다.<br>• 분류된 예들의 공통 성질을 암묵적으로 생각한다. |
| 공통의 성질 추상화하기 | • 분류된 예들의 공통된 성질을 명확하게 설명한다.<br>• 분류된 예들의 공통 성질을 추상화한다. |
| 개념 정의하기 | • 추상화한 공통 성질을 활용하여 수학적인 용어와 기호로 개념을 정의한다. |
| 개념의 속성 조사하기 | • 정의한 개념의 결정적 속성과 비결정적 속성을 조사한다. |
| 개념 익히기 | • 개념을 익히고 새로운 상황에 개념을 적용한다. |

개념 학습 모형을 적용할 때는 다음과 같은 사항에 유의하여야 한다(교육부, 2017e, p. 86).

① 초등학교 아이들의 사고 수준은 구체적 조작기에 있기 때문에 어떤 개념을 지도할 때에는 추상적인 정의보다는 구체적인 범례를 제시해야 하며 실험·실측과 같은 구체적인 활동을 하도록 한다.

② 유사하거나 서로 반대되는 개념을 비교·대조하게 하고, 이미 배운 개념들과의 상호 관련성 및 차이점을 강조한다.

③ 예인 것(정례)과 예가 아닌 것(비례)을 다양하게 제시하여 공통된 성질을 찾아내게 하되, 변별하기 쉬운 예부터 제시한다.

④ 수학적 개념에 대한 다양한 표상을 강조하기 위하여 수학적 개념을

구체적 모델, 시각적 모델, 언어적 표현, 기호적 모델로 표현해 보게 한다.

한편, 개념 지도를 위한 모형으로 전통적인 방법인 속성 모형이 있는데, 이 모형은 개념을 가르칠 때 예보다는 개념이 가지고 있는 속성(성질)을 중심으로 가르치는 전통적인 방법이다. 속성 모형에서는 아이들에게 개념에 대한 정의를 먼저 제시한 후, 그 개념의 예와 속성을 조사하는 것에 초점을 둔다. 수학과 속성 모형 수업 절차는 〈표 3-2〉와 같은 절차로 진행될 수 있다.

〈표 3-2〉 **속성 모형의 수업 과정**

| 단계 | 교수·학습 활동 |
|---|---|
| 개념의 정의 | • 아이들이 학습할 개념을 정의한다. |
| 정례와 비례의 구분 | • 정의한 개념의 속성에 맞는 예(정례)와 예가 아닌 것(비례)을 구분한다. |
| 개념의 속성 조사하기 | • 정의한 개념의 결정적 속성과 비결정적 속성을 조사한다. |
| 개념 익히기 | • 개념을 익히고 새로운 상황에 개념을 적용한다. |

### 2) 원리 탐구 학습 모형

**◎ 원리 탐구 수업 모형은 수학적인 원리, 법칙, 성질, 공식 등을 탐구하는 모형이다.**

원리 탐구 학습 모형은 수학적인 원리, 법칙, 성질, 공식 등을 탐구하는 모형이다. 기지의 학습을 바탕으로 직관적인 사고로 결과를 먼저 예상하고, 추론활동을 통한 논리적 사고로 결과를 검증한다. 수학적 원리의 이해를 위해서는 개념적 지식이 체계적으로 형성되어야 하며, 절차적 지식은 수학적 원리의 이해가 뒷받침될 때에 더욱 의미 충실한 지식이 된다. 수학과 원리 탐구 학습 모형은 대체로 〈표 3-3〉과 같은 절차로 진행될 수 있다.

원리 탐구 학습 모형을 적용할 때는 다음과 같은 사항에 유의하여야 한다(교육부, 2017e, p. 87).

① 학습자 스스로 수학적 원리를 탐구하는 과정이 중요하기 때문에 교사의 일방적 수업을 지양하고 학습자의 적극적이고 자발적 참여를 강조한다.

② 아이들이 스스로 탐구할 기회를 충분히 제공하되, 아이들의 수준을 고려하여 교사의 안내 정도를 조정한다.

③ 원리 탐구 학습은 자료 수집 및 분석을 통하여 특정한 수학적 원리를 찾아내는 것이므로 충분한 자료와 논리적 근거를 바탕으로 수학적

원리를 이끌어 내야 한다.

④ 다양한 자료를 통하여 수학적 원리를 확인하고 검증하는 탐구 과정을 강조하면서 탐구심을 길러 준다.

〈표 3-3〉 개념 학습 모형의 수업 과정

| 단계 | 교수·학습 활동 |
|---|---|
| 새로운 문제 상황 제시 | • 새로운 문제 상황을 제시함으로써 아이들의 인지적 갈등 상황을 유도한다. |
| 수학적 원리의 필요성 인식 | • 이전에 습득한 지식을 활용하여 문제해결 방법을 탐색함으로써 일반적인 수학적 원리의 필요성을 인식한다. |
| 수학적 원리가 내재된 조작 활동 | • 학습해야 할 수학적 원리가 내재되어 있는 조작 활동을 한다. |
| 수학적 원리의 형식화 | • 수학적 원리를 형식화한다. |
| 수학적 원리 익히기 및 적용하기 | • 형식화한 수학적 원리를 익히고 적용한다. |

### 3) 귀납 추론 학습 모형

◎ 귀납 추론 학습 모형은 몇 가지 사례를 바탕으로 수학적 성질이 참임을 밝혀가는 수업 모형이다.

귀납 추론 학습 모형은 실험, 측정, 관찰, 구체적 조작 등을 통하여 몇 가지 사례에 대해 어떤 수학적 성질이 성립함을 보인 다음에, 이 사례들이 속한 전체 범주의 대상들에 대해 그 수학적 성질이 참임을 주장하도록 이끄는 학습 모형이다. 연역 추론 학습 모형은 정의, 공리, 공준, 이미 참이라고 알려진 성질 등을 이용하여 새로운 수학적 원리나 법칙이 참임을 주장하는 학습 모형이다.

예를 들어, 초등학교에서 삼각형의 내각의 합이 180°임을 확인하게 한다. 그런 다음에 일반적으로 삼각형의 내각의 크기의 합은 180°라고 설명한다. 다시 말해, 세 개의 삼각형에 대해 내각의 합이 180°임을 확인하고, 그 세 개의 삼각형이 속한 전체 삼각형에 대해 내각의 합이 180°임을 설명하는데, 이와 같은 추론 방식이 바로 귀납 추론이다.

반면에, 사각형의 내각의 합이 360°임을 설명할 때는, 임의의 사각형을 제시한 후 그 사각형을 두 개의 삼각형으로 분해하고 삼각형의 내각의 합은 180°이므로 사각형의 내각의 합은 $2\times180°=360°$라고 설명한다. 이와 같은 방식은 삼각형의 내각의 크기의 합은 180°라는 수학적으로 참인 성질을 이용하여 사각형의 내각의 합은 360°라고 설명하고 있으므로 연역 추론이라고 할 수 있다. 한편, 초등학교에서 다루는 연역 추론은 중학교에서 본격적으로 다루는 연역 추론인 증명에 비해 매우 간단한 수준이다.

초등학교에서 다루는 대부분의 수학적 원리나 법칙은 귀납 추론을 통해 설명된다. 수학에서 귀납 추론 모형은 몇 가지 사례에 대한 조사를 토대로 일반적인 수학적 법칙이나 공식이 성립함을 이끌어내는 수업에서 효과적으로 사용될 수 있다. 수학과 귀납 추론 학습 모형은 대체로 〈표 3-4〉와 같은 절차로 진행될 수 있다.

**〈표 3-4〉 귀납 추론 학습 모형의 수업 과정**

| 단계 | 교수·학습 활동 |
|---|---|
| 관찰 및 실험 | • 문제의 조건 파악하기<br>• 문제의 조건에 맞는 사례 수집하기<br>• 수집된 사례를 관찰하고 실험하고 조작적으로 다루기 |
| 추측하기 | • 사례의 공통 규칙과 성질 발견하고 추측하기<br>• 추측한 공통 규칙과 성질을 수학적 식 또는 간결한 용어로 표현하기 |
| 추측의 검증 | • 다른 사례로 추측을 확인하고 검증하기<br>• 검증된 추측을 일반화하여 수학적 성질이나 공식으로 형식화하기<br>• 추측의 반례를 찾았을 경우, 관찰 및 실험 단계로 돌아가기 |
| 발전 | • 형식화한 수학적 성질이나 공식을 적용하기<br>• 추측을 연역적으로 정당화하기(※ 초등학교 수준에서 연역적 정당화가 가능하지 않은 경우에는 생략 가능함)<br>• 새로운 추측 만들고 검증하기(※ 생략 가능함) |

귀납 추론 학습 모형을 적용할 때는 다음과 같은 사항에 유의하여야 한다(교육부, 2017e, p. 89).

① 이 모형에서는 문제의 조건에 맞는 여러 가지 사례를 수집하는 것이 중요하므로 아이들 스스로 주어진 조건에 맞는 자료를 수집하고 분류하는 것이 중요하다.

② 자료를 수집·분류하고 일반화하는 데 교사의 역할이 중요하다.

③ 주어진 조건 이상으로 추론하는 것은 항상 옳지 않다는 점을 강조해야 한다.

④ 특정한 수학적 개념의 형성을 목적으로 사용하기도 하지만 귀납적 사고 자체를 지도하는데 사용할 수 있다.

### 4) 문제해결 학습 모형

문제해결 학습 모형은 수학적인 개념 형성, 원칙발견 학습을 바탕으로 하여 문제를 해결하는데 이용되는 모형이다. 즉 문제해결에 필요한 해결 방안을 탐색하고 결과를 예상해 보고 추론활동을 통하여 문제를 해결하게 한다. 수학과 문제해결 학습 모형의 수업은 폴리아의 문제해결 4단계에 따라 〈표 3-5〉와 같은 절차로 진행될 수 있다.

◎ 문제해결 학습 모형은 문제를 해결하는데 이용되는 모형이다.

〈표 3-5〉 **문제해결 학습 모형의 수업**

| 단계 | 교수·학습 활동 |
|---|---|
| 문제 이해 | • 문제의 이해<br>• 문제에서 구하려는 것과 주어진 것 알기<br>• 문제에 제시된 수학적 용어의 의미 파악하기 |
| 계획 수립 | • 전에 풀어본 경험이 있는 문제인가?<br>• 문제해결 방법 생각하기<br>• 문제에서 주어진 것과 구하려는 것 사이의 관계 파악하기<br>• 여러 가지 문제해결 전략 생각하기 |
| 계획 실행 | • 해결 계획 실행하기 |
| 반성 | • 문제해결 과정 검토, 다른 해결 방법 탐색하기<br>•문제해결 방법을 일반화하기<br>•조건을 변경하여 새로운 문제 만들기 |

문제해결 학습 모형을 적용할 때는 다음과 같은 사항에 유의하여야 한다(교육부, 2017e, p. 90).

① 성공적인 문제해결 경험을 할 수 있도록 아이들의 수준과 관심사를 고려하여 문제를 제시하여야 한다.

② 아이들이 직접 문제를 해결하는 활동이어야 하며, 아이들이 질문을 한 경우에도 직접 답이나 결정적인 힌트를 제시해서는 안 된다.

③ 문제에 제시된 조건을 모두 세심하게 살펴보도록 하고, 필요 없는 조건은 없는지 필요한 정보가 빠져 있지 않은지 등을 살펴보도록 한다.

④ 문제를 해결하고 난 뒤에는 자신의 문제해결 과정을 다시 검토하도록 해야 한다.

⑤ 자신의 해결 방법을 친구들에게 설득력 있게 설명하는 과정이 필요하며 다른 친구의 해결 방법을 경청하고 논의하는 과정이 필요하다.

## 3-3. 수학과 수업 분석표

수학 교사는 수학을 지도하는 능력뿐만 아니라, 동료 교사의 수업을 관찰하고 논평을 하고 컨설팅을 하는 수업 분석 능력도 길러야 한다. 수학 수업을 바라보는 관점은 교사의 수학에 대한, 수학 학습에 대한 관점에 따라 매우 다양할 수 있다. 수학 교사의 입장에서 수업 분석을 하는 주요 이유는 수업 개선을 염두에 두고, 어떤 것이 좋은 수업이고, 좋은 수업을 위해 변화해 나가야 할 방안을 찾는데 있을 것이다.

◎ 수업 분석에는 특정한 한 가지 분석틀을 제시하기는 쉽지가 않지만, 수학교육의 동향과 방향에 비추어 분석할 수 있다.

수업 분석에는 관찰자에 따라 다양한 수업 분석의 기법이 존재할 수 있기 때문에 특정한 한 가지 분석틀을 제시하기는 쉽지가 않다. 그렇지만 전반적으로 현재의 수학교육의 동향과 방향에 비추어 실제적으로 수학 수업을 관찰하고 분석할 수 있는 틀을 다음 〈표 3-6〉과 같이 제시할 수 있다.

〈표 3-6〉 **수학 수업 분석 틀**

| 평가영역 | | 평가항목 | 의견 |
|---|---|---|---|
| 지도 목표 | 적절성 | 1. 목표가 지식과 기능 이외에도 수학적 사고, 문제해결, 의사소통, 수학에 대한 태도 등의 여러 영역을 균형 있게 제시하였는가? | |
| | | 2. 목표가 아이의 수준에 적당하였는가? | |
| | 진술 방식 | 3. 학습목표가 간결하게, 수학적으로 기대되는 행동 용어로 진술되었는가? | |
| | 목표인식 | 4. 아이들이 이 수업에서의 학습목표를 구체적으로 인식하였는가? | |
| 지도 내용 | 적절성 | 5. 학습내용이 수학과 교육과정에 제시된 것에 부합하였는가? | |
| | | 6. 학습내용이 학습목표를 달성하기에 적합한 것이었는가? | |
| | | 7. 학습내용이 학습자의 수준에 부합하였는가? | |
| | | 8. 학습내용이 선수학습 및 후속학습과 자연스럽게 연결되었는가? | |
| | 개념 | 9. 수학적 개념, 원리, 법칙 등이 바르게 다루어졌는가? | |
| | | 10. 수학적 개념, 원리, 법칙 등이 학습자가 이해하기 쉽게 진술되었는가? | |
| | | 11. 수학적 개념, 원리, 법칙 등은 학습자가 스스로 발견할 수 있었는가? | |
| | 용어 | 12. 수학 용어가 바르게 사용되었는가? | |
| | | 13. 학습자의 수준에 맞는 용어가 사용되었는가? | |
| | 수업모형 | 14. 학습 주제에 적절한 수업 모형이었는가? | |
| | | 15. 수업모형의 단계에 따라 수업이 바르게 전개되었는가? | |

| 평가영역 | | 평가항목 | 의견 |
|---|---|---|---|
| 지도 내용 | 활동 | 16. 수업 모형의 각 단계에 적합한 활동이 이루어졌는가? | |
| | | 17. 학습자의 인지적 수준에 적합한 활동이 이루어졌는가? | |
| | | 18. 학습자의 수학적 태도에 긍정적 역할을 할 만한 활동이 이루어졌는가? | |
| | | 19. 학습자의 탐구심을 고양할 수 있는 활동이 이루어졌는가? | |
| | | 20. 수업에서 학습자의 활동이 차지하는 비중은 적절했는가? | |
| | 집단조직 | 21. 학습목표, 학습주제, 학습자 특성 등에 적절한 집단조직이 채택되었는가? | |
| | | 22. 집단 구성원에게 구체적 역할이 부여되었으며, 모든 구성원이 활동에 참여했는가? | |
| | 발문 | 23. 발문이 학습자의 수준에 적합했는가? | |
| | | 24. 발문이 학습자의 수학적 사고 유발과 수학적 태도 함양을 도왔는가? | |
| | | 25. 학습자의 탐구활동을 고양하고 상호작용을 돕는 발문이었는가? | |
| | 수업자료 | 26. 문제나 예시가 아이의 현실과 괴리되지 않고 자연스러운 것이었는가? | |
| | | 27. 문제나 예시가 수학적 개념, 원리, 법칙을 바르게 함의하는 것이었는가? | |
| | | 28. 사용된 모델이나 교구는 학습주제나 내용에 적합한 것으로 채택되었는가? | |
| | | 29. 모델이나 교구를 사용하는 시점이 적절하였는가? | |
| | | 30. 모델이나 교구는 학습자의 수준에 적합하고 흥미를 유발하였는가? | |
| | | 31. 주요 학습 내용이 일목요연하게 드러나도록 판서가 되었는가? | |
| | | 32. 수업의 각 절차나 활동에 대한 시간 배분은 알맞았는가? | |
| 학생활동 및 반응 | 적절성 | 33. 아이의 반응은 바르고 정확했는가? | |
| | 흥미 및 태도 | 34. 아이는 수업에 흥미를 느끼고 수학에 대한 긍정적 태도를 보였는가? | |
| | 능동성 | 35. 아이는 수업에 능동적으로 참여하였는가? | |
| | 의사 소통 | 36. 아이 상호간에 활발한 의사소통이 이루어졌는가? | |
| 평가 | 수시평가 | 37. 교사는 아이의 학습 내용 파지 여부를 수시로 확인하고 그에 상응하는 조치를 취했는가? | |
| | 형성평가 | 38. 교사가 의도한 지도 내용의 학습이 제대로 이루어졌는가에 대한 평가가 이루어졌는가? | |

**종합의견(좋은 점, 시정할 점 및 기타 특이사항)**

## 3-4. 수학과 학습 자료

### (1) 학습 교구와 그 가치

수학의 추상성이라는 특성 때문에 아이들은 수학적 개념을 학습할 때 어려움을 겪게 된다. 이런 이유로 아이들이 수학 학습에 학습 교구를 이용하는 것은 구체적 세계와 추상적 세계에 존재하는 틈을 메울 수 있는 효과적인 방법이 된다.

학습 교구란 학습을 용이하게 진행할 수 있도록 이용되는 교구 전체를 가리킨다.

학습 교구란 학습을 용이하게 진행할 수 있도록 이용되는 교구 전체를 가리킨다. 수학과의 교구에는 자나 바둑돌, 산가지에서부터 텔레비전, 컴퓨터 등까지 들 수 있다. 구체적 학습 교구를 이용하게 되면 추상적인 수학적 사고와 지식에 대한 이해가 가능하고, 구체적인 활동과 그것을 통한 반성으로부터 수학적 지식의 구성이 가능해진다(강문봉 외 12, 2005).

수학과 학습 교구는 수학 학습에 주의를 집중하게 하고, 기호적인 표현 체계에 필연적으로 연결시키지 않고도 수학적 구조를 구체화한다는 특징을 가지고 있다(Resnick & Ford, 1981). 따라서 학습 교구를 이용한 수업은 그러한 교구 없이 행해지는 수업보다 더 높은 수학적 성취를 이룰 가능성이 높으며, 아이들이 수학적 아이디어를 구성하고 그것을 유지하는 데에도 도움이 된다(강문봉 외 12, 2005). 일반적으로 학습 교구는 아이의 지각적 감각(시각, 촉각 등)에 자극을 주어야 하고, 아이가 직접 만질 수 있어야 하며, 이동과 재배열이 가능해야 하고, 수학적 아이디어를 표현할 수 있어야 한다.

수학을 지도할 때 이용되는 학습 교구는 수학을 행하는데 있어서 아이로 하여금 무엇을 생각하도록 하고, 아이들이 수학적 아이디어를 창조하기 위하여 필요한 유형의 사고를 하는 것을 보다 수월하게 해 준다. 또한 학습 교구는 아이가 반영적 사고를 하도록 도와주고, 수학적 모델링을 하는 과정에서 수학적 개념이나 절차를 이해하고, 이것을 기호로 나타내는 것을 도와주는 장점이 있다.

### (2) 수학과 학습 교구의 유형

학습 교구는 학습 목표를 성취시키는데 이용되기 때문에 학습자의 능력 수준, 학습 내용의 특성, 경제성 등이 고려되어야 한다.

학습 교구는 학습 목표를 성취시키는데 이용되기 때문에 학습자의 능력 수준, 학습 내용의 특성, 경제성 등이 고려되어야 한다. 학습 교구는 본질적으로 학습을 지도하는 교사 자신이 개발하는 것이 바람직하다. 이것은 교사 자신이 개발한 학습 교구이어야 학습 교구 이용의 목적, 이용의 시기, 이용 방법 등을 명확히 할 수 있기 때문이다. 교사가 개발한 학습 교구 외에도 최근에는 여러 가지 조작적 학습 교구가 개발되어 수학 학습을 지원할 수 있게 되었다.

학습 교구는 어떤 교구나 도구가 수업에 이용되는 한 학습 교구로 간주될 수 있는데, 형태와 모양, 기능에 따라 다음과 같이 학습 교구를 구분할 수도 있다.

- 큐브형 교구: 쌓기나무, 십진블록(base ten block), 퀴즈네어 막대(Cuisenaire rod), 스냅 큐브(snap cube), 소마큐브(somacube), 대수 타일(algebra tile) 등
- 타일형 교구: 탱그램(tangram), 패턴블록(pattern block), 속성블록(attribute block), 도미노 등
- 모형 교구: 모형 시계, 모형 화폐, 입체도형 모형, 폴리드론(polydron) 등
- 산가지(counter): 작은 막대기, 얼음과자 손잡이, 나무젓가락 등
- 각종 계기와 작도 기구: 자, 눈금이 새겨진 비커, 투명한 유리 또는 플라스틱 그릇, 계량 숟가락, 온도계, 각도기, 용수철저울, 눈금저울이나 양팔저울, 기하판(geoboard) 등
- 기타: 자연수, 분수, 소수 등과 연산 기호를 그려 넣은 카드, 스티커, 회전판, 주사위 등

## (3) 수학과 학습 교구의 활용 실제

### 1) 기하판(geoboard)

영국의 수학교육자 가테뇨(Gattegno)가 개발한 기하판은 판자 위에 일정한 간격의 격자점에 못을 박아 놓은 판을 말한다. 기하판은 모눈종이와 유사하지만, 고무줄이나 실을 못에 걸어 다양한 도형을 구성하거나 수정할 수 있어 도형의 성질을 탐구하는데 유용하다.

◎ 기하판은 판자 위에 일정한 간격의 격자점에 못을 박아 놓은 판을 말한다.

기하판은 여러 종류가 있는데, 가로와 세로로 각각 9개(3×3), 16개(4×4)의 못을 박아 만든 정사각형 모양의 기하판과 원의 중심에 1개의 못과 그 둘레에 12개, 판의 네 모서리에 1개씩 모두 17개의 못을 박아 만든 원 모양의 기하판이 있다. 또, 판이 곡면인 것과 못의 간격을 바꾸어 놓은 것 등 창의적

으로 변형한 기하판이 있다.

기하판은 다음과 같은 학습 내용에 이용될 수 있다.

① 못에 고무줄을 걸어 삼각형, 사각형, 오각형 등 여러 가지의 도형을 만들어 도형의 성질을 탐구한다. 또, 오목·볼록 다각형의 개념 지도, 도형의 합동과 닮음 및 그 성질 등을 지도할 수 있다.

② 모눈 사이의 실제 길이에 관계없이 모눈 한 칸으로 이루어진 정사각형을 단위로 하여 도형의 넓이를 탐구할 수 있다.

③ 도형의 둘레 및 내부에 있는 못의 수 사이의 관계에서 규칙성을 찾아 그 도형의 넓이를 구할 수 있다. 즉 도형 둘레에 있는 못의 수를 $b$, 그 도형 내부에 있는 못의 수를 $i$, 도형의 넓이를 $S$라고 하면 $S=\frac{b}{2}+i-1$이라는 피크(Pick)의 공식을 구할 수 있다.

④ 도형의 넓이와 둘레 사이의 관계, 패턴, 분수, 그래프의 좌표, 무리수, 피타고라스 정리 등을 탐구할 수 있다.

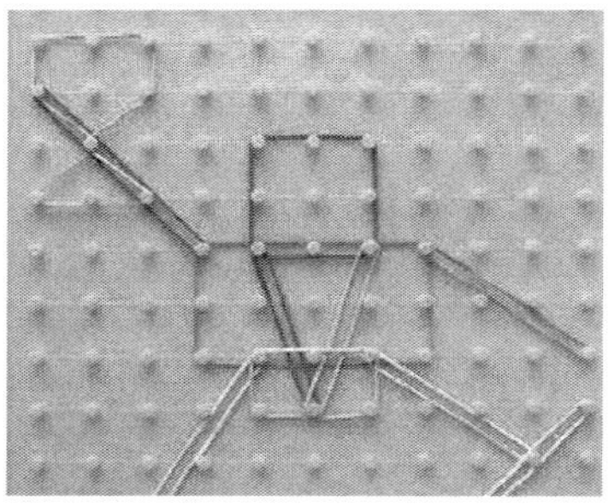

[그림 3–2] 기하판

### 2) 퀴즈네어 막대(Cuisenaire Rods)

◎ 퀴즈네어 막대는 수들의 관계를 서로 다른 높낮이와 길이, 색깔로 나타낸 교구이다.

퀴즈네어 막대는 벨기에의 교사인 조지 퀴즈네어(George Cuisenaire)가 악보에서 음의 높낮이에 힌트를 얻어 만든 교구로, 수들의 관계를 서로 다른 높낮이와 길이, 색깔로 나타낸 수학 학습 교구이다. 퀴즈네어 막대의 구성은 주황색, 파란색, 갈색, 검은색, 진한 녹색, 노란색이 각각 4개씩 있고, 보라색 6개, 밝은 녹색이 10개, 빨간색 12개, 흰색 22개 등 모두 74개로 이루어졌으며, 규격은 밑넓이가 1 cm²인 정사각형 모양, 높이는 1 cm부터 10 cm까지인 직사

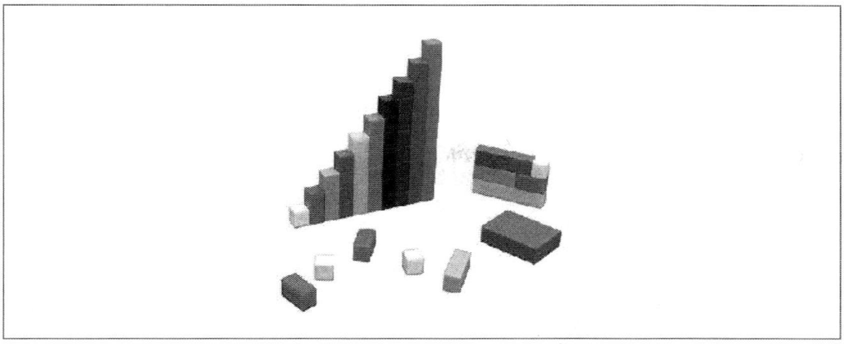

[그림 3-3] 퀴즈네어 막대

각기둥 모양의 막대이다.

퀴즈네어 막대는 길이별로 배열했을 때 계단모양으로 배열되며, 각 막대는 1 cm씩 차이가 난다. 막대에 눈금이나 길이가 주어지지 않은 것은 단위막대의 길이를 지도 내용에 따라 임의로 정하여 이용할 수 있도록 하기 위함이다.

퀴즈네어 막대는 다음과 같은 학습 내용에 이용될 수 있다.

① 기본적인 수 개념 및 수 감각을 형성·개발시킬 수 있다. 예를 들어 흰색 막대의 길이가 1이라면 빨간색 막대는 흰색 막대 2개를 연결한 것과 같으므로 빨간색 막대의 길이는 2이고, 연두색 막대는 흰색 막대 3개를 연결한 것과 같으므로 연두색 막대의 길이는 3이다.

② 자연수 및 소수와 분수의 사칙 연산뿐만 아니라, 교환법칙과 결합법칙 등 대수법칙을 지도할 수 있다.

③ 약수와 배수 사이의 관계를 탐구할 수 있다.

④ 다양한 수학 문제를 해결하거나 게임 활동을 통하여 논리적 추론 능력을 신장시킬 수 있다.

⑤ 기하나 측정 영역을 지도하는 데에도 유용하다. 예를 들어 흰 막대를 1 cm 단위 길이로 할 때, 밑면이 1 cm×1 cm인 흰색 막대를 이용하여 직사각형의 면을 덮는 활동을 통하여 넓이를 구할 수 있다.

### 3) 십진블록(base ten block)

◎ 십진블록은 십진 기수법의 원리의 이해를 돕기 위한 교구이다.

헝가리 출신의 디엔에스(Dienes)는 위치적 기수법의 원리의 이해를 돕기 위해 십진블록을 고안했다. 가장 작은 블록은 가로, 세로, 높이가 각각 1 cm인 정육면체로 이것을 단위(unit, 단위 모형)라고 하고, 1 $cm^3$인 정육면체가 10개인 직육면체를 막대(long, 십 모형)라 하고 10을 나타내며, 1 $cm^3$인 정육면체가 100개인 직육면체를 판(flat, 백 모형)이라 하며 이것은 100을 나타낸다. 가장 큰 블록은 1 $cm^3$인 정육면체가 1000개인 정육면체로 이것은 1000을 나타내며 입체(cube, 천 모형)라 한다.

십진블록은 다음과 같은 학습 내용에 이용될 수 있다.

① 수와 자리값의 개념과 덧셈과 뺄셈의 원리를 이해하는 데 도움을 준다.
② 셈의 원리를 이해하는데 이용할 수 있다. 예를 들어 직사각형 배열을 이용하여 부분 곱으로 전개한 후, 전체 합을 구하는 원리와 알고리즘을 이해할 수 있다.
③ 단위 블록을 막대, 판, 입체로 바꾸어 가며 소수 개념과 그 사칙 계산 원리의 이해를 도울 수 있으며, 단위 블록을 기준으로 넓이, 들이, 부피 등 도형의 측정 개념을 지도할 수 있다.

### 4) 주사위

정육면체의 각 면에 1에서 6까지의 점을 각각 새긴 주사위가 주로 이용되며, 점 대신 수를 써넣어 이용하기도 한다. 주사위는 주로 확률 개념의 지도에 이용되지만, 각 면에 도형을 그려 넣거나, 각종 연산 기호, 큰 수 등을 새겨 넣어 보다 다양한 수학 학습에 이용하기도 한다. 또한, 주사위의 개념을 확장하여 정육면체 대신 정사면체, 정십이면체, 정이십면체 등의 다면체 주사위를 만들어 이용하기도 한다.

### 5) 칠교판(탱그램, tangram)

◎ 칠교판은 7조각 도형을 이용하여 여러 가지 모양을 만들 수 있는 교구이다.

칠교판은 크고 작은 삼각형 다섯 개, 정사각형 한 개와 평행사변형 한 개로 구성되어, 각각의 조각을 이용하여 여러 가지 모양을 만들 수 있는 교구이다. 칠교판을 이용한 놀이는 많은 사고력을 요구하며, 특히 아이들의 두뇌 발달을 촉진시킨다.

칠교판 조각들을 적절하게 배열하면 수 천 가지의 모양을 만들 수 있는데, 주변에서 널리 쓰는 생활용품부터 사물의 이치와 우주의 원리 같은 추상적인 것까지 형상화할 수 있다. 최근에는 사교판, 오교판, 육교판 등 다양한

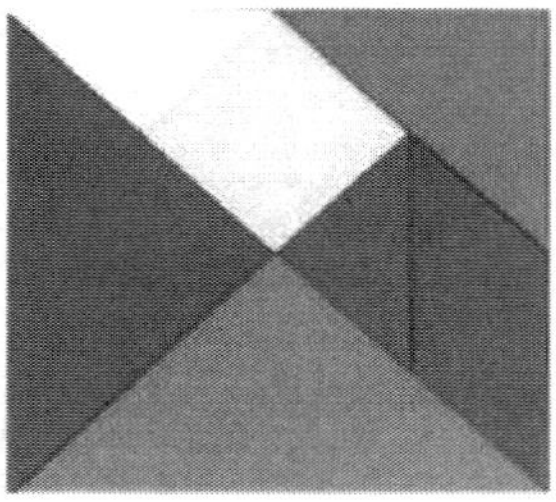

[그림 3-4] 칠교판

유형의 다각형 모형과 원과 타원 모양, 하트 모양 등이 개발되고 있다. 칠교판은 다음과 같은 학습 내용에 이용될 수 있다.

① 다각형 개념과 성질 및 도형의 변환에 이용할 수 있다.
② 조각을 적절히 조합·배열하면 수와 연산 및 측정학습의 도구로 이용할 수 있다.
③ 여러 가지 모형을 구성해 보는 과정에서 공간 감각과 창의적 사고력 등의 학습에 유용하게 이용될 수 있다.

### 6) 속성블록(attribute block)

속성블록은 디엔에스가 개발한 교구로 논리블록(logical block)이라고도 한다. 속성블록은 수학의 구조를 구체적으로 구현하기 위해 고안된 교구로, 놀이나 게임을 통하여 집합의 개념인 분류의 원리를 발견할 수 있게 된다. 속성블록은 모양(원, 정사각형, 직사각형, 정삼각형, 정육각형), 색(빨강, 노랑, 파랑), 크기(대, 소), 두께(두꺼운 것, 얇은 것)의 4가지 속성이 각각 다른 도형

◎ 속성블록은 도형을 구체적으로 구현하기 위해 고안된 교구이다.

[그림 3-5] 속성블록

으로 구성되어 있다.

속성블록은 다음과 같은 학습 내용에 이용될 수 있다.

① 설명을 듣고 속성블록 찾기, 분류된 블록을 보고 공통적인 속성 찾기, 분류된 블록에서 잘못 분류된 것 찾기, 한두 가지 속성을 정하여 분류하기 등의 활동을 할 수 있다.

② 같은 종류의 블록을 모으거나, 두 가지 속성이 공통되는 블록 모으는 활동 등을 통하여 집합, 합집합, 교집합 등의 의미를 익힐 수 있고, 논리적 사고력을 길러 줄 수 있다.

### 7) 패턴블록(pattern block)

◎ 패턴블록은 패턴과 도형 탐구를 위해 개발한 학습 교구이다.

패턴블록은 1960년대 초 미국의 초등과학연구회가 평면 패턴 탐구를 위해 개발한 학습 교구이다. 패턴블록은 색깔이 있는 6개의 도형, 녹색 정삼각형(50개), 주황색 정사각형(25개), 파란색 평행사변형(50개), 갈색 마름모(50개), 빨간색 사다리꼴(50개), 그리고 노란색 정육각형(25개) 등 총 250개로 구성되어 있다.

이 블록은 사다리꼴의 아랫변의 길이만 2인치이고, 나머지 변들은 길이가 모두 1인치이며, 마름모에서도 각의 크기가 150°인 것을 제외하고는 모두 360°의 약수인 120°, 90°, 60°, 30°로 모두 구성되어 있다. 그러나 150° 조차도 90°와 60°의 합이기 때문에 다른 각들과 연관이 있다. 그래서 이 도형들 간의 변의 길이와 각의 크기 사이에는 평면을 완전히 채울 수 있도록 관계가 지워져 있다.

[그림 3-6] 패턴블록

패턴블록은 다음과 같은 학습 내용에 이용될 수 있다.

① 패턴블록의 조각은 도형들 간의 변의 길이와 각의 크기 사이에 평면을 완전히 채울 수 있도록 관계가 지워져 있어 무늬꾸미기를 할 수 있다.
② 패턴블록은 도형들 사이의 관계를 파악하는데 유용하다. 예를 들어 정육각형인 노란색 블록은 빨간색 블록인 사다리꼴 2개, 또는 파란색 블록인 평행사변형 3개, 또는 녹색 블록인 정삼각형 6개로 만들 수 있다. 이것은 전체에 대한 부분이라는 분수의 개념을 이끌어 내는데 유용하다.
③ 합동, 닮음, 대칭, 넓이, 길이, 패턴, 분수, 그래프 등 많은 수학적인 주제를 탐구할 수 있다.
④ 고차원적인 수 패턴을 이해할 수 있다. 예컨대, 같은 색깔의 패턴블록 여러 개를 이용해서 도형의 수를 하나둘씩 늘려가며 처음의 도형과 닮음 도형을 만들면서, 1, 3, 6, 10, …, 또는 1, 4, 9, 16, …과 같은 삼각수와 사각수 패턴을 발견할 수 있다.

### 8) 도미노(domino)

도미노는 길이의 비가 1∶2인 직사각형 모양의 조각에 점이 찍혀 있는 교구이다. 오늘날 흔히 말하는 조그만 조각들을 연달아 늘어놓았다 한 번에 넘어뜨리는 놀이는 도미노 놀이의 변형이다.

◎ 도미노는 길이의 비가 1 : 2인 직사각형 모양의 조각에 점이 찍혀 있는 교구이다.

수학교구로 이용되는 도미노는 작은 직육면체 조각 위에 정사각형 두 개가

[그림 3-7] 도미노

그려져 있고, 각각의 정사각형 안에 0에서 6(또는 9)까지의 점이 찍혀 있는 6−6 도미노(또는 9−9 도미노)가 있다.

도미노는 다음과 같은 학습 내용에 이용될 수 있다.

① 눈의 수를 연결하는 활동을 통하여 수의 계열과 수의 크기를 학습할 수 있다.
② 눈의 수를 이용하여 사칙 계산을 이해할 수 있다.
③ 정사각형 각 눈의 수를 분자와 분모로 하여 분수의 개념 및 사칙 계산을 할 수 있다.

### (4) 컴퓨터를 활용한 수학교육

#### 1) 컴퓨터와 수학교육

정보화 사회에서 컴퓨터는 생활에 필수 존재로 각광 받고 있다. 컴퓨터에 관한 지식과 기능은 정보화 사회에 능동적으로 대처하는 방법을 제공하므로 아이들에게 컴퓨터를 활용할 수 있는 능력을 길러 주는 일은 중요하다.

수학교육에 컴퓨터가 도입되어야 한다고 본격적으로 논의가 시작된 것은 1980년대이다. 미국의 NCTM(1980)은 'An Agenda for Action'에서 계산기와 컴퓨터의 활용을 강조하였고, NCTM(1989)도 계산기와 컴퓨터를 모든 학년의 수학 교육에 통합하여 이용해야 한다고 하고 다음과 같이 제안하였다.

◎ 계산기와 컴퓨터를 모든 학년의 수학 교육에 통합하여 이용해야 한다.

① 모든 아이는 언제든지 적절한 계산기를 이용할 수 있어야 한다.
② 모든 교실에서는 시범을 목적으로 한 대 이상의 컴퓨터가 설치되어 있어야 한다.
③ 개별 활동과 집단 활동을 위해 모든 아이들이 컴퓨터와 접촉할 수 있는 기회를 갖도록 해야 한다.
④ 아이들이 문제를 탐구하고 해결하기 위하여 정보를 처리하고 계산하는 데 하나의 도구로서 컴퓨터를 이용할 수 있게 해야 한다.

이것은 아이들이 수학 문제를 탐구하는 과정에서 컴퓨터와 계산기를 적절히 이용할 수 있도록 해야 한다는 것을 알 수 있다. 즉, 모든 수학교실에서 시범을 위해 컴퓨터를 이용하여야 하고, 모든 아이들은 계산기를 언제든지 이용할 수 있어야 하며, 정보를 처리하고 문제를 해결하고 탐구하는 도구로서 컴퓨터를 이용할 수 있어야 한다.

NCTM(2000)에서 제시하는 수학 교수 프로그램을 위한 원리 중 테크놀로지의 원리는 "수학 교수 프로그램은 테크놀로지를 이용하여 모든 아이들이 수학을 이해하는 것을 돕고, 그들이 점점 더 커지는 테크놀로지의 세계에서 수학을 이용할 수 있도록 준비시켜야 한다."는 것이다.

Freudenthal(1981)은 수학적 사고력 증진이라는 수학교육의 목적 추구를 위한 강력한 수단으로서 공학적 도구를 이용할 것을 주장하였다. 컴퓨터를 포함한 공학적 도구가 수학교육의 목적 추구에 있어 방법론적 측면에서 기여할 수 있는 측면을 '수학과 아이들의 실제 경험의 연결', '수학적 대상과 수학적 관계의 구체화', '수학의 다양한 표현 체계의 연결', '사고력 중심의 수학교육 추구'로 나누어 살펴 볼 수 있다(나귀수, 2000; 황혜정 외 5, 2004).

먼저, 컴퓨터는 수학과 아이들의 실제 경험을 연결시켜 준다. 컴퓨터는 아이들의 일상적이고 물리적인 경험에 바탕을 둔 실제 교구와 시뮬레이션을 함께 제시함으로써, 아이들의 광범한 경험과 형식적인 수학을 연결할 수 있게 한다. 또한 컴퓨터는 보다 이상적이고 개략적이고 추상적인 시뮬레이션을 제공하기 때문에 아이들은 다양한 현실 세계를 통제하는 동일한 모델과 중간적인 추상성을 가진 모델들을 직접적으로 경험할 수 있다.

둘째, 컴퓨터는 수학적 대상과 수학적 관계를 구체화시켜 준다. 컴퓨터는 수학적 대상과 수학적 관계를 구체화함으로써 그것들을 보다 직접적으로 다룰 수 있는 교수·학습 환경을 제공한다. 예를 들어 Geometer's Sketch Pad(GSP)와 같은 탐구형 기하 소프트웨어에서 기하 그림을 직접적으로 다룸으로써 수학적 대상과 관계를 구체화하여 직접적인 조작을 활성화시킬 수 있다.

셋째, 컴퓨터는 수학의 다양한 표현 체계를 연결시킨다. 컴퓨터 환경에서 연결된 다양한 표현들은 역동적이고 상호작용적인 매개체로 적용될 수 있다는 점에서 수학 교수·학습 방법의 개선에서 중요한 역할을 한다. 즉 컴퓨터를 이용한 교수·학습 환경은 수학의 다양한 표현을 같은 화면에 제공함으로써, 아이들로 하여금 다양한 표현을 서로 연결 짓게 함으로써 그 표현에 내재되어 있는 의미를 보다 충실하게 이해할 수 있도록 한다.

◎ 컴퓨터는 사고력 중심의 수학교육을 추구할 수 있다.

넷째, 컴퓨터는 사고력 중심의 수학교육을 추구할 수 있다. 컴퓨터는 사고력 향상을 목적으로 하는 교수·학습 활동에서 산술 계산과 대수적인 문자식의 처리를 신속하게 수행해 줌으로써 사고력 중심의 교수·학습 활동에 전념할 수 있게 해 준다. 또한, 컴퓨터 프로그래밍에서의 오류 수정 활동은 수학적 사고력 향상을 위한 기회로 이용될 수 있다.

### 2) 컴퓨터를 이용한 교수·학습 양식

개인교사형
학생주도형
보조도구형
탐구학습형

컴퓨터를 이용한 교수·학습의 양식은 크게 '개인교사형(tutor)', '학생주도형(tutee)', '보조도구형(tool)', 학생주도형과 보조도구형이 결합된 '탐구학습형' 소프트웨어가 이용되고 있다(이종영, 1998; 황혜정 외, 2004).

#### 1 개인교사형

개인교사형 시스템은 전통적인 교사의 역할을 컴퓨터가 대신하는 양식으로, 대부분의 컴퓨터 보조학습(CAI; Computer Assistant Instruction)용 소프트웨어가 여기에 속한다. 개인교사형 시스템을 이용한 교수·학습에서는 학생과 시스템 사이의 밀접한 상호작용이 아이들의 학습을 보장할 수 있다.

그러나 아이들이 지식의 이면에 들어있는 의미의 본질을 이해했는가 하는 것을 보장하지는 못한다는 단점이 있다. 그 이유는 개인교사형 시스템에서는 그 속에 들어있는 지식에 대한 아이들의 견해를 표현할 수 없고, 아이들이 선택할 수 있는 조작의 수가 한정되어 있어서 다루어지는 수학 개념에 대한 명확한 이해 없이도 학습이 진행될 수 있기 때문이다. 또 다른 이유는 아이들의 학습이 컴퓨터에 의해 주어지는 피드백을 주어진 문제나 과제를 해결할 수 있는 힌트나 도움을 얻는 방법에 대한 학습으로 변질될 수 있기 때문이다.

#### 2 학생주도형

학생주도형에서는 아이가 컴퓨터를 지도하는 역할을 한다. 아이들은 자신이 작성하여 입력하는 일련의 논리적인 단계를 통해 컴퓨터가 행동을 수행하도록 컴퓨터를 프로그램하고 그 결과를 살펴봄으로써 자신의 사고 과정을 반성하게 하고, 나중의 수학 학습에 도움을 얻게 된다. 아이들이 간단한 프로그래밍 언어를 이용하여 자신의 수학적 아이디어를 검증하기 위해 프로그램을 작성하는 것은 프로그래밍 학습에 정당성을 부여한다. 아이들은 과제를 해결하기 위한 프로그래밍 기능을 학습할 수 있으며, 과제에서 의도하는 수학적 개념과 프로그램 사이의 연관성을 파악할 수 있다.

일반적으로 수학교육에서 프로그래밍의 지도를 찬성하는 연구자들은 프로그래밍의 지도가 컴퓨터에 관해 가르치는 최상의 방법인 동시에 수학을 가르치는 좋은 방법이며, 프로그래밍을 통해 아이들이 진로에 대해 준비할 수 있도록 도울 수 있고 지능을 발달시킬 수 있다고 주장한다. 반면에 수학교육에서 프로그래밍의 지도를 반대하는 연구자들은 프로그래밍의 학습이 아이들의 장래의 직업에 대한 준비를 돕지 못하며, 컴퓨터 소양이 컴퓨터 프로그래밍을 필요로 하는 것은 아니고, 프로그래밍이 지능을 발달시킨다는 명확한 증거가 없다고 주장한다.

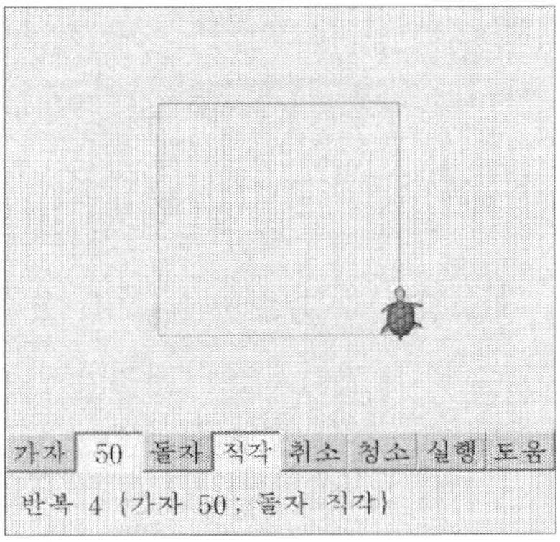


[그림 3-8] LOGO를 이용한 정사각형 그리기

학생 주도형 양식의 대표적인 것으로 로고(LOGO)언어가 있다. 로고는 자신의 사고를 의식화시킬 수 있는 자연스러운 환경을 제공하여, 이를 토대로 수학적 직관력을 향상시키고 사고를 유발시켜 준다. 또한 과정에 대한 반성을 통해 메타인지를 향상시켜 주고, 다양한 시각적 표현은 아이들에게 심미안적 안목과 학습에 대한 긍정적인 태도를 길러 줄 수 있다(강문봉 외 12, 2004).

### 3 보조도구형

컴퓨터를 보조도구로 이용하는 양식은 수학에서 이용하는 그래프를 그릴 수 있고 문자 연상이 가능하며 데이터를 분석하고 수학적인 절차를 수행하는 소프트웨어를 이용하는 상황을 말한다. Maple이나 Mathematica와 같은 기호조작 소프트웨어(CAS; Computer Algebra System)는 전형적인 보조도구형 시스템이라고 할 수 있다.

한편, 수학교육용 소프트웨어뿐만 아니라, 스프레드시트, 워드프로세서, 데이터베이스, 그래픽 패키지 등 일반적인 소프트웨어를 수학 교수·학습에 이용할 수 있다. 워드프로세서에서의 수식 작성 과정은 아이들이 수식에서 연산 순서와 괄호의 중요성 등을 이해할 수 있는 경험이 될 수 있다. 또한 Excel과 같은 스프레드시트는 수학 문제해결 과정에 유용한 도구로 이용될 수 있다.

### 4 탐구학습형

탐구학습형은 학생주도형과 보조도구형이 결합된 양식이라고 할 수 있다. 최근에 등장한 컴퓨터 기반 기하 탐구학습 환경을 제공하는 Cabri-Geometry와 Geometer's SketchPad(GSP)등이 이에 해당된다. Cabri-Geometry와 Geometer's SketchPad는 기본 대상(점, 직선, 선분, 원 등)으로부터 도형을 작도하는 것을 가능하게 해 주며, 메뉴를 이용하여 아이들이 요구하는 관계(중점, 수직선, 평행선 등)를 구성할 수 있게 해 준다. 도형을 그리고 난 후에는 기본 대상인 점을 움직여서 도형이 어떻게 변하는가를 컴퓨터 화면에서 관찰할 수 있다. 이용자가 입력한 명령어나 마우스로 행한 활동은 컴퓨터 화면상의 점이 이동할 때 보존되는데, 이것은 화면상의 도형의 특성에 대한 타당성을 검토하는 도구로 이용될 수 있다.

탐구학습형 소프트웨어는 교사가 수업에 이용하여 단순히 학습 내용을 전달하기보다는 아이들이 직접 소프트웨어를 이용하여 수학학습을 하게

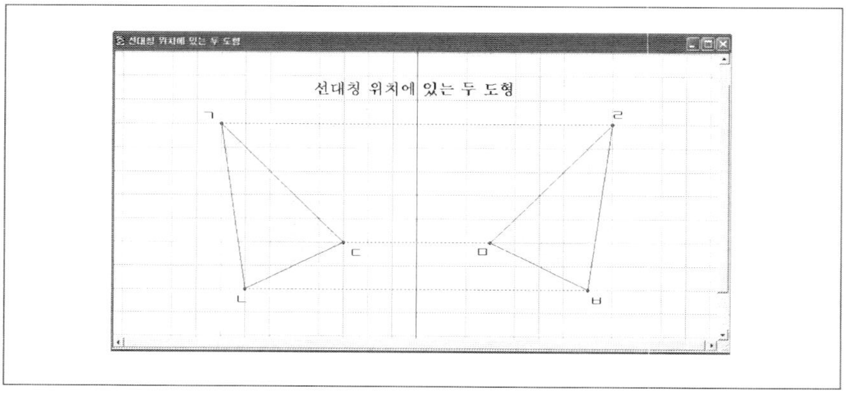


[그림 3-9] GSP를 이용한 도형 탐구

된다. 따라서 탐구형 소프트웨어의 이용은 추상적인 수학적 대상을 구체적으로 탐구할 수 있는 환경을 제공할 뿐만 아니라, 아이들의 학습에 대한 흥미와 동기유발에도 긍정적인 효과를 가져 올 수 있다.

#### 3) 웹을 이용한 수학교육

최근 컴퓨터의 발달과 더불어 인터넷은 우리 생활의 많은 면을 변화시켰다. 그 결과로 수학 교육의 형태도 변화시켰으며, 교사의 수업을 지원하는 방법에서도 많은 변화를 가져왔다. 웹기반 교육이란 웹을 수업의 보조수단으로 이용하여 수업 교구를 인터넷을 통하여 찾아내고 활용할 뿐만 아니라, 웹을 통하여 실제 교실의 수업 장면에서 일어나는 것과 같은 교수·학습 모형이 적용되는 원격 수업의 경우도 포함한다.

### (5) 계산기를 이용한 수학교육

초등학교 수학에서 계산은 수와 더불어 중요한 영역의 하나이기 때문에 아이들이 적절한 계산 도구를 골라 이용하도록 하는 것은 중요하다. 계산은 수 세기와 고대의 돌조각이나 일본의 소로반과 같은 계산 도구의 이용으로 발달해 왔으며, 최근에는 계산기가 널리 이용되면서 학교 수학의 계산 학습에도 많은 영향을 끼치고 있다.

전통적인 초등수학 학습은 많은 시간을 계산 기능의 숙달에 할애하였다. 그러나 계산기의 강력한 계산 처리 기능은 수학 교실을 단순 계산 기능의 숙달의 장에서 능동적이고 발견적인 탐구의 장으로 바꾸어 놓았다. 아이들은 복잡한 계산을 위하여 시간과 노력을 허비하는 대신, 본래의 학습 목표에 집중할 수 있고, 수업 전반을 통찰하는 기회를 가질 수 있게 되었다. 또한 계산기를 사용함으로써 아이들의 수학에 대한 태도에도 많은 긍정적인 변화가 일어났다(Reys, 1989).

계산기는 계산이 필요하고, 수업에서 계산 기능이 중심이 아닐 때 이용되어야 한다. 계산 학습의 기본적인 생각은 계산의 기본 공식을 빠르고 정확하게 숙달할 수 있도록 하는 것이 수학 수업의 중요한 목표이어야 한다는 것이다. 계산기를 언제 이용하는 것이 적절한가? NCTM(1989)은 다음과 같은 경우에 계산기를 도입하는 것이 효과적이라고 한다.

◎ 계산기는 계산이 필요하고, 수업에서 계산 기능이 중심이 아닐 때 이용되어야 한다.

### 1) 규칙성의 탐구를 촉진시킨다.

추론의 기본 토대인 일반화는 여러 상황에 내재되어 있는 규칙성을 탐구함으로써 이루어질 수 있는데, 계산기는 지필 환경보다 더욱 다양한 상황을 제시하여 줄 수 있기 때문에 규칙성을 탐구하는데 유용한 도구이다. 다음은 국제교육성취도 평가학회(IEA; International Association for the Evaluation of Educational Achievement)에서 주관한 제3차 수학·과학 성취도 국제 비교 연구(TIMSS[5])에서 수행평가 문항으로 제시한 계산기를 이용한 초등학생용 규칙성 관련 문제이다(국립교육평가원, 1996).

① 계산기를 이용하여 다음 곱셈의 답을 구하여 아래에 써라.

34×34=　　　334×334=　　　3334×3334=

② 답의 패턴과 곱셈에 관하여 무엇을 알게 되었는가?

③ 계산기를 이용하지 않고, 앞에서 발견한 규칙을 이용하여, 다음 곱셈의 답을 아래에 써라.

33334×33334=

④ 아래 곱셈의 답을 써라.

333334×333334=

⑤ ③과 ④의 답을 어떻게 구했는가?

이 문제는 아이들이 계산 결과의 규칙을 관찰하고, 관찰을 통해 더 복잡한 곱셈 결과를 예측하는 수학적 추론 능력을 가지고 있는가를 평가하는 것이다. 문제를 해결하기 위하여 아이들은 계산기를 이용하여 규칙성을 인식하고, 수학적으로 추론하고 문제를 해결할 수 있다.

### 2) 알고리즘이 아니라, 수학적 개념 자체에 대한 이해에 집중할 수 있다.

계산기를 이용하면 아이들은 수업의 초점을 개념 자체에 둘 수 있다. 예를 들어 평균의 개념을 배우는 수업시간에 지필계산만이 가능하다면 아이들은

---

5　TIMSS(The Third International Mathematics and Science Study)는 국제 수준에서 합의된 교육과정 내용을 토대로 연구 참여국 아이들의 수학과 과학 성취도 수준을 평가하기 위한 국제 비교 연구이다.

평균을 구하기 위하여 수를 더하고 나누는데 많은 시간을 할애할 것이다. 이 과정에서 아이들은 평균의 개념보다는 평균을 구하는 절차에 치중하게 된다. 이때 아이들이 계산기의 계산 기능을 이용하게 되면 계산 시간을 단축시킴으로써 평균의 개념에 대해 생각할 시간을 확보할 수 있게 된다.

### 3) 아이 자신에게 유의미한 해결 전략을 탐색할 수 있게 하여 진정한 문제해결 활동이 가능하게 된다.

아이들은 문제해결을 위해 표준화된 절차를 따르기보다 계산기를 이용하여 자신에게 유의미하고 직관적인 접근을 통하여 주어진 문제를 해결할 수 있다. 예를 들어 다음의 문제를 생각해 보자.

'나는 지금 구슬 14개를 가지고 있다. 앞으로 매주 4개씩 구슬을 모으려고 한다. 50개의 구슬을 가지려면 며칠이 더 필요한가?'

이 문제에 대하여 보통의 아이들이 이용할 수 있는 표준 알고리즘은 (50−14)÷4일 것이다. 그러나 어떤 아이들은 계산기를 이용하여 '14를 입력한 다음, +, 4, =를 누르고, 계속하여 50이 될 때까지 =를 누르면서 =를 누른 수를 셀 수 있다. 이 아이들은 표준 알고리즘을 따르기보다 자신에게 유의미하고 직관적인 방법으로 문제를 해결하여 진정한 문제해결을 경험했음을 알 수 있다.

### 4) 수 감각을 증진시킬 수 있다.

계산기의 기능을 이용하면 수 감각을 길러줄 수 있다. 예를 들면, 3, +, 5, =를 입력하면 8이 출력되고, 계속해서 =를 입력하면 13, 18, 23, 28 …이 규칙적으로 나타난다는 것을 알 수 있다. 이러한 계산기의 특성을 이용하면 일정한 간격으로 뛰어 세기나 수의 계열을 지도하기에 용이하다.

### 5) 문제해결 과정에 지루한 계산이 포함되어 있는 경우에 계산을 대신할 수 있다.

제시된 문제의 목표가 계산기능이 주목표가 아닌 경우, 지루한 계산을 계산기에 맡기게 되면 더 중요한 문제해결에 자신감을 가지고 임할 수 있게 된다.

6) **계산기는 다양한 게임을 가능하게 하고, 수학을 한다는 느낌 없이 자연스럽게 수학적 활동을 하게 함으로써 수학에 흥미를 가지게 한다.**

계산기를 이용한 다양한 수학적 활동은 수학 교육의 목표를 향상시키는 방법적인 측면에서 잠재력을 가지고 있다. 아이들은 계산기를 이용하여 충분한 이해를 토대로 알고리즘을 숙달하게 되고, 이를 통해 계산 기능을 숙달할 수 있어 수학 학습에 자신감을 갖게 된다.

### (6) 학습 교구 이용 시 유의점

학습 교구는 수학 교수·학습에 유용하지만, 그 이용에 있어 교사의 안내에 의해 적절하게 제시되고 이용될 때 바라는 목적을 달성할 수 있다. 따라서 교사는 학습 교구를 이용할 때 다음에 유의하여야 한다(강문봉 외 12, 2005). 첫째, 수학적 개념은 물리적으로 존재하지 않고, 오직 인간의 사고 속에서만 존재한다는 것이다. 학습 교구를 이용하여 올바른 결과를 산출해 내는 것도 중요하지만, 보다 중요한 것은 아이가 학습 교구를 이용한 자신의 활동을 반성하는 과정을 통하여 수학적 개념을 형성하도록 해야 한다. 학습 교구를 이용한 활동과 수학적 개념의 상징적 표현 사이의 연결이 없다면 학습 교구를 이용한 활동은 활동 그 자체로 끝나게 될 수 있다.

◎ 수학적 개념은 물리적으로 존재하지 않고, 오직 인간의 사고 속에서만 존재한다.

둘째, 학습 교구를 이용하여 특정 수학적 개념을 지도할 때 한 가지 모델만을 이용하게 되면 그 교구의 실제적인 특성 때문에 오개념이 형성될 수도 있다. 따라서 학습 교구를 이용할 때에는 다양한 교구를 이용할 필요가 있다. 예를 들어 원의 개념을 도입하기 위하여 한 가지 교구만을 이용할 것이 아니라, 동전이나 자전거의 바퀴, 두루마리 화장지와 같은 교구를 이용하여 원과 관련된 개념을 분명하게 이해하도록 해야 한다. 그렇지만 수학적 개념에 해당되는 예만을 제시하는 것보다 예에 해당되지 않는 예를 같이 제시할 때 개념에 대한 이해를 풍부히 할 수 있다.

셋째, 학습 교구가 아이들의 개념 형성을 도와주기 위해 이용되거나 문제해결 전략을 탐구하는 기회를 제공하기 위해 이용될 때는 아이들의 수학적 능력 신장에 도움을 줄 수 있지만, 문제를 해결하는 도구로 이용될 때에는 오히려 해가 될 수 있다. 예를 들어 수모형은 받아올림이 있는 덧셈이나 뺄셈의 원리를 탐구하는데 유용하지만, 적절한 시기에 수모형이 없이 받아올림이 있는 덧셈과 뺄셈을 할 수 있도록 해야 한다.

넷째, 컴퓨터는 수학 교수·학습 환경을 풍부하게 해 줄 수 있는 도구이지만, 아이들이 컴퓨터의 능력을 과신하게 되면 그들 스스로의 사고보다 컴퓨터의 결과에 의존하는 학습 환경이 될 수 있다. 또한 컴퓨터 환경에서 아이들은 힌트나 도움을 얻는 방법에 대한 학습에 의존하여 학습의 본질이 변질될 우려도 있다. 컴퓨터의 시각화 능력은 아이들이 수학적 사실을 직관적으로 이해하도록 하는데 도움을 주지만, 컴퓨터에 나타난 사실을 비판적으로 바라보는 기회를 갖도록 해야 한다. 컴퓨터는 수학적 사실을 증명하기 위한 도구가 아니라 새로운 사실을 발견하는 수단으로, 우리의 사고를 돕는 하나의 도구에 불과하며 결국 사고의 주체는 아이가 되도록 해야 한다.

한편, 학습 교구나 컴퓨터를 이용할 때 인식론적 관점에서 교사가 유의할 점이 있다. 이것은 교수학적 현상으로 지식을 가르치고 배우는 과정에서 교사와 아이 사이의 상호작용에 의해 지식의 표현 형태나 의미가 변형되거나 왜곡되는 상황을 말한다(강완, 백석윤, 1998). 수학 교수·학습에 학습 교구나 컴퓨터를 이용할 때 고려해야 할 교수학적 극단적인 현상으로는 메타인지 이동, 형식적 고착, 토파즈 효과, 죠르단 효과 등이 있다(이종영, 1999).

첫째, 메타인지 이동은 교수학적 노력의 초점이 수학적 지식 자체보다는 이를 용이하게 하기 위해 도입된 교수학적 보조 수단으로 옮겨가는 것을 의미한다. 예를 들면 수학을 가르치는 수단으로 컴퓨터를 도입했을 때 아이들의 관심이 수학적 지식에서 컴퓨터 프로그램 이용법과 같은 다른 내용으로 옮겨가는 현상이 메타인지 이동이다.

◎ 메타인지 이동은 교수학적 노력의 초점이 교수학적 보조 수단으로 옮겨가는 것을 의미한다.

둘째, 형식적 고착은 메타인지 이동과는 반대로 공식화된 지식의 논리적 표현에만 의존하여 수학적 지식의 형태를 연습시키고 지식의 은유적 사용을 억제하는 것을 의미한다. 예컨대, Mathematica나 Maple과 같은 기호 조작 소프트웨어에서는 이용되는 문자나 대수식에 대한 어떠한 배경 지식 없이도 인수분해, 두 다항식의 곱, 미분, 적분, 극한값 등을 계산할 수 있다. 문자나 변수에 대한 충실한 의미 이해 없이 이런 조작들을 컴퓨터 환경에서 수행한다면 형식적 고착 현상이 일어날 가능성이 높다.

◎ 형식적 고착은 지식의 은유적 사용을 억제하는 것을 의미한다.

셋째, 토파즈 효과는 교사가 가르쳐야 하고, 아이는 배워야 한다는 소위 교수학적 계약에 의한 압박에서 일어나는 전형적인 현상을 말한다. 즉, 아이는 학습할 수 있는 환경을 교사가 방해하거나 제거하는 것을 의미한다.

◎ 토파즈 효과는 아이가 학습할 수 있는 환경을 교사가 방해하거나 제거하는 것을 의미한다.

예를 들면 아이가 어떤 문제를 해결하는데 어려움을 겪고 있을 때, 교사가 아이에게 문제에 대한 명백한 힌트를 주면서 일련의 유도 질문을 통하여 답을 가르쳐 주는 것을 들 수 있다.

컴퓨터 환경에서 이러한 현상은 최근에 유행하고 있는 웹 기반 교수 환경에서 쉽게 볼 수 있다. 웹 기반 환경에서 수학적 지식, 과제 등은 흔히 문제와 함께 쉽게 도움을 구할 수 있는 힌트 버튼과 정답 버튼이 있어, 아이들이 주어진 과제를 해결하기 위해 심사숙고하기보다는 도움과 정답을 쉽게 구할 수 있기 때문의 학습의 기회가 사라져 버릴 수 있다.

◎ 죠르단 효과는 아이들의 사소한 반응이나 행동을 보고 특정한 수학 지식을 형성했다고 잘못 판단하는 경우를 의미한다.

넷째, 죠르단 효과는 교사가 아이들의 사소한 반응이나 행동을 보고 그들이 마치 특정한 수학 지식을 형성했다고 잘못 판단하는 경우를 의미한다. 컴퓨터 환경에서 아이들이 컴퓨터가 안내하는 대로 특정 조작을 수행하여 원하는 결과를 얻었을 때, 그런 조작 이면에 들어 있는 수학적 개념을 아이들이 이해했다고 할 수 없음에도 불구하고, 아이들이 수학 개념을 이해했다고 판단하는 경우가 죠르단 효과에 해당된다.

# 단원 탐구문제

1. 개념 형성 학습 모형에 따라 '정삼각형'을 지도하는 수업 계열을 작성해 보시오.

2. 퀴즈네어 막대를 이용하여 분수의 나눗셈을 지도하는 방법에 대하여 논하시오.

3. 탐구형 소프트웨어를 이용한 수업에서 나타날 수 있는 극단적인 교수학적 현상에 대하여 예를 들어 설명하시오.

4. 김교사는 탐구형 소프트웨어인 GSP를 이용하여 여러 가지 삼각형을 가지고 삼각형의 내각의 합이 180°임을 보여주었다. 김교사의 수업에 내재된 학습 원리에 적절한 것은?

① 수학적 다양성의 원리　　② 지각적 다양성의 원리
③ 대조의 원리　　④ 구성의 원리
⑤ 표기의 원리

5. 다음은 Polya의 문제해결 4단계와 이에 따른 제시된 문제에 대한 문제해결 지도의 과정에서 교사의 발문을 나타낸 것이다.

**[문제]** 생일을 맞이하여 경민이는 5명의 친구를 초대하였다. 친구들이 모두 모여 6명이서 리그전으로 게임을 하려고 한다. 모두 몇 게임을 할 수 있는지 구하여라.

| 단 계 | 지도 내용과 발문 |
|---|---|
| 문제이해 | • 미지인 것은 무엇이고, 주어진 것은 무엇인가?<br>• 조건은 만족될 수 있는가?<br>• 조건은 미지의 것을 결정하기에 충분한가? |
| 계획수립 | • <u>관련된 문제나, 도움이 될 것 같은 어떤 사실이나 정리를 알고 있는가?</u><br>• 문제를 달리 진술할 수 있을까? 좀 더 다르게 진술할 수 있을까?<br>• 문제에 포함된 핵심적인 개념을 모두 고려했는가? |

| 단 계 | 지도 내용과 발문 |
|---|---|
| 계획실행 | • 풀이의 각 단계를 조심스럽게 실행하도록 하여라.<br>• 각 단계가 올바른지 명확히 알 수 있고 옳다고 설명할 수 있는가? |
| 반성 | • 결과를 점검할 수 있는가?<br>• 기타 |

(1) 위의 문제를 초등학교 5학년 아이가 해결한다고 했을 때 제시할 방법으로 적합한 것을 3가지 제시하시오.

(2) 밑줄 친 것과 관련된 사고를 쓰고, 이를 소수의 지도에 활용할 내용을 2가지 제시하시오.

(3) '반성'단계에 제시할 발문을 표에 제시된 것을 제외하고 4가지 제시하시오. 그리고 그 중에서 교육적 의의를 구성주의와 준경험주의 관점에서 판단하시오.

(4) 박교사는 위의 수업 모형에 사회적 구성주의 관점을 반영한 수업을 진행하고자 한다. 이를 구현할 방안에 대해 논하시오.

# 수학과 평가 04

## 이 장을 시작하면서

우리가 아이들을 가르치는 근거가 되는 교육과정은 목적-내용-방법-평가로 이루어져 있다. 특히, 평가는 아이들의 사고와 행동을 바람직한 방향으로 변화시키는 의도적이고 계획적인 교육활동이 교육의 목적에 맞게 이루어졌는지? 학습이 수업 목표에 어느 정도 달성했는지? 수업 목표에 미흡한 점은 무엇이고, 그 원인은 무엇인지 등을 판단하는 중요한 활동이다. 다음과 같은 문제에 대해 아직 분수 나눗셈을 배우지 않은 영수의 답을 살펴보자.

**[문제]** 2명의 아이들이 똑같은 양을 갖도록 3개의 캔디를 나누면 한 사람이 가지는 양은 얼마만큼 인지 구하여라.

**[영수의 답]** 먼저 1개씩을 가지고 남은 1개를 반으로 나누면 되므로 한 사람이 갖는 양은 1개와 반절이다.

영수의 답을 보고 영수는 균등 분배 문제를 해결할 수 있는 능력이 있다고 판단할 수 있을까? 영수는 이 문제에 올바른 답을 했지만, 완전한 이해 정도를 파악하기 위해서는 다음과 같은 문제로 확인을 할 필요가 있다.

**[문제]** 3명의 아이들이 똑같은 양을 갖도록 5개의 캔디를 나누면 한 사람이 가지는 양은 얼마만큼 인지 구하여라.

이 문제가 가지는 특징은 무엇이고, 문제에 주어진 수가 왜 중요한지 이야기해 보아라.

# 4장

# 수학과 평가

학교교육에서 평가는 교육활동의 과정과 결과를 확인하고, 이 후의 교육활동에 대한 방향을 설정하는 정보를 제공하는 면에서 중요합니다. 종전의 평가가 아이들의 학습 결과에 대한 서열화에 치중하였다면 새로운 평가에서는 아이들의 학습을 지원하는 역할을 해야 합니다. 이 장에서는 수학과 평가의 목적을 포함하여 새로운 수학교육관에 맞는 평가 방안에 대해 알아봅니다.

◎ 평가는 교육활동의 과정과 결과를 확인하고, 이 후의 교육활동에 대한 방향을 설정하는 정보를 제공하는 면에서 중요하다.

## 4-1. 새로운 수학교육 평가관

현재의 지필평가와 유사한 형태의 시험은 B.C. 2200년경 중국에서 시작되었다. 공공기관의 지원자를 뽑기 위한 중국의 평가제도는 오랜 기간 동안 지속되다가, 다양한 형태로 유럽과 미국에 소개되었고, 아이들의 양적인 학습결과에 대한 측정도구로서 지필형 단답고사는 평가 역사의 서두를 장식하게 되었다. 이후 평가 체계는 교육 철학과 인지심리학의 변화와 교육 목적이나 기능의 변화에 따라 달라져 왔다.

최근까지 평가는 정형화된 학습과 절차의 기계적인 이용에 초점을 둔 표준화된 평가에 의해 지배되어 왔다. 그러나 최근의 평가는 아이들의 인지구조의 계속적인 변화와 이해과정에 대한 정확한 진단을 요구하는 방향으로 변화되어 왔다.

수업과 평가는 분리될 수 없다(Ginsburg & Jacobs & Lopez, 1993). 또한

◎ 수업과 평가는 분리될 수 없다.

수학교육과정은 같은 맥락에서 평가가 수반될 때 효율적으로 운영될 수 있다. 이와 같은 입장으로 평가기준이 마련되고 있는 예를 NCTM(1989)의 '학교수학을 위한 교육과정과 평가규준'에서 볼 수 있다. 여기에서 미국 수학교육자들은 현행의 평가방법은 고차원적인 사고를 평가하는데 적합하지 못함을 지적하고, 다양한 평가방법의 사용을 제안하고 있다. 또한 NCTM(1995)는 변화하는 평가관에 맞추어 학습자의 다양한 능력과 적성을 개발하고, 창의성이나 문제해결력같은 고등사고능력을 신장시키는 새로운 평가 방법을 기존의 평가 방법과 대비하여 〈표 4-1〉과 같이 제시하고 있다.

**〈표 4-1〉 평가의 실제에서의 주요 변화(NCTM, 1995, p. 83)**

| | |
|---|---|
| 증가하는 내용 | • 아이들의 수학적 힘을 평가하는 것<br>• 아이들의 성취를 주어진 평가 준거와 비교하는 것<br>• 교사들을 뒷받침하고 그들의 정보를 바탕으로 하는 판단에 근거를 제공해 주는 것<br>• 평가의 과정을 공개적이고 참여적이며, 역동적으로 만드는 것<br>• 아이들에게 그들의 수학적 힘을 증명할 다양한 기회를 제공하는 것<br>• 무엇을 평가하고 어떻게 평가하는 것에 대한 공유된 시각을 개발하는 것<br>• 모든 아이들이 그들의 잠재성을 개발할 기회를 가지는 것을 보장하기 위해 평가결과를 이용하는 것<br>• 평가를 교육과정 및 수업과 일관성을 가지도록 하는 것<br>• 다양한 자료를 바탕으로 추론하는 것<br>• 평가를 연속적이고 재귀적인 과정으로 보는 것<br>• 학습과정과 관련된 모든 것을 평가결과에 책임 있는 것으로 보는 것 |
| 감소하는 내용 | • 아이들이 가지고 있는 특수한 사실과 고립된 기능만을 평가하는 것<br>• 아이들의 성취도를 다른 아이들의 성취도와 비교하는 것<br>• 교사와 무관한 평가체계를 고안하는 것<br>• 평가과정을 비밀로, 배타적으로, 고정적인 것으로 보는 것<br>• 수학적 지식을 증명하는 단일한 방법에 아이들을 고정시키는 것<br>• 평가에 대한 일부의 시각만을 바탕으로 하는 것<br>• 평가를 수학을 학습하는 기회를 제한하는 과정으로 파악하는 것<br>• 평가를 교육과정과 수업과는 별개의 것으로 보는 것<br>• 제한된 자료를 바탕으로 추론하는 것<br>• 아이를 평가의 대상으로 보는 것<br>• 평가를 산발적이고 결론적으로 간주하는 것<br>• 학습과정에서의 몇 가지만을 평가결과와 관련시키는 것 |

## 4-2. 수학교육 평가의 목적

수학교육은 창의적으로 문제를 해결하는 능력, 추론 능력, 의사소통 능력, 다른 수학적 지식이나 타 교과와 일상의 지식까지도 연결할 수 있는 능력, 수학적으로 표현할 수 있는 능력을 강조하고 있다(NCTM, 2000). 이에 따라 수학의 평가관도 창의적이며 고등 수학적 사고 능력 및 문제해결과 문제설정 능력을 강조하고 있다.

교육평가는 교육목표를 기준으로 교육 달성의 정도를 판정하고 교육성과를 해석하는 절차로 보거나, 교육 목표의 실현을 위하여 행해지는 교육활동을 결정짓는데 필요한 정보를 수집하고 정리하여 피드백하는 절차로 보는 두 가지 측면을 들 수 있다. 이러한 교육평가의 의의에서 전자는 1930년대에 교육목표와 가치관을 중시하는 입장이고, 후자는 1960년대 이후에 널리 퍼진 형성평가를 강조하는 입장이다.

◎ 교육평가에는 지도기능, 학습기능, 연구·조사기능, 관리·운영기능 등이 있다.

교육평가는 교육목표의 실현을 위하여 대체로 지도기능, 학습기능, 연구·조사기능, 관리·운영기능을 들 수 있다. 첫째, 지도 기능은 교사의 입장에서 평가 기능으로, 보다 효과적인 지도 방법을 선택·결정하는 것과 같이 유효적절한 지도 계획을 세우기 위해 하는 평가의 목적을 의미한다. 둘째, 학습기능은 아이의 입장에서의 평가 기능으로, 아이는 자신의 학습 활동을 개선하여 교육목표에 접근하려고 노력한다. 이때 아이는 자신의 학습활동에 대한 판단을 하게 되는데, 교사는 평가 결과를 아이들에게 제공하여 아이들이 자주적으로 학습할 수 있도록 해야 한다.

셋째, 관리·운영기능은 교육의 성과를 지역사회나 가정에 보고하기 위하여 아이의 성적 평정, 자격과 단위 인정, 생활기록부 등의 기초 자료를 작성하거나 정보를 제공하는 교육 관리를 위한 평가 기능이다.

마지막으로, 연구·조사기능은 효과적인 지도 방법과 유용한 교재·교구의 개발, 교과서 개발, 교육과정의 개선을 도모하기 위하여 실시하는 평가 기능으로, 아이 개개인의 학습의 개선이라는 입장보다 더 일반적이고 공공적인 교육개선의 입장에서 행해지는 교육 평가를 의미한다.

## 4-3. NCTM의 수학교육 평가 관점

### (1) 평가실행의 판단준거

NCTM은 'Curriculum and Evaluation Standards for School Mathematics(1989)'와 계속된 'Professional Standards for Teaching Mathematics(1991)'를 보완한 연구로 1995년에 'Assessment Standards for

School Mathematics'를 출판하였다. Assessment Standards에서는 수학과의 평가에 대한 질을 판단하고 모범적인 수학 평가관을 반영하는 준거로 6가지 평가기준, 즉 수학내용 기준, 학습 기준, 공정성 기준, 개방성 기준, 타당성 기준, 일관성 기준을 제시하고 있다.

◎ 수학 평가의 준거로 수학내용 기준, 학습 기준, 공정성 기준, 개방성 기준, 타당성 기준, 일관성 기준을 들 수 있다.

수학내용 기준은 교육과정과 관련하여 아이들이 반드시 알아야 할 수학의 내용을 담아야 한다는 것을 의미하며, 학습기준이란 평가가 수학학습을 촉진시켜야 하며 교사에게 정보를 제공하여 수업판단을 하게 해주어야 한다는 것이다. 공정성 기준이란 평가는 명확한 기준 아래 엄정한 공정성을 기해야 한다는 의미이며, 개방성 기준은 평가과정은 평가결과에 영향을 받는 모든 사람에게 어떤 과정을 통하여 평가가 이루어졌는지 개방되어야 한다는 의미이다. 개방된 평가란 평가정보의 수집과정과 평가결과의 용도가 사전에 교사와 아이에게 공개되는 것을 의미한다. 이러한 평가는 수업목표와 일치하게 되어 평가 결과를 즉시 수업에 반영할 수 있기 때문이다.

타당성 기준이란 평가는 수학학습 방법에 대한 타당한 설명을 가능하게 해야 한다는 의미이다. 학습증거로부터 타당한 설명을 도출하기 위해서는 학습에 대한 아이의 정확한 인지과정에 관한 정보가 필요하므로 지필검사와 같은 전통적인 평가도구 이외에 관찰이나 면담, 열린 과제, 광범위한 문제 상황, 포트폴리오 등 다양한 종류의 증거를 사용하여 학습에 대한 설명의 타당성을 높이는 것이 좋을 것이다.

일관성 기준은 평가과정은 일관성이 있어야 한다는 뜻이다. 평가과정은 각 단계가 조화있게 결속되어 전체가 하나로 통합되어야 하며, 평가계획, 증거수집, 증거해석, 그리고 평가과정이 일관성 있게 진행되어 평가목적과 일치되어야 교육적 가치가 있다. 또한, 평가는 교육과정과 수업활동에 맞게 이루어져야 된다는 것을 의미한다.

### (2) 다양한 목표를 위한 평가기준의 사용

◎ 아이들의 진전 정도를 모니터함
아이들의 성취를 평가함
교수학적 결정을 내림
프로그램을 평가함

평가기준은 다양한 목적에 대한 평가의 질을 판단하는 데 사용될 수 있는데, 수학평가의 다양한 목표로는 아이의 진전 정도를 조정하는 것과 그에 따른 교수학적 결정을 하는 것, 그리고 아이의 성취 정도 평가 및 평가 프로그램에 대한 평가의 네 가지이다.

이들 각 목표와 관련된 평가 자료를 사용함으로써 기대되는 행동은 아이

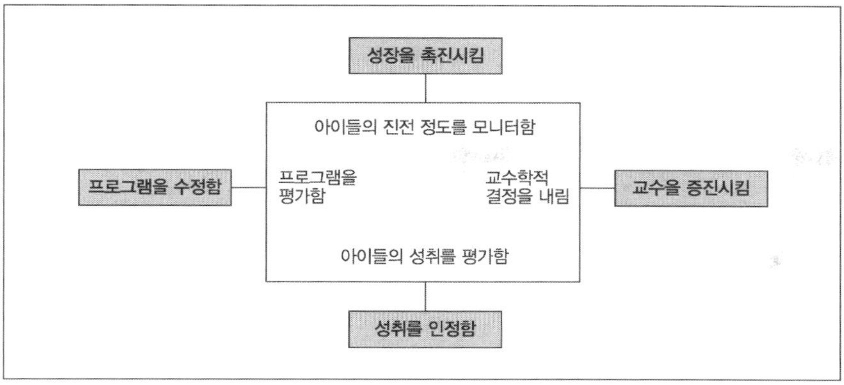


[그림 4-1] 네 가지 평가목표

의 성장을 촉진하고, 수학 교수법을 개선하며, 성취도를 인정하고 평가 프로그램을 수정하는 것이다.

### 1) 아이들은 어떻게 진전하는가?

평가의 목표는 학습목표를 향한 아이들의 진전 정도를 파악하는 것이다. 학습기대를 설정한 후에, 증거는 각 아이와 교사에게 이 목표에 얼마나 진전해 가는지에 대한 피드백을 제공하기 위해 수집되어야 하고, 피드백은 수학적 힘에 대한 아이들의 성장을 증진하는 데 사용된다.

### 2) 적절한 교수학적 결정이란 무엇인가?

수학평가의 두 번째 목표는 교수학적 결정을 내리는 것이다. 교사는 지도 과정에서 얻어진 다른 정보와 함께 더 쉽게 학습하도록 지도의 수정을 위해 아이의 수학적 이해에 관한 증거를 사용한다. 교사는 아이들이 알고 있고 할 수 있는 수학에 대한 제일의 평가자이다. 이런 목표를 위해 평가를 사용할 때 교사가 고려하는 기본적인 질문은 아이의 진전에 관한 증거를 교수 결정을 내리는 데 어떻게 사용하느냐이다.

### 3) 아이들은 그들의 목표에 도달했는가?

수학평가의 세 번째 목표는 특정한 시기에 아이의 성취도를 평가하는 것이다. 적절한 간격에서 다양한 근원에서 나온 증거가 각 아이에 대해 공식적으로 집약되며, 흥미 있는 모임에서 보고된다. 공적인 방식으로 선택된 증거들을 신중히 검토하고, 아이의 성취도를 공적으로 인정하거나 도달 정도를 확인한다.

### 4) 프로그램은 여러 기능을 하고 있는가?

프로그램을 평가하는 것은 수학평가의 네 번째 목표이다. 모든 아이가 수학에서의 높은 기대치에 도달되도록 지도계획을 결정하는 데 다른 자료와 함께 아이들의 수행증거도 사용된다. 제시되는 질문은 아이를 위한 목표 및 기대와 관련하여 수학학습 지도 프로그램을 어떻게 잘 운용할 것인가이다.

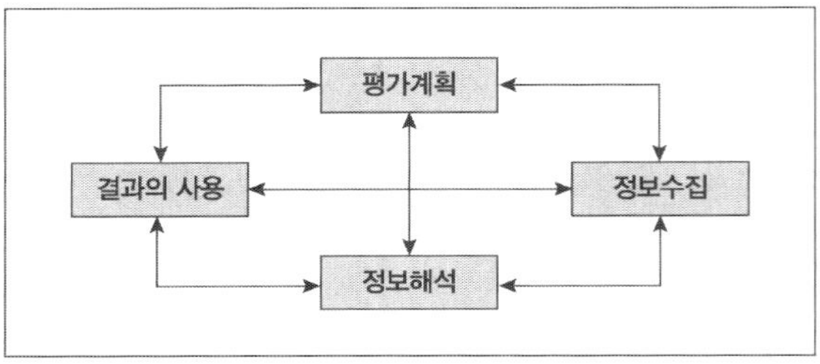

[그림 4-2] 평가과정의 상호 관계

한편, 'Assessment Standards for School Mathematics'에서는 4단계의 평가과정을 제시하였다. 평가과정의 각 단계는 평가계획, 정보수집, 정보해석, 결과의 사용으로 구성되며, 4단계의 평가과정이 상호 작용되는 관계를 그림으로 나타내면 [그림 4-2]와 같다.

◎ 평가과정은 평가계획, 정보수집, 정보해석, 결과의 사용으로 구성된다.

각 과정에서 중요한 측면이 그 목표에 따라 달라지기는 하지만, 모든 수학평가는 네 가지 국면 평가를 계획함, 증거수집, 증거를 해석함, 결과를 사용함을 포함하며, 이들의 상호관련은 [그림 4-3]과 같다.

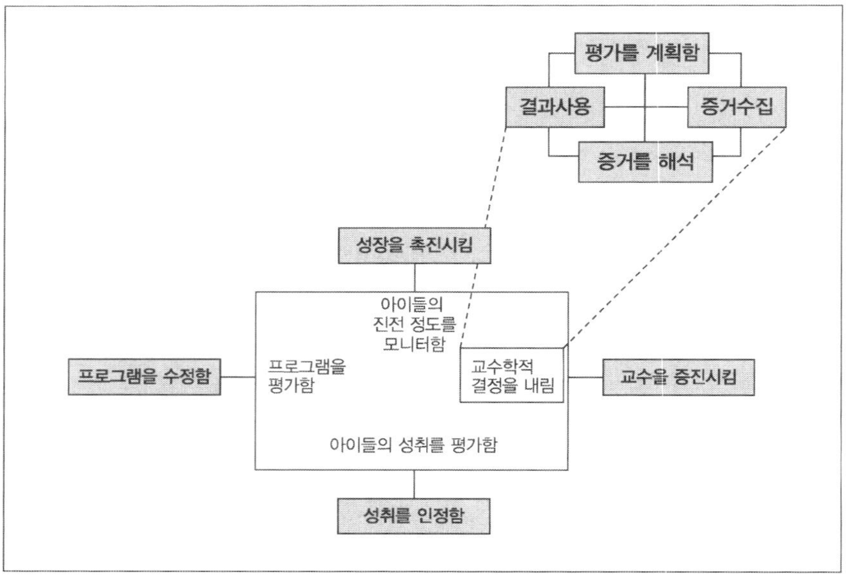

[그림 4-3] 평가 국면과 목표와의 관련

## 4-4. 수학과 교육과정에서의 평가기준

2015 개정 수학과 교육과정의 평가방향은 다음과 같다.

### (1) 평가 원칙

① 수학과의 평가는 아이의 인지적 영역과 정의적 영역에 대한 유용한 정보를 수집·활용하여 아이의 수학 학습과 전인적 성장을 돕고 교사의 수업 방법을 개선하는 것을 목적으로 한다.

② 수학과의 평가는 교육과정에 제시된 내용의 수준과 범위를 준수하고, 교육과정에 제시된 목표, 내용, 교수·학습과 일관성을 가져야 한다.

③ 수학과의 평가에서는 수학의 개념, 원리, 법칙, 기능뿐만 아니라 문제해결, 추론, 창의·융합, 의사소통, 정보 처리, 태도 및 실천과 같은 수학 교과 역량을 균형 있게 평가한다.

④ 수학과의 평가는 학습자의 수준을 고려하고 평가 목적과 내용에 따라 다양한 평가 방법을 활용한다.

⑤ 평가 결과는 아이, 학부모, 교사 등에게 환류하여 아이의 수학 학습 개선을 도울 수 있게 한다.

### (2) 평가 방법

① 수학과의 평가는 학습 결과 평가뿐만 아니라 과정 중심 평가도 실시하여 종합적인 수학 학습평가가 될 수 있게 한다.

○ 수학과의 평가는 학습 결과 평가뿐만 아니라 과정 중심 평가도 실시하여 종합적인 수학 학습평가가 될 수 있게 한다.

② 수업의 전개 국면에 따라 진단평가, 형성평가, 총괄평가를 적절히 실시하되, 지속적인 평가를 통해 다양한 정보를 수집하고 수업에 활용한다.

③ 아이의 수학 학습 과정과 결과는 지필 평가, 프로젝트 평가, 포트폴리오 평가, 관찰 평가, 면담평가, 구술 평가, 자기 평가, 동료 평가 등의 다양한 평가 방법을 사용하여 양적 또는 질적으로 평가한다.

(가) 지필 평가는 수학의 개념, 원리, 법칙을 이해하고 적용하는 능력과 문제해결, 추론, 창의·융합, 의사소통 능력 등을 평가하는 데 활용할 수 있고, 선택형, 단답형, 서·논술형 등의 다양한 문항 형태를 활용한다.

(나) 프로젝트 평가는 수학 학습을 토대로 특정한 주제나 과제에 대해서 자료를 수집하고 분석, 종합, 해결하는 과정과 결과를 평가하는 방법으로, 문제해결, 창의·융합, 정보 처리 능력 등을 평가할 때 활용할 수 있다.

(다) 포트폴리오 평가는 일정 기간 동안 수학 학습 수행과 그 결과물을 평가하는 방법으로, 아이의 학습 내용 이해와 수학 교과 역량을 종합적으로 판단하고 아이의 성장에 대한 정보를 얻는 데 활용할 수 있다.

(라) 관찰 평가, 면담 평가, 구술 평가는 아이 개인 및 소집단을 관찰, 아이와의 대화, 아이의 발표를 통해 아이의 이해 정도와 사고 방법, 수행 과정 등을 평가하는 방법으로, 의사소통, 태도 및 실천 능력 등을 평가할 때 활용할 수 있다.

(마) 자기 평가는 아이 스스로 자신의 이해와 수행을 평가하는 방법으로, 문제해결과 추론 과정의 반성, 자신의 생각 표현, 태도 및 실천 능력 등을 평가할 때 활용할 수 있다.

(바) 동료 평가는 동료 아이들이 상대방을 서로 평가하는 방법으로, 협력 학습 상황에서 아이 개개인의 역할 수행 정도나 집단 활동에 기여한 정도를 평가할 때 활용할 수 있다.

④ 평가 내용이나 방법에 따라 아이에게 계산기, 컴퓨터, 교육용 소프트웨어 등의 공학적 도구와 다양한 교구를 이용할 수 있게 한다.

## 4-5 수학과 과정 중심 평가

◎ 과정 중심 평가는 수업과 연동된 평가를 실시하고, 그 결과를 교수·학습에 반영함으로써 아이의 수학 학습을 돕는 평가이다.

교육에서 평가는 학습목표가 어느 정도 달성됐는가를 알아보는 것으로, 교수·학습 과정 전반에 영향을 미치며 교수·학습과 통합되어야 한다. 이러한 관점을 구현하기 위한 것이 과정 중심 평가이다. 과정 중심 평가는 2015년에 발표된 제2차 수학교육 종합 계획에서 추진과제로 제시되었고, 이에 2015 개정 수학과 교육과정에서도 〈표 4-2〉와 같이 과정 중심 평가를 제시하고 있다.

과정 중심 평가는 수업과 연동된 평가를 실시하고 그 결과를 교수·학습에 반영함으로써 아이의 수학 학습을 돕는 평가로 정의할 수 있다(이경화 외,

〈표 4-2〉 과정 중심 평가 예시

| 과목 | 내용 영역 | 평가 방법 및 유의 사항 |
|---|---|---|
| 초등학교 수학 | 도형(1~2학년군) | 여러 가지 모양 만들기, 꾸미기, 채우기 활동을 평가할 때에는 과정 중심 평가를 한다. |
| 중학교 수학 | 확률 및 통계 | 자료의 수집, 정리, 해석을 평가할 때에는 과정 중심 평가를 할 수 있다. |
| 고등학교 수학 | 기하 | 기하 영역의 주요 개념에 대한 이해를 평가할 때에는 과정 중심 평가를 할 수 있다. |
| | 수와 연산 | 증명 능력을 평가할 때에는 과정 중심 평가를 할 수 있다. |
| 확률과 통계 | 확률 | 조건부 확률에 대한 이해를 평가할 때에는 과정 중심 평가를 할 수 있다. |
| | 통계 | 모평균의 추정과 그 결과의 해석을 평가할 때에는 과정 중심 평가를 할 수 있다. |

2016). 그 목적은 수업의 결과가 아닌 수업 중에 나타난 아이의 학습 과정이 평가 대상이어야 하며, 그 결과를 아이에게 알려줌과 동시에 수업에 반영함으로써 아이의 보다 나은 학습을 도모하는데 있다. 구체적으로 과정 중심 평가를 다음과 같이 요약할 수 있다.

- 아이들의 학습을 돕기 위한 목적으로 행해진다.
- 평가를 통해 얻어진 결과에 기초하여 아이들에게 즉각적이고 실제적인 피드백을 가능한 많이 제공함으로써 평가가 아이의 학습 향상에 기여하도록 한다.
- 수업 전과 수업 중에 일어나는 교사의 활동을 평가로 간주하고, 특히 수업 중에 지속적으로 이루어진다.
- 지필평가만이 아니라, 프로젝트 평가, 관찰평가, 면담평가, 구술평가, 자기평가, 동료평가 등과 같은 다양한 평가 방식이 이용된다.
- 교수·학습 상황에서 관찰가능한 교과 역량을 평가한다.

과정 중심 평가를 실시하기 위해서 교사는 수업의 전 과정을 통해 평가가 수업과 연계되도록 해야 하는데, 이를 위한 평가 모델로는 [그림 4-4]와 같다.

한편 수학 교사용 지도서에서는 학습 내용에 대한 과정 중심 평가 방안을 제시하고 있는데, [그림 4-5]는 문제를 해결하는 과정에서 관찰평가와

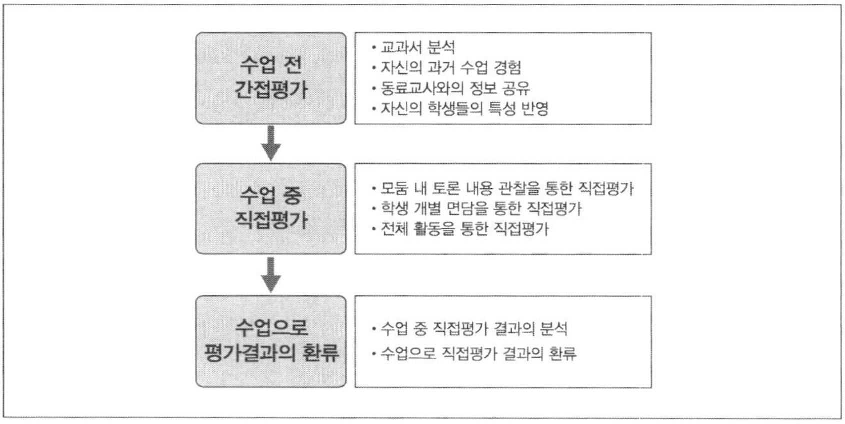


[그림 4-4] 과정 중심 평가 모델(이경화 외, 2016, p. 829)

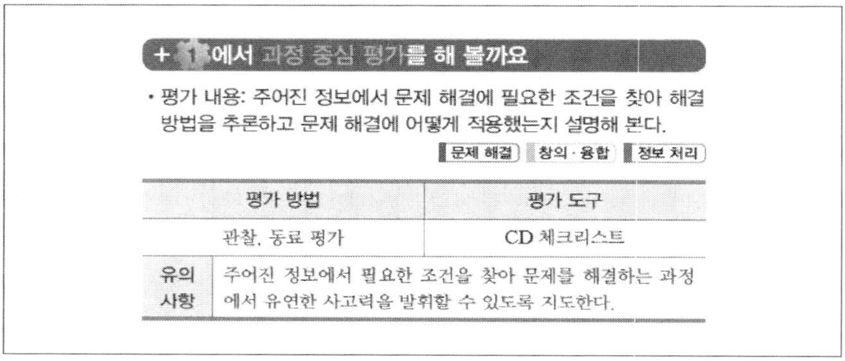

**+ 1 에서 과정 중심 평가를 해 볼까요**

• 평가 내용: 주어진 정보에서 문제 해결에 필요한 조건을 찾아 해결 방법을 추론하고 문제 해결에 어떻게 적용했는지 설명해 본다.

문제 해결 | 창의 · 융합 | 정보 처리

| 평가 방법 | 평가 도구 |
|---|---|
| 관찰, 동료 평가 | CD 체크리스트 |

| 유의 사항 | 주어진 정보에서 필요한 조건을 찾아 문제를 해결하는 과정에서 유연한 사고력을 발휘할 수 있도록 지도한다. |
|---|---|

[그림 4-5] 과정 중심 평가 권고 예시(교육부, 2018i, p. 241)

동료 평가를 통해 과정 중심 평가가 이루어지도록 제안하고 있음을 알 수 있다.

## 4-6 수학과 평가 방법

### (1) 서술형 문제

서술형 문제는 아이들이 문제해결 과정을 기술하여, 문제해결 과정을 올바르게 이해하고 있는가를 파악하는 수행평가이다. 서술형 문제는 전통적인 서술형 검사에서 정형화된 문제해결 과정을 제시하도록 요구하는 것과는 달리, 아이들이 수학적 개념이나 문제해결 과정을 체계적으로 기술하도록 요구하는 평가이다.

서술형 문제의 장점으로는 정답을 추측하여 답할 수 없으며, 문제해결 과정을 잘 파악할 수 있다는 점이다. 이에 반해 서술형 문제의 단점으로는 다양한 해석과 부분적인 답이 가능하므로 점수 매기기가 어렵고, 평가하고 점수 매기기에 시간 소모가 많으며, 채점 결과에 대한 신뢰성이 낮을 수 있다. 따라서 서술형 문제를 채점하기 위한 방법으로 전체적(holistic) 채점법과 분석적(analystic) 채점법을 활용한다.

평가의 목적이 선발이나 배치인 경우, 피험자의 순위를 필요로 하는 경우에는 일반적으로 전체적 채점법을 쓰며, 개인이나 집단의 진단이나 최소한의 숙련 정도를 파악하는 경우에는 주로 분석적 채점법을 사용한다. 그러나 실제로는 전체적인 채점법과 분석적인 채점법이 함께 사용되는 경우가 많다(국립교육평가원, 1996).

### 1) 전체적 채점법

전체적 채점법은 아이의 활동 예를 전체적으로 보았을 때의 종합적인 인상을 바탕으로 단일한 점수를 산출하는 것으로, 아이가 문제를 해결한 것에 대하여 하나의 수치를 만들어 내는 것이다. 이 방법은 대규모 평가에서처럼 비교적 빠르면서도 일관된 채점 방법이 요구될 때 이용된다(류희찬 외 3인, 1998).

◎ 전체적 채점법은 아이의 활동 예를 전체적으로 보았을 때의 종합적인 인상을 바탕으로 단일한 점수를 산출하는 것이다.

이 방법은 문제해결 과정의 여러 범주에 대하여 각각에 점수를 배정하는 것이 아니라, 문제해결 과정 전체에 대하여 단일한 점수를 매기는 것으로, 비교적 신속하게 채점할 수 있으며, 전체적인 문제해결 과정을 쉽게 파악하고 그 수행 결과에 대하여 단일한 점수를 부여한다는 장점을 가지고 있다.

### 2) 분석적 채점법

분석적 채점법은 각 문항에 따라 아이들의 문제해결 반응에서 서로 다른 특징과 측면에 대하여 따로 채점하는 방법이다. 분석적인 채점법은 전체적인 채점 방법보다 더 많은 시간이 소요되지만, 각 문제해결 과정에 자세한 정보를 제공하고, 아이들의 강점과 약점의 파악에 유익하며, 각 반응에 차별화된 가중치를 부여할 수 있다는 장점이 있다. 따라서 분석적인 채점 방법은 진단 평가나 아이들의 강점과 약점에 대한 구체적인 피드백이 필요할 때 이용된다.

◎ 분석적 채점법은 각 문항에 따라 아이들의 문제해결 반응에서 서로 다른 특징과 측면에 대하여 따로 채점하는 방법이다.

〈표 4-3〉 **분석적인 채점법의 예시**

| 채 점 기 준 표 | |
|---|---|
| **문제이해** | 0: 문제를 완전히 잘못 이해하였다. |
| | 1: 문제를 부분적으로 잘못 이해하였거나 잘못 해석하였다. |
| | 2: 문제를 완전히 이해하였다. |
| **계획수립** | 0: 시도를 하지 않았거나 완전히 부적절한 계획을 세웠다. |
| | 1: 문제를 옳게 해석하고 부분적으로 옳은 계획을 세웠다. |
| | 2: 적절하게 실행하면 정답을 이끌어 낼 수 있는 계획을 세웠다. |
| **정답산출** | 0: 답을 쓰지 않았거나, 부적절한 계획으로 인하여 오답을 썼다. |
| | 1: 답이 여러 개인데 일부만 썼거나, 문제가 요구하는 답을 제시하지 못했다. |
| | 2: 정답을 모두 썼다. |

### (2) 관찰법

◎ 관찰법은 학습활동 동안 개인이나 소그룹 또는 학급전체를 관찰하여 교사 스스로가 평가하는 유형이다.

관찰법은 형식적인 평가에서 파악할 수 없는 아이들의 태도나 행동을 평가하기 위하여, 학습활동 동안 개인이나 소그룹 또는 학급전체를 관찰하여 교사 스스로가 평가하는 유형이다. 이 유형은 자연적인 상황에서 문제를 풀거나 과제를 해결하는 과정에 있는 아이들의 문제해결에 대한 태도, 특별한 전략의 선택과 수행, 조작을 통한 개념의 모델링 및 소그룹 활동에서의 역할 수행 등에 대한 자료의 수집이 용이하다.

관찰은 아마도 가장 오래된 평가수단일 것이다. 소크라테스로부터 지금까지 훌륭한 교사들은 아이들이 향상되는 것을 평가하기 위해서 아이들을 지켜보곤 했다. 그들은 또 관찰하고 들은 것들을 바탕으로 자신들의 수업방법을 교정하곤 했다. 무엇을 관찰해야 할 것인가에 관찰자가 초점을 맞출 수 있도록 돕는데 많이 이용되는 도구중의 하나가 발달 체크리스트이다. 이런 체크리스트는 관찰자가 평가해야만 하는 특성이나 학습행동들을 기술한다. 학년 기간 중에 발달체크리스트를 반복해서 이용했다면, 아이들이 시간에 따라서 어떻게 향상되는지에 대한 명확한 상을 얻을 수 있다. 발달 체크리스트는 거의 모든 관찰 목적에 이용될 수 있다.

### (3) 포트폴리오

포트폴리오는 단지 최고의 작품의 선택보다는 아이의 학습상황에서 다양한 관심(아이의 학습, 성장, 발달)에 대한 증거로 제시되는 아이의 작품, 수행 결과, 기록물 등을 의미한다. 이런 의미에서 포트폴리오 평가란 아이 개개인의 변화, 발달 과정을 종합적으로 평가하기 위해 전체적이면서도 지속적인 평가를 강조하는 수행평가의 일종으로, 아이들은 자신이 제작한 포트폴리오를 통하여 자신의 변화과정을 알 수 있고, 자신의 장점이나 약점, 성실성 여부, 잠재 가능성을 스스로 인식할 수 있다. 교사들은 아이의 과거와 현재의 상태를 쉽게 파악할 수 있을 뿐만 아니라 앞으로의 발전 방향에 대한 조언을 쉽게 할 수 있다.

◎ 포트폴리오 평가는 아이의 작품, 수행 결과, 기록물 등을 바탕으로 평가한다.

### (4) 면접 및 구술평가

면접은 평가자와 아이가 대화(질의와 응답)를 통하여 아이의 수학적 능력이나 이해 정도에 대한 자료와 정보를 수집하는 평가유형이다. 이 유형은 지필고사나 서류만으로는 알 수 없는 사항들을 알아낼 수 있는 방법이다.

◎ 면접은 평가자와 아이가 대화를 통하여 아이의 수학적 능력이나 이해 정도에 대한 자료와 정보를 수집하는 평가이다.

면접 및 구술 평가의 장점은 심도 있는 정보를 얻을 수 있으며, 사전에 예상할 수 없었던 정보나 자료를 얻을 수 있고, 평가 시 융통성을 발휘할 수 있다는 것이다. 면접은 아이들의 사고과정, 이해수준, 연결을 만드는 능력, 개념적 능력에 대한 이해를 얻기 위하여 관찰하고 질문하는 것을 포함한다. 그러나 모든 아이들을 정기적으로 평가하고 적절하게 기록하는데 시간과 노력이 많이 들고, 아이에 따라 편견을 가질 수 있는 단점이 있다.

면접 및 구술시험의 이용시에는 채점의 객관성을 확보하기 위하여 평가목표와 점검목록, 평가기준, 등급채점표를 사전에 정해야 하고, 아이들의 행동과 사고에 대한 자료의 기록 여부 및 아이들에게 등급을 어떻게 줄 것인가를 결정하고, 평가자는 평가 시 결과를 객관적으로 즉시 기록해야 한다. 그리고 아이들에게 편안하고 친근한 분위기(Rapport)를 형성해 주고, 시간적 여유를 갖도록 하고, 아이들이 무엇을 사고하고 행하는가를 분명히 나타낼 수 있도록 명확한 질문을 하며, 평가자의 태도(반응)는 중립적 입장을 취해야 한다.

### (5) 프로젝트

프로젝트는 주어진 과제에 대하여 무엇을 할 것인가에 대한 계획과 자료수집, 계획 실행, 결과 산출, 보고서 작성 등을 포함하는 하루 이상, 길게는 몇 주에 걸쳐 실시되는 평가유형이다. 아이들은 수행과제를 해결하기 위하여

◎ 프로젝트는 계획과 자료수집, 계획의 실행, 결과 산출, 보고서 작성 등을 포함하는 평가이다.

어떤 수학적 지식을 사용해야 하는지, 어떻게 접근을 해 가야 하는지, 필요한 자료는 무엇이고 어떻게 수집하고 해석할 것인지, 산출된 결과에 따라 어떻게 보고서를 작성할 것인가 등을 스스로 결정하여야 한다.

과제의 주제나 범위에 따라 개인적으로 할 수도 있으나, 주로 둘 이상의 그룹으로 실행되며, 특정한 주제 영역에 관한 장기적인 과제의 형태를 띤다. 프로젝트는 장기간에 걸친 다목적 과제로서 학기가 시작되거나, 새 연구가 시작될 때에 부과될 수 있다.

### (6) 실험 및 실습법

◎ 실험과 실습법은 교구나 자료를 사용하여 평가하는 것이다.

실험과 실습법은 교구나 자료를 사용하여 평가하는 것이다. 즉, 실험과 실습법은 구체물이나 학습교구 등 다양한 자료를 이용하여, 적절한 조작과 활동을 통하여 수행과제를 수학적으로 해석하고 설명하는 평가유형으로, 학습자의 지식이나 정보가 실생활에 활용되고 검증될 수 있는 유용한 평가도구이다. 이 유형은 주로 자연과학이나 예체능 분야의 평가방법으로 이용되어 왔으나, 수학에서도 유용한 평가유형이 될 수 있다. 특히 아이들은 통제되지 않은 자유로운 상황에서 구체적 조작 및 활동을 통하여 문제의 구조를 이해하고 다양한 해의 경로를 발견하여 스스로 문제해결 절차를 수행한다.

# 단원 탐구문제

1. 초등수학 평가의 문제점을 한 가지 들고, 이에 대한 해결 방안에 대해 논하시오.

2. 수학적 의사소통 능력을 평가하려고 한다. 분수 개념과 용어의 수업 후에 의사소통 능력을 평가할 수 있는 방법에 대하여 서술하시오.

3. 분석적 채점법과 전체적 채점법의 장점과 단점을 비교하여 설명하시오.

4. 수학교육 평가의 목적에 대하여 논하시오.

5. 다음 김교사의 수학 학습 평가 내용에 대한 설명으로 틀린 것으로 모두 고르면?

> '김교사는 분수의 덧셈을 지도한 후에 분수의 덧셈에 대한 학습 내용, 알게 된 점, 학습에 대한 느낌 등을 글로 써 오도록 하였다.'

① 2015 개정 교육과정에 따른 수학과 교육과정에서 강조한 자기평가를 실시하였다.
② 의사소통 능력과 표현 능력 평가를 위해 적절하다.
③ 수학과 목표에서 강조한 정의적 영역의 평가에 적절하다.
④ 응용적 수학화 과정의 일환으로 실시하였다.

6. 다음과 같은 문제를 이용하여 관찰법으로 아이의 문제해결 능력을 평가하려고 한다. 분석적 채점법으로 평가기준표를 작성하시오.

> **[문제]** 다음에 제시된 것들에서 공통적인 것과 다른 하나를 가능한 많이 찾아보시오.
>
> 4+2, 2+2+2, 8−2, 5+3, 7−2+1

7. 다음은 김교사가 수학 문제해결 수업을 진행하는 과정이다. 물음에 답하시오.

> **[문제]** 민수가 가지고 있는 30cm 막대기가 부러졌습니다. 부러진 막대를 서로 대어 보았더니 긴 쪽이 짧은 쪽보다 6cm 더 길었습니다. 긴 쪽의 막대의 길이는 몇 cm인지 알아보세요.
>
> - 활동1: 문제에 제시된 조건 알고 문제해결하기
> - 활동2: 조건을 변화시켜 새로운 문제 만들고 해결하기
> - 활동3: 소집단별로 문제해결에 대해 토론하기

(1) 영수는 긴 막대와 짧은 막대의 길이의 합이 30이 되는 경우를 표를 이용하여 문제를 해결하였다. 영수가 사용한 문제해결 전략의 장점을 쓰시오.

(2) 활동 3에서는 2015 개정 수학과 교육과정의 목표에 비추어 의사소통을 강조하는 수업으로 운영하고자 한다. 학습주제에 비추어 적절한 활동을 제시하시오.

(3) 김교사는 이 수업이 수학적 창의력 신장에 초점을 두고 문제해결 수업을 진행하고 있다. 이 수업에 비추어 수학적 창의력을 신장시킬 방안을 3가지 제시하시오.

8. 수학 수업에서 과정 중심 평가의 의의를 제시하고, 수업과 평가가 통합되어야 하는 주장에 부합하도록 과정 중심 평가 방안에 대해 쓰시오.

# 자연수 05

## 이 장을 시작하면서

수는 수학에서 다루는 대상 중에서 가장 기본이며, 우리 생활 속에서도 없어서는 안 될 중요한 수학 도구이다. 인류의 역사를 통해 물건이나 가축의 수에 대응하는 돌멩이를 놓기 시작할 때부터 수의 역사는 시작되었다고 볼 수 있다. 현재 사용하는 수는 700년경에 나타났다고 하는데, 생활 속에서 우리는 여러 가지 의미로 수를 사용한다. 따라서 어린 아이들이 수의 다양한 의미를 알고 상황에 적절하게 수를 읽고 사용하도록 하는 것은 수의 지도에서 중요하다. 다음 글에 제시된 수를 읽어 보고, 사용된 수의 의미가 어떻게 같고, 어떻게 다른지 이야기 해 보자.

- 나는 영화 관람권을 4장을 가지고 있어요.
- 나는 구슬을 12개 가지고 있습니다.
- 내 키는 173 cm입니다.
- 우유가 500 ㎖있습니다.
- 우리 집은 1102호입니다.
- 내가 좋아하는 야구선수의 등번호는 17번입니다.

## 5장

# 자연수

수는 수학에서 가장 기본이면서도 중요한 개념으로, 어린 아이들은 1, 2, 3, … 등을 세고 읽고 쓰는 것을 배우게 됩니다. 특히 수는 일류의 역사와 더불어 시작되어, 사냥한 가축의 수를 세기 위해 자연수를 사용하기 시작했습니다. 세계적으로 널리 사용되고 있는 인도-아리비아 숫자는 인도에서 유래하여 12세기경 아리비아 상인들에 의해 유럽으로 전해져 오늘날에 이르고 있습니다. 수는 자연수에서 0, 음수, 유리수, 무리수로 확장되어, 16세기에는 복소수가 도입되었습니다. 이 장에서는 수 개념 지도를 위해 필요한 수에 대한 배경 지식과 수의 지도  방법에 대해 알아보기로 합니다.

## 5-1 자연수 영역의 이해

### (1) 전 수개념

아이들은 수를 배우기 전에 일상에서 수를 경험하게 된다. 수는 어느 곳에나 있고, 어린 아이들도 다양한 수 경험을 하게 된다. 이러한 수 경험의 대부분은 수 자체에 의존하는 것이 아니며, 초기 수 개념 형성의 기초가 되고, 후에 수 기능의 발달을 위한 토대를 제공한다. 이를 전 수개념이라고 한다. 전 수개념 형성하도록 하기 위하여 교사는 분류, 규칙 탐구, 비교하기, 보존성, 묶음 등을 이용하도록 지원해야 한다(Reys, Suydam, Limdquist & Smith, 1998).

### 1) 분류

분류는 실세계에 대하여 학습하는데 기본적이고, 수와 더불어, 또는 수와 관계없이 행해질 수 있다. 예를 들어, 아이들은 수와 관계없이 여학생과 남학생 집단으로 분리할 수 있다. 그러나 분류 기능은 어떠한 유의미한 수적 활동에 대해서도 선결 요건이다. 학급에 여학생이 몇 명 있는지 알기를 원한다면 세기 전에 무엇을 셀 것인지 인식하여 알고 여학생을 분류할 수 있어야 한다. 다양한 구체물을 이용하여 나누어 보고 분류하는 기회를 가지는 것은 아이들의 분류와 사고 기능을 기르는데 도움이 된다.

◎ **교육과정 성취기준**
[2수05-01] 교실 및 생활 주변에 있는 사물들을 정해진 기준 또는 자신이 정한 기준으로 분류하여 개수를 세어보고, 기준에 따른 결과를 말할 수 있다.

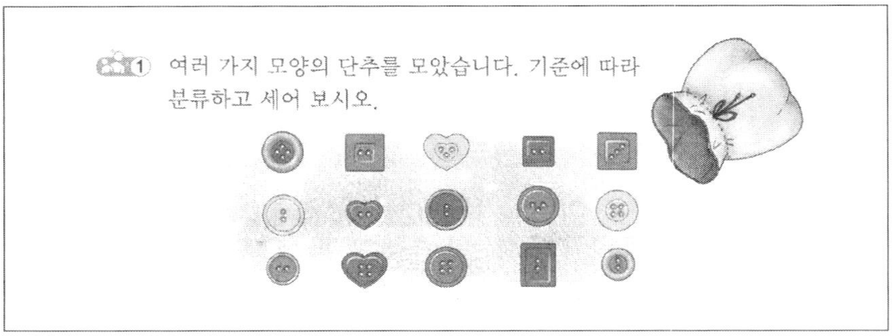


[그림 5-1] 사물의 분류

### 2) 규칙성

◎ **수학은 규칙성 탐구에 대한 학문이다.**

수학은 규칙성 탐구에 대한 학문이다. 규칙성은 기하학적 속성(모양, 성질), 관계적 속성(수열, 함수), 물리적 속성(색, 길이, 수), 또는 정서적 속성(좋아한다, 싫어한다)에 기초한다. 때로 규칙성은 여러 규칙성의 속성이 서로 결합하기도 한다. 예를 들어, 아이가 좋아하는 색의 목록은 물리적 속성(색)과 정서적 속성(좋아한다)에 관련된 규칙성을 제공한다. 규칙성은 저학년에서 수 감각, 순서 짓기, 수 세기, 수열에 대한 아이의 발달을 돕는다.

### 3) 비교

◎ **비교는 수 세기의 중요한 단계이고, 수 인식의 발달에도 필수적이다.**

비교는 수 세기의 중요한 단계이고, 수 인식의 발달에도 필수적이다. 아이들은 교실에서 자료를 사용하여 비교의 기회를 가질 수 있다. 수 세기는 접시 위에 놓인 과자를 비교할 때 사용될 수 있다. 만일 과자가 일렬로 배열되어 있다면 직접 비교할 수 있고, 수를 세지 않고도 질문에 답할 수 있다. 비교를 할 때 아이들은 중요한 속성과 관련 없는 속성을 구별할 수 있어야 한다.

#### 4) 보존성

수개념을 갖기 위해서는 한 집합의 원소의 배열을 바꾸더라도 주어진 수가 변하지 않는다는 수의 보존 현상을 이해해야 한다. 따라서 의미 있는 수개념을 가지도록 하기 위하여 수 보존성이 결여되었는가를 알 필요가 있다.

◎ 한 집합의 원소의 배열을 바꾸더라도 주어진 수가 변하지 않는다는 수의 보존 현상을 이해해야 한다.

보존 현상은 피아제에 의해 기술되었고, 많은 연구의 주제가 되었다. 5세 또는 6세 이전의 아이는 수의 보존성을 이해하기가 어렵다고 한다. 이 나이에 이를 때까지 아이는 한 집합 내에서 사물을 움직이는 것이 사물의 개수에 영향을 끼치지 못한다는 것을 깨닫지 못한다.

☆ ☆ ☆ ☆ ☆

☆　☆　☆　☆　☆

#### 5) 묶음

연구 결과에 의하면, 대부분의 아이들은 학교에 들어가기 전에 수세기 기능을 사용하지 않고 단지 보는 것만으로 세 개 이하의 양을 인식할 수 있다고 한다. 대상을 묶음으로 인식하는 것은 여러 가지 이유에서 수개념 형성에 도움을 준다.

◎ 대상을 묶음으로 인식하는 것은 수개념 형성에 도움을 준다.

① 시간을 절약한다. 작은 묶음으로 수를 인식하는 것은 그 묶음에 속하는 낱개를 일일이 세는 것보다 훨씬 더 빠르다.

② 수에 대한 강력한 아이디어의 기초이다. 작은 묶음의 이름을 부를 수 있는 아이는 3이 2보다 크고, 1이 4보다 작다는 순서 관계를 조기에 안다는 증거를 보여 준다. 어떤 아이는 3이 2의 묶음과 1의 묶음으로 되어 있다는 것까지도 알아낼 수 있다.

③ 더 복잡한 수세기 기능을 발달시킨다. 작은 묶음에 있는 수를 인식하는 아이는 그때부터 세기를 더 빨리 시작할 수 있다.

④ 덧셈과 뺄셈의 발달을 가속화한다. 이러한 연산과 관련된 초기 활동은 사물의 조작과 관련되어 있다. 작은 묶음으로 양을 인식할 수 있는 것은 결합되거나 분리된 작은 양의 수 세기에 대한 부담에서 아이를 자유롭게 하고, 그들로 하여금 연산 활동에 집중하게 한다.

작은 묶음을 인식하는 것은 큰 묶음을 세는 데 유력한 보조 수단이 된다.

아이들이 성장함에 따라 양을 인식하는 능력은 계속 발달하지만 여전히 매우 제한적이다. 6 또는 8개 이상을 묶었을 때, 성인들도 이를 시각적으로 단번에 인식하기는 어렵다. 수를 세거나 몇 개의 부분집합으로 만들지 않은 채, 더 큰 묶음을 인식하는 것은 훨씬 더 어렵다. 그럼에도 불구하고, 작은 묶음을 인식하는 것은 큰 묶음을 세는 데 유력한 보조 수단이 된다.

### (2) 수와 숫자

수와 숫자

수는 일상생활의 필요성과 수학에서 중요성 때문에 아이들이 제일 먼저 배우게 되는 개념이다. 특히 학교에 들어오기 전에 아이들은 가정이나 사회에서 경험적으로, 비형식으로, 직관적으로 수를 배운다.

3은 어떤 의미인가? 아래 그림에서 아이들은 물건의 종류, 모양, 크기, 색깔 등과 관계없이 그 개수만을 비교하고 그 개수가 같다는 것을 추상하게 되는데, 이것이 추상화된 수개념으로 셋이다. 이와 같이 양을 나타내는 아이디어 또는 추상을 수(number)라 한다.

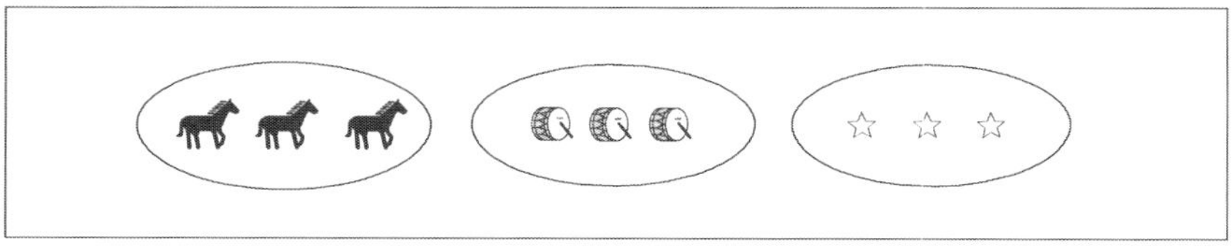

[그림 5-2] 수 3

한편, 아이에게 세 개의 사과를 보이고 이를 기호로 나타내도록 하면, 아이들의 수준에 따라 손가락 세 개를 보이거나 3, Ⅲ, 三 등과 같은 기호를 제시할 것이다. 이와 같이 추상적인 양의 크기인 수를 나타내는 기호를 숫자(numeral)라 한다.

우리가 사용하고 있는 자연수에는 여러 가지 의미가 있다. '이번 시험에서 우리 반 35명 중 2등을 했다.'라고 할 때 수 35와 2는 그 의미가 다르다. 일반적으로 자연수의 의미로는 집합수(cardinal number), 순서수(ordinal number), 명칭수(nominal number)가 있다.

집합수는 어느 집합에 속하는 원소의 개수를 말한다. 집합수를 지도할 때에는 사물의 개수를 셀 때 사물 하나하나에 수를 부여하도록 하고, 여러 가지 방향으로 세도록 하며, 빠트리지 않고 세도록 해야 한다. 그리고 세어지는 마지막 대상이 집합수가 아니라 세는 대상 전체에 속하는 원소의 개수임을 알려 주도록 한다.

순서수는 사물을 특정 관점에 따라 늘여 놓았을 때 그 차례를 나타내는 수이며, 명칭수는 사물의 이름 대신 사용하는 수를 말한다.

**[예]** '우리 반 학생 수는 35명이다.'에서 35는 집합수이다.
'내가 3 번째로 등교했어.'에서 3은 순서수이다.
'우리 집은 105동 906호야.'에서 105와 906은 명칭수이다.

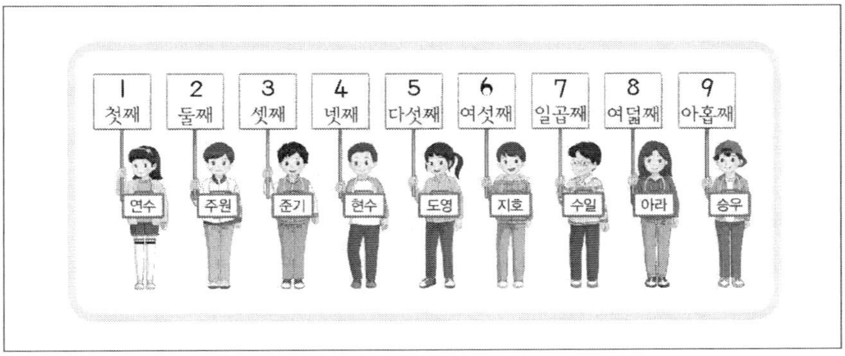


[그림 5-3] 순서수(교육부, 2017a, p. 18)

> ◎ **교육과정 성취기준**
> [2수01-01] 0과 100까지의 수 개념을 이해하고, 수를 세고 읽고 쓸 수 있다.

### (3) 수세기와 수감각

수세기란 아이들이 이름으로 수 값을 부르는 복잡한 과정이다. 수세기 과정을 세밀히 살펴보면 얼마나 많은 사물이 있는가를 아는 데에는 두 가지의 서로 다른 활동이 관련되어 있다는 것을 알 수 있다. 아이는 '하나'에서부터 시작해서 수의 이름을 순서대로 말해야 하는데, 각 수의 이름을 부를 때마다 다른 사물을 지적해야 한다.

> ◎ **수세기란 아이들이 이름으로 수 값을 부르는 것이다.**

아이를 관찰해 보면 수세기 전략이 얼마나 다양한지, 그리고 수년간 계속해서 발달해 가는 과정을 알 수 있다. 수세기 과정의 네 가지 중요 원리는 다음과 같다.

① 1:1 대응의 원리: 세어지는 각 대상에는 단지 하나의 수 이름이 할당되어야만 한다. 대상과 수 이름 사이에 일대일 대응이 성립된다.

② 고정된 순서의 원리: 수 이름 목록은 사물이 세어질 때마다 고정된

순서로 사용되어야만 한다.

③ 무순서의 원리: 사물이 세어지는 순서는 문제가 되지 않는다(이것은 순서와 관계없는 규칙으로 알려져 있다). 어떠한 순서로든지 그들을 셀 수 있다.

④ 기수의 원리: 마지막으로 사용된 수 이름이 대상의 개수이다. 이 원리는 집합수의 법칙으로 수세기를 몇 개인가와 연결 짓는다. 어떤 블록이 처음으로 세어지는지, 또는 어떤 순서로 세어지든지 관계없이 마지막 블록에 지정된 것이 해당 개수가 된다.

◎ 수감각은 수에 대한 직관적 느낌을 의미하며, 다양하게 수를 사용하고 해석할 수 있는 능력을 나타낸다.

수감각은 수에 대한 직관적 느낌을 의미하며, 다양하게 수를 사용하고 해석할 수 있는 능력을 나타낸다. 또한 수감각은 정확하고 효율적으로 계산하고, 실수를 감지하고, 합리적으로 결과를 인지하는 능력을 포함한다. NCTM의 Curriculum and Evaluation Standards for School Mathematics(1989, p. 38)에서는 훌륭한 수감각을 가진 아이는 다음과 같은 특징을 나타낸다고 하였다.

• 수의 의미를 분명히 이해한다.
• 수들 사이의 여러 가지 관계가 발달한다.
• 수의 상대적 크기를 인식한다.
• 수에 작용하는 연산의 상대적 효과를 안다.
• 주변의 일상적 사물과 상황의 측정을 위해서 기준을 개발한다.

**탐구활동**

선분 AB와 그 위에 임의로 선택된 점 C를 생각하자. 선분 AB를 이등분하고, 다시 각각을 이등분하자. 같은 방법으로 나누기를 계속하자. 나누어진 점들 중 하나가 정확히 점 C에 일치될 수 있는가?

### (4) 기수법

◎ 임의의 수를 일정한 숫자나 기호로 나타내는 방법을 기수법이라고 한다.

임의의 수를 일정한 숫자나 기호로 나타내는 방법을 기수법이라고 한다. 기수법에는 로마 숫자와 같이 수의 자리가 어디에 있든, 언제나 같은 수를 의미하는 절대적 기수법과 인도-아라비아 숫자와 같이, 수가 어느 자리에 있는가에 따라 그 크기가 달라지는 위치적 기수법이 있다.

기수법 중에서 가장 원시적인 방법은 덧셈의 원리에 의한 기수법이다. 이것을 가법적 기수법이라 하는데, 대표적인 것은 로마기수법이다. 또한 곱셈 원리에 의한 기수법(더 정확히 말하면 덧셈과 곱셈의 원리를 이용)의 예로는 한 숫자(漢 數字)가 있다. 이에 비해 아라비아 숫자는 그 수가 어느 자리에 있는가에 따라 그 크기가 달라지지만, 위의 두 기수법으로 나타내어지는 숫자는 자리가 어디에 있든 언제나 같은 수를 의미한다.

> 가법적 기수법
> 승법적 기수법
> 위치적 기수법

십진기수법 체계는 다음과 같은 특징을 가진다.

> 교육과정 성취기준
> [2수01-02] 일, 십, 백, 천의 자릿값과 위치적 기수법을 이해하고, 네 자리 이하의 수를 읽고 쓸 수 있다.

① 자릿값: 숫자의 위치는 그 값을 나타낸다. 예컨대, 23에서 2는 '이십'을 나타내며, '이'를 뜻하는 32에서의 2와는 다른 수학적 의미를 갖는다.

② 십진법의 밑: '밑'이라는 용어는 모임을 의미하는데, 우리의 수 체계에서는 10이 새로운 모임을 결정한다. 우리의 수 체계는 0에서 9까지 10개의 숫자를 갖는다.

③ 0의 사용: 아무 것도 없음을 상징적으로 나타내는 영을 나타내는 기호가 존재한다. 예컨대, 309는 백과 일은 있지만 십은 없음을 나타낸다.

④ 가법성: 수를 자릿값에 대해 더할 수 있다. 예컨대, 123은 100+20+3이라는 수의 이름이다.

**수학산책**

5-6세기경 보에티우스는 '수론'이라는 책을 썼는데, 수에 신비성을 부여하여 1은 신, 2는 선과 악, 3은 삼위일체를 의미한다고 하였다. 신이 창조한 것은 6일 동안 이루어졌고, 6의 약수는 1, 2, 3으로 이들의 합은 6으로 완전수이다. 노아의 홍수 때 방주에 들어간 사람은 노아 부부와 세 아들 부부를 합하여 8명인데, 8의 약수는 1, 2, 4로 이들의 합은 7로 8보다 작으므로 부족수이고, 이때부터 인간은 부족한 존재가 된 것이다.

한편, 옛날에 이용되었던 수를 나타내는 숫자와 현재 이용되는 기수법에는 다음과 같은 것들이 있다.

### 1) 이집트 숫자

B. C. 2500년경에서 600년경 사이에 이집트와 바빌로니아(메소포타미아)

에는 수학이 존재하였다. 이집트인들은 물건의 개수를 셀 때 작은 돌을 사용하여, 물건 하나에 돌 하나씩을 대응시켜 10개씩 모아지면 한 단위를 올리는 십진법을 사용하였다. 십진법을 사용하게 된 이유는 인간의 손가락이 10개라는 데 있다. 이집트인들은 숫자를 파피루스라는 갈대로 만든 종이에 나타내었다.

◎ 이집트의 숫자는 가장 원시적인 기수법인 가법적 기수법을 사용한다.

이집트의 숫자는 가장 원시적인 기수법인 가법적 기수법을 사용하는데, 이는 기록된 수의 합으로 해석하는 기수법으로, 고대 이집트의 상형문자식 기수법이 이에 속한다. 이집트의 숫자의 특징은 완전하지는 않지만 십진기수법 체계를 이루고 있고, 자릿값(place value) 개념이나 0에 관한 관념이 없고 반복의 원리와 덧셈의 원리가 있다. 가법적 기수법의 가장 큰 결점은 큰 수를 표현할 때 많은 개수의 숫자를 기록해야 하는 불편함이 있다.

$$1436 = 1(10^3)+4(10^2)+3(10)+6$$

[그림 5-4] 수 1436의 고대 이집트 숫자 표현

### 2) 로마 숫자

로마 숫자는 밑수를 10으로 하였는데, 1, 10, 100, 1000에 대한 기본적인 기호인 I, X, C, M 이외에도 5, 50, 500에 대하여 V, L, D가 추가로 제시되어 있다. 또한 작은 단위의 기호를 보다 큰 단위에 대한 기호 앞에 놓아, 그 단위의 차로 나타내는 뺄셈 원리가 이용되기도 하였다.

이 숫자들의 짜임은 다음과 같다.

Ⅰ=1, Ⅱ=2, Ⅲ=3, Ⅳ=4=5−1, Ⅴ=5, Ⅵ=6=5+1, Ⅶ=7=5+2,
Ⅷ=8=5+3, Ⅸ=9=10−1, Ⅹ=10, L=50, D=500, XL=40,
CD=400, C=100, M=1000, XC=90, CM=900

### 3) 중국 숫자

중국의 숫자인 한 숫자(漢 數字)는 위치적 십진기수법에 가까운 기수법으로 다음과 같다.

一, 二, 三, 四, 五, 六, 七, 八, 九, 十, 千, 萬, 十萬, 百萬, 千萬, 億, 十億, 百億, 千億, 兆 …

○ 한 숫자는 가법의 원리와 승법의 원리가 적용된다.

한 숫자의 성질도 자릿값의 원리나 0에 의한 자리잡기의 원리 등이 없다. 이는 로마 숫자, 이집트 숫자와 거의 비슷하나, 반복의 원리와 가법의 원리가 있으며 동시에 승법의 원리가 적용된다. 즉, 가법적 기수법에다 배(倍) 개념을 도입한 것이다.

1983 = 一千 九百 八十 三

= 1×1000 + 9×100 + 8×10 + 3(가법·승법의 원리)

6752는 한 숫자로 六千七百五十二로 나타내는데, 六千은 六과 千이 아니고, 六의 千배, 즉 6×1000을 나타내는 것이다. 七百도 七과 百이 아니라 7×100을 뜻한다.

### 4) 위치적 기수법

우리가 사용하는 아라비아 숫자와 같이, 위치에 따라 숫자가 나타내는 값이 달라지는 기수법을 '위치적 기수법'이라고 한다. 이것은 천, 백, 십, 일 등의 묶음을 나타내는 독자적인 기호를 쓰지 않고, 숫자가 놓인 위치에 따라 자릿값을 나타내는 것이 특징이다.

○ 위치적 기수법은 위치에 따라 숫자가 나타내는 자릿값이 달라지는 기수법이다.

| 4 | 3 | 6 | 8 |
|---|---|---|---|
| ↑ | ↑ | ↑ | ↑ |
| 천의 자리 | 백의 자리 | 십의 자리 | 일의 자리 |

우리가 사용하는 기수법이 자릿값의 원리를 쓸 수 있게 된 데는 빈 자리를 나타내는 기호인 0이 결정적인 역할을 하였다.

### (5) 명수법

◎ 명수법은 기수법에서 수의 계열에 수의 이름을 붙여주는 방법을 말한다.

명수법은 기수법에서 수의 계열에 수의 이름(number name)을 붙여주는 방법을 말한다. 따라서 수는 양의 크기를 말하고, 숫자는 수의 크기를 기호로 나타낸 것을 뜻하며, 수사는 수의 이름을 불러주는 언어적 표현이다. 수를 읽을 때에 천진법과 만진법(萬進法)은 큰 수를 셀 때 1천 또는 1만을 단위로 하여 세는 방법을 말한다. 수를 읽을 때 우리나라와 일본, 중국은 만진법을 채택하고 있으며, 유럽과 미국 등에서는 천진법(千進法)을 사용한다.

| 숫자 | | 1 | 2 | 3 | 4 | 5 | 6 | 7 | 8 | 9 | 10 | 11 | 12 | 13 |
|---|---|---|---|---|---|---|---|---|---|---|---|---|---|---|
| 한국 | | 일 | 이 | 삼 | 사 | 오 | 육 | 칠 | 팔 | 구 | 십 | 십일 | 십이 | 십삼 |
| | | 하나 | 둘 | 셋 | 넷 | 다섯 | 여섯 | 일곱 | 여덟 | 아홉 | 열 | 열하나 | 열둘 | 열셋 |
| 미국 | | one | two | three | four | five | six | seven | eight | nine | ten | eleven | twelve | thirteen |

우리나라의 경우에 일상생활에서 수를 읽을 때 우리말로 읽는 경우와 한자로 읽는 경우가 있으며, 100이상의 수에서는 우리말과 한자를 섞어서 읽는다. 세는 대상이 이산량인 경우에는 하나, 둘, 셋, …과 같이 우리말로 읽는다. 예를 들어, 종이 3장은 종이 '세 장'이고, 사과 65개는 사과 '예순 다섯 개'다. 그러나 세는 대상이 연속량이거나 명칭수인 경우에는 한자말로 읽는다. 예를 들어, 몸무게 45kg은 '사십오kg,' 아파트 906호는 아파트 '구백육호'이다. '243번'에서 번이 횟수를 나타내면 '이백마흔셋'으로 번호를 뜻하는 경우라면 '이백사십삼'으로 읽는다. 시간의 경우에는 한 시간, 한 시 등과 같이 우리말로 읽는다. 그렇지만 100이상의 이산량은 사과 235개를 사과 이백서른다섯 개와 같이 한자와 우리말을 섞어서 읽는다.

## 5-2 0과 자연수의 지도 방법

1~2학년군에서는 네 자리 수 이하의 수를 다룬다. 3~4학년군에서는 다섯 자리 이상의 수를 다룬다. 5~6학년군에서는 약수와 배수를 다룬다. 각 학년별 상세한 지도 내용과 방법은 다음과 같다(교육부, 2015a).

| 영역 | 핵심 개념 | 일반화된 지식 | 학년(군)별 내용 요소 | | |
|---|---|---|---|---|---|
| | | | 1~2학년 | 3~4학년 | 5~6학년 |
| 수와 연산 | 수의 체계 | 수는 사물의 개수와 양을 나타내기 위해 발생했으며, 자연수, 분수, 소수가 사용된다. | 네 자리 이하의 수 | 다섯 자리 이상의 수 | 약수와 배수 |

☆참고: 2009 개정 수학과 교육과정의 수 영역 내용(교육과학기술부, 2011)

| 영역 \ 학년 | 1~2학년군 | 3~4학년군 | 5~6학년군 |
|---|---|---|---|
| 지도 내용 | 네 자리 이하의 수 | 다섯 자리 이상의 수 | 약수와 배수 |
| 용어와 기호 | 짝수, 홀수, >, < | 자연수 | 약수, 배수, 공약수, 최대공약수, 공배수, 최소공배수 |

## (1) 자연수의 지도 방법

**성취기준**

[2수01-01] 0과 100까지의 수 개념을 이해하고, 수를 세고 읽고 쓸 수 있다.
[2수01-02] 일, 십, 백, 천의 자릿값과 위치적 기수법을 이해하고, 네 자리 이하의 수를 읽고 쓸 수 있다.
[2수01-03] 네 자리 이하의 수의 범위에서 수의 계열을 이해하고, 수의 크기를 비교할 수 있다.

**[해설]** 자연수를 지도할 때는 아이들이 학교에 입학하기 전부터 수를 접하고 수 세기 활동을 경험한 것을 바탕으로 수를 형식화하고 확장할 수 있게 한다. 100은 90보다 10 큰수로 도입한 것을 바탕으로, 집합수인 10개씩 10묶음인 수로 도입한다. 이외에도 1이 100인 수, 99보다 1 큰 수, 여러 가지 방법으로 표현하게 하여 수 감각을 개발하도록 한다. 마찬가지로 세 자리 수, 네 자리 수에 대해서도 같은 방법으로 도입하고 지도하도록 한다.

◎ 아이들은 학교에 입학하기 전부터 실생활에서 수를 접하고 수 세기 활동을 경험한다.

수가 커짐에 따라 각 자릿값과 위치적 기수법을 이해하여야 하며, 0의 의미는 중요하다. 처음에 0은 '아무 것도 없음'을 의미하는데, 이것은 사물을 하나씩 덜어내는 활동을 통하여 도입한다. 수를 읽는 방법은 하나, 둘, 셋, …과 같이 고유어 수사를 사용하는 명수법과 일, 이, 삼, …과 같이 한자어 수사를 사용하는 명수법이 있다.

구체물을 이용하여 낱개가 10이면 10개씩 묶음을 만들고, 10개씩 묶음이

10이면 100개씩 묶음을 만드는 활동을 통하여 세 자리 수의 위치적 기수법과 자릿값을 이해하게 한다.

구체물이나 수 배열표, 수직선 등을 이용하여 차례로 세어보기, 10씩 뛰어 세기, 100씩 뛰어 세기, 1000씩 뛰어 세기를 통하여 수의 계열을 이해하고 수의 크기를 비교하여 이를 부등호로 나타내게 한다. 수의 크기를 비교한 결과는 '~와 같다', '~보다 크다', '~보다 작다'로 표현하고, 등호(=)나 부등호(<, >)로 나타내게 한다.

### □1~2학년군 교육과정 상의 유의사항

(가) 학습 요소

- 짝수, 홀수, =, >, <

(나) 교수·학습 방법 및 유의 사항

- 자연수가 개수, 순서, 이름 등을 나타내는 경우가 있음을 알고, 실생활에서 수가 쓰이는 사례를 통하여 수의 필요성을 인식하게 한다.
- 수 세기가 필요한 장면에서 묶어 세기, 뛰어 세기의 방법으로 수를 세어 보고, 실생활 장면에서 짝수와 홀수를 직관적으로 이해하게 한다.
- 두 자리 수를 10개씩 묶음과 낱개로 나타내게 함으로써 위치적 기수법의 기초 개념을 형성하게 한다.

**[지도 방법]** 자연수는 집합의 양을 비교하거나(집합수), 사건의 순서를 정하고(순서수), 주민등록번호나 운동선수의 등 번호와 같이 물체에 고유 번호를 부여하여 분류하거나 구별하기 위하여(명칭수) 이용된다. 자연수는 상대방과 의사소통을 하거나, 양을 측정하기 위하여 사용한다.

**자연수는 아이들이 장차 배우게 될 분수, 소수, 유리수, 무리수, 실수, 복소수 개념을 형성하는데 기본이 되기 때문에 배워야 한다.**

자연수는 아이들이 장차 배우게 될 분수, 소수, 유리수, 무리수, 실수, 복소수 개념을 형성하는데 기본이 되기 때문에 배워야 한다. 또한 자연수는 사칙계산의 구성 요소가 된다. 수를 합성하고 분해하는 것은 자연수의 덧셈, 뺄셈과 관계가 있다. 수의 발달에서 0의 발견으로 큰 수를 표현할 수 있게 되었으며, 수의 완전하고 계통적인 발전을 이루게 되었다. 따라서 자연수의 학습은 장차 아이들이 수를 체계적으로 배우고 익히는데 기본이 된다.

초기의 수는 집합수의 개념에서 순서수로 도입하고 있다. 수를 배울 때는 수를 나타내는 물건의 집합, 그 수를 나타내는 언어인 수사, 그 수를 나타내는 기호인 숫자의 세 가지가 바르게 결합되어 해석되어야 한다. 따라서 수의 초기 도입 단계에서는 집합, 수사, 숫자의 개념이 다음 그림과 같이 서로 관련지어 이해할 수 있도록 동시에 지도해야 한다.

수의 초기 도입은 집합수의 개념에서 순서수로 도입하고 있다.

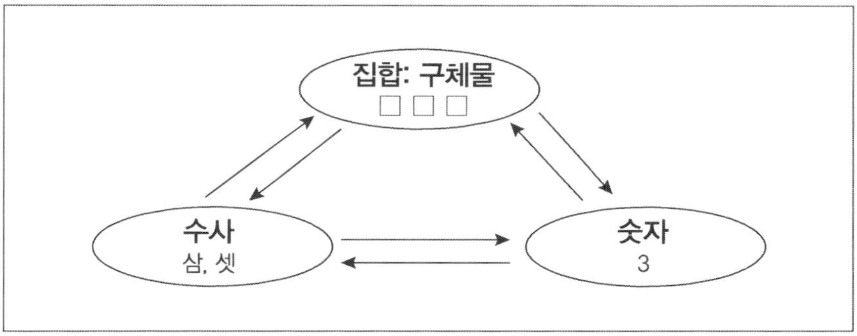


[그림 5-5] 수의 지도 방법

자연수는 1에서 9까지 먼저 지도하고, 0을 지도한다. 먼저, 개수가 같은 여러 집합에서 일대일의 방법으로 자연수를 추상화한다. 이 과정에서 수 개념을 형성하기 위한 학습 활동으로는 다음과 같은 것이 있다.

- 구체물을 세고, 수를 읽고, 써 보도록 하기
- 수만큼 그림이나 구체물로 표현하기
- 수를 합성하고 분해하기
- 수 계열 익히기
- 수의 크기 비교

수를 지도할 때는 수 자체에 대한 학습보다도 그 수에 대한 여러 가지 성질을 탐구하도록 하여 수 감각을 기르도록 해야 한다.

**(예 1)** 다음과 같이 구체물–반구체물–수로 연결하여 수의 개념을 파악하고 표현한다.

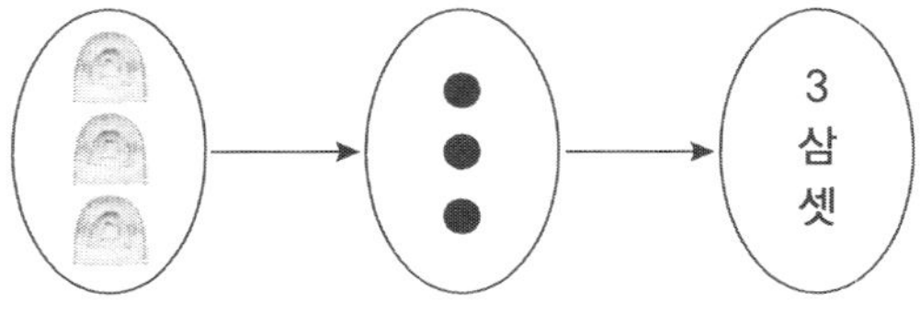


◎ 0에는 '아무 것도 없음'과 '자리지기'로서의 의미가 있다.

0은 공집합 ∅의 집합수에 해당한다. 그러나 아무것도 없는 수로 인정하여 공집합으로 지도하기는 어렵다. 따라서 구체물을 가지고 한 수에서 시작하여 점차로 하나씩 없애는 활동을 통하여 지도한다. 0에는 '아무 것도 없음'과 '자리지기'로서의 의미가 있다.

◎ **교육과정 성취기준**
[2수01-01] 0과 100까지의 수 개념을 이해하고, 수를 세고 읽고 쓸 수 있다.

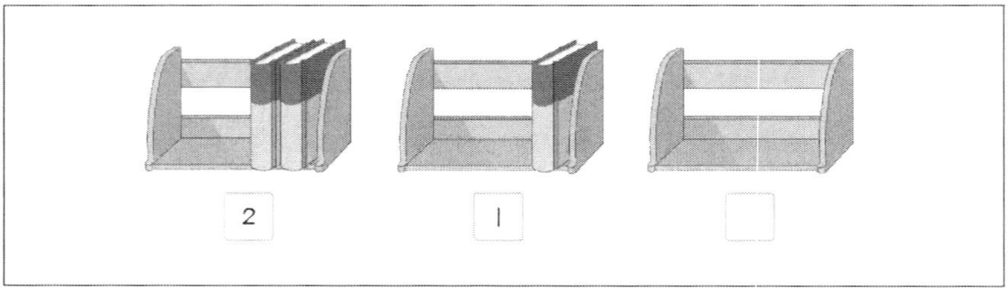


[그림 5-6] 교과서의 0의 지도(교육부, 2017a, p. 24)

10과 그 이상의 수를 학습하기 위하여 '10이 되면 묶는다.'는 십진기수법의 원리를 알아야 한다. 십진기수법의 원리를 이해하기 위해서는 묶어 보는 활동이 중요하다. 묶어서 세면 쉽고 편리하게 셀 수 있다는 것을 인식시키기 위하여 흩어져 있는 대상을 세는 것과 10개와 낱개로 이루어진 대상을 세어 보도록 한다. 그리고 다음 그림과 같이 묶음과 낱개를 구분하여 표현하도록 한다.

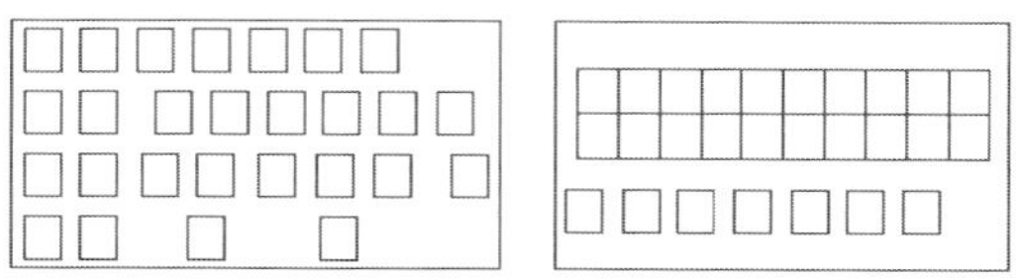

| 10개를 짜리 묶음 | 낱개 |
|---|---|
| 2 | 7 |

⇒27

수의 학습에서 구체물은 수의 계열이나 크기 비교에 관한 원리를 파악하기에 용이하다. 그리고 모의화폐는 구체물보다 더 추상화 된 것으로, 모의화폐를 이용하면 수에 대한 영상적 이미지를 갖게 되어 수의 학습에 쉽고 빠르게 적응할 수 있게 된다.

수의 크기 비교는 수세기를 바탕으로 한다. 아래 그림과 같이 두 모임 중에서 어느 것이 많은지를 알아보기 위하여 수를 센다. 양을 말할 때는 '많다', '적다'라고 하지만, 수의 크기를 비교할 때에는 '크다', '작다'라고 하고, 이를 기호로 〉, 〈으로 나타낸다는 것을 알도록 지도한다.

◎ **수의 크기 비교는 수세기를 바탕으로 한다.**

☆ ☆　　　　☆ ☆
☆ ☆　　　　 ☆ ☆
 ☆　　　　　☆ ☆

**다섯**　　　　**여섯**
5　　　　　　6

수의 지도는 이전 학년에 학습한 수에 대한 이해를 바탕으로 수의 범위를 확장해 간다. 일반적으로 수의 지도 단원의 학습 계열을 세 자리 수의 지도를 예로 제시하면 다음과 같은 절차를 따른다.

- 백의 도입: 90보다 10 큰 수, 10이 10개인 수, 99보다 1 큰 수
- 몇 백의 이해: 100개씩 묶어 세기, 몇 백을 읽고 쓰기
- 세 자리 수의 이해: 십진기수법의 원리 이해, 세 자리 수를 읽고 쓰기
- 자릿값 알기: 각 자리의 숫자가 나타내는 값 이해
- 뛰어세기: 세 자리 수의 계열 알기, 999 다음의 수로서 1000알기
- 세 자리 수의 크기 비교

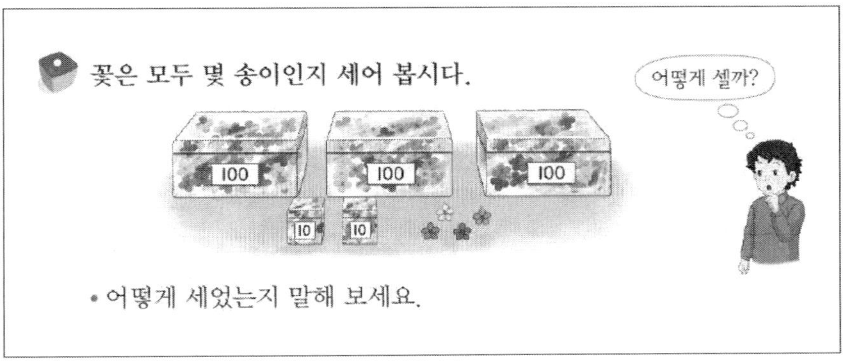


[그림 5-7] 세 자리수의 지도(교육부, 2017c, p. 14)

◎ **교육과정 성취기준**
[2수01-02] 일, 십, 백, 천의 자릿값과 위치적 기수법을 이해하고, 네 자리 이하의 수를 읽고 쓸 수 있다.

### (2) 큰 수의 지도 방법

**성취기준**

[4수01-01] 10000이상의 큰 수에 대한 자릿값과 위치적 기수법을 이해하고, 수를 읽고 쓸 수 있다.
[4수01-02] 다섯 자리 이상의 수의 범위에서 수의 계열을 이해하고 수의 크기를 비교할 수 있다.

**[해설]** 다섯 자리 이상의 수에서는 이전 학년에서 학습한 자연수에 대한 이해를 바탕으로 만, 억, 조까지의 수에 대한 위치적 기수법과 자릿값의 원리를 이해하고 명수법을 익혀 수를 읽고 쓰며 십진법의 전개식으로 나타낼 수 있게 한다. 10000 이상의 수를 기계적으로 읽고 쓰는 데 중점을 두기보다는 수 감각 개발에 중점을 두어 실생활에서 이러한 수들이 사용되는 경우를 찾아봄으로써 큰 수에 대한 양감을 기를 수 있게 한다.

**□ 3~4학년군 교육과정 상의 유의사항**

(가) 교수·학습 방법 및 유의 사항

- 실생활에서 10000 이상의 큰 수가 쓰이는 경우를 찾고 큰 수와 관련하여 이야기하는 활동을 통하여 큰 수에 대한 양감을 기르고 필요성을 인식하게 한다.
- 10000 이상의 수를 비교하면서 수의 크기를 비교하는 방법을 찾아 설명하게 한다.

(나) 평가 방법 및 유의 사항

- 다섯 자리 이상의 수에 대해 평가를 할 때에는 수를 읽고 쓰는 것뿐만 아니라 수에 대한 양감과 필요성을 인식하게 할 수 있는 문제를 다룬다.

◎ 큰 수의 지도는 십진기수법에 의한 자리잡기의 원리를 이용하여 확장하도록 한다.

**[지도 방법]** 10000 이상의 큰 수는 구체물로 나타내기가 어렵기 때문에 네 자리 수의 개념을 바탕으로 십진기수법에 의한 자리잡기의 원리를 이용하여 확장하도록 한다. 즉, 1000이상의 큰 수를 학습할 수준이면 십진기수법의 원리나 기본 개념을 어느 정도 이해했다고 볼 수 있고, 10000 이상의 큰

수는 구체물로 나타내기가 어렵기 때문에 비비례적 모델을 이용하거나, 네 자리 수의 개념을 바탕으로 십진기수법에 의한 자리잡기의 원리를 이용하여 확장하도록 한다. 즉, 1000이 10이면 10000이고, 10000은 9999보다 1 큰 수, 9900보다 100 큰 수 등으로 10000을 도입한다. 그리고 10000이 5개이면 50000, 8개이면 80000 등으로 학습한다.

우리나라의 명수법 체계는 일, 십, 백, 천이 기본이 되어 되풀이 되며, 4자리마다 새로운 단위가 도입된다. 따라서 4자리마다 끊어 읽거나 쓰면 편리하다.

3 4 5 4 7 5 3 3 4 5 2 ⇒ 3 4 5 4 7 5 3 3 4 5 2
억 만 일

○ 교육과정 성취기준
[4수01-01] 10000 이상의 큰 수에 대한 자릿값과 위치적 기수법을 이해하고, 수를 읽고 쓸 수 있다.

조를 알아봅시다.

- 1000억이 10개인 수를 알아보세요.

1000억이 10개인 수를 1000000000000 또는 1조라 쓰고, 조 또는 일조라고 읽습니다.
1조가 2348개이면 2348000000000000 또는 2348조라 쓰고, 이천삼백사십팔조라고 읽습니다.

- 2348000000000000는 얼마만큼의 수인지 알아보세요.

| 2 | 3 | 4 | 8 | 0 | 0 | 0 | 0 | 0 | 0 | 0 | 0 | 0 | 0 | 0 | 0 |
|---|---|---|---|---|---|---|---|---|---|---|---|---|---|---|---|
| 천 | 백 | 십 | 일 | 천 | 백 | 십 | 일 | 천 | 백 | 십 | 일 | 천 | 백 | 십 | 일 |
| | | | 조 | | | | 억 | | | | 만 | | | | 일 |

[그림 5-8] 조의 지도(교육부, 2018c, p. 18)

수를 학습할 때는 다양한 모델을 이용하는데 모델은 수 개념을 형성하는 데 도움을 준다. 모델에는 비례적 모델(proportional model)과 비비례적 모델(non-proportional model)이 있다. 비례적 모델로는 산가지처럼 분리형과 퀴즈네어 막대처럼 고정형이 있다. 분리형에서는 한 개씩 분리되어 있어 10이 되면 묶거나, 묶음을 풀어 낱개로 만든다. 묶어서 받아올림이나 받아내림을 하는 것을 다시묶기(regrouping)라고 한다. 그렇지만 고정형은 10이 되면 10을 나타내는 모델과 교환하고, 10모델을 낱개 10개와 바꾸는 교환(trading)을

○ 모델에는 비례적 모델(proportional model)과 비비례적 모델(non-proportional model)이 있다.

해야 한다. 십진기수법으로 나타내어지는 수를 나타내기 위한 비례적 모델로 수 모형을 주로 이용하는데, 수 모형은 낱개 모형, 십 모형, 백 모형, 천 모형 등으로 구성되어 있다.

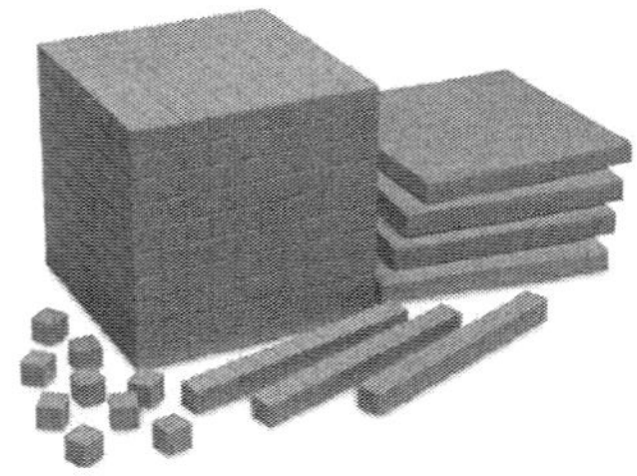

[그림 5-9] 십진블록

비비례적 모델은 모의화폐나 주판 등과 같이 크기와 상관없이 색깔이나 위치로 수의 크기를 나타내는 모델을 의미하며, 비례적모델보다 더 추상적이다. 수개념을 형성할때에는 비례적 모델을 먼저 사용하고, 비비례적 모델을 사용하는 것이 좋다.

### (3) 모으기와 가르기의 지도 방법

**성취기준**

[2수01-04] 하나의 수를 두 수로 분해하고 두 수를 하나의 수로 합성하는 활동을 통하여 수 감각을 기른다.

◎ 수의 모으기와 가르기는 수 감각을 기르고, 덧셈과 뺄셈을 지도하는 데 필수적이다.

**[해설]** 수의 모으기와 가르기는 수 감각을 기르고, 덧셈과 뺄셈을 지도하는 데 필요하다. 구체물을 이용하여 여러 가지 방법으로 하나의 수를 두 수로 가르거나 두 수를 모아서 하나의 수를 만들어 봄으로써 주어진 수에 대한 보수 관계를 이해할 수 있고 이를 통해 유연한 수 감각을 개발할 수 있다. 또한 이러한 활동은 덧셈과 뺄셈을 지도하는 데 바탕이 된다.

**[지도 방법]** 수를 가르고 모으는 활동은 연산능력을 기르는데 유용하다. 또한 수를 여러 가지로 가르고 모으는 활동은 수감각의 기르는 데에도 좋다.

예를 들어 수 6을 그 자체로 인식하는 것보다, 두 수를 모아 6으로 만드는 활동을 하거나, 6을 두 수로 나누는 활동은 덧셈과 뺄셈을 위한 기초적 활동이 된다. 또한 6을 세 개의 같은 수로 모으거나, 똑같이 셋으로 나누는 활동은 곱셈과 나눗셈을 위한 선행학습으로 유익하다.

**◎ 교육과정 성취기준**

[2수01-04] 하나의 수를 두 수로 분해하고 두 수를 하나의 수로 합성하는 활동을 통하여 수 감각을 기른다.

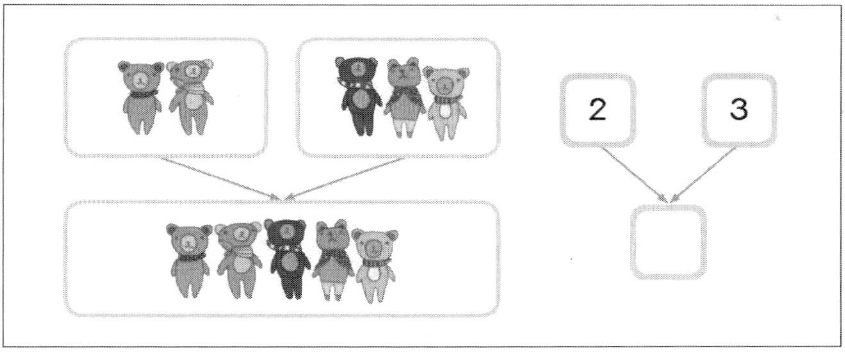


[그림 5-10] 모으기의 지도(교육부, 2017a, p. 56)

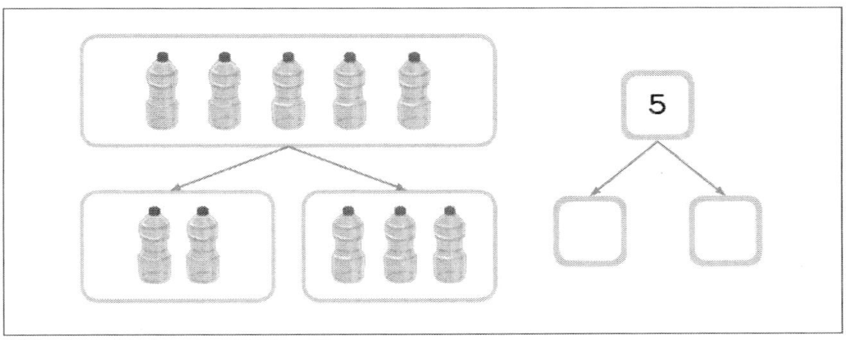


[그림 5-11] 가르기의 지도(교육부, 2017a, p. 56)

모으기나 가르기를 할 때에는 한 가지 수를 여러 가지 방법으로 모으고 가르기를 해 보도록 함으로써 수감각을 길러 줄 수도 있다. 예를 들어 다음 빈 칸에 7을 여러 가지 방법으로 나누어 보도록 한다.

| | |
|---|---|

### (4) 약수와 배수의 지도 방법

**성취기준**

[6수01-02] 약수, 공약수, 최대공약수의 의미를 알고 구할 수 있다.
[6수01-03] 배수, 공배수, 최소공배수의 의미를 알고 구할 수 있다.
[6수01-04] 약수와 배수의 관계를 이해한다.

**[해설]** 실생활에서 약수와 배수가 활용되는 경우를 찾아 자연수의 범위에서 약수와 배수를 정의한다. 두 수의 공통된 약수로서 공약수를 이해하고 구하며, 공약수 중 가장 큰 공약수를 최대공약수로 이해하고 최대공약수를 구하게 한다. 또 두 수의 공통된 배수로서 공배수를 이해하고 구하며, 공배수 중 가장 작은 공배수로 최소공배수를 이해하고 최소공배수를 구하게 한다. 또 배수의 성질을 탐구하고 공배수와 최소공배수 사이의 관계를 알아볼 수 있는 기회를 제공한다. 곱셈식을 보고 약수와 배수 사이의 관계를 이해하게 한다.

#### □5~6학년군 교육과정 상의 요소와 유의사항

(가) 학습 요소

- 약수, 공약수, 최대공약수, 배수, 공배수, 최소공배수

(나) 교수·학습 방법 및 유의 사항

- 약수와 배수는 실생활에서 활용되는 경우를 찾아 자연수 범위에서 다룬다.
- 최대공약수와 최소공배수는 두 수에 대해서 구하게 한다.

(다) 평가 방법 및 유의 사항

- 최대공약수와 최소공배수에 대한 평가에서 소인수의 곱으로 나타내어 구하는 방법은 다루지 않는다.

**[지도 방법]** 자연수 중 어떤 쌍(즉, 3과 17, 4와 9, 15와 16)들은 공약수로 1만을 갖는다. 다른 것들은 적어도 두 개의 공약수를 갖는다. 최대공약수(약자로 GCF)는 2나 그 이상의 자연수 중 가장 큰 공약수이다. 예를 들어,

12와 16의 최대공약수는 4이다. 2개 이상의 자연수의 최대공약수는 각각의 수를 나눌 수 있는 가장 큰 자연수이다.

자연수에서 2이상의 수들은 공배수를 가지고 있다. 최소공배수(약자로 LCM)는 2이상의 자연수에서 공통인 가장 작은 배수이다. 예를 들어, 6은 2와 3의 최소공배수이다. 즉, 2개 이상의 자연수의 최소공배수는 둘 다에 의해 나누어질 수 있는 가장 작은 자연수이다.

최대공약수와 최소공배수란 용어는 형용사 '가장 큰' 때문에 혼동한 아이들은 최대공약수가 주어진 자연수보다 더 클 것이라고 생각하고 최소공배수를 대답한다. 유사하게, 형용사 '가장 작은'을 혼동한 아이들은 최소공배수가 주어진 자연수보다 더 작을 것이라 생각하고 최대공약수를 대답한다. 개념을 잘 못 이해하고 있는 아이들은 24를 4와 6의 최소공배수라고 생각하는 것과 같이 최소공배수가 항상 주어진 자연수의 곱이 될 거라고 믿는다.

[그림 5-12] 약수와 배수(교육부, 2018e, p. 31)

◎ **교육과정 성취기준**

[6수01-04] 약수와 배수의 관계를 이해한다.

## 수학산책

수학은 엄밀한 계산과 증명을 중시한다. 따라서 수학자들은 수학적 사실을 형식적인 증명 과정을 통해 옳다는 것을 보이려고 노력해 왔다. 그렇지만 '페르마의 마지막 정리'가 무려 360년이 지난 후에 증명이 된 것과 같이, 어떤 수학적 사실이 옳다는 것을 보이는 데에는 오랜 시간 걸리거나, 지금도 미해결인 문제로 남아있는 경우가 있다. 예를 들면 '골드바흐의 추측(2보다 큰 모든 짝수는 두 소수의 합으로 나타낼 수 있다.)'은 많은 예들이 있음에도 불구하고, 아직도 일반적인 증명을 찾지 못하고 있다. 페르마 정리를 증명한 영국 프린스턴 대학의 엔드류 와일즈 교수와 같이, 우리의 꿈나무들 중에서 미해결 문제를 해결할 뛰어난 수학자가 나오길 기대한다.

◎ 자연수의 성질에 대한 탐구는 수에 대한 풍부한 이해를 제공한다는 면에서 도전적인 탐구 자료가 된다.

자연수의 성질에 대한 탐구는 수에 대한 풍부한 이해를 제공한다는 면에서 도전적인 탐구 자료가 된다. 먼저, 배수판정법에 대해 알아보자. 하나의 수가 다른 수에 의해 나누어떨어진다는 것을 아는 것이 유용한 예는 학교와 일상 생활 속에 많이 있다. 예를 들어, 하나의 수가 소수인지 아닌지 결정하거나, $\frac{45}{84}$ 와 같은 분수를 통분하기 위해 이 성질을 사용할 수 있다.

어떤 아이들은 하나의 수가 다른 수에 의해 나누어떨어지는지를 확인하기 위하여 계산기를 사용할 수 있다. 물론, 계산기를 항상 사용할 수 있는 것은 아니다. 어떤 경우에는 계산기를 사용하는 것보다 나누어떨어질 조건을 사용하는 것이 더 효과적이다. 수가 어떤 수로 나누어떨어질 조건은 다음과 같다.

- 마지막 자리의 수가 짝수이면, 2로 나누어떨어진다.
- 각 자리의 수의 합이 3으로 나누어진다면, 그 수는 3으로 나누어떨어진다.
- 십의 자리와 일의 자리로 된 수가 4에 의해 나누어떨어진다면, 그 수는 4에 의해 나누어떨어진다.
- 일의 자리가 0 혹은 5이면 그 수는 5에 의해 나누어떨어진다.
- 백의 자리, 십의 자리, 일의 자리로 구성된 수가 8로 나누어떨어진다면, 그 수는 8로 나누어떨어진다.
- 각 자리 숫자의 합이 9로 나누어떨어진다면, 그 수는 9로 나누어떨어진다.

**탐구활동**

수에 대한 연구는 고대인들의 수의 탐구 시기까지 거슬러 올라갈 수 있다. 피타고라스학파 사람들은 짝수를 여성다운 특성과 결부시켰다고 한다. 수에는 회문수(palindromic numbers)가 있는데, 25352처럼 앞뒤 어느 쪽으로 읽어도 같은 수가 되는 수를 말한다. 한 자리 수를 제외하고 가장 작은 회문수는 무엇이고, 제곱수 중 회문수는 무엇인가?

다음으로 소수에 대해 알아보자. 자연수는 소수(prime number)와 합성수(composite number)로 나눌 수 있는데, 소수는 2, 3, 5, 7, 11 …과 같이, '1과 자기 자신만을 약수로 가지는 수'이다. 반면에 합성수는 12의 약수가 1, 2, 3,

4, 6, 12인 것과 같이, '1과 자기 자신 외에도 약수를 가지는 수'이다.

자연수에서 소수를 찾는 방법으로 '에라토스테니스의 체'라는 방법이 있다. 예를 들어 2~200의 자연수를 써서 늘어놓고, 2 이외의 2의 배수, 3 이외의 3의 배수, …, 남은 최초의 수(자신 이외)의 배수, …의 순서로 지워 가면, 체로 쳤을 때처럼 끝에 남는 것이 소수이다. 수를 나열할 때에도 아래와 같이 6줄만을 이용하면 소수의 특징을 발견할 수 있다. 각 줄을 살피면서 소수의 어떤 특징들을 발견할 수 있는지 조사해 보자.

1, 2, 3, 4, 5, 6

7, 8, 9, 10, 11, 12

13, 14, 15, 16, 17, 18

19, 20, 21, 22, 23, 24,

**여러 가지 소수**

소수에는 여러 유형의 소수를 약속하는데 예를 들어 $(p,\ p+2)$인 관계에 있는 두 소수를 쌍둥이 소수라고 한다. 예를 들면 (3, 5), (11, 13), (17, 19), (71, 73), (101, 103), … 등이 쌍둥이 소수이다. 쌍둥이 소수가 무한히 많은지, 어떤 규칙으로 나타나는가 등은 아직 미해결된 문제이다.

메르센느는 소수 $p$에 대하여 '메르센느 수' $M_p = 2^p - 1$을 정의하고, $M^p$ 중 소수인 것을 메르센느 소수라고 명명하였다. 예를 들면 $3 = 2^2 - 1$이므로 메르센느 소수이지만, 2는 메르센느 소수가 아니다. 메르센느 수 $M^p$은 큰 소수를 발견하는데 유용한데, $M_{121701}$이 메르센느 소수임이 한 대학생에 의해 밝혀지기도 하였다.

소인수분해에 대한 개념적 이해를 위하여 다음과 같은 상황을 생각해 보자. 안이 보이지 않는 주머니에 다음과 같이 수가 할당되어 있는 여러 개의 블록을 넣고, 상대편에게 몇 개의 블록을 꺼내어 꺼내어진 블록에 할당된 수들의 곱을 구하여 말하도록 한다. 물론 경기자는 그 블록을 볼 수 없다. 그러면 꺼내어진 블록의 종류와 그 개수를 어떻게 알 수 있는가? 이에 답하기 위하여 필요한 지식은 무엇인가?

빨강 = 2, 오렌지 = 3, 노랑 = 5, 파랑 = 7

예를 들어 상대편이 28이라고 말했다면 꺼내어진 블록의 종류는 어떻게 되겠는가? 빨강 2개와 파랑 1개임을 알 수 있다. 수를 크게 하여 1260이라고 말했다면 꺼내어진 블록의 종류는 어떻게 되겠는가? 이 물음에 답하기 위해서는 1260을 소인수분해하여야 한다. 꺼내어진 블록의 종류와 수를 구하기 위하여 왜 소인수분해를 해야 하는가?

### 수학산책

소주 한 병에 들어 있는 소주의 양은 작은 컵으로 7잔 정도 된다고 한다. 이 양을 결정하는 데에 소수의 성질이 이용되고 있다. 즉, 한 병을 여러 명이 나누어 마실 때 똑 같이 나누어 마실 수 없도록 하여 한 병을 더 주문하도록 요구하고 있는 것이다. 실제로 2명이나 3명이 마시면 한 두 잔이 부족하다. 4, 5, 6명이 마시게 되어도 항상 몇 잔이 부족하게 된다. 따라서 소주 제조 회사 입장에서는 한 병이라도 더 판매할 가능성이 많아지는 것이다. 이와 같이 우리가 인식하지 못하는 생활 속에서도 수학은 응용되고 있는 것이다.

# 단원 탐구문제

1. 십진기수법에서 0의 의미를 쓰시오.

2. 전 수개념의 중요성과 전 수개념을 형성할 수 있는 방법에 대해 논하시오.

3. 우리나라의 수를 읽는 방법에 대해 조사해 보시오.

4. 다음 규칙으로 수를 나타내려고 한다. 물음에 답하시오(2004학년도 임용 문제).

   〈규칙 1〉 ㅡ은 1, |은 10을 나타낸다.
   〈규칙 2〉 30이면 묶어 나타낸다.
   〈규칙 3〉 기호의 위치가 위로 올라갈수록 자릿값이 커진다.

   1) 위 규칙에 따라 수를 나타낸 예는 다음과 같다. 같은 방법으로 298515를 나타내시오.

   24 → || − − − −
   33 → _‾_ _

   298515 →

   2) 위의 규칙으로 수를 나타낼 때 발생하는 가장 중요한 결함을 보완하기 위해 다음 구칙을 추가하였다. (　　)에 알맞은 수와 그 역할을 2가지 쓰시오.

   〈규칙 4> ▽는 (　　)을/를 나타낸다.

   수: ____________ 역할: ① ____________ ② ____________

5. 다음 수업에 나타난 지도 내용을 쓰시오.

   '김교사는 구체물을 세는 활동을 통하여 10개가 모이면 10개씩 묶고, 10개 묶음이 10묶음이면 100개씩 묶는 활동을 하고, 이를 수로 나타내도록 하였다. 그리고 수를 구성하는 백의 자리, 십의 자리, 일의 자리의 숫자와 값을 알도록 하였다.'

# 06 분수와 소수

## 이 장을 시작하면서

분수는 기원전 1800년 경 고대 이집트에서 양을 똑같이 분배하는 과정에서 나타났다. 예를 들어 빵 3개를 2명이 똑같이 나누어 먹는 상황과 같은 균등 분배 문제에서 발생되었다. 분수 발생의 다른 맥락은 단위량으로 측정할 수 없는 양을 나타내기 위해 사용되었다. 또한 소수는 분수가 태어난 지 3000년이 지나 16세기 후반에 분수 계산의 어려움을 극복하고자 하는 노력으로 나타났다. 아이들은 일상의 경험을 바탕으로 균등 분배 문제를 해결할 수 있다(Empson & Levi, 2011). 예를 들어 과자 1개를 2명이 똑같이 나누어 먹는 상황에서 아이들은 반으로 잘라 나누어 먹을 수 있다는 것을 발견할 수 있다. 다음 문제에 대하여 분수를 배우지 않은 아이들은 어떻게 문제를 해결할 수 있을지 생각해 보아라. 그리고 그 방법대로 문제를 해결해 보아라.

- 빵 10개를 4명이 똑같이 나누어 먹으려고 합니다. 한 사람이 먹는 빵은 얼마만큼 인지 구하시오.
- 빵 5개를 4명이 똑같이 나누어 먹으려고 합니다. 한 사람이 먹는 빵은 얼마만큼 인지 구하시오.
- 빵 7개를 5명이 똑같이 나누어 먹으려고 합니다. 한 사람이 먹는 빵은 얼마만큼 인지 구하시오.

위 문제는 각각 어떤 면에서 해결하기가 쉬운지, 어려운지, 아이들이 나타낼 수 있는 오류는 어떤 것이 있을 것인지 예상해 보아라.

# 6장

# 분수와 소수

초등학교 수학을 포함하여 생활에서는 자연수만으로 사물의 양을 표현하기가 어려우며, 자연수로 표현하기 어려운 양을 나타내기 위해 분수와 소수가 필요합니다. 수학적으로는 방정식의 해를 구할 수 있는 수의 범위를 확장하거나 나눗셈 계산을 용이하도록 하기 위해 분수와 소수는 필요합니다. 이 장에서는 분수와 소수 영역의 지도를 위한 이론적 배경 및 지도 방법에 대해 알아보기로 합니다.

## 6-1. 분수와 소수 영역의 이해

### (1) 분수 발생의 맥락

농업과 상업, 문명의 발달과 더불어 토지조사, 물물교환, 세금 징수 등이 필요하게 되었다. 이러한 상황에는 양을 기록할 필요가 대두되었으며, 때때로 단위 또는 전체와 부분 사이의 관계를 표현하는 기호가 필요하였다. 이러한 실용적 요구를 충족시키기 위하여 분수가 만들어졌다(Baroody & Coslick, 1998).

○ 분수는 단위 또는 전체와 부분사이의 관계를 표현하는 기호의 필요에서 나타났다.

역사적으로 분수는 기원전 2000년경부터 바빌로니아에서 사용되기 시작하였는데, 초기의 표기 방법은 불안정한 형태를 띠었으며 특수한 기호를 사용하여 나타내었다고 한다.

수학사를 통하여 분수의 역사적 사실을 다룰 때 회자되는 사실은 이집트인들이 사용한 분수에 관한 예화이다. 이집트에서 분수를 사용한 증거는 4000년 전 경에 쓰인 린드 파피루스(Rhind Papyrus)에 나타난다. 이집트인들은 주로 단위 분수를 이용하였는데, 이것은 분수를 단위분수로 나타냄으로써 계산의 어려움을 피하고자 한 것으로 보여 진다(Lenchner, 1983). 린드 파피루스에는 5에서 101까지의 $\frac{2}{n}$(단, $n$은 홀수)를 서로 다른 단위분수의 합으로 나타내고 있는데, 다음에는 그 몇 가지 예이다.

$$\frac{2}{5}=\frac{1}{3}+\frac{1}{15}$$

$$\frac{2}{7}=\frac{1}{4}+\frac{1}{28}$$

$$\frac{2}{11}=\frac{1}{6}+\frac{1}{66}$$

이러한 합을 얻는 데에는 흥미로운 사실을 발견할 수 있는데, 먼저 우리는 $5\times3=15$, $7\times4=28$, $11\times6=66$을 발견할 수 있다. 그러면 첫 번째 단위분수의 분모는 어떻게 구할 수 있을까? $\frac{1}{2}\times(5+1)=3$, $\frac{1}{2}\times(7+1)=4$, $\frac{1}{2}\times(11+1)=6$을 통해 구할 수 있음을 알 수 있다. 이집트에서 이용된 단위분수는 그리스에 전해졌다. 또 이것은 아라비아에 전해지고 다시 유럽에 전해져 오랜 동안 이용되어 졌다.

한편, 인도인들은 분수 표기를 개선하기 위해 스스로 만들거나 고대 그리스인들의 것(분수의 가운데 줄 없이 분모 위에 분자를 씀)을 빌려 썼다고 한다. 그 후 아랍인들은 1000년경 처음으로 분수의 막대 표기($\frac{a}{b}$)를 도입하였다(Baroody & Coslick, 1998).

◎ 수학은 현실 세계에 대한 경험으로부터 발생하였다.

역사적으로 중요한 수학적 개념·원리·법칙·정리 등은 현실적인 상황에 의하여 암시되었으며, 수학은 현실 세계에 대한 경험으로부터 발생하였다(우정호, 2000). 이런 면에서 본다면 분수는 측정 상황에서 분수를 이용해야 하는 상황으로부터 유도되었다고 볼 수 있다(서동엽, 2005; 안재구, 2000). 측정의 기본적인 아이디어는 단위를 이용하여 기본 단위의 몇 배에 해당하는가를 할당하는 것인데, 주어진 단위의 자연수 배가 되지 않는 경우에 어려움은 발생한다. 이를 해결하기 위한 방법은 주어진 단위를 더 작은 단위로 바꾸어 자연수로 나타내는 것이고, 다른 방법은 다른 표기 방법을 구안하는 것이다.

역사적으로 추정해 볼 때 인류는 존재하지 않는 새로운 표현을 생각하기

보다는 기존의 표현 방법을 활용하고자 했을 것이고, 따라서 주어진 단위를 더 작은 단위로 바꾸어 자연수로 나타내고자 했을 것이다. 그러나 인류는 어느 때부터 그러한 방식의 불편함을 해소시키기 위하여 새로운 표현을 고안하기에 이르렀을 것이다(서동엽, 2005).

## (2) 분수 개념의 이해

분수는 여러 의미를 갖는 복합적인 개념이다. Rey, Suydam, Limdquist, & Smith(1998)는 분수의 의미를 부분-전체의 의미, 몫의 의미, 비의 의미와 같이 3가지로 제시하고 있으며, Baroody & Coslick(1998)은 전체에 대한 부분, 몫, 비, 연산자의 의미와 같이 4가지로 제시하고 있다. 강지형 외(2008)는 분수의 의미를 등분할(전체-부분)의 의미, 양의 의미, 몫의 의미, 비의 의미, 연산자의 의미와 같이 5가지 의미를 제시하고 있는데, 여기서는 이와 같은 분수의 5가지 의미에 대하여 알아본다.

### 1) 등분할의 의미(부분-전체의 비교)

분수라는 용어는 라틴어 fractio(쪼개다, break)라는 의미를 가진 frangere의 파생어)에서 유래된 것인데, 전체를 몇 개의 조각으로 나눈다는 의미를 가지고 있다. 즉, 분수는 똑같은 크기의 부분으로 나눈 전체(분모)에 대한 부분의 수(분자)를 의미하는 등분할의 의미가 있다. 예를 들면 분수 $\frac{3}{5}$은 전체를 똑같이 5등분하고 그 중에서 3개를 고려한다는 의미이다. 이 분수는 다음과 같은 영역 모형으로 나타낼 수 있다.

**○ 분수는 똑같은 크기의 부분으로 나눈 전체에 대한 부분의 수를 의미하는 등분할의 의미가 있다.**

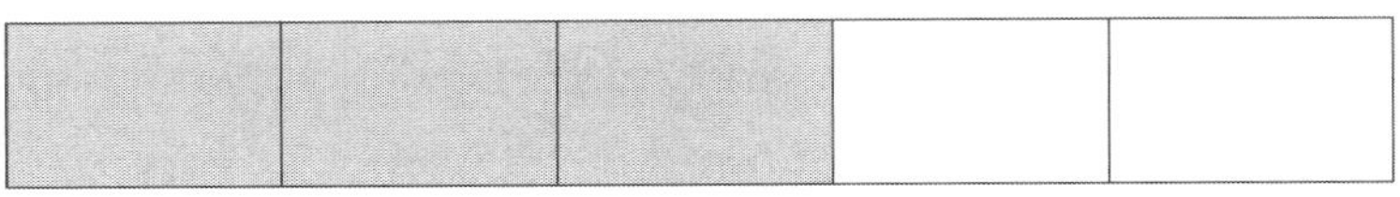

등분할 개념의 분수(부분-전체 의미의 분수)를 지도하는 모델로는 영역, 길이, 집합, 넓이가 있다.

① **영역:** 이 모델은 가장 구체적이고 아이들이 다루기가 쉽다. 영역은 전체(단위)이고, 그것을 등분할 한 부분들은 같은 크기와 모양을 갖는다. 영역 모델은 원, 정삼각형, 직사각형 등 어떤 형태도 가능하다. 영역

모델을 다룰 때는 원 모델만을 다루어 분수가 '파이의 한 부분'이라는 생각에 편중되지 않도록 주의해야 한다.

◎ **교육과정 성취기준**
[4수01-10] 양의 등분할을 통하여 분수를 이해하고 읽고 쓸 수 있다.

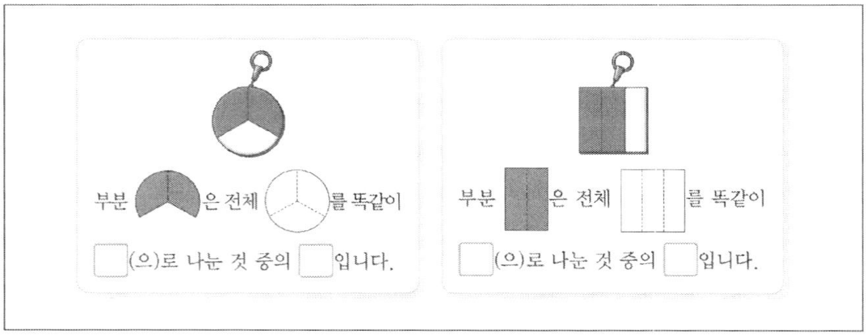


[그림 6-1] 분수의 영역 모델(교육부, 2018a, p. 114)

② **길이:** 임의의 단위 길이는 등분할 수 있는데, 가는 종이 띠를 자르는 활동을 한 후에 수직선 위의 점에 대응시키는 활동으로 길이 모델을 유도한다.

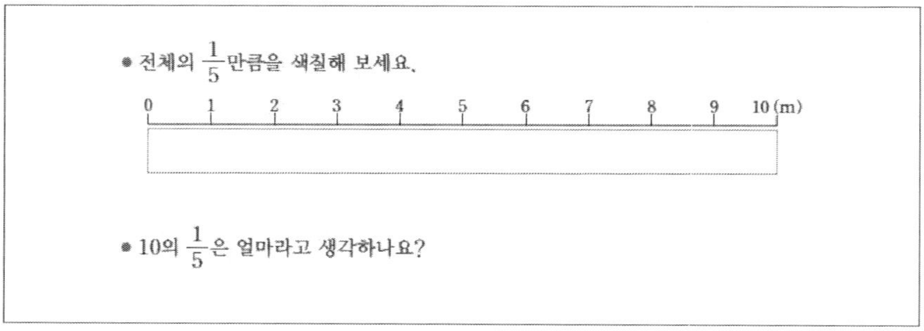


[그림 6-2] 분수의 길이 모델(교육부, 2018b, p. 82)

◎ **집합 모델은 사물의 한 집합을 하나의 전체로 사용한다.**

③ **집합:** 집합 모델은 사물의 한 집합을 하나의 전체(집합)으로 사용한다. 이 모델은 아이들이 하나의 단위를 나누는 활동으로 분수를 경험했기

◎ **교육과정 성취기준**
[4수01-10] 양의 등분할을 통하여 분수를 이해하고 읽고 쓸 수 있다.

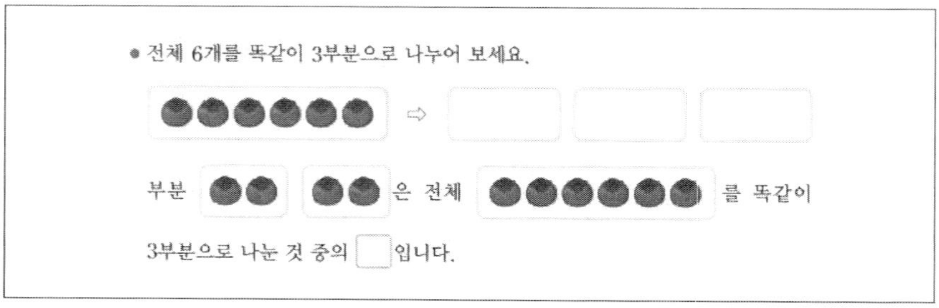


[그림 6-3] 분수의 집합 모델(교육부, 2018b, p. 78)

때문에 사물 전체를 하나의 단위로 인식하는데 어려움을 유발시킨다.

④ **넓이:** 넓이 모델은 영역모델과 비슷하나, 영역모델이 각 부분의 크기와 모양이 같다는 조건이 있는 반면에, 단지 넓이만 같으면 된다는 조건이 있다.

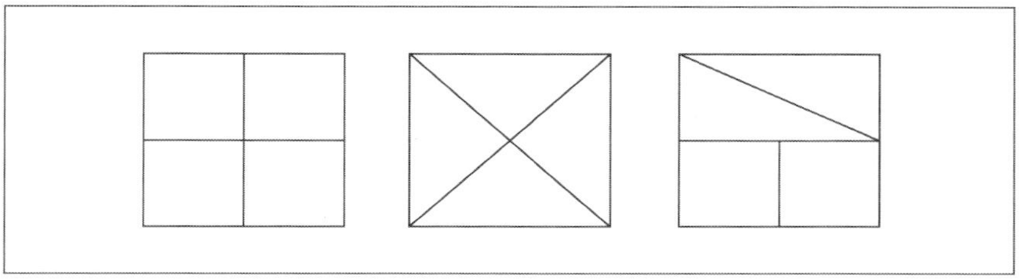

[그림 6-4] 분수의 넓이 모델

### 2) 양의 의미(측정)

어떤 양을 측정하는 과정에서 발생하는 분수를 의미하는데, 주어진 단위의 적당한 자연수 배가 아닌 어떤 길이를 잴 때 처음의 단위를 세분하여 더 작은 단위를 만듦으로써 보다 정교한 측정을 할 수 있다. 이 때 분모가 점진적으로 커지는 분수를 이용하여 보다 정확한 측정값을 얻을 수 있다.

분수 단위로 측정하는 방법에는 단위를 등분할하여 측정하는 방법과 재고자 하는 부분을 등분할하여 단위와 비교하는 방법이 있다(강지영 외, 2003). 먼저, 단위를 등분할하여 측정하는 방법은 측정하고자 하는 부분이 처음의 단위(1차 단위, 예를 들면 자연수)로 측정할 수 없을 때 처음 단위를 세분하여 새로운 단위(2차 단위, 예를 들면 $\frac{1}{2}$)를 만들어 측정하고, 다시 남는 부분이 발생하면 다시 단위(3차 단위, 예를 들면 $\frac{1}{4}$)를 만들어 측정한다. 이와 같은 과정을 반복하면 측정하고자 하는 길이 $1+\frac{1}{2}+\frac{1}{4}$을 얻을 수 있다. 동양에서는 단위로 재고 남는 부분을 재기 위하여 단위를 10등분하고, 이것으로 잴 수 없는 부분은 100등분하여 측정하였다(강지영 외, 2008).

다음으로 재고자 하는 부분을 등분할하여 단위와 비교하는 방법은 측정하고자 하는 부분을 2, 3, 4, …으로 등분할하여 단위와 비교하는 방법이다. 예를 들면 측정하고자 하는 부분을 2등분하여, 그 중 한 부분으로 단위를 측정하여 정확하게 자연수 배가 되지 않으면, 다시 3등분하여 그 중 한 부분으로 단위를 측정하여 정확하게 자연수 배가 될 수 있는가를 조사한다. 이러한 과정을 계속하여 측정하고자 하는 부분을 $n$등분할하여 단위를 측정하여 정확하게 자연수 배가 될 때 단위를 이루는 전체 수와 측정하고자 하는 길이를 비교하여 측정값을 얻을 수 있다.

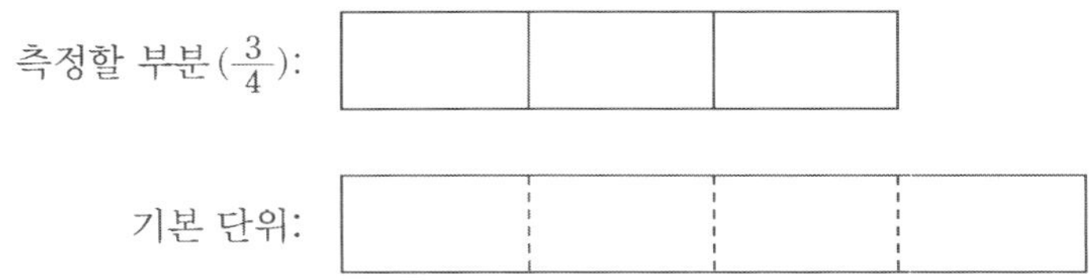


### 3) 몫의 의미

◎ 분수는 나눗셈의 몫을 의미한다.

분수는 나눗셈의 몫을 의미한다. 예를 들면, 분수 $\frac{3}{5}$은 $3 \div 5$의 몫으로 생각할 수 있다. 이것 역시 분할의 상황으로부터 발생하는데, 분수 $\frac{3}{5}$은 과자 3개를 5명이 똑같이 나누어 먹을 때 한 사람이 차지하는 몫을 의미한다.

◎ 교육과정 성취기준
[6수01-10] (자연수)÷(자연수)에서 나눗셈의 몫을 분수로 나타낼 수 있다.

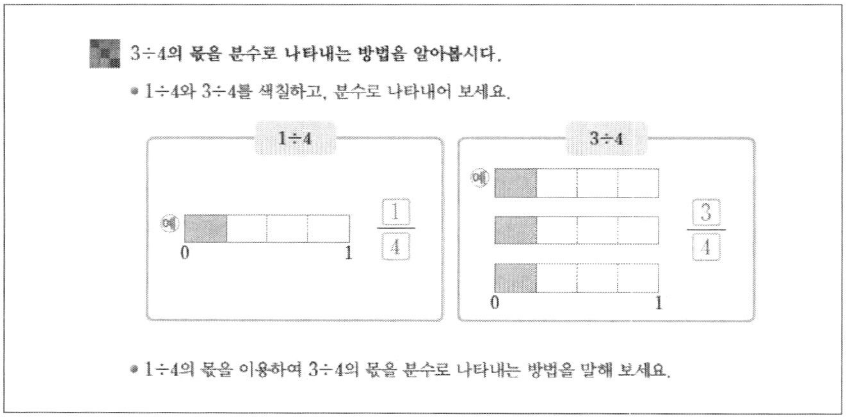


[그림 6-5] 몫으로서 분수(교육부, 2018g, p. 12)

나눗셈에는 등분제와 포함제가 있는데, 분수는 등분제 상황에서 몫의 의미를, 포함제 상황에서는 측정의 의미를 가진다. 예를 들면 사과 20개를 6명에게 똑같이 나누어 주면 한 사람이 받는 양은 한 사람의 몫을 구하는 것으로 $\frac{20}{6}$이 된다. 반면에 사과 20개를 6개 들이 상자에 포장한다면 몇 상자가 되겠는가는 $\frac{20}{6}$상자가 되며, 이 분수는 측정의 의미를 지닌다.

### 4) 비의 의미

◎ 분수는 비를 나타낼 수 있다.

분수는 비를 나타낼 수 있다. 예를 들어 비 3:5를 분수 $\frac{3}{5}$으로 나타낼 수 있다. 비는 두 양사이의 관계를 나타내는데, 전체에 대한 부분의 관계가 있는 경우와 없는 경우로 나눌 수 있다. 예를 들면 구슬 5개 중 파란구슬 3개(전체에 대한 부분의 관계임)와 흰 구슬 5개에 대한 검은 구슬 3개(전체에 대한 부분의 관계가 아님)의 경우이다. 전자의 경우에 분수는 전체와 부분이 같을 경우를 제외하고는 항상 1보다 작고 가역적이지 못하다. 하지만, 후자는 분수가 1보다 크거나, 같거나, 작을 수 있으며, 분수를 약분하여 1 이외의 자연수가 될 수 있으며, 가역적이다(강지영 외, 2008).

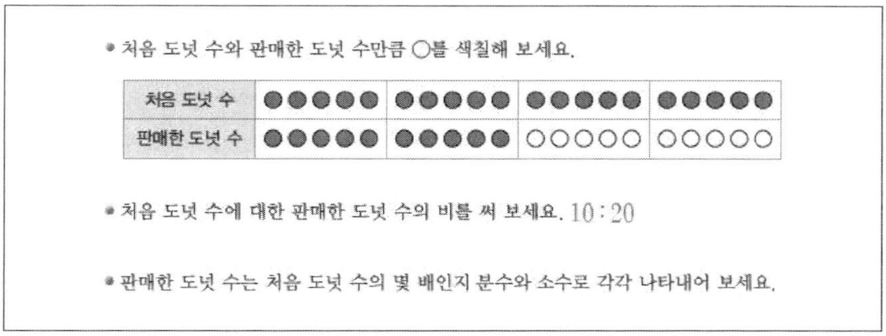


[그림 6-6] 비로서 분수(교육부, 2018g, p. 78)

> ◎ 교육과정 성취기준
> [6수04-03] 비율을 이해하고, 비율을 분수, 소수, 백분율로 나타낼 수 있다.

두 분수 $\frac{2}{3}$와 $\frac{4}{6}$의 경우에 등분할의 의미에서는 서로 다른 상황을 나타내지만, 두 양의 상대적인 크기를 나타내는 비의 의미에서는 같은 수이다. 또 서로 다른 크기에서도 전체에 대한 부분의 크기를 나타내는 크기가 $\frac{2}{3}$와 같다는 것을 알았을 때 비의 개념을 이해했다고 볼 수 있다. 따라서 분수의 본질적인 개념을 이해하기 위해서는 상대적인 크기를 나타내는 비의 의미를 이해해야 한다.

#### 5) 연산자(operator)의 의미

분수의 연산자의 의미는 분수를 곱하는 함수를 의미한다. 예를 들어 도형을 $\frac{2}{3}$배만큼 축소, 또는 $\frac{4}{3}$배만큼 확대시키거나 원소의 개수를 $\frac{4}{3}$배만큼 늘이거나 $\frac{2}{3}$배만큼 줄이는 함수로서 분수를 생각할 수 있다. 연속량에서의 연산자의 의미는 도형의 닮음을 이해하는데 중요하다. 예를 들면 6 cm의 $\frac{4}{3}$를 그리는 것은 3 cm에 대하여 4 cm를 그리는 것을 의미하므로 8 cm가 됨(확대)을 알 수 있다. 반대로 6 cm의 $\frac{2}{3}$를 그리는 것은 3 cm에 대하여 2 cm를 그리는 것을 의미하므로 4 cm가 됨(축소)을 알 수 있다. 이것은 이산량에서도 똑같이 적용된다.

### (3) 분수학습의 어려움

◎ 분수는 아이들이 어려워하는 학습 내용 중 하나이다.

분수는 아이들이 어려워하는 학습 내용 중 하나인데, 그 이유를 분수 내적인 측면과 외적인 측면으로 나누어 생각해 볼 수 있다(김수환 외 7, 2009). 분수의 내적인 측면으로는 분수가 여러 가지 의미를 가지고 있고, 분수를 다룰 때 분모와 분자의 관계를 고려해야 한다는 것을 들 수 있다. 또한 이미 학습한 자연수와 그 연산이 분수 개념과 그 연산에 영향을 끼치며, 분수를 수직선에 나타내기도 어렵고 여러 가지 절차가 요구되기 때문이다.

분수의 외적인 측면으로는 첫째, 현행 분수학습의 내용 구성이 분수의 생성 배경이 제대로 반영되지 않았다는 것과 일상에서 경험하는 비형식적 지식을 충분히 활용하지 못한다는 것, 분수의 필요성과 본질이 충분히 부각되지 못하고 있고, 분수의 하위 개념 간의 통합이 되지 못하고 있으며, 전체-부분의 의미에 편중된다는 것을 들 수 있다. 둘째, 학습 자료 면에서는 아이들이 접하는 소재를 활용하지 못하고 주로 도형에 치중하는 것, 아이들의 활동과 조작이 제한되고 있으며, 주로 연속량을 다룬다는 것을 들 수 있다. 셋째, 지도 방법 면에서는 분수의 양적인 측면을 충분히 고려하지 못하고, 아이들이 경험한 비형식적 지식과 일상 경험을 활용하지 못한다는 것을 들 수 있다.

이러한 이유로 아이들은 분수를 배우는데 어려움을 가지고 있으며, 다양한 오류를 보이기도 한다. 예를 들면 다음 그림에서 색칠한 부분은 전체의 얼마인가? 아이들은 비교해야 할 부분이 전체에 포함되어 있어 전체의 부분으로서 조각을 구분하는데 힘들어 한다. 따라서 $\frac{1}{3}$이라고 답하는 경우가 있다.

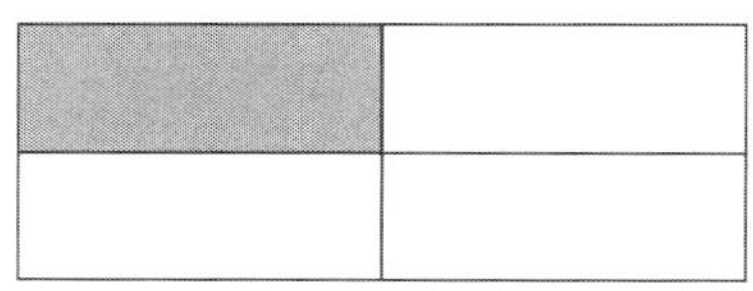

분수의 연산과 관련해서는 분모가 같지 않은 분수의 덧셈 시간에 다음과 같은 상황이 있다.

'$\frac{2}{3}+\frac{3}{4}=\frac{5}{7}$입니다. 왜냐하면 3개의 슛을 하여 2개가 골인하였고, 4개의 슛을 하여 3개가 골인하였다면 전체적으로 7개의 슛을 하여 5개가 골인하였기 때문입니다.'

이 경우에 어떻게 대처하여야 할까? 분수의 대소비교나 연산은 원래의 전체의 크기에 좌우된다. 즉, 분수의 대소비교나 연산에 이용되는 분수는 부분의 전체가 되는 양을 동일하게 생각해야만 한다. 따라서 원래의 크기가 다른 2개의 분수를 더하는 것은 잘못된 것이다.

한편 분수의 곱셈 $\frac{1}{3} \times \frac{3}{4} = \frac{1 \times 3}{3 \times 4} = \frac{1}{4}$과 같이 분수의 나눗셈에서도 이와 같은 원리가 성립할까? 예를 들어 $\frac{2}{5} \div \frac{3}{4} = \frac{2 \div 3}{5 \div 4}$이 성립하는가? 일반적으로 '분수÷분수'는 제수의 분모와 분자를 서로 바꾸어 곱하여야 한다. 그렇지만 실제로 $\frac{2}{5} \div \frac{3}{4} = \frac{2 \div 3}{5 \div 4}$이라고 해도 맞게 된다. 즉 분수의 나눗셈이라는 면에서는 도움이 별로 되지 않지만, 등식으로서는 맞는 것이다.

### (4) 소수 발생의 역사

소수의 발생은 역사적으로 볼 때 분수보다 늦었다. 고대 이집트, 바빌로니아, 그리스의 분수는 12진법, 60진법을 택하여 천문학에 관한 계산을 하는데 이용되어 왔다. 이들 분수 중에서 분모가 $10^n$이 되는 분수의 다른 표현인 소수를 생각하게 된 것은 아라비아 숫자의 표기방법인 십진기수법과 관계를 맺으려는데 있다.

◎ 소수는 분수 중에서 분모가 $10^n$이 되는 분수의 다른 표현으로 생각하게 된 것이다.

소수에 관한 이론 체계를 처음으로 발표한 사람은 스테빈(Stevin, 1548~1620)이었다. 그는 1585년 소수에 관한 논문을 발표하였는데, 이는 기존의 60진법적 분수의 생각과 아라비아 기수법에서의 자리잡기의 원리를 관계지려는데 있다.

스테빈은 소수의 성격에 대한 논술에서

① 소수는 십진법으로 전개한다.
② 기수법은 보통 아라비아 기수법에 따른다.
③ 소수를 사용할 때에는 분수의 도움 없이 어떤 수라도 기록할 수 있다.
④ 소수를 사용할 때에는 실제 어떤 계산을 하는데 있어서 분수의 도움 없이 계산할 수 있다.

는 것을 제시하고 있으며, 또 소수의 표기법에 대하여도 다음과 같이 약속하고 있다.

① 정수부분의 첫째자리를 ⓞ의 기호로 표시한다.

② 소수부분의 첫째자리를 ①의 기호로, 둘째자리를 ②의 기호로 표시하고, 이하 마찬가지 방법으로 표기한다.

오늘날과 같이 소수점을 찍어 표기하는 방법은 1952년 뷰에지이(Bürgi)가 처음으로 시도하였다. 소수의 도입 방법은 분모가 $10^n$인 분수에서 도입하는 방법과 십진기수법에 따라 도입하는 방법이 있다. 분모가 $10^n$인 분수에서 소수를 도입하는 방법은 분수와 소수를 수직선상에 대응시켜

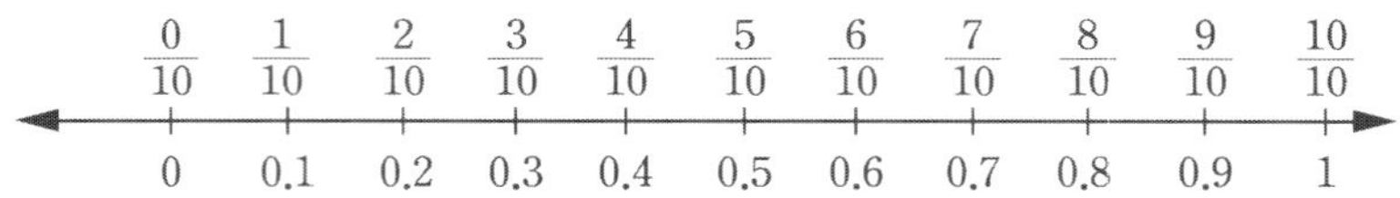


와 같이 표현하는 방법이다. 또 십진기수법에 따라 도입하는 방법은 일상 생활경험을 통하여 나타나는 측정의 문제 장면에서 복명수를 단명수로 고치는 경우, 예를 들어, 1 cm 2 mm = 1.2 cm, 3 m 20 cm = 3.2 m, 3 kg 750 g = 3.75 kg 등에서 소수를 도입하는 방법이다.

특히 소수를 지도할 때에는 소수와 분수의 관계를 명확히 하는 것과 소수의 전개방법도 정수의 전개 방법과 같이 십진기수법을 따르고 있다는 점을 강조해야 된다.

예를 들어, $0.123 = \frac{1}{10} + \frac{1}{100} + \frac{3}{1000}$

$0.123 = 10^{-1} \times 1 + 10^{-2} \times 2 + 10^{-3} \times 3$

그리고 소수의 사칙연산 형식은 정수의 사칙연산 형식에 따르고 있으며, 소수의 대소비교는 분수에 비해 간편하다는 것을 알아야 한다. 또 분수인 유리수뿐만 아니라, 무리수를 소수로 표기하는 방법 등 다양하게 소수를 활용할 수 있다는 점을 아는 것이 필요하다.

## 6-2. 분수와 소수 영역의 지도 방법

분수와 소수는 3~4학년군부터 다루기 시작한다. 3~4학년군에서는 분수,

소수를 다루고, 5~6학년군에서는 분수와 소수의 관계를 다룬다. 각 학년별 상세한 지도 내용과 방법은 다음과 같다(교육인적자원부, 2015a).

| 영역 | 핵심 개념 | 일반화된 지식 | 학년(군)별 내용 요소 | | |
|---|---|---|---|---|---|
| | | | 1~2학년 | 3~4학년 | 5~6학년 |
| 수와 연산 | 수의 체계 | 수는 사물의 개수와 양을 나타내기 위해 발생했으며, 자연수, 분수, 소수가 사용된다 | | • 분수<br>• 소수 | • 분수와 소수의 관계 |

☆참고: 2009 개정 수학과 교육과정의 분수와 소수 영역 내용(교육과학기술부, 2011)

| 영역 \ 학년 | 1~2학년군 | 3~4학년군 | 5~6학년군 |
|---|---|---|---|
| 지도 내용 | | 분수·소수 | 분수와 소수 |
| 용어와 기호 | | 자연수, 분수, 분자, 분모, 단위분수, 진분수, 가분수, 대분수, 소수, 소수점(.) | 약분, 통분, 기약분수 |

## (1) 분수의 도입과 지도 방법

**성취기준**

[4수01-10] 양의 등분할을 통하여 분수를 이해하고 읽고 쓸 수 있다.
[6수01-05] 분수의 성질을 이용하여 크기가 같은 분수를 만들 수 있다.

**[해설]** 연속량의 등분할은 구체물을 등분할하거나 색종이 접기와 같은 조작 활동을 통하여 도입한다. 등분할을 지도할 때에는 등분할이 아닌 경우를 함께 제시하여 등분할의 개념을 정확하게 정립시켜 줄 필요가 있다. 등분할의 의미를 바탕으로 부분과 전체의 관계를 이해하게 하고, 부분을 나타내고 읽고 쓸 수 있게 한다. 또 부분을 분수로 나타내는 활동에 익숙해지면 쉽게 등분할 수 있는 연속량을 제시하여 주어진 분수를 나타내게 한다. 그리고 분수를 도입할 때 '분자', '분모'를 사용하도록 한다.

또한 이산량을 등분할하고, 등분할된 양을 분수로 나타내게 한다. 등분할된 양을 분수로 나타낼 때 부분과 전체 사이의 관계에 중점을 두게 한다. 또 분수에 대한 이해를 돕기 위해 실생활에서 이산량으로서 분수가 사용되는 경우를 찾아볼 수도 있다.

□ 3~4학년군 교육과정 상의 유의사항

(가) 학습 요소분수, 분모, 분자, 단위분수

• 분수, 분모, 분자, 단위분수

(나) 교수·학습 방법 및 유의 사항

• 1보다 작은 양을 나타내는 경우를 통하여 분수의 필요성을 인식하게 하고, 분수를 도입할 때 '분모', '분자'를 사용한다.

**[지도 방법]** 분수는 다음과 같은 순서로 도입하여 지도한다.

◎ 분할→세기→용어와 기호→모형그리기→모형의 확장

① **분할:** 부분-전체 개념의 기초는 전체에 대한 각 부분의 의미를 아는 것이다. 따라서 먼저 전체를 명백하게 해야 하는데, 전체란 어느 것이든 단위로 규정된 것을 말한다. 아이들은 전체를 균등한 부분으로 분할한 다음에, 각각의 부분을 기술할 수 있어야 한다.

② **세기:** 아이가 분수와 관련하여 부분이란 용어에 익숙해지면 부분을 세기 시작한다.

③ **용어와 기호:** 등분할 개념이 발달되고 전체와 부분의 관계를 인식했다면 이분의 일, 삼분의 이와 같은 용어를 기호와 함께 도입한다.[6] 그리고 기호와 용어의 학습은 아이가 용어와 기호의 의미를 이해할 때까지 번갈아 사용되어야 한다.

④ **모형그리기:** 아이들에게 그림 모델을 주기보다는 아이들이 분수 모델을 만들어 보게 하는 것이다. 이러한 활동은 분수 개념에 대한 이해를

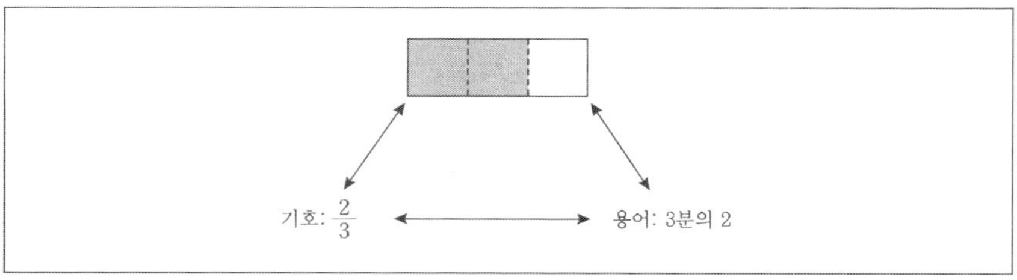


[그림 6-7] 분수의 모델, 기호, 용어 사이의 관계

6 분수를 쓸 때에는 먼저 평행 막대를 긋고, 다음에 분모, 마지막에 분자를 쓴다.

깊게 하며, 분수 개념을 심화하는데도 도움이 된다.

⑤ **모형의 확장:** 분수의 대소관계와 동치 분수를 도입할 때에는 모델을 확장해 보는 활동이 필요하다. 예를 들어, 분수 $\frac{2}{3}$를 나타내도록 색칠을 하고, 다른 방향으로 2등분하여 색칠된 부분을 분수로 표현해 보도록 한다.

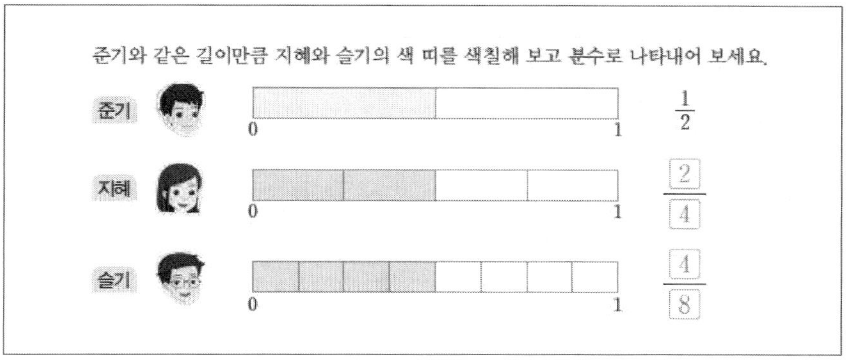


[그림 6-8] 동치분수 구하기(교육부, 2018e, p. 68)

**교육과정 성취기준**
[6수01-05] 분수의 성질을 이용하여 크기가 같은 분수를 만들 수 있다.

## (2) 여러 가지 분수

**성취기준**

[4수01-11] 단위분수, 진분수, 가분수, 대분수를 알고, 그 관계를 이해한다.

**[해설]** 분자와 분모의 크기를 비교하여 분수를 진분수, 가분수, 대분수로 분류하고, 분수를 수직선에 나타내어 분수의 계열을 이해하게 한다. 또 가분수와 대분수 사이의 관계를 알고, 가분수를 대분수로, 대분수를 가분수로 고치게 한다. 더불어 분자와 분모의 크기가 같은 분수와 자연수 1과의 관계를 이해하여 유리수에 대한 기초를 다지게 한다.

**분자와 분모의 크기를 비교하여 분수를 진분수, 가분수, 대분수로 분류하고, 분수를 수직선에 나타내어 분수의 계열을 이해하게 한다.**

### □ 3~4학년군 교육과정 상의 유의사항

(가) 학습 요소

- 진분수, 가분수, 대분수, 자연수

**[지도 방법]** 단위분수는 분자가 1인 분수로, 고대 이집트에서는 분배 상황을 편리하게 다루기 위하여 자주 사용하였다고 한다. 예를 들어 빵 3개를 4 사람이 나누어 갖는 경우에 빵 3개를 각각 4부분으로 나누어 한 조작씩 나누어 가지면 쉽게 해결할 수 있는 것이다. 진분수는 분자가 분모보다 작은 분수이고, 가분수는 분자가 분모와 같거나 큰 분수를 의미한다. 분수의 분류에서는 이들을 수직선을 이용하여 다음과 같이 제시할 수 있다.

**◎ 교육과정 성취기준**
[4수01-11] 단위분수, 진분수, 가분수, 대분수를 알고, 그 관계를 이해한다.

◎ $\frac{1}{4}$, $\frac{2}{4}$, $\frac{3}{4}$과 같이 분자가 분모보다 작은 분수를 진분수라고 합니다.

$\frac{4}{4}$, $\frac{5}{4}$와 같이 분자가 분모와 같거나 분모보다 큰 분수를 가분수라고 합니다.

$\frac{4}{4}$는 1과 같습니다. 1, 2, 3과 같은 수를 자연수라고 합니다.

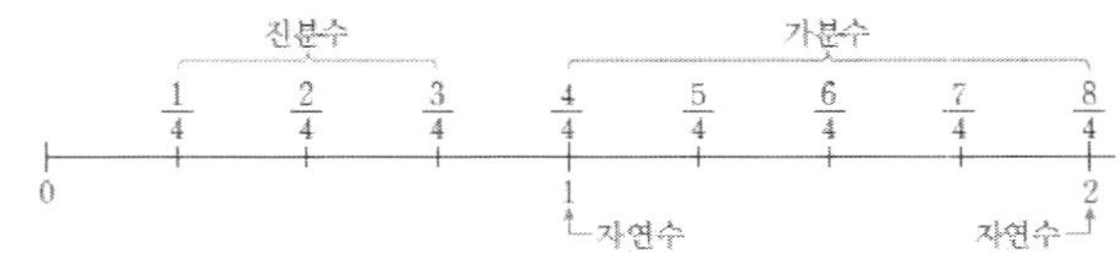


[그림 6-9] 여러 가지 분수(교육부, 2018b, p. 85)

**◎ 대분수 $2\frac{1}{4}$은 2와 $\frac{1}{4}$로 정의하는 방법과 $2+\frac{1}{4}$로 도입하는 방법이 있다.**

대분수와 가분수도 분수 모형을 통하여 도입할 수 있다. 예를 들어, 다음 모형은 대분수 $2\frac{1}{4}$을 나타낸다. $2\frac{1}{4}$과 $\frac{9}{4}$는 등분할된 모델을 통해 동치라는 것을 이해할 수 있는데, 먼저 영역 모델을 통해 직관적으로 '2와 $\frac{1}{4}$'임을 인식할 수 있다. 그리고 2와 $\frac{1}{4}$은 '$2+\frac{1}{4}$'과 같다는 것과 $2\frac{1}{4}$이 $2+\frac{1}{4}$을 표기하기로 정한 상징적인 기호임을 알려줄 필요가 있다(Van De Walle 외 2, 2004). 그런 후에 원을 4등분하면 각각의 원에 $\frac{1}{4}$이 4개씩 있고, 따라서 $\frac{9}{4}$가 된다

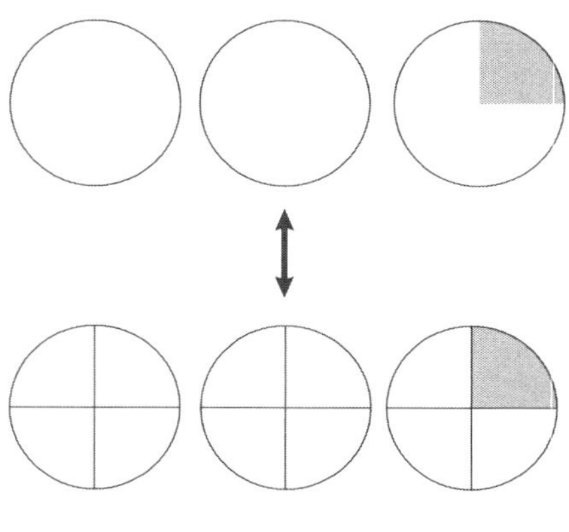

는 것을 알 수 있는 것이다.

대분수를 도입하는 과정에서 $2\frac{1}{4}$을 '2와 $\frac{1}{4}$'과 같이 도입하는 방식의 장점은 대분수와 가분수의 상호 변환 과정에서 분모를 자연수와 곱해 분자에 더한다는 규칙이나, 분자를 분모로 나누어야 한다는 규칙을 명시적으로 가르칠 필요가 없다. 즉 가능한 많은 모델을 사용하여 대분수와 가분수를 변환하는 경험을 통하여 이러한 규칙이 익숙해지게 되면 구체화된 모델을 사용하지 않고서도 서로 다른 형태로 바꾸는 것이 가능해지게 된다(Reys, Suydam, Limdquist & Smith, 1998). 그렇지만 대분수의 원래 의미가 '$2+\frac{1}{4}$'이라는 형식적인 개념의 의미를 직접 사용하지 않고 암묵적으로만 자연수와 진분수의 합으로 이루어진 분수라는 사실로 도입될 수 있다는 단점이 나타날 수도 있다. 그럴 경우에는 아이들이 대분수가 '자연수와 진분수의 합'으로 구성된 수라는 것을 이해하는 것을 어렵게 할 가능성도 있다. 따라서 대분수의 도입은 두 가지 측면에서 대분수의 '개념적 이해'를 위한 도입과 대분수의 '형식적인 개념'을 이해할 수 있도록 소개할 필요가 있다.

### (3) 소수의 지도 방법

**성취기준**

[4수01-13] 분모가 10인 진분수를 통하여 소수 한 자리 수를 이해하고 읽고 쓸 수 있다.
[4수01-14] 자릿값의 원리를 바탕으로 소수 두 자리 수와 소수 세 자리 수를 이해하고 읽고 쓸 수 있다.

**[해설]** 분모가 10인 분수의 다른 표현으로 소수를 도입한다. 분모가 10인 분수와 관련하여 소수 한 자리 수를 읽고 쓰며, 크기를 비교하게 한다. 이때 구체물이나 수직선을 이용하여 소수를 시각화할 수 있다.

◎ 분모가 10인 분수의 다른 표현으로 소수를 도입한다.

분모가 100, 1000인 분수로부터 소수 두 자리 수, 소수 세 자리 수를 도입한다. 특히 대분수가 자연수와 분수의 합으로 이루어진 수라는 점을 이용하여 분모가 10, 100, 1000인 대분수를 혼소수로 나타내게 한다. 또 0.1, 0.01, 0.001 사이의 배 관계를 이용하여 소수의 구조와 자릿값의 원리를 이해하고, 소수가 자연수와 자릿값의 원리가 같다는 점을 인식하게 한다. 소수 두 자리 수와 소수 세 자리 수에서 각 자리의 자릿값을 알고 이를 이용하여 소수를 읽고 쓸 수 있게 한다.

□ 3~4학년군 교육과정 상의 유의사항

(가) 학습 요소

• 소수, 소수점(.)

**[지도 방법]** 소수를 도입할 때에는 소수 이해에 바탕이 되는 십진분수나 자릿값과 같은 지식과 연결시켜야 한다. 십진 분수는 소수 첫째 자리, 소수 둘째 자리 등에 대한 또 다른 표기이기 때문에 소수에 대한 기초는 이들 소수 몇 째 자리를 이해하는 데 있다.

◎ **교육과정 성취기준**
[4수01-13] 분모가 10인 진분수를 통하여 소수 한 자리 수를 이해하고 읽고 쓸 수 있다.

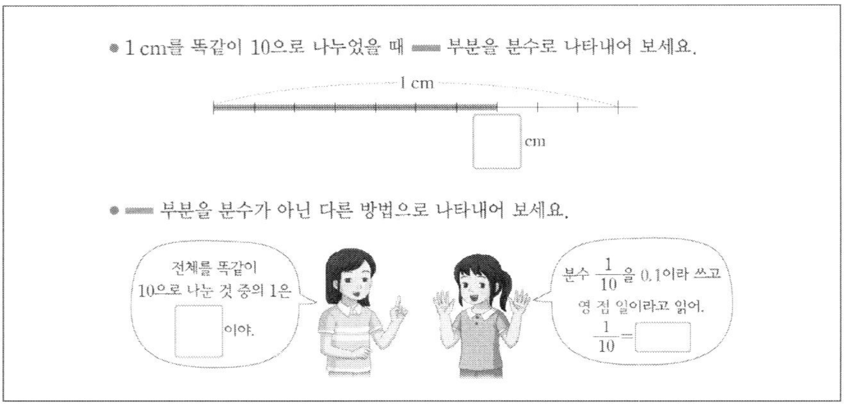


[그림 6-10] 소수의 도입(교육부, 2018a, p. 123)

$\frac{1}{10}$에 대한 소수 표기를 도입하기 전에, 아이들이 분수에 대한 배경 지식으로부터 $\frac{1}{10}$에 관하여 얼마나 알고 있는지 파악하여야 한다. 아이들은 0.3이 $\frac{3}{10}$에 대한 새로운 기호라는 것을 학습하고, 자릿값의 개념을 새로운 표

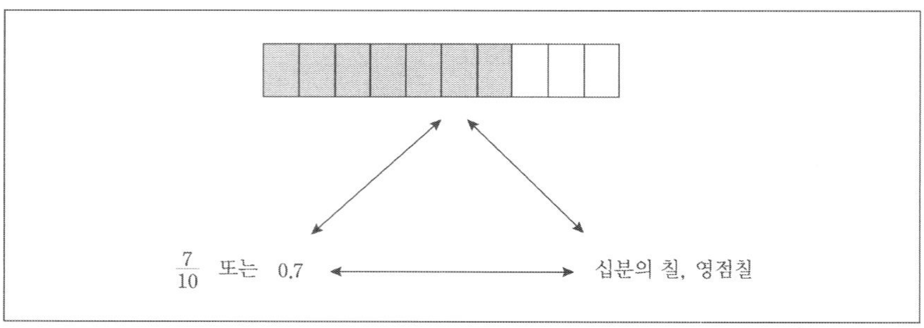


[그림 6-11] 소수의 모델, 기호, 용어 사이의 관계

기법으로 연결시켜야 한다.

소수 둘째 자리까지 확장하기 위해 $\frac{1}{100}$ 모형이나 모눈종이 등을 이용한다. 한 단위는 1이고, 각각의 작은 정사각형은 $\frac{1}{100}$ 임을 확인시킨 후에 그 모형으로 $\frac{3}{100}$, $\frac{7}{100}$, $\frac{10}{100}$, $\frac{21}{100}$ 등을 나타내게 한다.

한편 아이들은 소수 첫째 자리 수와 소수 둘째 자리 수에 대한 능력을 가지고 있지만, 소수 셋째 자리 수나 그보다 더 작은 소수에 대해서는 능력이 덜 발달되어 있다. 이러한 결과는 부분적으로 이들 소수를 덜 강조했기 때문이기도 하지만, 교사들은 종종 아이가 소수 둘째 자리 수까지 배우면 그 외의 모든 소수도 일반화시킬 것이라고 기대하기 때문이다. 더 작은 소수들을 가지고 하는 학습은 근본적으로 자릿값으로 설명되어야 한다.

1.573은 일 점 오칠삼이라고 읽습니다.

| 일의 자리 | | 소수 첫째 자리 | 소수 둘째 자리 | 소수 셋째 자리 |
|---|---|---|---|---|
| 1 | . | | | |
| 0 | . | 5 | | |
| 0 | . | 0 | 7 | |
| 0 | . | 0 | 0 | 3 |

[그림 6-12] 소수의 자릿값(교육부, 2018d, p. 56)

◎ 교육과정 성취기준

[4수01-14] 자릿값의 원리를 바탕으로 소수 두 자리 수와 소수 세 자리 수를 이해하고 읽고 쓸 수 있다.

소수에서의 자릿값 개념을 도입할 때, 일의 자리를 단위로 시작한다. 10개로 묶는 대신, $\frac{1}{10}$ 의 새로운 단위를 만들기 위하여 1의 $\frac{1}{10}$ 을 취한다.

◎ 소수에서의 자릿값 개념을 도입할 때 일의 자리를 단위로 시작하여 1의 $\frac{1}{10}$ 을 취한다.

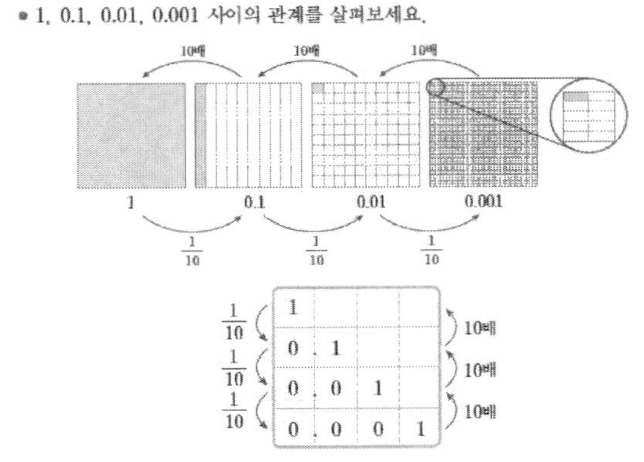


[그림 6-13] 소수사이의 관계(교육부, 2018d, p. 61)

이 새로운 단위를 자릿값 체계에 나타내기 위하여, 1의 자리 뒤에 소수점을 사용한다. 아이들은 10개의 $\frac{1}{10}$이 1이 된다는 것을 알아야 한다. 또한 아이들은 어떤 수에서 $\frac{1}{10}$의 자리를 알 수 있어야 한다.

### (4) 분수와 소수의 관계 및 크기 비교

**성취기준**

[4수01-12] 분모가 같은 분수끼리, 단위분수끼리 크기를 비교할 수 있다.
[4수01-15] 소수의 크기를 비교할 수 있다.
[6수01-12] 분수와 소수의 관계를 이해하고 크기를 비교할 수 있다.

**[해설]** 분모가 같은 진분수는 그 분수를 이루는 단위분수가 같으므로 구체물을 등분할한 후 각 분수가 나타내는 양을 비교하게 한다. 단위분수는 구체물의 등분할이나 수직선에서의 위치 등을 이용하여 크기를 비교하게 한다. 분모가 같은 진분수와 진분수, 가분수와 가분수, 대분수와 대분수, 대분수와 가분수의 크기를 비교하게 한다.

구체물 조작 활동을 통하여 크기가 같은 분수의 성질, 즉 분수의 분모와 분자에 0이 아닌 같은 수를 곱하여도 분수의 크기는 변하지 않는다는 성질을 이해하게 한다. 또 이 성질을 이용하여 주어진 분수와 크기가 같은 분수를 만들고, 약분하는 방법을 알고, 주어진 분수를 약분하게 한다. 크기가 같은 분수의 성질을 이용하여 분모가 다른 두 분수를 통분하는 방법과 공통분모의 의미를 알고, 주어진 분수를 통분하게 한다. 또 분모의 최소공배수를 공통분모로 하여 통분을 하면 간편하게 통분할 수 있음을 이해하게 한다.

◎ 소수의 자릿값의 원리나 수직선에서 소수의 상대적인 위치를 이용하여 소수의 크기를 비교하게 한다.

소수의 자릿값의 원리나 수직선에서 소수의 상대적인 위치를 이용하여 소수의 크기를 비교하게 한다.

소수와 분수의 상호 관계를 이해하게 한다. 분수를 소수로 나타낼 때에는 주어진 분수를 분모가 10, 100, 1000, …인 크기가 같은 분수로 나타낸 후 소수로 고치게 한다. 또 소수를 분수로 나타낼 때에는 소수점 아래 자리 수에 따라 분모가 10, 100, 1000, …인 분수로 고친 후 약분을 하여 기약분수로 나타내게 한다. 소수와 분수의 크기 비교는 소수를 분수로 고치거나 분수를 소수로 고쳐서 분수끼리 또는 소수끼리 크기를 비교하게 한다.

## □ 5~6학년군 교육과정 상의 유의사항

(가) 학습 요소

• 약분, 통분, 기약분수

(나) 교수·학습 방법 및 유의 사항

• 분모가 다른 분수의 크기 비교에서 수 감각을 이용하여 추론하고 토론하는 활동을 하게 한다.

• 수와 연산 영역의 문제 상황에서 문제해결 전략 비교하기, 주어진 문제에서 필요 없는 정보나 부족한 정보 찾기, 조건을 바꾸어 새로운 문제 만들기, 문제해결 과정의 타당성 검토하기 등을 통하여 문제해결 능력을 기르게 한다.

(다) 평가 방법 및 유의 사항

• 분수의 통분을 이용한 문제에서 공통분모로 최소공배수뿐만 아니라 분모의 곱과 같은 공배수도 이용할 수 있게 한다.

**[지도 방법]** 분수도 수이며, 크기를 비교할 수 있고, 가감승제가 가능하다는 것을 아는 것은 중요하다. 분수의 크기를 비교하기 위하여 구체적인 모형을 만들면 분수를 크기순으로 배열하는데 도움이 된다. 예를 들면 분수 띠와 같은

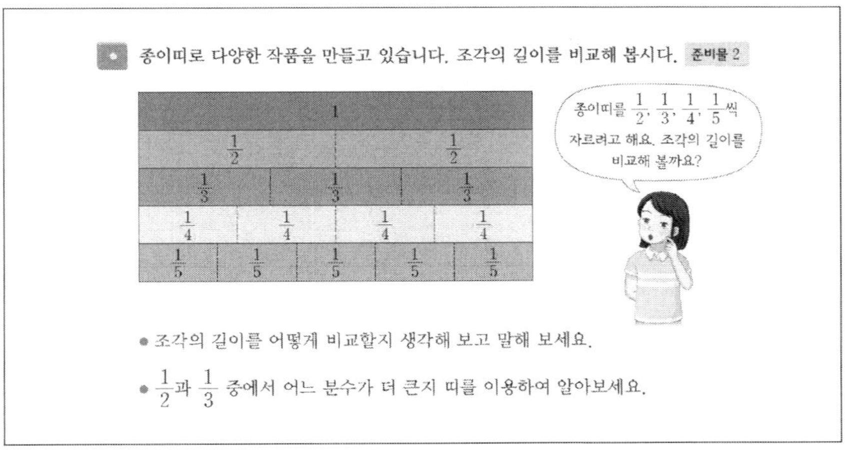


[그림 6-14] 분수 띠를 활용한 분수의 크기 비교(교육부, 2018a, p. 120)

◎ **교육과정 성취기준**
[4수01-12] 분모가 같은 분수끼리, 단위분수끼리 크기를 비교할 수 있다.

그림 모형으로 분수의 크기를 비교할 수 있다. 분수로 표현된 다양한 분수의 크기를 비교하기 위하여 아이들은 동치분수를 찾는 방법에 익숙해져야 한다.

분수의 크기 비교는 '동분모 분수의 크기 비교 ⇒ 단위 분수의 크기 비교 ⇒ 이분모 분수의 크기 비교' 순으로 다루도록 한다.

### 1) 동분모 분수의 크기 비교

동분모 분수의 크기를 비교하기 위해서 주어진 분수를 단위 분수의 몇 배에 해당하는지를 지도한다. 그리고 단위분수의 몇 배인가를 서로 비교하여 대소를 판정한다. 이것은 자연수의 크기 비교를 일반화한 것이다.

**교육과정 성취기준**
[4수01-12] 분모가 같은 분수끼리, 단위분수끼리 크기를 비교할 수 있다.

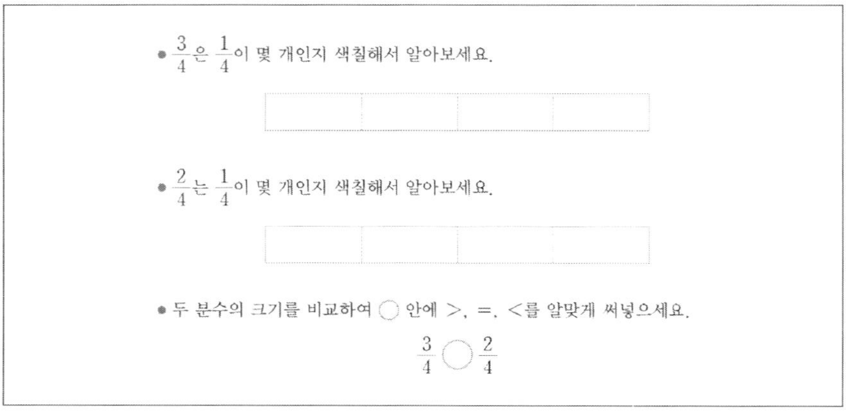

- $\frac{3}{4}$은 $\frac{1}{4}$이 몇 개인지 색칠해서 알아보세요.
- $\frac{2}{4}$는 $\frac{1}{4}$이 몇 개인지 색칠해서 알아보세요.
- 두 분수의 크기를 비교하여 ◯ 안에 >, =, <를 알맞게 써넣으세요.

$\frac{3}{4}$ ◯ $\frac{2}{4}$

[그림 6-15] 동분모 분수의 크기 비교(교육부, 2018a, p. 119)

한편, 단위 분수의 크기는 분수 띠를 이용하여 비교할 수 있다. 단위분수에서는 분모가 작을수록 크다. 그 이유는 사과 한 개를 2사람이 똑같이 나누어 먹는 것과 3사람이 똑같이 나누어 먹는 상황을 비교하면 이해할 수 있다.

### 2) 이분모 분수의 크기 비교

**이분모 분수의 크기를 비교하기 위해서는 동치분수에 대한 이해가 필요하다.**

이분모 분수의 크기를 비교하기 위해서는 동치분수에 대한 이해가 반드시 필요하다. 동치분수를 구하는 순서는 모형으로 동치분수 구하기, 분모가 주어진 동치분수 구하기, 통분하기 순으로 한다.

#### 1 모형으로 동치분수 구하기

동치분수를 구하기 위한 일반화하는 방법을 발달시키기 위하여 종이 접기 모형에서 시작하여 기호로 어떻게 표현할 수 있는지로 발견해 나갈 수 있다. 예를 들어 $\frac{3}{4}$의 동치분수를 구하는 방법은 다음과 같다.

① 종이 한 장을 4등분하여 $\frac{3}{4}$의 모형을 만들고, 다른 방향에서 반으로 접는다.

② 종이가 반으로 접혔을 때 4등분된 부분은 어떻게 분할되었는지 알아본다.

③ 똑같은 부분들을 두 배로 만들면(2×4), 칠해진 부분의 개수도 두 배(2×3)가 된다는 것을 알 수 있다.

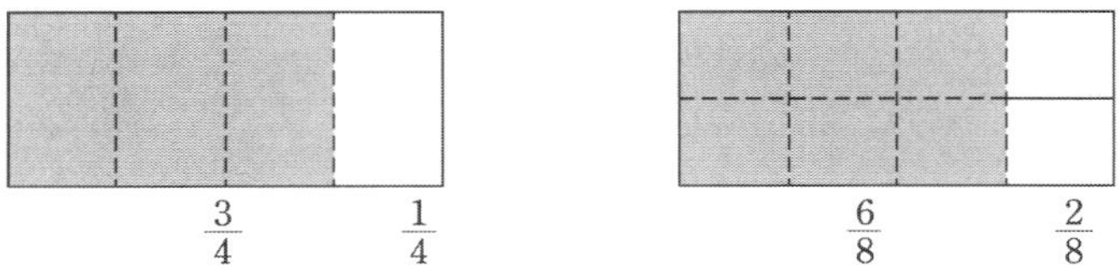


④ 이 모형을 기호로 나타내면 $\frac{2\times3}{2\times4}$ 또는 $\frac{3\times2}{4\times2}=\frac{6}{8}$이 된다.

이와 같은 예들을 더 많이 다룬 후에, 아이들은 분자, 분모에 같은 수를 곱해도 그 결과는 같다는 것을 일반화할 수 있게 된다. 역으로, 8개의 부분 조각 모형에서 시작하여 어떻게 4개의 부분 조각을 얻게 되는지를 설명할 수도 있다. 이 경우에, 8개의 부분에서 시작하여 그들을 2씩 묶으면 4가 된다. 역시 색칠한 부분의 개수를 2씩 묶는다. 따라서

$$\frac{6}{8}=\frac{6\div2}{8\div2}=\frac{3}{4}$$

이 된다. 이런 예를 통하여 분자, 분모를 같은 수로 나누어 같은 크기를 갖는 분수를 구할 수 있다는 것을 일반화할 수 있게 된다.

### ② 분모가 주어진 동치분수 구하기

분모와 분자의 양쪽에 같은 수를 곱하거나 나눌 수 있음을 이해하면 다음과 같은 문제를 해결하며 그 이유를 알도록 한다.

$$\frac{2}{3}=\frac{\square}{9},\qquad \frac{6}{8}=\frac{\square}{4}$$

### ③ 통분하기

분모가 주어진 동치분수를 구하는 활동을 통하여 분모와 분자에 0이 아닌 자연수를 곱하면 항상 동치분수가 된다는 것을 이용하여 비형식적으로 통분하도록 한다. 그렇지만 두 분모를 곱하면 언제나 공통분모가 된다. 그러나 분모의 곱이 언제나 최소 공통분모는 아니다. 최소 공통분모는 최소공배수를 구하면 된다. 그러나 최소공배수를 이용하여 공통분모를 구하는 방법을 강요하지는 말아야 한다.

◎ **교육과정 성취기준**
[6수01-06] 분수를 약분, 통분할 수 있다.

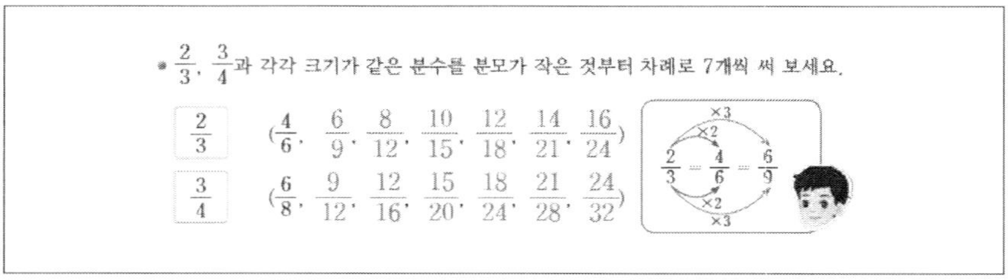


[그림 6-16] 통분(교육부, 2018e, p. 72)

## 3) 소수의 크기 비교와 반올림

소수의 크기를 비교하고 반올림하는 학습은 소수를 이해하고 자연수의 크기를 비교하거나 반올림할 수 있게 된 뒤에 이루어져야 한다. 아이들은 소수를 자릿값으로 설명할 수 있고, 0.2와 0.20 또는 0.200이 같다고 생각할 수 있어야 한다.

◎ **교육과정 성취기준**
[4수01-15] 소수의 크기를 비교할 수 있다.

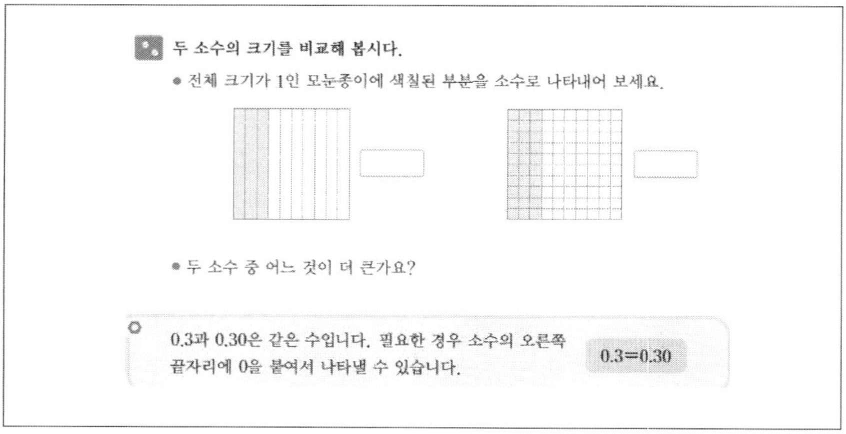


[그림 6-17] 소수의 크기 비교(교육부, 2018d, p. 58)

소수의 크기를 비교할 때에는 모눈종이 위에 소수만큼 색칠해 보거나 수직선 위에 소수를 나타내어 직관적으로 크기를 비교할 수 있다. 그리고 논리적으로는 0.1이나 0.01과 같은 소수의 몇 배인지를 통해 크기를 비교할 수 있다.

## 단원 탐구문제

1. 분수의 발생적 맥락에 따른 수업 지도안을 작성해 보시오.

2. 소수가 활용되는 예를 들어 보시오.

3. 다음 분수에 대한 아이들의 진술이 틀린 것을 고른 것은?

> 영수: 나는 어제 피자 한 판의 $\frac{1}{2}$을 먹었는데, 정수는 피자 한판의 $\frac{1}{3}$을 먹었데. 그러므로 내가 먹은 피자의 양이 더 많아.
> 정수: 동생은 빵 2개를 3명이서 나누어 먹었데. 그런데 빵을 3조각씩 나누면 빵 2개는 6조각이 되고, 한 명이 먹은 빵은 2조각이므로 한사람이 먹은 빵은 $\frac{2}{6}=\frac{1}{3}$개가 맞아.
> 철수: 전체를 똑같이 3등분한 것 중의 1부분은 전체를 똑같이 6등분한 것 중의 2부분과 같으므로 $\frac{2}{6}=\frac{1}{3}$이 성립하지.
> 명수: 부분과 전체를 비교하는 분수는 진분수로만 표시되지.

① 영수, 정수, 철수, 명수 ② 영수, 정수, 명수
③ 영수, 정수 ④ 정수, 명수
⑤ 정수

4. 다음은 분수 학습에 대한 교사들의 대화 내용을 제시한 것이다. 대화를 보고 물음에 답하시오.

> 김교사: 분수의 도입은 영역을 똑같은 부분으로 나누어 전체와 부분을 비교하여 수로 나타내는 등분할 개념으로 도입하기 때문에 아이들은 이에 대한 관념을 강하게 형성하는 경향이 있습니다.
> 박교사: 그렇습니다. 분수 학습은 본질적으로 분수의 생성 배경을 반영하여 분수의 필요성을 아이들이 알도록 해야 합니다.
> 문교사: 그런데 분수는 하위 개념이 너무 많아 아이들이 어려워하는데, 하위 개념들의 여러 의미가 통합되도록 지도해야 합니다.
> 정교사: 특히 분수의 지도에서 절차적 기능과 계산 알고리즘을 익히는데 치중한다는 것이 문제입니다.
> 이교사: 그렇습니다. 분수의 지도에서는 분수의 발생적 맥락과 아이의 경험에 기초한 비형식적 지식과 조작활동을 바탕으로 분수의 양적인 측면을 고려하는 지도가 필요합니다.

(1) 박교사의 의견에 맞도록 분수 수업을 구안하려고 한다. 이에 대한 지도 방안을 2가지 들고, 각각에 적절한 도입 문제를 제시하시오.

(2) 문교사가 제시한 현행 학교에서 지도하는 분수의 하위 개념을 3가지 들고, 각각의 예를 제시하시오.

(3) 이교사가 제시한 조작활동을 바탕으로 한 분수의 지도에 대하여 크기가 같은 분수를 지도하는 수업에 구체적 조작활동을 통해 지도할 수 있는 방법을 구체적으로 제시하시오.

5. 다음 수업에 나타난 지도 내용을 쓰시오.

'김교사는 구체물을 세는 활동을 통하여 10개가 모이면 10개씩 묶고, 10개 묶음이 10묶음이면 100개씩 묶는 활동을 하고, 이를 수로 나타내도록 하였다. 그리고 수를 구성하는 백의 자리, 십의 자리, 일의 자리의 숫자와 값을 알도록 하였다.'

# 07 자연수의 연산

## 이 장을 시작하면서

초등수학에서 연산은 수와 더불어 가장 기본적인 학습 내용이다. 계산 기능의 숙달은 수학 학습에 도움을 주지만, 종전의 수학교육이 지나치게 계산 기능의 숙달에 중점을 두었기 때문에 비판 대상이 되어 왔다. 따라서 새로운 연산 교수·학습에서는 계산 기능뿐만이 아니라, 연산의 의미, 문제해결 능력, 어림 능력, 암산 능력, 수감각 등을 강조해야 한다.

아이들은 실생활에서 연산을 효과적으로 사용하기 위해 덧셈, 뺄셈, 곱셈, 나눗셈의 여러 가지 의미와 관계를 알아야 한다. 특히 연산에서는 수감각을 바탕으로 연산감각을 길러주어 생활 속에서 연산을 활용할 수 있도록 해 주어야 한다. 즉, 수 사이의 관계는 기본 셈 숙달에 중요한 역할을 하므로 수들 사이의 관계에 대한 이해를 바탕으로 효율적인 계산 전략을 구사하도록 해야 한다. 예를 들어, 7×6은 7을 하나씩 세어 42를 찾는 것보다, 7×5를 한 다음에 7을 더하는 것이 더 효율적이다(Van De Walle, Karp & Bay-Williams, 2004).

계산이 필요할 때에는 먼저 정확한 값이 필요한지? 대략적인 값이 필요한지를 판단해야 한다(그림 7-1). 만약 대략적인 값이 필요하다면 어림으로 충분할 것이다. 그렇지만 정확한 값이 필요하다면 사용할 수 있는 도구가 무엇이 있는가를 살펴야 할 것이다. 계산기가 있다면 그것을 사용하면 될 것이고, 그렇지 않다면 암산을 하거나 지필계산을 하면 될 것이다. 아이들이 생활 속에서 필요한 계산 결과를 얻도록 하기 위하여 적절한 상황 제시와 이용할 수 있는 도구를 적절히 활용하도록 지도하는 것은 연산 지도에서 중요한 첫 과정인 것이다.

# 7장

# 자연수의 연산

연산은 수학의 기본적인 기능으로, 전통적으로 초등학교에서 수학을 지도하는 것은 연산을 가르치는 것으로 여겨져 왔습니다. 초등학교 연산 지도는 계산 기능의 숙달에 치중해 왔는데, 연산은 그 자체가 목적이 아니라, 문제를 해결하는 수단임을 알아야 합니다. 또한 연산 지도는 수 감각, 어림하는 능력, 암산 능력, 문제해결 능력 등을 기르는데 초점을 두어야 합니다. 이 장에서는 자연수 연산 지도에 필요한 이론적 배경과 지도 방법에 대하여 알아보도록 합니다.

◎ 연산은 수학의 기본적인 기능으로, 전통적으로 초등학교에서 수학을 지도하는 것은 연산을 가르치는 것으로 여겨져 왔습니다.

## 7-1. 자연수 연산 영역의 이해

### (1) 연산의 의미

연산이란 조작(operation)을 말하고, 계산(computation)이란 그 조작에 의하여 결과를 구하는 것을 말한다. 즉, 두 대상 $(a, b)$가 있을 때 $a$, $b$를 결합하여 제 3의 대상 $c$를 만들어 내는 조작을 연산이라고 한다. 특히 덧셈과 뺄셈, 곱셈과 나눗셈을 사칙연산이라고 하며, 집합 $A$에서 정의역이 $A \times A$, 공변역이 $A$인 함수 $f$, 즉 $f: A \times A \rightarrow A$가 존재하면 이 함수 $f$를 이항연산(binary operation)이라고 한다. 연산을 나타내는 기호로는 사칙연산인 $+$, $-$, $\times$, $\div$가 있으며, $\frac{d}{dx}$, $\sqrt{\ }$ 등이 있다.

◎ 연산이란 조작을 말하고, 계산이란 그 조작에 의하여 결과를 구하는 것을 말한다.

연산은 수의 집합과 함께 다루어져야 한다. 예를 들면, 자연수의 집합에서 덧셈과 곱셈은 연산이 언제나 가능하지만, 뺄셈과 나눗셈에서는 연산이 불가능해진다. 연산 영역은 수학의 다른 영역에 비해 차지하는 비중이 크므로 많은 지도가 필요하다. 아이들은 문장제에 어려움을 많이 느낀다고 한다. 따라서 연산 지도에서는 계산과 연산의 의미를 명확히 하고, 사칙연산에 대한 기초 개념을 명확히 하고 구조화하도록 해야 한다. 한편, 교환법칙, 결합법칙, 분배법칙 등 연산의 성질을 이해하고 계산에 이용하도록 해야 한다.

◎ 알고리즘이란 계산에서 답을 발견하는데 이용되는 조직적이고 단계적인 절차를 의미한다.

계산에서 중요한 것은 알고리즘(algorithm)의 개발로, 알고리즘이란 '계산에서 답을 발견하는데 이용되는 체계적이고 단계적인 절차'를 의미한다. 알고리즘이란 말은 아라비아 수학자 알 콰리즈미의 이름에서 유래되었다. 그는 어떤 종류의 질문을 해결하기 위하여 단계적인 과정인 알고리즘을 개발하였다.

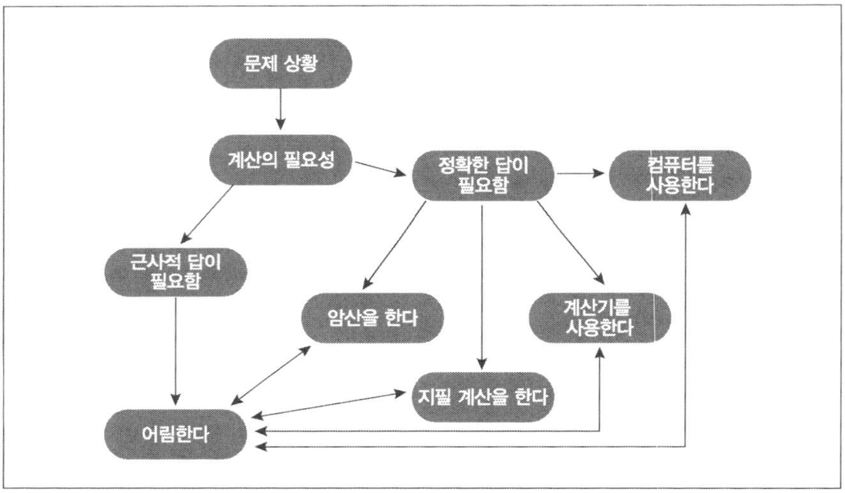


[그림 7-1] 상황에 맞는 계산 방법의 선택(NCTM, 1989, p. 9)

◎ 연산에는 지필계산(필산), 암산, 어림산, 계산기 계산 등이 있다.

연산에는 지필계산(필산), 암산, 어림산, 계산기 계산 등이 있다. 지필계산(paper and pencil calculation)은 종이와 연필을 이용하여 계산하는 셈을 말한다. 학교 수학에서 다루는 계산의 대부분은 지필계산이며, 지필계산은 큰 수나 복잡한 수의 계산을 체계적으로 할 수 있다는 장점이 있다. 그러나 무의미한 계산을 반복 수행하게 되면 계산 결과에 대한 수감각을 느낄 수 없게 되며, 실제로 무엇을 했는지 거의 느끼지 못하고 기계적으로 계산하는 경향이 있을 수 있다.

◎ 암산(mental math)은 외부의 조력장치가 없이 머리만으로 계산하는 셈을 말한다.

암산(mental math)은 외부의 조력장치가 없이 머리만으로 계산하는 셈을 말한다. 암산은 우리의 삶 속에서 실제적으로 이용하는 기능이며, 쉽고 편리하게 계산할 수 있다는 장점이 있다. 예를 들면 97+36의 경우에 97은 100보다 3이 적기 때문에 136에서 3이 적은 수인 133을 쉽게 찾을 수 있다. 암산의 주요 전략으로는 큰 수부터 더하기, 잘라서 더하거나 빼기(67+34은 67+30=97이고, 97+4=101이므로 합은 101이다.), 몇 십으로 만들어 더하거나 빼기(67+34은 70+31로 하여 101이 된다.), 100이 되는 수끼리 있는 경우에 보수 이용하기 등이 있다.

어림산(computational estimation)은 계산의 결과를 어림해 보는 셈을 말한다. 어림산은 계산으로 인해 오류가 없는가를 판단하는 하나의 방법으로 적절하다. 또한 어림산은 종이와 연필로 계산하는 복잡함을 벗어나 머리로 빠르게 계산할 수 있다. 어림산은 정확한 값보다는 일상생활의 근삿값을 구하는 과정으로 어떤 중요한 결정을 내릴 때 정확한 계산에 소비되는 시간을 절약할 수 있다는 장점이 있다. 어림을 하는 주요 전략으로는 큰 수부터 계산하기(368+248+357을 어림하면 백의 자리를 어림하면 800, 십의 자리를 어림하면 150이므로 약 950이다.), 계산하기 좋은 수끼리 묶기(23+38+63+79는 23+79가 약 100이고, 38+63이 약 100이므로 약 200이 된다.), 평균이용하기, 반올림하기 등이 있다.

◎ 어림산(computational estimation)은 계산의 결과를 어림해 보는 셈을 말한다.

계산기 계산(calculator computation)은 계산기를 이용하여 계산하는 셈을 말한다. 계산기 계산은 계산을 하는데 소비되는 시간과 노력을 절약할 수 있다는 장점이 있다.

◎ 계산기 계산(calculator computation)은 계산기를 이용하여 계산하는 셈을 말한다.

## (2) 사칙연산의 의미와 유형

### 1) 덧셈

덧셈은 두 수를 이용하여 하나의 수를 생성해 내는 함수로, 덧셈식 $a+b=c$에서 $a+b$를 '$a$ 더하기 $b$'라고 읽고, $c$를 합(sum)이라 한다. 또 $a$를 $a+b$의 피가수, $b$를 $a+b$의 가수라고 한다.

- 첨가 유형: 하나의 부분에 다른 부분을 첨가해서 전체를 만드는 유형이다. 이 상황에는 물리적인 활동이 포함되어 있다. 즉, 몇 개의 대상에 몇 개가 더해져 양을 더 크게 변화시키는 것이다.

◎ 첨가 유형은 하나의 부분에 다른 부분을 첨가해서 전체를 만드는 유형이다.

◎ 교육과정 성취기준
[2수01-05] 덧셈과 뺄셈이 이루어지는 실생활 상황을 통하여 덧셈과 뺄셈의 의미를 이해한다.

[그림 7-2] 첨가 상황(교육부, 2017a, p. 67)

◎ 합병 유형은 두 부분이 동시에 있는 것을 하나로 합해서 전체를 구하는 것이다.

- 합병 유형: 두 부분이 동시에 있는 것을 하나로 합해서 전체를 구하는 것이다. 즉, 한 대상의 무리를 두 부분(또는 그 이상)으로 나누면 전체는 이 두 부분의 합이 되는 것으로 물리적인 활동이 포함되지 않는 상황이다.

◎ 교육과정 성취기준
[2수01-05] 덧셈과 뺄셈이 이루어지는 실생활 상황을 통하여 덧셈과 뺄셈의 의미를 이해한다.

[그림 7-3] 합병 상황(교육부, 2017a, p. 65)

### 2) 뺄셈

뺄셈식 $a-b=c$에서 $a-b$를 '$a$ 빼기 $b$'라고 하고 $c$를 차(difference)라고 한다. 또 $a$를 $a-b$ 피감수, $b$를 $a-b$의 감수라고 한다.

◎ 구잔 유형은 전체에서 부분을 덜어내고 난 나머지를 구하는 것이다.

- 구잔 유형: 전체에서 부분을 덜어내고 난 나머지를 구하는 것이다. 즉 어떤 상황의 몇 개의 대상 중 몇 개를 없애고 난 후 남은 양을 구하는 것으로, 나머지를 구하는 상황은 '뺀다.'의 의미를 가지고 있다. 한편, 덜어낸다(take away)는 의미를 강조하여 덜어내기, 또는 제거하기 유형이라고도 한다.

[그림 7-4] 구잔 상황(교육부, 2017a, p. 72)

◎ 교육과정 성취기준

[2수01-05] 덧셈과 뺄셈이 이루어지는 실생활 상황을 통하여 덧셈과 뺄셈의 의미를 이해한다.

• 구차 유형: 두 양의 크기를 비교하여 어느 것이 얼마나 많은지, 적은지를 알아보는 것이다. 즉, 두 양 사이의 차가 얼마인지를 결정하는데 초점을 맞추는 상황으로 '비교한다.'는 의미를 가지고 있다. 한편 '비교'의 의미를 강조하여 '비교 유형'이라고도 한다.

◎ **구차 유형은 두 양의 크기를 비교하여 어느 것이 얼마나 많은지, 적은지를 알아보는 것이다.**

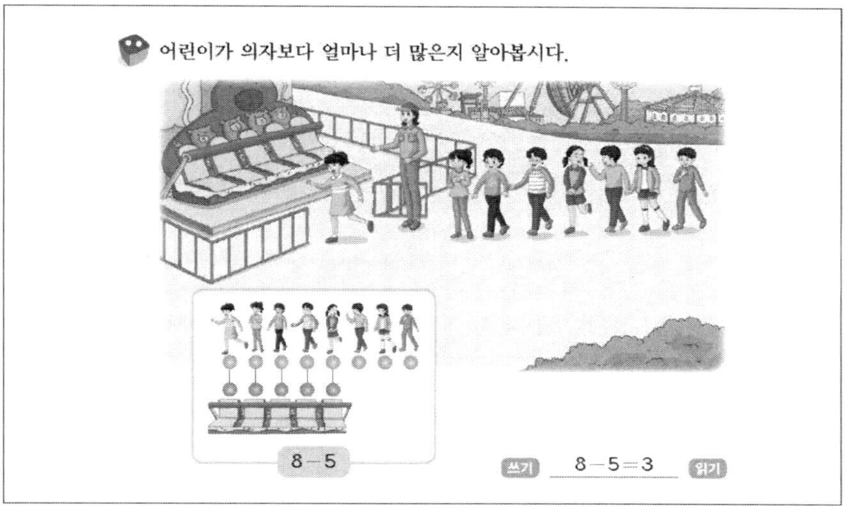


[그림 7-5] 구차 상황(교육부, 2017a, p. 73)

◎ 교육과정 성취기준

[2수01-05] 덧셈과 뺄셈이 이루어지는 실생활 상황을 통하여 덧셈과 뺄셈의 의미를 이해한다.

• 등화 유형: 두 양 사이의 차를 없애서 두 양을 갖게 하려는데 얼마의 양이 필요한지를 묻는 상황이다. 즉, 더 많은 양과 같게 만들기 위해서 적은 양에 얼마를 더해 주어야 하는지, 또는 적은 양과 같게 만들기 위해서 많은 양에서 얼마를 빼야 하는지를 결정하는 상황이다.

◎ **등화 유형은 두 양 사이의 차를 없애서 두 양을 갖게 하려는데 얼마의 양이 필요한지를 묻는 상황이다.**

◎ 교육과정 성취기준

[2수01-05] 덧셈과 뺄셈이 이루어지는 실생활 상황을 통하여 덧셈과 뺄셈의 의미를 이해한다.

**(예)** 경민이와 현환이가 축구 경기를 하는데 경민이는 2골을 넣었고, 현환이는 5골을 넣었다. 경민이는 몇 골을 더 넣어야 현환이와 득점이 같아지는가?

덧셈과 뺄셈의 5가지 유형을 결과를 모르는 경우, 변화량을 모르는 경우, 처음량을 모르는 경우로 나누면 모두 15가지 문장제를 만들 수 있다. 〈표 7-1〉은 각각에 해당하는 문장제이다.

**〈표 7-1〉 덧셈과 뺄셈 문장제의 분류**

| 문제 유형 | 결과를 모름 (a+b=□ / a-b=□) | 변화량을 모름 (a+□=c/ a-□=c) | 처음량을 모름 (□+b=c/ □-b=c) |
|---|---|---|---|
| 첨가 유형 | 경이는 사탕 5개를 가지고 있다. 민이가 3개를 주었다. 경이가 가진 사탕은 모두 몇 개인가? | 경이는 사탕 5개를 가지고 있다. 민이에게 사탕을 몇 개 받아 8개가 되었다. 민이에게 받은 사탕은 몇 개인가? | 경이는 몇 개의 사탕을 가지고 있는데, 민이에게 3개를 받아 8개가 되었다. 경이가 처음에 가졌던 사탕은 몇 개인가? |
| 합병 유형 | 경이는 흰 구슬 5개와 검은 구슬 3개를 가졌다. 경이가 가지고 있는 구슬은 모두 몇 개인가? | 경이는 흰 구슬 5개와 몇 개의 검은 구슬을 합해 8개를 가지고 있다. 경이가 가지고 있는 검은 구슬은 몇 개인가? | 경이는 몇 개의 흰 구슬과 검은 구슬 3개를 합해 8개를 가지고 있다. 경이가 가지고 있는 흰 구슬은 몇 개인가? |
| 구잔 유형 | 경이는 사탕 8개를 가지고 있다. 민이에게 5개를 주었다. 경이에게 몇 개의 사탕이 남았는가? | 경이는 사탕 8개를 가지고 있다. 몇 개를 민이에게 주었더니 3개가 남았다. 민이에게 준 사탕은 몇 개인가? | 경이는 몇 개의 사탕을 가지고 있는데, 5개를 민이에게 주었더니 3개가 남았다. 경이가 처음에 가졌던 사탕은 몇 개인가? |
| 구차 유형 | 경이는 구슬 8개를 가지고 있다.  민이는 구슬 5개를 가졌다. 경이는 민이보다 몇 개 더 가지고 있는가? | 경이는 8개의 구슬을 가지고 있다. 경이는 몇 개를 가지고 있는 민이보다 3개가 더 많은 것이다. 민이가 가진 구슬은 몇 개인가? | 경이는 몇 개의 구슬을 가지고 있다. 5개의 구슬을 가지고 있는 민이보다 경이는 3개가 많다. 경이가 가진 구슬은 몇 개인가? |
| 등화 유형 | 경이는 사탕 8개를 가지고 있다. 민이는 사탕 5개를 가지고 있다.  경이와 같은 수의 사탕을 갖기 위하여 민이는 몇 개의 사탕을 더 사야 하는가? | 경이는 사탕 8개를 가지고 있다. 민이도 몇 개의 사탕을 가지고 있다. 민이가 3개를 더 가지면 경이와 같은 수의 사탕을 갖게 된다. 민이가 가진 사탕은 몇 개인가? | 경이는 몇 개의 사탕을 가지고 있다. 민이는 사탕 5개를 가졌는데 3개만 더 가지면 경이와 같은 수의 사탕을 갖게 된다. 경이가 가진 사탕은 몇 개인가? |

### 3) 곱셈

곱셈식 $a\times b=c$에서 $a\times b$를 '$a$ 곱하기 $b$'라고 하고, $c$를 곱(product)이라고 한다. 또 $a$를 $a\times b$의 피승수, $b$를 $a\times b$의 승수라고 한다. 또한 곱 $a\times b$를 간단히 $a\cdot b$ 또는 $ab$로 쓸 수 있다. 곱셈을 정의하는 방법에는 집합에 의한 정의와 페아노 공리에 따라 정의하는 방법이 있다.

• 곱집합 유형: 집합에 의해 정의하면 두 집합 $A$, $B$에서 $a=n(A)$,

$b=n(B)$일 때 두 수 $a$, $b$의 곱은 두 집합의 순서쌍으로 나타내는 곱집합의 원소의 수이다. 즉 $a \times b=n(A \times B)$이다. 집합에 의한 정의는 자연수일 때만 가능하고, 유리수, 실수인 경우로 확장할 수 없다.

**(예)** 아이 2명이 3가지 색깔의 모자를 쓰게 되는 방법의 수를 구하여라.

- 동수누가 유형: 동수누가에 의한 정의는 페아노 공리에 따른 정의이다. 페아노 공리에 따라 정의하면 $a \times 1=a$, $a \times b'=a \times b+a$(단, $a$, $b$는 자연수)에서 두 번째 정의가 동수누가를 의미하는데, 자연수일 때만 가능하다. 이것은 (한 묶음의 수)×(묶음의 수)=(전체의 수)를 나타낸다.

**(예)** 사과가 3개씩 들어 있는 상자가 모두 4개 있다. 사과의 수를 구하여라.

$3 \times 4=12$,

$3 \times 4=3 \times 3'=3 \times 2'+3=3 \times 1'+3+3=3 \times 1+3+3+3=3+3+3+3=12$

- 양과 양의 곱 유형(비율): 항목의 수와 비율이 주어졌을 때 전체의 값을 구하는 상황이다. 따라서 (단위당 양)×(단위 수)=(전체 량)으로 생활 장면에서 직관적으로 분리량으로 도입한다.

**(예)** 토끼의 다리는 4개이다. 토끼 3마리의 모든 다리의 수를 구하여라.

- 배(비교) 유형: 두 집합의 크기를 비교하는 상황으로 A 집합의 크기가 B 집합의 몇 배라고 했을 때 A 집합의 크기를 구하는 상황이다. 자연수의 곱셈의 본질적 의미는 (기준량)×(배, 비교)=(전체량)을 의미하는 배의 개념이다. 따라서 연산자의 의미로 곱셈을 다루어야 한다. 즉 대상이 연속량일 경우에 확대, 이산량인 경우에 그 수를 늘이는 것이다. 배의 개념으로 곱셈을 도입하는 것은 곱셈의 본질적인 의미에 접근하게 되며, 곱셈 개념의 역사적 발생과 흐름을 같이한다고 볼 수 있다.

◎ 곱셈의 본질적 의미는 (기준량)×(배, 비교)=(전체량)을 의미하는 배의 개념이다.

**(예)** 사과 3개의 4배는 몇 개인가?

5 km의 4배는 얼마인가?

### 4) 나눗셈

뺄셈식 $a \div b=c$에서 $a \div b$를 '$a$ 나누기 $b$'라고 하고 $c$를 몫(quotient)라고

한다. 또 $a$를 $a \div b$의 피제수(dividend), $b$를 $a \div b$의 제수(divisor)라고 한다.

나눗셈은 똑같이 나누는 상황에서 발생한다. 일상생활에서 나눗셈이 이루어지는 경우는 두 가지가 있다.

◎ 포함제는 양의 크기를 일정한 단위로 측정하였을 때 얼마나 되는가를 묻는 것이다.

- 포함제(division): 포함제는 양의 크기를 일정한 단위로 측정하였을 때 얼마나 되는가를 묻는 것이다. 즉, 포함제는 같은 양끼리 나누는 것이다.

**(예)** 사과 12개가 있다. 4개씩 묶어 선물 꾸러미를 만들면 몇 개의 선물 꾸러미를 만들 수 있는가?

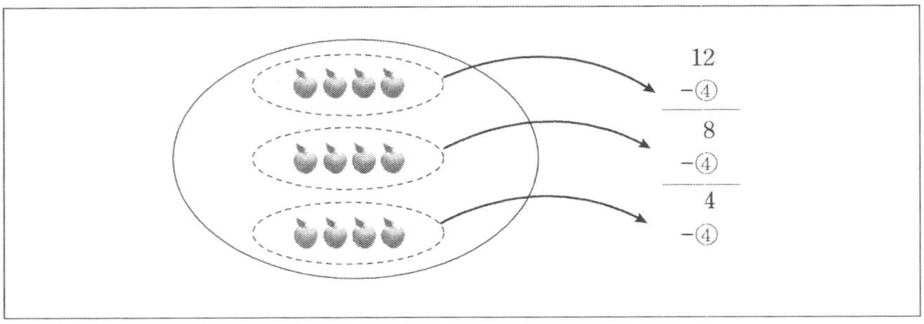


[그림 7-6] 포함제 상황

◎ 등분제는 똑같이 나누어 주었을 때 몫이 얼마인가를 묻는 것이다.

- 등분제(partition): 등분제는 똑같이 나누어 주었을 때 몫이 얼마인가를 묻는 것이다. 즉, 등분제는 다른 양끼리 나누는 것이다.

**(예)** 사과 12개가 있다. 4명에게 사과를 똑같이 나누어 준다면 한 사람이 갖게 되는 사과의 수는 몇 개인가?

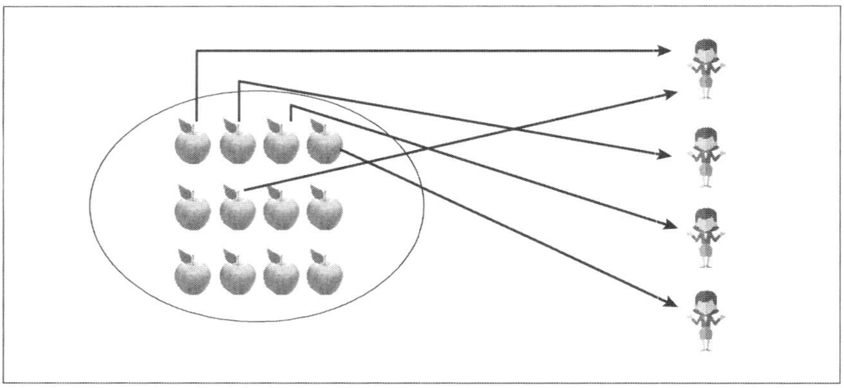

[그림 7-7] 등분제 상황

[그림 7-8] 포함제와 등분제 문제만들기(교육부, 2018a, p. 62)

◎ 교육과정 성취기준
[4수01-07] 나눗셈이 이루어지는 실생활 상황을 통하여 나눗셈의 의미를 알고, 곱셈과 나눗셈의 관계를 이해한다.

#### 5) 덧셈과 곱셈의 성질

덧셈의 성질에는 교환법칙, 결합법칙, 항등원이 있다. 교환법칙을 위해서는 덧셈에서 더하는 순서를 바꾸어도 결과가 같다는 것을 알도록 한다. 교환법칙은 8+3은 쉽게 계산하지만, 3+8은 어려워하는 아이들이 교환법칙의 성질을 이용하면 쉽게 계산할 수 있기 때문에 중요하다. 결합법칙은 셋 이상의 수를 더할 때 더하는 순서를 바꾸어도 결과는 같다는 것을 알도록 한다. 결합법칙은 아이들이 38+7+3을 순서대로 계산하는 것 보다 38+(7+3)을 계산하는 것이 쉽기 때문에 중요하다. 어떤 수에 0을 더하면 그 자신의 수가 된다. 즉, 0을 더하면 결과는 변하지 않는다. 0을 덧셈의 항등원이라고 한다.

◎ 덧셈의 성질에는 교환법칙, 결합법칙, 항등원이 있다.

곱셈의 성질에는 교환법칙, 결합법칙, 항등원, 분배법칙이 있다. 교환법칙을 위해서는 곱셈에서 곱하는 순서를 바꾸어도 결과가 같다는 것을 알도록 한다. 교환법칙은 3×25보다 25×3을 쉽게 계산할 수 있기 때문에 중요하다. 결합법칙은 셋 이상의 수를 곱할 때 곱하는 순서를 바꾸어도 결과는 같다는 것을 알도록 한다. 어떤 수에 1을 곱하면 그 자신의 수가 된다. 즉, 1을 곱하면 결과는 변하지 않는다. 1을 곱셈의 항등원이라고 한다. 분배법칙은 곱셈의 알고리즘을 이해하는데 유용하고, 분배법칙을 이용하면 6×13=6×(10+3)=6×10+6×3과 같이 계산을 유용하게 할 수 있다.

◎ 곱셈의 성질에는 교환법칙, 결합법칙, 항등원, 분배법칙이 있다.

### (3) 사칙연산의 구구

#### 1) 사칙연산 구구

덧셈과 뺄셈 구구에 대한 발달과 숙달은 유치원이나 초등학교 1학년부터 시작되며, 곱셈과 나눗셈 구구가 발달하고 연습될 때에도 계속된다. 많은 아이들은 몇 가지 구구를 알고 학교에 입학한다. 예를 들어 '1 더하기 1은 2', '2 더하기 2는 4'라든지, 심지어는 '5 더하기 5는 10'이라는 말을 들을 기회가 많다. 이 아이들은 둘에 하나가 더 있으면 셋이고, 8에 아무 것도 더하지 않으면 여전히 8이라는 것을 안다.

그러나 그들은 6+7=13이라는 것은 모를 것이다. 왜냐하면 그들은 '+'나 '='와 같은 기호의 의미에 대한 분명한 개념을 갖고 있지 않기 때문이다. 즉, 아이들은 구구를 포함하는 간단한 문제는 풀 수 있어도 그 구구를 인식하거나 쓸 줄은 모를 수 있다. 따라서 교사는 아이들이 알고 있는 지식을 조직하여 비형식적 지식과 형식적 지식 간의 간극을 메우도록 하는 학습을 구성하며, 학습과정 중에 의미를 개발하도록 도와주어야 한다.

◎ 구구에서 다양한 사고 전략은 구구에 대한 답을 결정하는 데 효율적인 방법이 된다.

학습에서 다양한 사고 전략은 구구에 대한 답을 결정하는 데 효율적인 방법이 된다. 전략이 효율적일수록 아이는 두 수의 합, 차, 곱, 몫에 대한 정확한 답을 더 빨리 알아낼 수 있고, 결과적으로 이 구구를 기억하여 재빨리 회상해 낼 수 있다. 다음은 두 수의 합, 차, 곱, 몫의 구구에 활용할 수 있는 전략이다.

### 1 덧셈 구구를 위한 사고 전략

덧셈 구구에 사용될 수 있는 사고 전략에는 교환법칙, 0과 1을 더하기, 두 배하기, 연속적으로 수세기, 10을 더하기 등이 있다. 많은 구구에 대해 하나 이상의 전략이 적절하게 사용된다.

### 2 뺄셈 구구를 위한 사고 전략

덧셈 구구는 뺄셈 구구를 배우고 회상하는 데 주된 사고 전략을 이루며, 덧셈 구구에 대한 각각의 사고 전략에 대응하는 뺄셈 구구가 있다. 뺄셈 구구를 찾는 다른 전략에는 0과 1을 빼기, 두 배 이용, 거꾸로 세기, 계속 세기 등이 있다.

### 3 곱셈 구구를 위한 사고 전략

곱셈은 더하는 수가 모두 같을 때의 덧셈에 대한 특별한 경우로 볼 수 있다. 곱셈 문제의 풀이는 덧셈과 수 세기로부터 얻을 수 있지만, 곱셈은 이것을 보다 빨리 해주기 때문에 사용된다. 곱셈에 대한 사고 전략은 아이들이 각 구구를 알아내는 효과적인 방법을 제공한다. 이 사고 전략에는 교환법칙, 1과 0을 사용하기, 뛰어 세기, 동수누가, 알고 있는 부분이나 모양으로 나누기 등을 포함한다.

### ④ 나눗셈 구구를 위한 사고 전략

초등학교에서 나눗셈을 가르치는 데 시간을 많이 소비한다. 그래서 계산기의 사용이 증가하고 있고, 계산에 드는 노력을 줄이려는 경향이 늘고 있다. 그럼에도 불구하고, 아이들은 나눗셈 과정과 나눗셈 구구에 대한 이해를 계속해서 필요로 한다. 곱셈 구구는 나눗셈 구구를 이해하고 회상하는 데 도움을 주는 기본적인 사고 전략을 이룬다.

나눗셈을 위한 사고 전략은 다른 연산을 위한 사고 전략보다 배우는 데에도 훨씬 어렵다. 아이는 보다 많이 기억해야 하며, 재배열이 때때로 필요하다. 예를 들어, 뛰어 세기를 할 때 거꾸로 세어 내려가고자 할 때라도 아이는 어떤 수가 곱해진 횟수를 알아야 한다. 그러므로 주된 노력은 곱셈 구구를 다루기 쉽게 익숙해지는 데에 두어야 한다.

## 7-2. 자연수 연산 영역의 지도 방법

1~2학년군에서는 두 자리 수 범위의 덧셈과 뺄셈, 곱셈을 다룬다. 3~4학년군에서는 세 자리 수의 덧셈과 뺄셈, 자연수의 곱셈과 나눗셈을 다룬다. 5~6학년군에서는 자연수의 혼합 계산을 다룬다. 각 학년별 상세한 지도 내용과 방법은 다음과 같다(교육부, 2015a).

| 영역 | 핵심 개념 | 일반화된 지식 | 학년(군)별 내용 요소 | | |
|---|---|---|---|---|---|
| | | | 1~2학년 | 3~4학년 | 5~6학년 |
| 수와 연산 | 수의 연산 | 자연수에 대한 사칙계산이 정의되고, 이는 분수와 소수의 사칙계산으로 확장된다. | • 두 자리 수 범위의 덧셈과 뺄셈<br>• 곱셈 | • 세 자리 수의 덧셈과 뺄셈<br>• 자연수의 곱셈과 나눗셈 | • 자연수의 혼합 계산 |

☆참고: 2009 개정 수학과 교육과정의 분수와 소수 영역 내용(교육과학기술부, 2011)

| 영역 \ 학년 | 1~2학년군 | 3~4학년군 | 5~6학년군 |
|---|---|---|---|
| 지도 내용 | • 두 자리 수의 덧셈과 뺄셈<br>• 곱셈 | • 세 자리 수의 덧셈과 뺄셈·곱셈·나눗셈<br>• 자연수의 혼합 계산 | |
| 용어와 기호 | 덧셈, 뺄셈, 곱셈, +, −, ×, = | 나눗셈, 몫, 나머지, 나누어떨어진다, ÷ | |

## (1) 덧셈과 뺄셈의 지도 방법

**성취기준**

[2수01-05] 덧셈과 뺄셈이 이루어지는 실생활 상황을 통하여 덧셈과 뺄셈의 의미를 이해한다.
[2수01-06] 두 자리 수의 범위에서 덧셈과 뺄셈의 계산 원리를 이해하고 그 계산을 할 수 있다.
[2수01-07] 덧셈과 뺄셈의 관계를 이해한다.
[2수01-08] 두 자리 수의 범위에서 세 수의 덧셈과 뺄셈을 할 수 있다.
[4수01-03] 세 자리 수의 덧셈과 뺄셈의 계산 원리를 이해하고 그 계산을 할 수 있다.
[4수01-04] 세 자리 수의 덧셈과 뺄셈에서 계산 결과를 어림할 수 있다.

**[해설]** 생활 장면에서 덧셈과 뺄셈이 이루어지는 경우를 알아보고, 구체적인 상황을 제시하여 덧셈과 뺄셈의 의미를 이해하게 한다. 한 자리 수끼리의 덧셈은 더하는 수가 10보다 작은 두 수의 덧셈을 다룬다. 합이 10 미만인 덧셈은 구체물을 이용하여 계산 기능이 숙달되도록 하고, 암산으로도 계산할 수 있게 한다. 합이 10 이상인 덧셈은 수 가르기와 모으기를 이용하여 더하는 수를 두 수로 가르기를 한 후 10을 만들고 나머지 수를 더하게 한다.

세 수의 덧셈과 뺄셈, 혼합계산은 두 수의 덧셈과 뺄셈을 바탕으로 차례대로 계산하게 한다. 그러나 수들 사이의 관계를 이용하여 차례대로 계산하지 않고 여러 가지 방법으로 계산하게 할 수도 있다.

◎ 덧셈과 뺄셈은 서로 역연산 관계이다.

덧셈과 뺄셈은 서로 역연산 관계이다. 구체물을 더하고 빼는 활동을 통하여 덧셈식 $a+b=c$는 뺄셈식 $a=c-b$ 또는 $b=c-a$로 나타낼 수 있고, 뺄셈식 $a-b=c$는 덧셈식 $a=b+c$로 나타낼 수 있음을 이해하게 한다.

세 자리 수 범위의 덧셈과 뺄셈은 구체물 조작 활동을 통하여 덧셈과 뺄셈의 계산 원리를 이해하게 한다. 또 이러한 이해를 바탕으로 세 자리 수 범위의 덧셈과 뺄셈을 형식화하고 계산 기능이 능숙해지도록 한다. 세 자리 수의 범위에서 덧셈은 합이 네 자리 수가 되는 덧셈도 포함하도록 한다.

### □ 1~2학년군 교육과정 상의 유의사항

(가) 학습 요소

• 덧셈, 뺄셈, +, −, =

(나) 교수·학습 방법 및 유의 사항

• 수를 분해하고 합성하는 활동은 20 이하의 수의 범위에서 한다.
• 덧셈은 두 자리 수의 범위에서 다루되, 합이 세 자리 수인 경우도 포함한다.
• 한 가지 상황을 덧셈식과 뺄셈식으로 나타내는 활동을 통하여 덧셈과 뺄셈의 관계를 이해하게 한다.
• □가 사용된 덧셈식과 뺄셈식은 □의 값을 직관적으로 구할 수 있는 수준으로 다룬다.

(다) 평가 방법 및 유의 사항

• 덧셈과 뺄셈을 여러 가지 방법으로 계산하는 활동을 평가할 때에는 아이들이 자유롭게 계산하도록 하는 데 초점을 두고 이를 지나치게 형식화하지 않도록 관찰, 면담 등의 다양한 방법을 이용한다.

### □ 3~4학년군 교육과정 상의 유의사항

(가) 교수·학습 방법 및 유의 사항

• 덧셈은 세 자리 수의 범위에서 다루되, 합이 네 자리 수인 경우도 포함한다.
• 덧셈, 뺄셈, 곱셈, 나눗셈을 하기 전에 계산 결과를 어림해 보고, 어림한 값을 이용하여 계산 결과가 타당한지 확인해보게 한다.
• 학생들에게 친근한 실생활 상황을 이용하여 덧셈, 뺄셈, 곱셈, 나눗셈에 관련된 문제를 만들고 해결하게 한다.

• 자연수의 사칙계산에서 계산 원리를 이해하거나 계산 기능을 숙달하는 것이 목적이 아닌 경우에는 계산기를 사용하게 할 수 있다.

**[지도 방법]** 오랜 동안 '알고리즘'이라 일컫는 지필 계산 과정에 의한 계산 기능이 아이들의 수학 성취의 필수적 요소로 자리 잡아 왔다. 종전의 계산 지도에서 교사는 단순히 알고리즘을 제시하고, 아이들이 단계적으로 무엇을 해야 하는지를 곧바로 보여주는 것에 치중하였다.

그러나 최근에는 아이들이 그들 자신을 위해 스스로 무엇을 구성하거나 발전시킬 수 있는지에 대해 구체화하기 시작했다. 아이들은 교사가 일러주는 계산 과정이 옳다는 것을 단순히 기억하기보다는 정답에 이르는 자신의 방식을 깨치도록 해야 한다. 또한 아이들은 계산기를 이용하여 계산 부담을 완화시킬 수 있게 되었다. 그렇지만 알고리즘을 사용하는 능력은 여전히 계산에서 본질적인 것이라고 여겨진다.

◎ 계산기로 인해 계산 부담을 완화되었지만, 알고리즘을 사용하는 능력은 여전히 계산에서 본질적인 것이다.

NCTM의 Standards(1989)는 아이들이 "특별한 문제에 적합한 계산 기법을 선택하고 사용하며, 그리고 그 결과가 합리적인가를 결정해야 할" 필요성을 강조한다(p. 44). 그와 같은 향상된 능력을 개발하기 위해, 계산 지도에서의 개선 지침으로 다음과 같은 것이 포함된다(p. 35).

• 간단한 계산의 명확한 이해와 숙달의 육성
• 보다 나은 수학 탐구를 위해, 지필 알고리즘 사용에 의한 지루한 계산 지도의 지양
• 서로 다른 수학적 상황에 적합한–빠른 암산으로부터 컴퓨터의 사용까지–광범위한 계산과 어림 기법의 사용의 촉진
• 적절한 공학 기술 활용에 필요한 기능 및 계산 결과를 문제 상황으로 전환하는 능력의 개발
• 학생들에게 계산의 타당성 여부의 확인 방법 제공(수와 알고리즘 감각, 어림기능)

많은 아이들이 덧셈과 뺄셈에 대한 기본적인 개념을 이해하기도 전에 형식적인 알고리즘에 의한 계산을 배우기 때문에 받아올림/받아내림에 어려움을 겪으며, 다양하고 편리한 계산 방법을 활용하지 못하고 있다.

아이들에게 조작 활동을 충분히 제공하고, 계산 방법을 발표시키면 다양한 방법이 나오는데 그 과정을 기호로 나타내게 하면 이것이 아이들이 만든 알고리즘이 된다. 교사는 이미 알고 있지만, 아이들 스스로 발명했기에 이런 과정을 재발명(reinvention)이라고 한다. 수학 학습에서 강조하는 것은 계산 절차가 아니라, 아이 스스로 계산 절차를 고안할 수 있는 힘을 길러주는 것이다. 다음은 덧셈과 뺄셈의 지도 원리이다.

**◎ 수학 학습에서 강조하는 것은 계산 절차가 아니라, 아이 스스로 계산 절차를 고안할 수 있는 힘을 길러주는 것이다.**

① 한 자리 수의 덧셈

합이 10 미만인 경우의 덧셈은 세어서 해결한다. 합이 10 이상인 덧셈에서는 수의 가르기와 모으기가 자유롭게 이루어져야 하고, 10에 대한 보수(합이 10이 되는 두 수)를 능숙하게 이해하고 있어야 한다.

② 두 자리 수의 덧셈

한 자리 수의 계산과 마찬가지로 ㉠ 문제 상황 제시 → ㉡ 수학적 모델로 나타내기 → ㉢ 조작 활동 → ㉣ 발표 및 형식화의 과정을 거친다. [그림 7-9]는 위의 과정에 대한 교과서에 제시된 예이다.

**◎ 교육과정 성취기준**

[2수01-06] 두 자리 수의 범위에서 덧셈과 뺄셈의 계산 원리를 이해하고 그 계산을 할 수 있다.

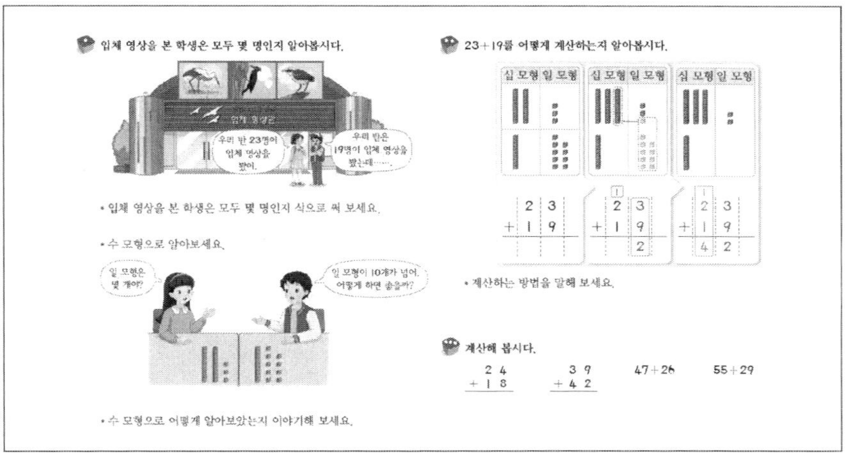


[그림 7-9] 받아올림이 있는 덧셈(교육부, 2017c, pp. 62-63)

③ 두 자리 수의 뺄셈

두 자리 수의 뺄셈의 지도 방법이나 절차는 덧셈과 유사하다. 아이들이 어려워하거나 오류를 많이 보이는 뺄셈에서 중요한 것은 받아내림을 이해하는 것이다. 이를 위해 교사의 설명보다는 조작 활동 경험이 중요하다.

두 자리 수의 뺄셈의 지도 과정도 ㉠ 문제 상황 제시 → ㉡ 수학적 모델로 나타내기 → ㉢ 조작 활동 → ㉣ 발표 및 형식화의 과정을 거친다. 이런 과정을 한 번만 하고 성급하게 기호를 도입하기 때문에 아이들이 절차적 지식에만 의존하게 된다. 일반 아이라면 3-4회 정도를 반복해야 할 것이다.

**◎ 교육과정 성취기준**

[2수01-06] 두 자리 수의 범위에서 덧셈과 뺄셈의 계산 원리를 이해하고 그 계산을 할 수 있다.

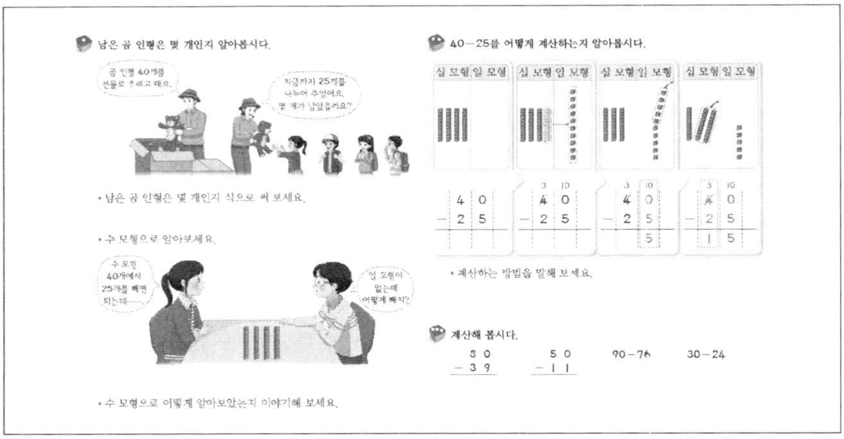


[그림 7-10] 받아내림이 있는 뺄셈(교육부, 2017c, pp. 70-71)

## 탐구활동

탐구활동: 다음의 식은 미진이가 (두 자리 수)-(한 자리 수)의 받아내림이 있는 뺄셈을 계산한 것이다. 미진이는 어떤 방법으로 뺄셈을 한 것일까?

| | | | |
|---|---|---|---|
| 52 | 32 | 32 | 42 |
| − 7 | − 9 | − 19 | − 18 |
| ⑤ | ⑦ | ⑦ | ⑥ |
| 50 | 30 | 20 | 30 |
| 45 | 23 | 13 | 24 |

## 2) 곱셈의 지도 방법

### 성취기준

[2수01-10] 곱셈이 이루어지는 실생활 상황을 통하여 곱셈의 의미를 이해한다.
[2수01-11] 곱셈구구를 이해하고, 한 자리 수의 곱셈을 할 수 있다.
[4수01-05] 곱하는 수가 한 자리 수 또는 두 자리 수인 곱셈의 계산 원리를 이해하고 그 계산을 할 수 있다.
[4수01-06] 곱하는 수가 한 자리 수 또는 두 자리 수인 곱셈에서 계산 결과를 어림할 수 있다.

**[해설]** 곱셈의 본질적인 의미는 배의 개념이다. '내 나이는 동생 나이의 2배이다'와 같이 생활 장면에서 곱셈이 사용되는 예를 찾고, 이를 통해 곱셈의 의미를 이해하게 한다. 이미 학습한 묶어 세기, 뛰어 세기, 동수누가 등의 방법을 사용하여 '~의 ~배'를 곱셈식으로 나타내고, 곱을 정의한다. 또한 구체물을 사용하여 생활 장면에서 접할 수 있는 문제를 해결하게 함으로써 곱셈에 대한 기초 활동을 충분히 제공한다.

◎ 곱셈의 본질적인 의미는 배의 개념이다.

곱셈에 대한 기초 경험을 바탕으로 곱셈 구구의 구성 원리를 이해하고, 곱셈구구를 이용하여 (한 자리 수)×(한 자리 수)의 곱을 쉽게 구하게 한다. 1의 단 곱셈구구와 0의 곱은 실생활과 관련지어 다룬다.

### □1~2학년군 교육과정 상의 유의사항

(가) 학습 요소

- 곱셈, ×

(나) 교수·학습 방법 및 유의 사항

- 곱셈의 의미는 배의 개념과 동수누가를 통하여 다루고, 1의 곱과 0의 곱은 실생활과 관련지어 다룬다.

'(두 자리 수)×(한 자리 수)'의 계산은 실생활에서 곱셈이 이루어지는 장면을 도입하고, 구체적인 조작 활동을 통하여 원리를 이해하게 한다. 또 곱셈을 활용하여 여러 가지 실생활 문제를 다양한 방법으로 해결할 수 있게 한다. 생활 장면에서 곱셈이 적용되는 문제 상황을 제시하여 여러 가지 방법으로 해결하게 함으로써 문제해결력과 응용력을 기를 수 있게 한다.

### □3~4학년군 교육과정 상의 유의사항

(가) 교수·학습 방법 및 유의 사항

- 곱셈은 '(두 자리 수)×(한 자리 수)', '(세 자리 수)×(한 자리 수)', '(두 자리 수)×(두 자리 수)', '(세 자리 수)×(두 자리 수)'를 포함한다.
- 한 가지 상황을 곱셈식과 나눗셈식으로 나타내는 활동을 통하여 곱셈과

나눗셈의 관계를 이해하게 한다.

- 덧셈, 뺄셈, 곱셈, 나눗셈을 하기 전에 계산 결과를 어림해 보고, 어림한 값을 이용하여 계산 결과가 타당한지 확인해보게 한다.
- 학생들에게 친근한 실생활 상황을 이용하여 덧셈, 뺄셈, 곱셈, 나눗셈에 관련된 문제를 만들고 해결하게 한다.
- 자연수의 사칙계산에서 계산 원리를 이해하거나 계산 기능을 숙달하는 것이 목적이 아닌 경우에는 계산기를 사용하게 할 수 있다.

◎ **자연수의 사칙계산에서 계산 원리를 이해하거나 계산 기능을 숙달하는 것이 목적이 아닌 경우에는 계산기를 사용하게 할 수 있다.**

**[지도 방법]** 곱셈은 묶어 세기, 뛰어 세기, 동수누가 등의 방법을 사용하여 세어보고, 묶음을 배로 바꾸어 '~의 ~배'를 곱셈식으로 나타내고, 곱을 정의한다. 곱셈의 본질적인 개념은 배 개념이다. 배는 연산자(operator)의 의미이다. 즉, 어떤 수의 3배라는 것이 어떤 대상에 작용하면 그만큼 수를 늘이거나 확장시키게 된다.

◎ **교육과정 성취기준**

[2수01-10] 곱셈이 이루어지는 실생활 상황을 통하여 곱셈의 의미를 이해한다.

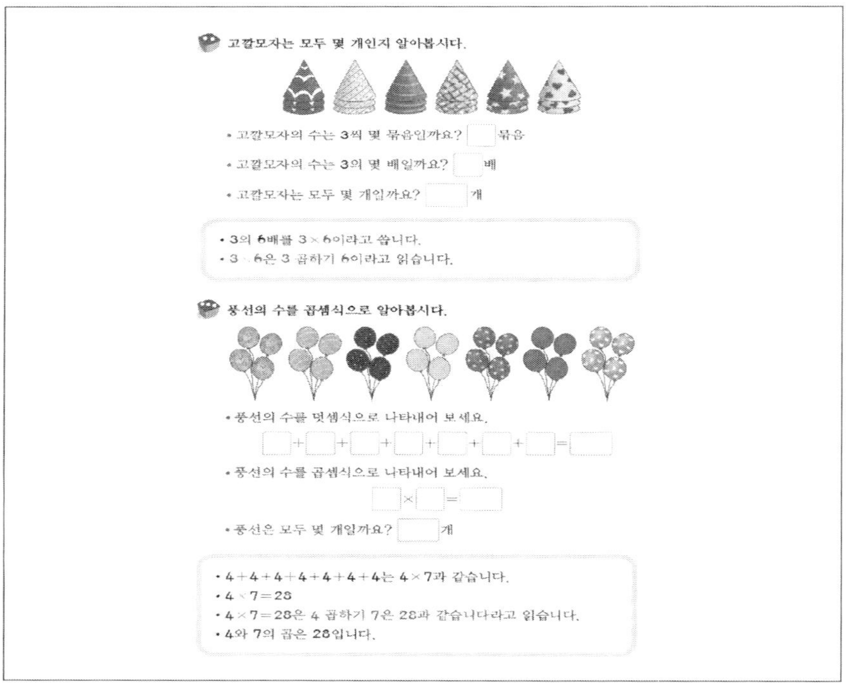


[그림 7-11] 곱셈 지도(교육부, 2017c, pp. 152–153)

① 곱셈 구구

곱셈 구구는 일상생활에서 널리 활용되며, 나눗셈에도 이용되므로 충분한 조작 활동을 통하여 개념을 이해한 다음, 놀이나 게임 등 연습을 통하여 외우도록 한다. 곱셈 구구를 학습하는 순서는 정해져 있지 않지만, 우리나라 교과서에서는 2→5→3, 6→4, 8→7→9단의 순서로 지도하고 있다.

◎ 우리나라 교과서에서는 2→5→3, 6→4, 8→7→9단의 순서로 지도하고 있다.

② 한 자리 수의 곱셈

자료를 사용하여 곱셈의 의미를 강화시킬 때, 아이들이 생각한 것들에 대하여 이야기할 수 있도록 권장해야 한다. 다음과 같은 방법으로 곱셈을 유의미하게 도입할 수 있다.

- 분배법칙을 사용한다.

  $2\times14=2\times(10+4)=(2\times10)+(2\times4)=20+8=28$

- 배열도 곱셈의 의미를 개발하기 위해 사용된다.

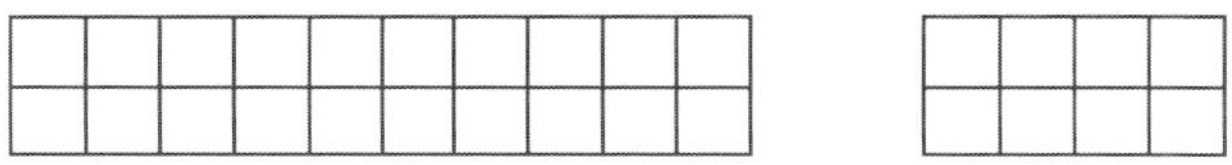

$2\times10$　　　　　　$2\times4$

- 자료를 사용할 때에는 자릿값에 대한 생각에 유의한다.

| 십 | 일 |
|---|---|
| 1 | 4 |
| 1 | 4 |
| 2 | 8 |

| 십 | 일 |
|---|---|
| 1 | 4 |
| × | 2 |
| 2 | 8 |

- 전개식에 의한 알고리즘은 아이들이 쉽게 개발하거나 구성할 수 있다.

$$\begin{array}{r} 14 \\ \times\ 2 \\ \hline \end{array}$$

| | | | | | |
|---|---|---|---|---|---|
| 십이 | 1 | 일이 | 4 | | $10\times2=20$ |
| × | | 일이 | 2 | ⇒ | $4\times2=8$ |
| 십이 | 2 | 일이 | 8 | | |

③ 두 자리 수끼리의 곱셈

승수가 두 자리 수인 곱셈을 할 때가 되면 아이들에게 조작 자료의 사용은 가급적 지양하는 것이 바람직하다. 이 때 모눈종이는 구체적 조작 자료와 기호 사이의 틈에 대한 교량 역할의 의미를 부여한다. 두 자리 수의 곱셈에서는 아래 그림과 같이 문제 상황을 수학적 모델로 나타내고 추론을 통해 알고리즘을 발견하고 이를 형식화하도록 한다.

**교육과정 성취기준**
[4수01-05] 곱하는 수가 한 자리 수 또는 두 자리 수인 곱셈의 계산 원리를 이해하고 그 계산을 할 수 있다.

**25×13을 어떻게 계산하는지 알아봅시다.**

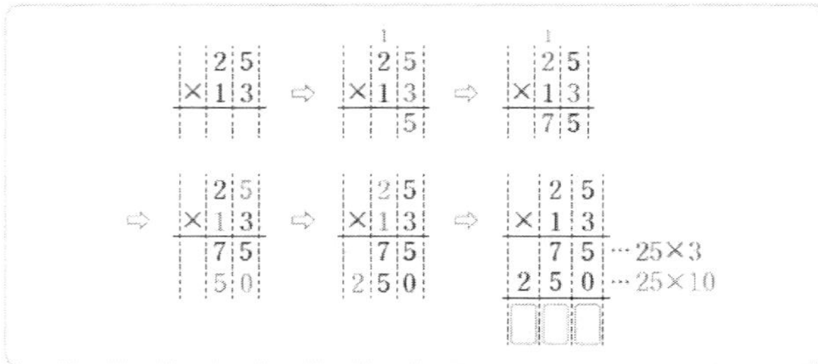

[그림 7-12] 두 자리 수끼리의 곱셈 지도(교육부, 2018b, p. 21)

이 외에도 다음과 같은 방법들이 있다.

**고대 이집트인의 곱셈 방법**

• 고대 이집트인들의 방법(2배만 이용)

$34\times23 \Rightarrow 34\times1 = 34$ *
$34\times2 = 68$ *
$34\times4 = 136$ *
$34\times8 = 272$
$34\times16 = 544$ * ⇒ 승수의 16+4+2+1=23이므로 각 계산의 합으로 계산

**러시아의 전통적인 곱셈 방법**

• 러시아의 전통적인 방법(2배와 반을 이용)

| | |
|---|---|
| 23×34 | |
| 46×17 | 23×34 = 46×17 |
| 92×8 | = 92×8+46 |
| 184×4 | = 184×4+46 |
| 368×2 | = 368×2+46 |
| 736×1 | = 736×1+46=782 |

격자 이용 곱셈 방법

• 격자 이용 방법: 격자를 만들어 각각의 곱을 쓴 다음, 오른쪽 위에서 왼쪽 아래로 대각선 방향으로 있는 수를 더한다. 10이 되면 받아올림을 한다.

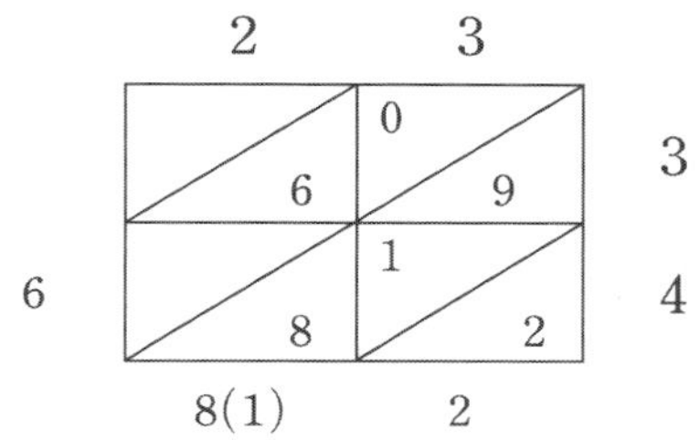


④ 0의 곱

피승수에 0이 있을 때는 곱이나 부분 곱에 미치는 영향에 대하여 특별한 주의가 필요하다. 많은 아이들이 0을 무시하는 경향이 있다. 따라서 9×306의 답을 다음과 같이 낼 수도 있다.

$$\begin{array}{r} 205 \\ \times\ \ 7 \\ \hline 175 \end{array}$$

아이들은 어림을 하고 나서 그들이 구한 답이 근사치인지 아닌지 결정하는 방법을 알고 있다. 자릿값 도표를 이용하는 것은 바른 계산 절차가 전개식으로 나타나야 함을 이해하는 데 도움을 줄 수 있다. 위의 식에서 2×7=14인데 200×7=1400이므로 175는 정답이 아님을 알 수 있다.

### (3) 나눗셈의 지도 방법

**성취기준**

[4수01-07] 나눗셈이 이루어지는 실생활 상황을 통하여 나눗셈의 의미를 알고, 곱셈과 나눗셈의 관계를 이해한다.
[4수01-08] 나누는 수가 한 자리 수인 나눗셈의 계산 원리를 이해하고 그 계산을 할 수 있으며, 나눗셈에서 몫과 나머지의 의미를 안다.
[4수01-09] 나누는 수가 두 자리 수인 나눗셈의 계산 원리를 이해하고 그 계산을 할 수 있다.

**[해설]** 나눗셈이 이루어지는 상황을 제시하여 나눗셈의 의미를 이해하게 한다. 생활 장면에서 나눗셈이 이루어지는 경우는 포함제와 등분제로 구분할 수 있다. 포함제와 등분제는 서로 다른 의미를 가지고 있지만, 계산이라는 측면에서 같은 나눗셈으로 통합된다.

먼저, 실생활의 예를 통하여 나누는 수가 한 자리인 나눗셈의 계산 원리를 이해하게 하고, 나눗셈의 몫과 나머지의 의미를 이해하게 한다. 아울러 나눗셈을 계산하기 전에 답을 어림해 보게 하고, 계산 결과와 차이가 큰 경우 곱셈과 나눗셈이 역연산 관계임을 활용하여 검산으로 계산 결과를 확인하게 한다.

◎ 나누는 수가 두자리인 나눗셈에서는 기계적으로 계산하는데 치중하지 않는다.

나누는 수가 두 자리인 나눗셈에서는 계산 방법을 기계적으로 연습하는 데 중점을 두기보다는 계산 전에 여러 가지 방법으로 계산 결과를 어림해 보고 계산기를 사용해서 확인해 봄으로써 수 감각을 개발하고 계산 결과의 타당성을 확인할 수 있게 한다.

## □3~4학년군 교육과정 상의 유의사항

(가) 학습 요소

• 나눗셈, 몫, 나머지, 나누어떨어진다, ÷

(나) 교수·학습 방법 및 유의 사항

• 나눗셈에서 '(두 자리 수)÷(한 자리 수)'는 나누어떨어지는 경우와 나누어떨어지지 않는 경우를 포함하여 몫과 나머지를 이해하게 하고, 나누는 수가 두 자리 수인 나눗셈에서는 '(두 자리 수)÷(두 자리 수)', (세 자리 수)÷(두 자리 수)'를 다룬다.
• 한 가지 상황을 곱셈식과 나눗셈식으로 나타내는 활동을 통하여 곱셈과 나눗셈의 관계를 이해하게 한다.
• 덧셈, 뺄셈, 곱셈, 나눗셈을 하기 전에 계산 결과를 어림해 보고, 어림한 값을 이용하여 계산 결과가 타당한지 확인해보게 한다.
• 학생들에게 친근한 실생활 상황을 이용하여 덧셈, 뺄셈, 곱셈, 나눗셈에 관련된 문제를 만들고 해결하게 한다.
• 자연수의 사칙계산에서 계산 원리를 이해하거나 계산 기능을 숙달하는 것이 목적이 아닌 경우에는 계산기를 사용하게 할 수 있다.

(다) 평가 방법 및 유의 사항

• 나눗셈에 대한 검산에서는 나눗셈식을 보고 곱셈식으로 나타내는 것보

다 검산의 목적과 필요성을 이해하는지에 초점을 두고 평가를 한다.

**[지도 방법]** 나눗셈은 사칙연산 중에서 아이들이 숙달하기에 가장 어려운 알고리즘인데, 이유는 다음과 같다.

- 다른 연산에 비해 나눗셈은 왼쪽에서부터 시작한다.
- 나눗셈 알고리즘은 나눗셈 구구뿐만 아니라, 뺄셈과 곱셈도 이용된다.
- 알고리즘에 많은 상호작용이 있지만, 그 규칙은 가변적이다.
- 어림에 의한 가정 몫을 이용해야 하는데, 첫 어림에서 꼭 성공하는 것은 아니며, 둘째 어림에서 실패하는 경우도 있다.

① 한 자리 수의 나눗셈

아이들은 나눗셈 알고리즘을 이용하여 나눗셈을 할 때 자릿값에 대해 명확히 이해하고 있어야 하며, 또한 곱셈의 덧셈에 관한 분배법칙의 이해도 필수적으로 요구된다.

나눗셈을 지도할 때는 다른 연산과 마찬가지로 자릿값 표와 다양한 조작 자료를 함께 활용하여 활동하는 것이 중요하다. 아이들은 문제 상황을 인식하고 단순히 알고리즘에 따라 혼자 활동할 것이 아니라, 과정에 대한 관심을 다른 아이와 공유해야 한다.

나눗셈의 도입은 동수누감 나눗셈 식(포함제)과 등분 나눗셈 식(등분제)의 개념을 바르게 이해하고 나눗셈의 몫을 동수누감 나눗셈 식과 등분 나눗셈 식으로 나누어 알아본다. 나눗셈 식의 몫을 구하기 위하여 곱셈과 나눗셈의 관계를 먼저 학습하고 이를 기초로 나눗셈의 몫을 구하는 방법을 이해하도록 한다.

**나눗셈의 도입은 동수누감 나눗셈 식(포함제)과 등분 나눗셈 식(등분제)의 개념을 바르게 이해하고 나눗셈의 몫을 동수누감 나눗셈 식과 등분 나눗셈 식으로 나누어 알아본다.**

② 제수가 두 자리 수인 나눗셈

제수가 두 자리 수인 나눗셈의 지도는 알고리즘을 숙달시키는 방향으로가 아니라, 그 절차가 수반하는 내용을 아이들이 이해할 수 있도록 하는 방향을 목표로 정해야 한다. 대부분 어른들이 계산기를 사용하고 있는데 비해, 아이들이 큰 수에 대한 나눗셈 기능을 익히기 위해 오랜 시간을 허비하는데 반드시 그럴 이유는 없는 것이다.

큰 수의 나눗셈을 하는 데에는 버리기 방법과 반올림 방법을 이용할 수 있다.

- 버리기 방법: 제수의 첫(왼쪽) 수만을 가상 제수로 사용하여 몫을 어림하는 방법이다.
- 반올림 방법: 두 자리 수인 제수의 왼쪽으로부터 둘째 자리의 수가 4이하인 경우에 버리기 방법과 동일하며, 5이상의 수일 때는 이를 반올림하여 십의 자리가 1증가된 수를 가상 제수로 사용한다.

◎ 교육과정 성취기준
[4수01-09] 나누는 수가 두 자리 수인 나눗셈의 계산 원리를 이해하고 그 계산을 할 수 있다.

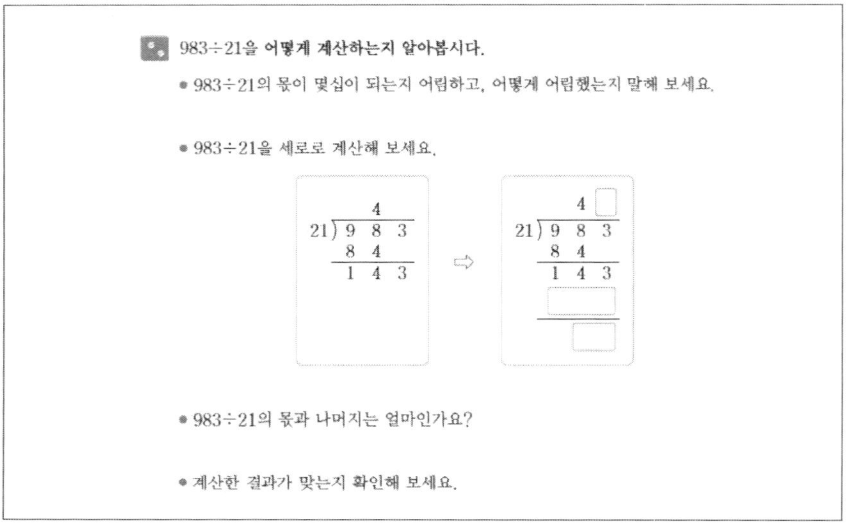
983÷21을 어떻게 계산하는지 알아봅시다.

- 983÷21의 몫이 몇십이 되는지 어림하고, 어떻게 어림했는지 말해 보세요.
- 983÷21을 세로로 계산해 보세요.



- 983÷21의 몫과 나머지는 얼마인가요?
- 계산한 결과가 맞는지 확인해 보세요.

[그림 7-13] 제수가 두 자리 수인 나눗셈(교육부, 2018c, p. 75)

### (4) 혼합계산의 지도 방법

**성취기준**

[6수01-01] 덧셈, 뺄셈, 곱셈, 나눗셈의 혼합 계산에서 계산하는 순서를 알고, 혼합 계산을 할 수 있다.

◎ 덧셈, 뺄셈, 곱셈, 나눗셈이 섞여 있는 혼합계산이나 ( )가 있는 혼합계산에서 계산 순서를 알고, 그 순서에 따라 계산을 하게 한다.

**[해설]** 덧셈, 뺄셈, 곱셈, 나눗셈이 섞여 있는 혼합계산이나 ( )가 있는 혼합계산에서 계산 순서를 알고, 그 순서에 따라 계산을 하게 한다. 이 때, 수가 너무 크거나 연산의 개수가 많아서 계산이 복잡한 경우는 가능한 한 지양하고 간단한 수를 제시하여 계산 순서를 익히는 데 중점을 두도록 한다.

## □5~6학년군 교육과정 상의 유의사항

(가) 교수·학습 방법 및 유의 사항

• 자연수의 혼합 계산은 계산 순서에 중점을 두고, 지나치게 복잡한 혼합 계산은 다루지 않는다.

**[지도 방법]** 혼합계산에서는 자연수의 사칙계산에 대한 이해를 바탕으로 여러 단계로 나타나는 상황 문제를 식으로 표현하고, 식의 계산 순서에 따라 문제를 해결할 수 있는 능력을 길러 주는데 초점을 두어야 한다. 따라서 아이들은 무엇보다도 혼합계산을 이루는 각 연산 개념을 알아야 하고, 실생활 문제 상황을 수식으로 적절하게 표현할 수 있어야 하며, 계산 순서를 이해해야 한다.

혼합계산 지도와 관련하여 혼합계산식의 계산 순서가 어떤 근거로 정해졌는가를 생각해 볼 수 있다. 만약 계산 순서가 정해지지 않았다면 하나의 식에 대해 서로 다른 답이 산출될 수 있으며, 이것은 수학의 논리에 맞지 않게 된다. 따라서 계산 결과를 일의적으로 결정하기 위해 계산 순서가 정해졌을 것이다. 지금과 같은 계산 순서가 정해진 것에 대한 근거가 역사 자료에 의해서는 명확하게 확인되지 않으며, 대수적 성질과 대수 전개의 편의성을 도모하기 위하여 정해진 것으로 볼 수 있다(Peterson, 2000). 이것은 혼합계산의 순서가 수학적 진리나 논리의 문제라기보다는 표기에 관한 관습의 문제로 보는 이유이다(고정화, 2012).

◎ 혼합계산의 순서는 수학적 진리나 논리의 문제라기보다는 표기에 관한 관습의 문제로 보는 것이 타당하다.

혼합계산을 할 때 아이들은 계산을 먼저 수행하는 과정을 나타내기 위하여 괄호를 무조건 이용하는 경향이 있기도 하다. 괄호가 없어도 계산식의 순서에 따라 계산을 할 수 있음에도 불구하고, 아이들은 우선 수행할 부분을 나타내기 위하여 식에 괄호를 사용하기도 한다. 사실 괄호 사용의 문제는 괄호가 없을 때와 있을 때의 식의 차이를 비교하고, 그 결과가 다르다는 것을 이해할 수 있도록 해야 한다. 따라서 교과서 전개에서는 괄호가 있는 상황과 없는 상황을 각각 식으로 표현하고 두 식의 계산 결과가 다르다는 것을 비교해 보도록 전개하는 것이 적절하다.

중괄호{ }를 사용하는 실생활 맥락은 중괄호 사용을 위해 인위적으로 만들어진 상황이 대부분이다. 따라서 실세계 상황을 제시하기 보다는 하나의 약속으로 정하고, 계산 기능을 익히는데 초점을 두는 것이 바람직하다. 이에 초등학교 수학에서 중괄호와 대괄호 사용을 보류하는 것을 생각할 수 있을 것이다. 이것은 중학교 수학에서 정수나 유리수의 계산에서 중괄호{ }와 대괄호 [ ]를 이용한 복잡한 식의 계산을 다루고 있기 때문이기도 하다.

한편, 계산하기 전에 답을 대강 어림해 보는 것이 중요한 것처럼, 계산한 후에 검산하는 것도 중요하다 덧셈과 뺄셈이 서로를 검산하기 위해 사용되듯이, 곱셈과 나눗셈도 서로를 검산하기 위해 사용된다. 아이들도 검산의 목적을 반드시 이해해야 하며, 만약 검산 결과의 해가 원래의 해와 일치하지 않을 경우 아이들은 무엇을 해야 하는가에 대해서도 이해해야 한다.

검산을 하는 방법으로 구거법(九去法)이 있다. 구거법은 각 자리의 수를 더하고 9를 뺀 값들을 비교하여 계산 결과를 확인하는 방법이다.

## 단원 탐구문제

1. 연산과 계산의 차이를 구별하시오.

2. 계산이 필요한 각각의 상황을 제시하고, 각각의 경우에 필요한 계산 방법에 대해 서술하시오.

3. 덧셈의 의미론적 측면에 따른 문장제를 제시하시오.

4. 뺄셈의 의미론적 측면에 따른 문장제를 제시하시오.

5. 곱셈의 의미론적 측면에 따른 문장제를 제시하시오.

6. 나눗셈의 의미론적 측면에 따른 문장제를 제시하시오.

7. 다음 중에서 의미가 다른 한 가지를 고르시오.
   ① 우리 반 30명을 5개 모둠으로 나누면 한 모둠에는 몇 명이 있는가?
   ② 사과 20개를 4개씩 봉지에 담으려고 한다. 모두 몇 봉지가 되는가?
   ③ 우표 12장을 한 봉투에 2장씩 붙이려고 한다. 몇 장의 봉투에 붙일 수 있는가?
   ④ 연필 35자루를 사람들에게 5개씩 주려고 한다. 몇 사람이 갖게 되는가?

8. 다음은 받아올림이 있는 세 자리 수끼리의 덧셈을 지도하는 상황을 제시한 것이다.

> (문제 제시) 경민이는 어제 책을 587쪽 읽었습니다. 그리고 오늘은 책을 465쪽 읽었습니다. 경민이가 어제와 오늘 읽은 책의 쪽수는 모두 얼마입니까?
> (활동 1) 경민이가 어제와 오늘 읽은 책의 쪽수를 나타내는 식을 쓰고, 경민이가 어제와 오늘 읽은 책의 쪽수는 얼마 정도 되는지 어림하여 알아보자.
> (활동 2) 다음과 같이 여러 가지 방법으로 구해 보자.
> ① 머리셈으로 알아보기　　② 다양한 방법으로 알아보기
> (활동 3) 568+185를 계산하는 방법을 알아보자.
> (활동 4) 568+185를 계산하는 방법을 발견하고, 계산 방법을 익히도록 한다.

(1) (활동 1)은 어림 활동을 통하여 받아올림이 있는 세 자리 수끼리의 덧셈을 하는 활동이다. 초등수학에서 지도하는 어림의 3가지를 들고, 이 차시의 수업에서 어림을 하는 방법을 서술하시오.

(2) (활동 2)를 지도할 때 활용할 수 있는 교수 학습 방법을 한 가지 제시하고, 교사가 유의할 점을 쓰시오.

(3) (활동 3)과 (활동 4)의 내용을 토대로 교사가 의도하는 교수 전략에 대하여 논하시오.

(4) 이 수업의 학습 과정에 비추어 계산 학습에서 중시할 내용에 대해 논하시오.

# 분수와 소수의 연산 08

## 이 장을 시작하면서

분수와 소수도 수이기 때문에 자연수와 같이 사칙연산이 가능하다. 자연수와 마찬가지로 두 상황의 양을 합하는 것이 가능하고, 한 양에서 얼마만큼을 제거한 후에 남는 양을 찾는 것이 가능하다. 마찬가지로 양끼리 곱하는 것과 나누는 것이 가능하다.

그렇지만 자연수 연산의 의미가 분수나 소수에 그대로 유지되는 것은 아니다. 예를 들어 자연수의 곱셈에서 성립하는 동수누가가 분수나 소수의 곱셈에서는 성립하지 않는다. 또 자연수의 나눗셈의 결과는 피제수보다 작아지지만, 분수와 소수의 나눗셈에서는 커질 수가 있다. 다음의 자연수와 분수나 소수의 연산에 대한 진술문을 읽고, 서로 어떤 차이가 있는지 이야기 해 보도록 하자.

- 풍선 3개가 있는데, 풍선 2개를 더 받았습니다. 풍선은 모두 몇 개인지 구하시오.
- 물이 $\frac{1}{2}\ell$가 있는데 빵을 만드는데 $\frac{1}{3}\ell$가 더 필요합니다. 빵을 만드는데 필요한 물의 양은 얼마인지 구하시오.
- 사과가 5개씩 3묶음 있을 때 사과의 개수를 구하시오.
- 사과가 6개의 $\frac{1}{3}$은 몇 개인지 구하시오.
- 12개의 사과를 3개씩 묶으면 몇 묶음이 되는지 구하시오.
- 12 m 노끈을 0.5 m씩 자르면 몇 도막이 되는지 구하시오.

# 8장

# 분수와 소수의 연산

자연수 연산과 마찬가지로, 분수와 소수의 연산은 생활에서 부딪치는 문제를 해결하는 것뿐만 아니라, 이후에 정수나 유리수의 연산과 같은 학습에도 영향을 끼치게 됩니다. 아이들이 분수와 소수 연산의 의미와 계산 원리를 이해하고 상황에 적절하게 문제를 해결할 수 있는 계산 능력을 길러야 합니다. 이 장에서는 분수와 소수의 연산 지도를 위한 배경 지식과 지도 방법에 대해 알아보기로 합니다.

## 8-1. 분수와 소수 연산 영역의 이해

### (1) 분수의 사칙 계산

분수 계산을 이해하기 위해서는 동치분수와 분수의 모형화 같은 분수에 관한 확고한 배경지식을 가져야 한다. 그리고 나서 분수 계산에 대한 문제 상황을 제시하여야 한다. 이 때 자연수 계산에 주어진 의미가 분수 계산으로 확장되어야 한다. 그러나 자연수 계산의 의미가 분수의 계산으로 직접적으로 확장되지는 않으며, 그 차이를 알아야 한다.

◎ 분수의 계산을 이해하기 위해서는 동치분수와 분수의 모형화 같은 분수에 관한 확고한 배경지식을 가져야 한다.

예를 들어, 두 분수를 곱하는 경우 곱셈은 동수누가가 아니다. 그리고 두 자연수를 곱할 때 그 계산 결과는 곱해지는 두 자연수 중 어느 것보다 항상 더 크지만, 두 진분수를 곱하면 계산 결과는 곱해지는 두 분수 중 어느 것보다도 작게 된다.

아이들은 형식적으로 분수의 계산을 하기보다는, 분수의 계산을 의미 있게 이해할 필요가 있다. 아이들은 분수를 사용하여 답을 어림할 줄 알게 되면 $\frac{1}{2}+\frac{1}{10}$과 같은 분수 계산에 대해 더 잘 이해하게 된다. 마찬가지로 $3\frac{2}{3}+4\frac{5}{6}$에 대한 답을 계산하기 전에 계산 결과가 7보다 더 크다는 것을 알면 답의 방향과 답의 합리성을 판단할 수 있다.

한편, 아이들은 형식적인 알고리즘을 배우기 전이라도 분수의 연산이 포함된 실세계의 상황이나 문장제를 해결할 수 있다(Baroody & Coslick, 1998). 예를 들어 다음 문제를 살펴보자.

**문제** 모형을 만드는데 $\frac{3}{8}$kg의 납이 필요하다. 3kg으로 몇 개의 모형을 만들 수 있는지 구하여라.

이 문제에 대한 형식적인 답은 $3\div\frac{3}{8}=3\times\frac{8}{3}=8$이 된다. 그렇지만 이 문제에 대한 답에 대해 다음과 같은 추론이 가능하다. 즉, 1kg짜리는 8개의 $\frac{1}{8}$을 만들기 때문에 3kg짜리는 24개의 $\frac{1}{8}$을 나타낸다. 각 모형은 3개의 $\frac{1}{8}$이 필요하고 3kg은 $\frac{1}{8}$의 24번 가능하므로 8개의 모형을 만들 수 있다. 이와 같이 아이들은 형식적인 교육이 없더라도 비형식적인 지식을 이용하여 전략을 구사하고 그 결과를 얻을 수 있는 것이다. 위 문제에 대한 아이들의 비형식적 지식을 활용한 풀이 방법이 다음과 같다(Baroody & Coslick, 1998, p. 10-6). 이러한 사실에도 불구하고 분수의 연산에 아이들이 어려워하는 이유는 알고리즘에 초점을 둔 접근 방식을 고수하기 때문이다.

◎ 아이들은 형식적인 교육이 없더라도 비형식적인 지식을 이용하여 문제를 해결할 수 있다.

아이들의 비형식적 지식을 활용한 문제해결에도 불구하고, 알고리즘은 지도되어야 한다. 그렇지만 알고리즘을 지도할 때에는 다음에 주의하여 지도할 필요가 있다.

- 분수의 계산을 위하여 형식적인 알고리즘을 재발견하거나 자신이 알고리즘을 만들도록 하여라. 이를 위해서 구체물이나 그림을 활용하여 규칙을 찾거나 의미 있는 비형식적 전략에서 쉬운 방법을 찾도록 격려한다.
- 알고리즘에 대해 아이들이 그러한 원리가 성립하는 이유를 설명할 수 있도록 해야 한다. 알고리즘이 적용되는 절차에 대해 이해하는 것은

**풀이 1**

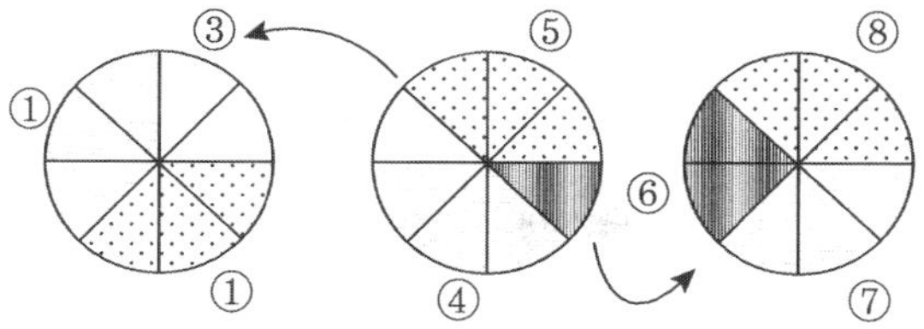

**풀이 2**

$3 - \frac{3}{8} = 2\frac{5}{8}$ ①, $2\frac{5}{8} - \frac{3}{8} = 2\frac{2}{8}$ ②, $2\frac{2}{8} - \frac{3}{8} = 1\frac{7}{8}$ ③, $1\frac{7}{8} - \frac{3}{8} = 1\frac{4}{8}$ ④, $1\frac{4}{8} - \frac{3}{8} = 1\frac{1}{8}$ ⑤, $1\frac{1}{8} - \frac{3}{8} = \frac{6}{8}$ ⑥, $\frac{6}{8} - \frac{3}{8} = \frac{3}{8}$ ⑦, $\frac{3}{8} - \frac{3}{8} = 0$ ⑧

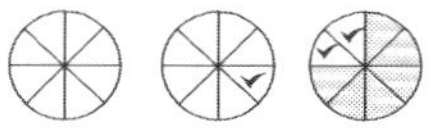

(2 3 /8−3/8을 풀기 위해서 그린다.)
두 번째　　　　　세 번째
전체를 8조각으로
나눈다.

**풀이 3**

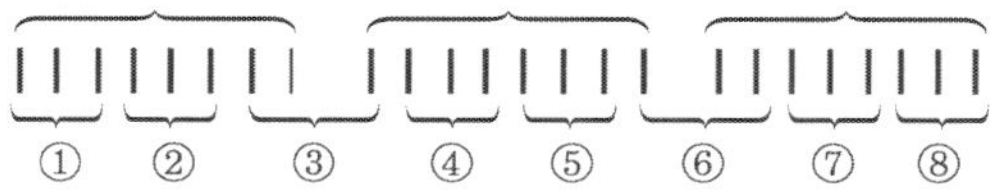

**풀이 4**

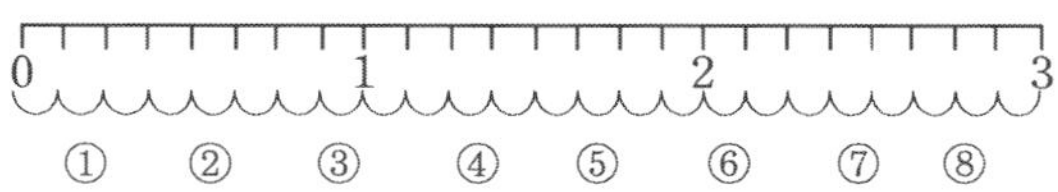

**풀이 5**

3kg의 납을 각각 8조각씩으로 나누면
↓
24개의 조각(한 조각이 $\frac{1}{8}$)
각각의 납은 1kg의 3조각(한 조각이 $\frac{1}{8}$)이 필요하다.
따라서 24조각÷3조각(각각이 $\frac{1}{8}$)은 8개의 동상이 된다.

◎ 교육과정 성취기준
[6수01-11] 분수의 나눗셈의 계산 원리를 이해하고 그 계산을 할 수 있다.

그러한 절차가 적용되는 바탕으로 이해하여 적용함으로써 학습에 더욱 효과적이다.

## (2) 소수의 사칙 계산

소수의 계산은 분수의 계산보다 계산이 훨씬 더 쉽고, 근본적으로 자릿값 설정에만 차이가 있을 뿐 자연수의 계산과 같은 계산 규칙에 따른다. 따라서 소수에 대한 계산 절차를 가르칠 때, 자릿값의 설명과 자연수의 계산 절차를 대응시키면서 설명해야 한다. 즉, 자연수의 덧셈과 뺄셈에 익숙해지면 소수의

◎ 소수의 계산은 자릿값 설정에만 차이가 있을 뿐, 자연수의 계산과 같은 계산 규칙에 따른다.

덧셈과 뺄셈을 지도하는데 많은 시간이 필요하지 않을 수 있다. 또한 계산기가 널리 사용되고 있으므로, 계산 절차에 들이는 시간만큼 답이 타당한지 조사하는 데도 시간을 들이는 것이 중요하다.

소수의 연산을 위해서는 소수의 표현과 자릿값에 대한 이해가 필요하다. 이와 관련하여 소수는 십진법의 표기와 밀접한 관련을 맺는데, 십진법 지도에서 가장 중요한 것 중 하나는 수들이 10의 집합으로 구성될 수 있다는 것을 이해하는 것이다. 이를 위해 다음의 문제는 효과적이다.

**문제** 다음 식이 참이 되게 하는 답을 여러 가지 찾으시오.

$$10 \times a + b = 87$$

이 문제에 대해 많은 아이들은 $a$는 8이고, $b$는 7이라고 답할 것이다. 그렇지만 $a$를 7로 하면 $b$는 17이 되어도 되는 것이다. 이러한 개념을 지도하기 위해 10개 묶음에 대한 문제들을 활용하는 것은 효과적이다. 이것은 수에 대한 유연성을 바탕으로 소수에 대한 이해를 풍부히 하며, 소수의 연산에도 도움을 준다. 다음 문제를 살펴보자.

**문제** 애완견의 먹이로 하루에 0.1kg이 사용된다. 먹이가 6kg이 있다면 몇 일 동안 먹일 수 있는지 구하시오.

이 문제는 십진법에 대한 이해와 소수에 대한 이해를 연결하도록 하는 데 도움을 준다. 아이들은 1kg안에 0.1kg이 10개 있다는 것을 알 수 있다면 6kg에는 60개가 있다는 것을 쉽게 알 수 있을 것이다.

## 8-2. 분수와 소수 연산 영역의 지도 방법

3~4학년군에서는 분모가 같은 분수의 덧셈과 뺄셈, 소수의 덧셈과 뺄셈을 다룬다. 5~6학년군에서는 분모가 다른 분수의 덧셈과 뺄셈, 분수의 곱셈과 나눗셈, 소수의 곱셈과 나눗셈을 다룬다. 각 학년별 상세한 지도 내용과 방법은 다음과 같다(교육부, 2015a).

| 영역 | 핵심 개념 | 일반화된 지식 | 학년(군)별 내용 요소 | | |
|---|---|---|---|---|---|
| | | | 1~2학년 | 3~4학년 | 5~6학년 |
| 수와 연산 | 수의 연산 | 자연수에 대한 사칙계산이 정의되고, 이는 분수와 소수의 사칙계산으로 확장된다. | | • 분모가 같은 분수의 덧셈과 뺄셈<br>• 소수의 덧셈과 뺄셈 | • 분모가 다른 분수의 덧셈과 뺄셈<br>• 분수의 곱셈과 나눗셈<br>• 소수의 곱셈과 나눗셈 |

**☆참고: 2009 개정 수학과 교육과정의 분수와 소수 연산 영역 내용(교육과학기술부, 2011)**

| 영역 \ 학년 | 1~2학년군 | 3~4학년군 | 5~6학년군 |
|---|---|---|---|
| 지도 내용 | | • 분수와 소수의 덧셈과 뺄셈 | • 분수의 덧셈과 뺄셈<br>• 분수의 곱셈과 나눗셈<br>• 소수의 곱셈과 나눗셈 |
| 용어와 기호 | | | |

## (1) 분수의 덧셈과 뺄셈의 지도 방법

**성취기준**

[4수01-16] 분모가 같은 분수의 덧셈과 뺄셈의 계산 원리를 이해하고 그 계산을 할 수 있다.
[6수01-08] 분모가 다른 분수의 덧셈과 뺄셈의 계산 원리를 이해하고 그 계산을 할 수 있다.

**[해설]** 분수의 덧셈과 뺄셈의 기초는 분모가 같은 분수의 덧셈과 뺄셈이다. 분모가 같다는 것은 단위가 같음을 의미하며, 분모가 같은 분수의 덧셈과 뺄셈에서는 분모는 그대로 쓰고 분자끼리 계산을 한다.

◎ 분수의 덧셈과 뺄셈의 기초는 분모가 같은 분수의 덧셈과 뺄셈이다.

분모가 다른 분수는 분모를 같게 한 다음 계산해야 한다는 사실을 인식하게 한다. 통분을 하면 분모를 같게 고칠 수 있다는 점을 이용하여 분모가 다른 분수의 덧셈과 뺄셈을 해결하게 한다. 분모가 다른 진분수의 덧셈과 뺄셈, 분모가 다른 대분수의 덧셈과 뺄셈, 세 분수의 계산 등을 다루지만 학습 내용을 유형별로 지나치게 세분화하기보다는 계산 원리를 이해하고 계산 과정을 일반화하여 계산하는 데 중점을 두도록 한다.

### □ 5~6학년군 교육과정 상의 유의사항

(가) 평가 방법 및 유의 사항

• 분수의 사칙계산에서 기약분수로 나타낼 것을 요구하지 않을 경우,

계산 결과를 기약분수가 아닌 분수로 나타내는 것도 허용한다.

- 분수의 통분을 이용한 문제에서 공통분모로 최소공배수뿐만 아니라 분모의 곱과 같은 공배수도 이용할 수 있게 한다.

**[지도 방법]** $\frac{2}{3}+\frac{1}{4}$, $\frac{2}{3}-\frac{1}{4}$과 같은 기호적인 표현으로 분수의 덧셈과 뺄셈을 시작하는 대신에, 분수의 덧셈과 뺄셈을 하기 위하여 상황을 결합하고 분해하는 것부터 시작하는 것이 좋다. 이들 상황을 포함하는 문제는 그림 모형과 함께 다음과 같은 것을 할 수 있다.

◎ **교육과정 성취기준**
[6수01-8] 분모가 다른 분수의 덧셈과 뺄셈의 계산 원리를 이해하고 그 계산을 할 수 있다.

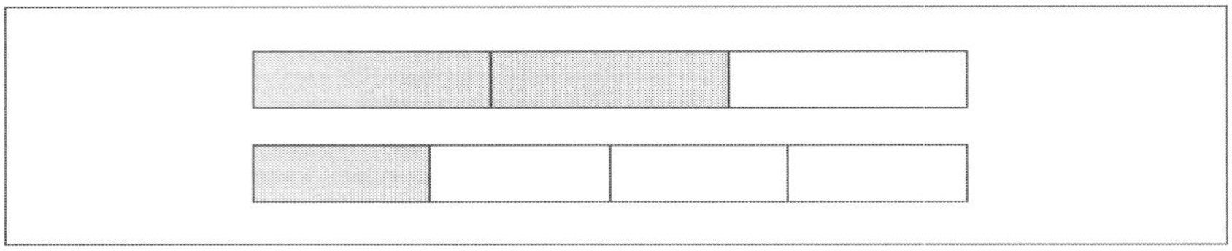

[그림 8-1] $\frac{2}{3}+\frac{1}{4}$의 모형

- 분수의 덧셈, 뺄셈은 자연수의 덧셈, 뺄셈과 비슷한 문제를 푸는 것이라는 것을 인지하도록 돕는다.
- 어떤 것이 합리적인 답이 될 것인지에 대한 생각을 하게 한다.
- 분수의 덧셈이나 뺄셈을 할 때 공통분모가 왜 필요한지에 대해 알도록 한다.

아이들은 먼저 동분모 덧셈을 다루게 된다. 이 때 아이들이 동분모 분수의 덧셈과 뺄셈에서 어려움을 느낀다면, 다음과 같이 분수 언어를 사용하거나 구체적인 활동과 관련지어 이해시킬 수도 있다.

| | |
|---|---|
| $\frac{1}{5}$ | 5분의 1 |
| $+\frac{1}{5}$ | 5분의 3 |
| $\frac{4}{5}$ | 5분의 4 |

◎ **이분모 분수끼리 더하거나 뺄 때 그 결과는 두 분수 중 적어도 하나가 분모가 다른 분수가 된다는 것을 알도록 한다.**

이분모 분수의 덧셈과 뺄셈을 할 때 개발되어야 할 주된 사고는 우선 그들을 동분모로 바꾸지 않고는 기호적으로 덧셈, 뺄셈을 할 수 없다는 사실이다. 이를 위해 덧셈과 뺄셈 상황을 표현할 수 있는 결합과 분할에 대한 분수 띠를 사용하여, 이분모 분수끼리 더하거나 뺄 때 그 결과는 두 분수 중 적어도 하나가 분모가 다른 분수가 된다는 것을 알도록 한다. 이분모 분수끼리의 덧셈은 한 분모가 다른 분모의 배수인 경우, 두 분모가 서로 소인 경우, 최소 공배수를 구해야 하는 경우로 지도한다.

$$\frac{1}{3}+\frac{1}{6}=\frac{1}{2}$$

$$\frac{1}{3}+\frac{1}{4}=\frac{7}{12}$$

$$\frac{1}{4}+\frac{5}{6}=\frac{13}{12}$$

이제 분수 띠를 사용하여 $\frac{1}{3}$과 $\frac{1}{4}$의 합을 보이기 위해 $\frac{4}{12}$와 $\frac{3}{12}$을 더하는 것을 보인다. 아이가 분수를 우선 동분모분수로 바꾸거나 공통분모를 구하는 것이 왜 필요한지를 알 때, 이러한 방법으로 아이들과 함께 활동할 필요가 있다.

**그림을 이용하여 통분하고 $\frac{1}{4}+\frac{2}{3}$를 계산해 봅시다.**

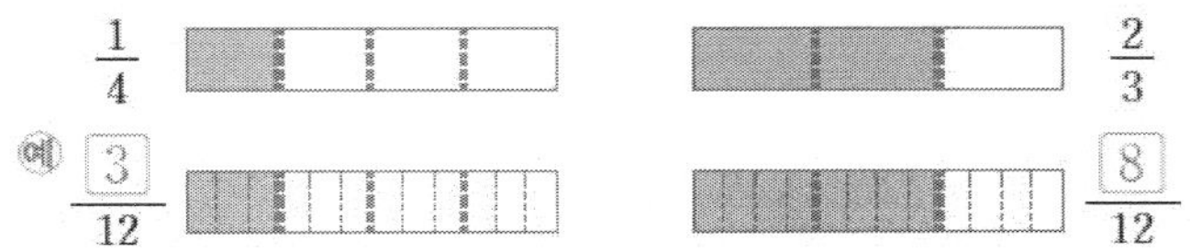


$$\frac{1}{4}+\frac{2}{3}=\frac{3}{12}+\frac{8}{12}=\frac{11}{12}$$

[그림 8-2] 분모가 다른 분수의 덧셈(교육부, 2018e, p. 87)

◎ 교육과정 성취기준

[6수01-8] 분모가 다른 분수의 덧셈과 뺄셈의 계산 원리를 이해하고 그 계산을 할 수 있다.

분모가 같은 분수의 뺄셈은 자연수의 경우와 마찬가지로 구잔이나 구차의 상황은 동일하다. 자연수의 뺄셈에서는 수 자체의 자릿값에 의해 결정되지만, 분수의 뺄셈에서는 빼주는 단위가 분모에 의해 결정되고 분모가 같은 분수의 뺄셈은 분자만을 자연수의 뺄셈처럼 계산하고 계산 결과는 분모는 그대로, 분자는 분자들의 차를 표현하게 한다. 분모가 다른 분수의 뺄셈도 덧셈과 마찬가지로 동분모로 바꾸지 않고는 기호적으로 덧셈, 뺄셈을 할 수 없다는 사실을 인식시키고 동분모로 바꾸어 계산하도록 한다. 이 경우에 다음과 같이 두 가지 방법으로 제시하고 편리한 방법으로 계산하도록 한다.

◎ **교육과정 성취기준**
[6수01-8] 분모가 다른 분수의 덧셈과 뺄셈의 계산 원리를 이해하고 그 계산을 할 수 있다.

$\frac{3}{4}-\frac{1}{6}$을 서로 다른 방법으로 계산한 것입니다. 어떤 방법으로 계산했는지 설명해 봅시다.

방법 1

$$\frac{3}{4}-\frac{1}{6}=\frac{3\times6}{4\times6}-\frac{1\times4}{6\times4}=\frac{18}{24}-\frac{4}{24}=\frac{14}{24}=\frac{7}{12}$$

⇨ 예 분모의 곱을 이용하여 통분한 후 계산했습니다.

방법 2

$$\frac{3}{4}-\frac{1}{6}=\frac{3\times3}{4\times3}-\frac{1\times2}{6\times2}=\frac{9}{12}-\frac{2}{12}=\frac{7}{12}$$

⇨ 예 분모의 최소공배수를 이용하여 통분한 후 계산했습니다.

● 두 방법을 비교하여 각각 어떤 점이 좋은지 이야기해 보세요.

[그림 8-3] 분모가 다른 분수의 뺄셈(교육부, 2018e, p. 95)

**탐구활동**

17마리의 소를 가지고 있는 부자가 세 아들에게 다음과 같이 나누어 주려고 한다. 큰 아들에게는 전체의 $\frac{1}{2}$을, 둘째 아들에게는 전체의 $\frac{1}{3}$을, 둘째 아들에게는 전체의 $\frac{1}{9}$을 갖도록 한다. 소를 죽이지 않고 어떻게 나눌 수 있을까?

## (2) 분수의 곱셈의 지도 방법

**성취기준**

[6수01-09] 분수의 곱셈의 계산 원리를 이해하고 그 계산을 할 수 있다.

**[해설]** 분수와 자연수의 곱셈은 동수누가, 구체물, 수직선 등을 이용한 활동을 통하여 계산 원리를 이해하고, 이를 기호화하여 형식적으로 계산할 수 있게 한다. 또 그림을 이용하여 단위분수끼리의 곱셈, 진분수끼리의 곱셈, 대분수끼리의 곱셈의 계산 원리를 이해하고, 계산을 형식화하여 능숙하게 계산할 수 있게 한다. 두 분수끼리의 곱셈의 계산 원리와 방법을 확장하여 세 분수의 곱셈도 계산 방법을 이해하고 계산할 수 있게 한다.

**[지도 방법]** 분수의 곱셈 계산 절차는 분모끼리 곱하여 분모를 구하고 분자끼리 곱하여 분자를 구하듯이 간단하다. 그러나 이 계산 절차만을 단순히 가르치면 아이들은 그것이 왜 그렇게 되고, 어느 상황에 그것을 사용하는지에 대해 알지 못한다. 또한 이 계산 절차는 연습을 하지 않으면 몇 초 내에 잊어버린다.

◎ 계산 절차만을 단순히 가르치면 그것이 왜 그렇게 되고, 어느 상황에 그것을 사용하는지에 대해 알지 못한다.

따라서 계산 절차를 가르치기 전에 곱셈의 기초가 되는 의미들, 즉 어떤 답의 크기에 대한 생각과 왜 그 계산 절차가 작용하는지에 대한 이유를 알려주는 것이 바람직하다. 분수의 곱셈은 (분수)×(자연수), (자연수)×(분수), (분수)×(분수)의 순으로 지도한다.

### 1) (분수)×(자연수)

분수의 곱셈을 도입하기 위하여 자연수끼리의 곱셈은 분수에 자연수를 곱하는 곱셈과의 유사점을 발견하는 데 도움이 된다. 다음 문제를 생각해 보자.

**문제** 피자가 $\frac{4}{5}$ 조각씩 담겨 있는 판을 3개 가지고 있다. 피자는 모두 얼마가 되는가?

이 문제는 '구슬이 4개씩 담겨 있는 주머니 3개의 문제'와 어떻게 같은가? 이 문제는 구슬이 4개씩 담긴 주머니 3개에서 구슬을 꺼내어 하나씩 세었다. 마찬가지로 $\frac{4}{5}$ 씩 3묶음의 값을 구하려면, 피자가 $\frac{4}{5}$ 씩 있는 피자 판 3개에서 피자를 꺼내서 $\frac{1}{5}$ 의 개수를 셀 수 있다. 그러면 $\frac{1}{5}$ 이 4씩 3묶음이므로 $\frac{4}{5}\times3=\frac{4}{5}+\frac{4}{5}+\frac{4}{5}=\frac{1}{5}(4\times3)=\frac{4\times3}{5}$ 이 된다.

### 2) (자연수)×(분수)

다음 문제를 생각해 보자.

**문제** 24병 들이 상자의 $\frac{3}{4}$ 을 가지고 있다. 병이 몇 개 있는가?

$24\times\frac{3}{4}$ 은 24의 $\frac{3}{4}$ 이고, 이것은 24의 $\frac{1}{4}$ 의 3배와 같다. 따라서 24의 $\frac{1}{4}$ 은 전체 24를 4등분한 것으로(각 부분은 6개씩 될 것이다) $\frac{24}{4}$ 가 된다.

따라서, $24\times\frac{3}{4}=(24\times\frac{1}{4})\times3=\frac{24}{4}\times3=\frac{24\times3}{4}$이 된다.

다른 방법으로 승수인 분수의 양을 고려하고 그것에 피승수인 자연수를 전체로 설정하여 구할 수도 있다. 다음 그림은 (자연수)×(대분수)의 두 가지 방법을 나타내고 있다. 그림을 보고 슬기와 지혜가 사용한 방법에 대해 이야기 해 보도록 하자.

◎ **교육과정 성취기준**
[6수01-9] 분수의 곱셈의 계산 원리를 이해하고 그 계산을 할 수 있다.

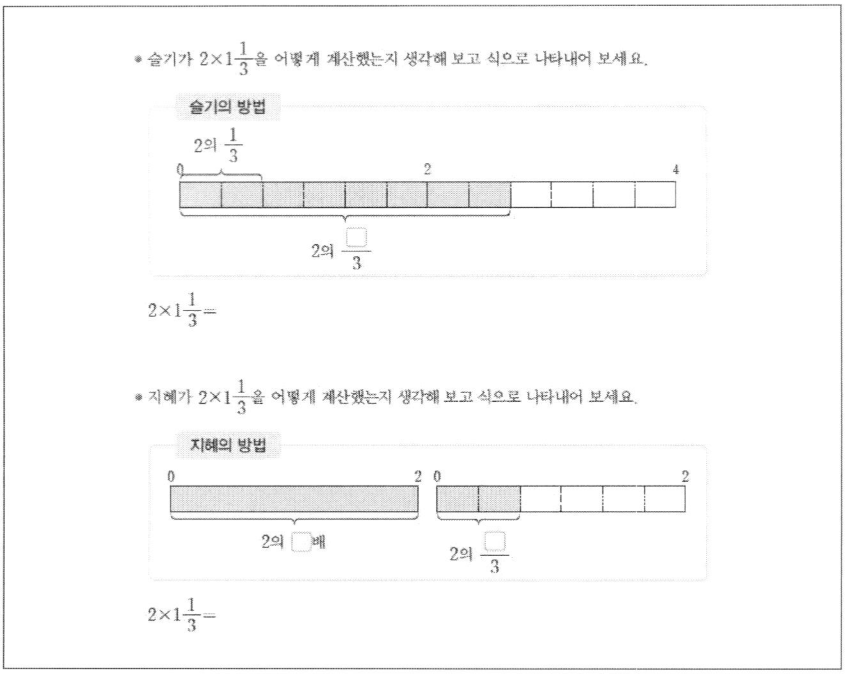


[그림 8-4] (자연수)×(대분수)의 지도(교육부, 2018f, p. 38)

### 3) (분수)×(분수)

'분수×분수' 문제를 해결하기 위하여 그림을 그려서 풀면 분수끼리의 곱셈의 알고리즘을 이해할 수 있다. 다음 문제를 생각해 보자.

**문제** 땅 $\frac{4}{5}\,\text{km}^2$의 $\frac{5}{6}$에 나무를 심는다면, 나무를 심을 땅은 몇 $\text{km}^2$인가?

우선 $1\,\text{km}^2$를 5등분하고, $\frac{4}{5}\,\text{km}^2$를 나타낸다. 다시 이 땅을 6등분하면, 나무를 심을 땅 $\frac{5}{6}$를 볼 수 있다. 결과적으로 나무를 심을 땅은 세로와 가로의 길이가 각각 $\frac{4}{5}$와 $\frac{5}{6}$인 직사각형이 되고, 그 넓이는 $\frac{4}{5}\times\frac{5}{6}$로 구해진다.

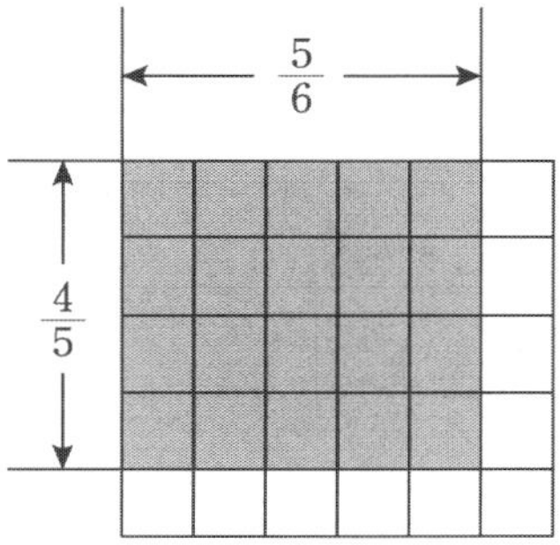


**교육과정 성취기준**
[6수01-9] 분수의 곱셈의 계산 원리를 이해하고 그 계산을 할 수 있다.

### 4) (대분수)×(대분수)

대분수끼리의 곱셈을 포함하는 문제도 '분수×분수'에 이용된 모델로 해결할 수 있다. 다음 문제를 '분수×분수'에 이용된 모델로 어떻게 보여줄 수 있는지 생각해 보자.

**문제** 연수네 모둠은 가로 $2\frac{2}{3}$ m, 세로가 $1\frac{1}{4}$ m인 한지를 만들었습니다. 한지의 넓이를 구하시오.

**교육과정 성취기준**
[6수01-9] 분수의 곱셈의 계산 원리를 이해하고 그 계산을 할 수 있다.

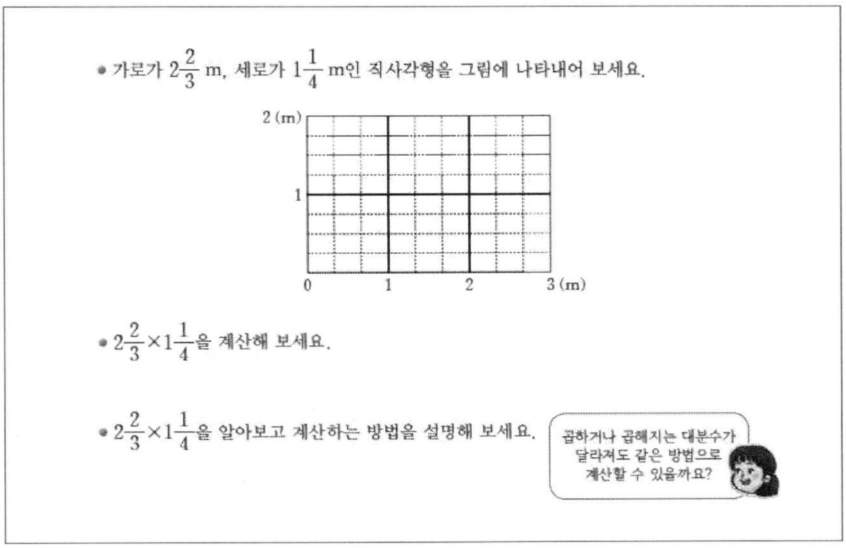
- 가로가 $2\frac{2}{3}$ m, 세로가 $1\frac{1}{4}$ m인 직사각형을 그림에 나타내어 보세요.



- $2\frac{2}{3}\times1\frac{1}{4}$을 계산해 보세요.
- $2\frac{2}{3}\times1\frac{1}{4}$을 알아보고 계산하는 방법을 설명해 보세요.



[그림 8-5] (대분수)×(대분수)의 지도(교육부, 2018f, p. 44)

이러한 원리를 이해한 후에는 다른 방법으로 대분수를 가분수로 변형하여 구할 수 있도록 한다.

### (3) 분수의 나눗셈의 지도 방법

**성취기준**

[6수01-10] '(자연수)÷(자연수)'에서 나눗셈의 몫을 분수로 나타낼 수 있다.
[6수01-11] 분수의 나눗셈의 계산 원리를 이해하고 그 계산을 할 수 있다.

**[해설]** '(자연수)÷(자연수)'에서 몫이 나누어떨어지지 않는 경우 몫을 분수로 나타내는 방법을 다룬다. 구체적 조작 활동을 통하여 나누어지는 수를 나누는 수만큼 등분할한 결과를 분수로 나타내는 과정에서 '(자연수)÷(자연수)'의 계산 원리를 이해하고, '(자연수)÷(자연수)'의 계산 결과를 분수로 나타내게 한다.

구체적인 조작 활동을 통하여 '(분수)÷(자연수)'에서 자연수로 나누는 대신 $\frac{1}{(\text{자연수})}$을 곱하는 원리를 이해하게 하고, 이를 형식화하여 계산할 수 있게 한다. 나누는 수가 분수인 나눗셈에서는 (자연수)÷(진분수), (진분수)÷(진분수), (가분수)÷(진분수), (대분수)÷(대분수) 등 여러 가지 유형의 분수의 나눗셈을 다룬다. 실생활에서 분수 나눗셈이 활용되는 상황을 제시하여 분수 나눗셈의 의미를 이해하고, 구체물이나 수직선을 이용하여 나누는 수가 분수인 나눗셈의 계산 원리를 이해하며, 계산 형식을 익혀 능숙하게 계산할 수 있게 한다.

#### □ 5~6학년군 교육과정 상의 유의사항

(가) 교수·학습 방법 및 유의 사항

◎ 분수의 나눗셈은 '(분수)÷(자연수)', '(분수)÷(분수)', '(자연수)÷(분수)'를 다룬다.

- 분수의 나눗셈은 '(분수)÷(자연수)', '(분수)÷(분수)', '(자연수)÷(분수)'를 다룬다.
- 소수의 곱셈과 나눗셈은 계산 원리를 이해하는 수준에서 간단히 다루고, 복잡한 계산은 계산기를 사용하게 할 수 있다.

(나) 평가 방법 및 유의 사항

- 분수의 사칙계산에서 기약분수로 나타낼 것을 요구하지 않을 경우, 계산 결과를 기약분수가 아닌 분수로 나타내는 것도 허용한다.

**[지도 방법]** 분수의 나눗셈은 (자연수)÷(자연수)가 (자연수)×($\frac{1}{\text{자연수}}$)이 된다는 것과 동분모 분수의 나눗셈은 분자의 나눗셈과 동치가 된다는 것, $a$의 $\frac{c}{b}$는 $a\times\frac{c}{b}$가 된다는 것을 알아야 한다. 일반적으로 분수의 나눗셈은 (자연수)÷(자연수), (분수)÷(자연수), (분수)÷(분수)의 순으로 지도한다.

### 1) (자연수)÷(자연수)

(자연수)÷(자연수)는 (자연수)×($\frac{1}{\text{자연수}}$)이 된다는 것을 알아야 한다. 다음 문제를 생각해 보자.

**문제** 경민이는 빵 3개를 5명이 똑같이 나누어 먹으려고 한다. 한 사람이 먹을 수 있는 빵은 얼마인가?

이 문제는 자연수에서 배운 나눗셈의 의미가 확장되어 3÷5로 나타낼 수 있다. 3÷5는 3을 5등분한 것 중의 하나이므로 3의 $\frac{1}{5}$이 되어 $3\times\frac{1}{5}$이 된다. 따라서 $3\div 5 = 3\times\frac{1}{5}$이다.

**1÷4의 몫을 분수로 나타내는 방법을 알아봅시다.**

- 1÷4가 무엇을 나타내는지 말해 보세요.
- 그림에 1÷4를 색칠해 보세요.

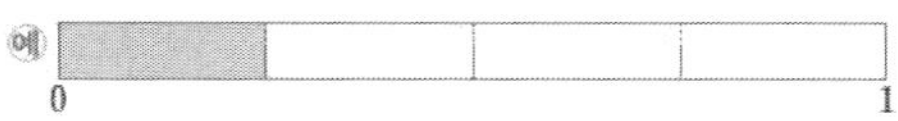


- 1÷4의 몫은 얼마인가요? $\frac{1}{4}$
- 1÷(자연수)의 몫을 분수로 나타내는 방법을 말해 보세요.

[그림 8-6] (자연수)÷(자연수)의 지도(교육부, 2018g, p. 10)

◎ 교육과정 성취기준

[6수01-11] 분수의 나눗셈의 계산 원리를 이해하고 그 계산을 할 수 있다.

### 2) (분수)÷(자연수)

(분수)÷(자연수)를 설명하기 위하여 넓이 모델을 이용한다. 다음 문제를 생각해 보자.

**문제** 정사각형 피자의 $\frac{2}{3}$가 있다. 이것을 4명에게 똑같이 분배하려고 한다. 각 사람이 받는 피자는 얼마나 될까?

◎ **교육과정 성취기준**

[6수01-11] 분수의 나눗셈의 계산 원리를 이해하고 그 계산을 할 수 있다.

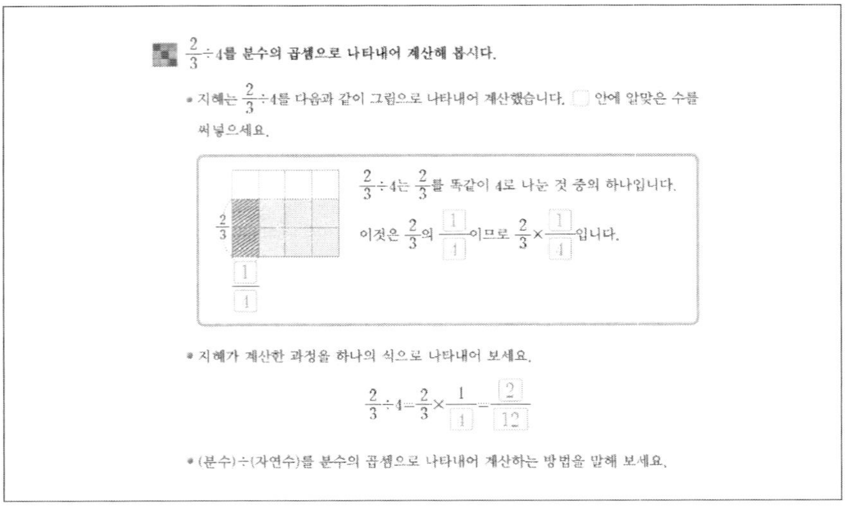

$\frac{2}{3}\div4$를 분수의 곱셈으로 나타내어 계산해 봅시다.

• 지혜는 $\frac{2}{3}\div4$를 다음과 같이 그림으로 나타내어 계산했습니다. □ 안에 알맞은 수를 써넣으세요.

$\frac{2}{3}\div4$는 $\frac{2}{3}$를 똑같이 4로 나눈 것 중의 하나입니다.

이것은 $\frac{2}{3}$의 $\frac{1}{4}$이므로 $\frac{2}{3}\times\frac{1}{4}$입니다.

• 지혜가 계산한 과정을 하나의 식으로 나타내어 보세요.

$$\frac{2}{3}\div4=\frac{2}{3}\times\frac{1}{4}=\frac{2}{12}$$

• (분수)÷(자연수)를 분수의 곱셈으로 나타내어 계산하는 방법을 말해 보세요.

[그림 8-7] (분수)÷(자연수)의 지도(교육부, 2018g, p. 17)

이 문제는 나눗셈 $\frac{2}{3}\div4=\square$로 해결될 수 있으며, 그림을 그려서 이 문제를 해결하는 방법을 발견할 수 있다.

이 그림은 $\frac{2}{3}\div4$가 $\frac{2}{3}\times\frac{1}{4}$과 같은 그림이 된다는 것을 알게 될 것이다. 따라서 문제는 $\frac{2}{3}\div4=\frac{2}{3}\times\frac{1}{4}$과 같은 규칙으로 발전된다. 분수를 나누는 계산 절차가 어떻게 작용하는지를 보이는 방법은 여러 가지가 있다.

### 3) (분수)÷(분수)

제수가 분수인 경우의 학습에 어려움이 많다. (분수)÷(분수)의 지도에는 다음과 같은 문장제를 이용한다.

- 길이가 3 m인 끈을 $\frac{2}{8}$ m씩 자르면 몇 도막이 되는가?
- 미술반 아이들이 담장에 그림을 그리고 있습니다. 담장 $\frac{4}{5}\,m^2$를 칠하는데 페인트를 $\frac{2}{3}$통 사용하였습니다. 페인트 1통으로 칠할 수 있는 벽화의 넓이를 구하시오.
- 가로의 길이가 $\frac{2}{3}$ m이고 넓이가 $\frac{3}{8}\,m^2$인 직사각형의 세로의 길이는 얼마인가?

첫 문제는 3을 분모가 8인 분수로 고치면 $\frac{3\times8}{8}$이 된다. 그리고 $\frac{3\times8}{8}$은 $\frac{1}{8}$이 3×8이고, $\frac{2}{8}$는 $\frac{1}{8}$이 2이므로 $3\div\frac{2}{8}=\frac{3\times8}{8}\div\frac{2}{3}=3\times8\div2=3\times\frac{8}{2}$이

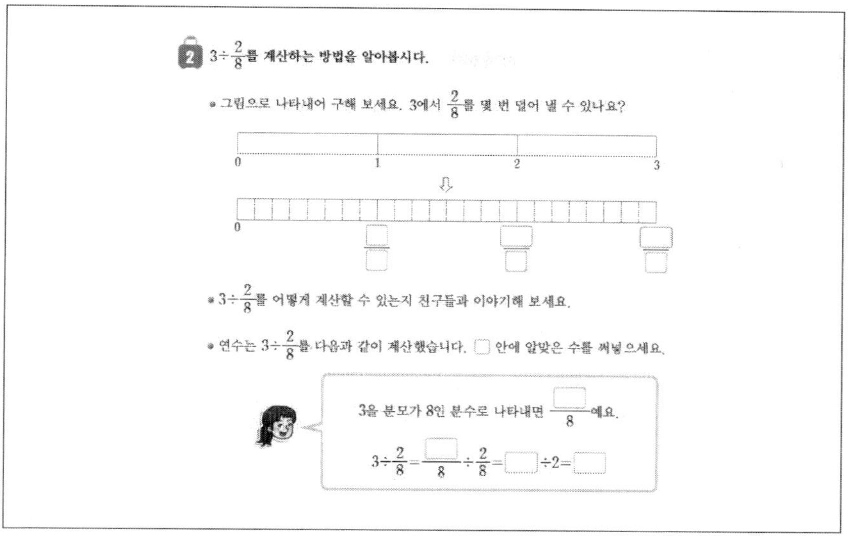


[그림 8-8] (자연수)÷(분수)의 지도(교육부, 2018h, p. 16)

◎ 교육과정 성취기준

[6수01-11] 분수의 나눗셈의 계산 원리를 이해하고 그 계산을 할 수 있다.

된다. 이러한 문제 상황은 [그림 8-8]과 같이 조작활동을 통하여 해결할 수 있다.

한편, (분수)÷(분수)는 (분수)×($\frac{1}{\text{분수}}$)과 같이 계산 한다고 기계적으로 가르칠 것이 아니라, 분수의 나눗셈도 분수의 덧셈이나 뺄셈과 같이 단위가

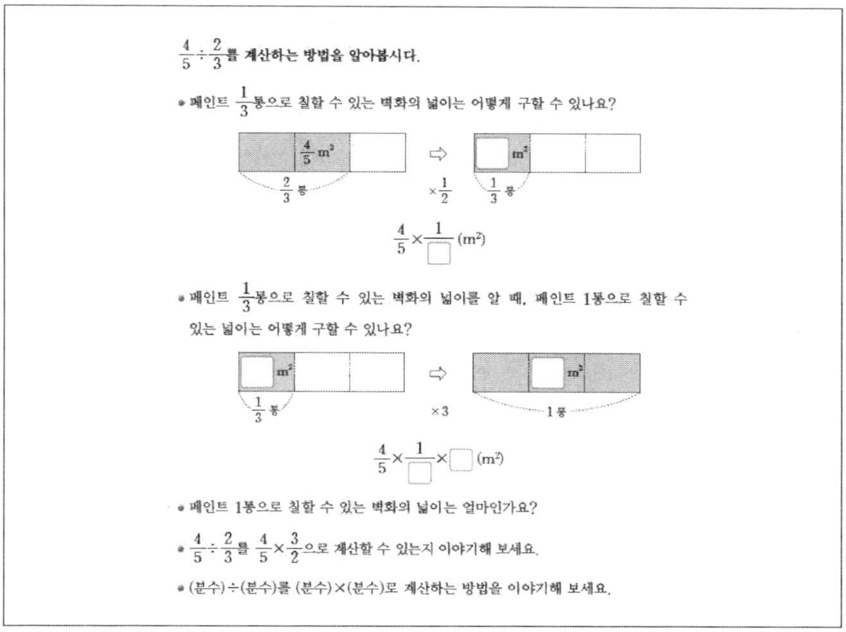


[그림 8-9] (분수)÷(분수)의 지도(교육부, 2018h, p. 19)

◎ 교육과정 성취기준

[6수01-11] 분수의 나눗셈의 계산 원리를 이해하고 그 계산을 할 수 있다.

같도록 만든 후에 가능하다는 것을 알도록 한다. 그리고 그 계산 과정을 간단히 하기 위하여 (분수)÷(분수)=(분수)×($\frac{1}{분수}$)이 됨을 알도록 한다.

(예) $\frac{4}{5} \div \frac{2}{3} = \frac{4\times3}{5\times3} \div \frac{5\times2}{5\times3} = \frac{4\times3}{5\times2} = \frac{4}{5} \times \frac{3}{2}$

### (4) 소수의 덧셈과 뺄셈의 지도 방법

**성취기준**

| | |
|---|---|
| [4수01-17] | 소수 두 자리 수의 범위에서 소수의 덧셈과 뺄셈의 계산 원리를 이해하고 그 계산을 할 수 있다. |

**[해설]** 소수의 덧셈과 뺄셈에서는 소수 한 자리 수의 덧셈과 뺄셈, 소수 두 자리 수의 덧셈과 뺄셈 등을 다룬다. 먼저 자릿 수가 같은 소수의 범위에서 받아올림이나 받아내림이 없는 덧셈과 뺄셈을 다루고, 다음으로 받아올림이나 받아내림이 있는 경우, 자연수가 있는 소수의 경우, 자리 수가 다른 소수의 경우 등을 다룬다. 소수의 덧셈과 뺄셈은 자릿값의 원리를 이용하여 같은 자리의 수끼리 계산하게 한다.

#### □ 3~4학년군 교육과정 상의 유의사항

(가) 교수·학습 방법 및 유의 사항

- 소수의 덧셈과 뺄셈은 계산 원리를 이해할 수 있는 수준에서 간단히 다룬다.
- 수와 연산 영역의 문제 상황에 적합한 문제해결 전략을 지도하고, 문제해결 과정을 설명하게 하여 문제해결 능력을 기르게 한다.

**[지도 방법]** 문제 상황에서 소수에 대한 어림이 잘 발달된 후에, 아이들은 덧셈과 뺄셈을 위한 계산 절차를 배울 필요가 있다. 이것은 자연수의 계산 절차와 똑같지만, 같은 단위끼리 덧셈이나 뺄셈을 할 것, 소수의 자릿값에 따라 다시 묶기을 해야한다는 점을 강조해야 한다.

소수의 덧셈과 뺄셈에서는 자릿값을 맞추지 못하여 발생하는 오류가 전형적이다. 예를 들면 1.34+4.5의 경우에 4밑에 5를 적지 않도록 해야 한다. 이 경우에 어림을 해보도록 하는 것은 중요하다. 세로식을 쓸때 자릿값이 같은 자리의 수끼리 정렬하지 못하면 그 값이 답에서 멀리 떨어진다는 것을 알게 될 것이다. 결국 소수의 덧셈과 뺄셈은 자릿값에 대한 이해를 바탕으로 해결하도록 해야 한다.

**◎ 소수의 덧셈과 뺄셈에서는 자릿값을 맞추지 못하여 발생하는 오류가 전형적이다.**

## (5) 소수의 곱셈의 지도 방법

**성취기준**

[6수01-13] 소수의 곱셈의 계산 원리를 이해한다.

**[해설]** 소수와 자연수, 소수끼리의 곱셈은 소수를 분수로 고쳐서 분수의 곱셈을 계산하는 과정에서 계산 원리를 이해하고, 이를 형식화하여 계산하게 한다. 또 소수의 곱셈은 계산 원리를 이해하는 수준에서 간단히 다루고, 소수의 곱셈이 적용되는 문장으로 된 문제를 해결할 수 있게 한다.

**[지도 방법]** 소수끼리의 곱셈을 다루기 전에, 소수에 자연수를 곱하는 것에 대해 생각한다. 다음 문제를 생각해 보자.

**문제** 책상 6개를 이어 놓는다. 각 책상의 길이는 2.3 m이다. 책상을 이어 놓은 길이는 얼마인가?

아이들은 이 문제를 소수를 더하여 풀 수 있을 것이다. 또 앞에서 공부한 곱셈으로부터 이것이 곱셈 문제라는 것도 알 것이다. 따라서 다음을 알 것이다.

$$2.3\times6 = 2.3+2.3+2.3+2.3+2.3+2.3 = 13.8$$

그러나 아이들은 동수누가에서 두 자연수의 곱셈을 발견하는 것과 같이, 이런 유형의 문제에서도 그렇게 할 필요를 느낀다.

소수의 자릿값에 대한 이해는 소수 곱셈의 기초가 된다.

◎ 교육과정 성취기준

[6수01-13] 소수의 곱셈의 계산 원리를 이해한다.

| | | |
|---|---|---|
| 2.3 | 23 | 23의 십분의 일 |
| × 6 | × 6 | |
| | 138 | 138의 십분의 일, 그러므로 이것은 13.8 |

| | | |
|---|---|---|
| 2.37 | 237 | 237의 백분의 일 |
| × 6 | × 6 | |
| | 1442 | 1442의 백분의 일, 그러므로 이것은 14.22 |

소수끼리의 곱셈을 가르치는 방법은 여러 가지가 있다. 만약 소수점을 떼고 계산하는 규칙만을 아이들에게 제시한다면, 소수에 대한 감각을 발달시키는 데 도움을 주지 못할 것이다. 아이들은 계산기로 규칙을 시험에 봄으로써 규칙성을 발견할 수 있을 것이다. 다른 방법은 소수를 분수로 바꾸어, 분수의 곱셈을 통하여 그 규칙을 발전시켜 주는 것이다. 또 다른 방법은 자릿값을 사용하고, $\frac{1}{10}$의 $\frac{1}{10}$배는 다음에서 보이는 것과 같이 $\frac{1}{100}$이 된다는 사실을 이용하는 것이다.

| | | |
|---|---|---|
| 3.2 | 23 | 32의 십분의 일 |
| × 1.6 | × 16 | 16의 십분의 일 |
| | 512 | 512의 백분의 일, 즉 5.12 |

## ⑹ 소수의 나눗셈의 지도 방법

**성취기준**

[6수01-14] '(자연수)÷(자연수)', '(소수)÷(자연수)'에서 나눗셈의 몫을 소수로 나타낼 수 있다.
[6수01-15] 나누는 수가 소수인 나눗셈의 계산 원리를 이해한다.
[6수01-16] 소수의 곱셈과 나눗셈의 계산 결과를 어림할 수 있다.

**[해설]** '(자연수)÷(자연수)'에서 몫이 나누어떨어지지 않는 경우 몫을 소수로 나타낸다는 것을 이해하고, 계산 형식에 따라 계산을 할 수 있게 한다. '(소수)÷(자연수)'의 경우 '(자연수)÷(자연수)'의 계산 원리를 확장하여 계산 형식에 따라 계산을 할 수 있게 한다.

나누는 수가 소수인 나눗셈은 먼저 소수를 분수로 고쳐서 분수 나눗셈으로 계산하는 과정에서 소수 나눗셈의 계산 원리를 발견하게 하고, 이를 일반화하여 소수 나눗셈을 능숙하게 계산하도록 한다.

### □ 5~6학년군 교육과정 상의 유의사항

(가) 교수·학습 방법 및 유의 사항

- 소수의 곱셈과 나눗셈은 계산 원리를 이해하는 수준에서 간단히 다루고, 복잡한 계산은 계산기를 사용하게 할 수 있다.
- 수와 연산 영역의 문제 상황에서 문제해결 전략 비교하기, 주어진 문제에서 필요 없는 정보나 부족한 정보 찾기, 조건을 바꾸어 새로운 문제 만들기, 문제해결 과정의 타당성 검토하기 등을 통하여 문제해결 능력을 기르게 한다.

**[지도 방법]** 소수를 소수로 나누기 위해서 이미 할 줄 아는 문제로 바꾸어야 할 것이다. 즉, 나누는 수에 10, 100, 1000 등과 같은 10의 거듭제곱을 곱하여 자연수로 만든다. 그 문제가 바꾸어지지 않기 위해, 나누어지는 수 또한 똑같은 수로 곱해야 한다. 이러한 계산 절차에 대한 지름길이 있다.

$$1.25 \div 0.5 = \frac{1.25}{0.5}$$

◎ 교육과정 성취기준
[6수01-15] 나누는 수가 소수인 나눗셈의 계산 원리를 이해한다.

그리고 분자와 분모에 같은 수를 곱할 수 있다는 것을 알고 있다.

$$\frac{1.25}{0.5} = \frac{1.25 \times 10}{0.5 \times 10} = \frac{12.5}{5}$$

즉 $1.25 \div 0.5 = 12.5 \div 5$이다. 아이들에게는 소수의 곱셈과 나눗셈이 덧셈과 뺄셈보다 더 많은 연습을 필요로 한다. 그 이유는 부분적으로 자연수끼리의 곱셈과 나눗셈이 덧셈과 뺄셈만큼 확고하지 않기 때문이다. 또한 새로운 규칙이 요구되기 때문이다.

자리수가 다른 두 소수의 나눗셈을 필산으로 계산할 때 제수를 자연수로 바꾸면서 소수점의 위치가 바뀌게 되는데, 이때 주의해야 할 것이 있다. 즉 몫의 소수점의 위치는 바뀐 소수점의 위치를 따르지만, 나머지의 값에서 소수점의 위치는 피제수의 원래의 소수점의 위치를 따라 표기해야 한다. 다음의 예를 살펴보자.

**◎ 몫의 소수점의 위치는 바뀐 소수점의 위치를 따르지만, 나머지의 값에서 소수점의 위치는 피제수의 원래의 소수점의 위치를 따라 표기해야 한다.**

$$1.8 \div 0.3 = \frac{18}{10} \div \frac{3}{10} = \frac{18}{10} \times \frac{10}{3} = 18 \div 3 = 6$$

$$23.52 \div 5.6 = \frac{235.2}{10} \div \frac{56}{10} = \frac{235.2}{10} \times \frac{56}{10} = 235.5 \div 56 = 4.2$$

$$11.5 \div 1.6 = \frac{115}{10} \div \frac{163}{10} = \frac{115}{10} \times \frac{10}{16} = 115 \div 16\text{: 몫 7과 나머지 0.3}$$

11.5÷1.6을 계산하기 위하여 115÷16을 이용할 수 있다. 그런데 몫은 11.5÷1.6과 115÷16에서 구한 값이 같다. 그러나 나머지는 원래의 소수점의 위치를 따라 표기해야 하므로 3이 아니라, 0.3이 된다. 그리고 $\frac{115}{10} \times \frac{10}{16}$의 계산 결과 $7\frac{3}{16}$은 몫이 7이고 1.6의 $\frac{3}{16}$이라는 것이다. 즉, $1.6 \times \frac{3}{16} = 0.3$이 되는 것이다. 소수의 나눗셈에서 나누어떨어지지 않는 경우에는 다음 3가지 경우로 결과를 나타낼 수 있다.

- 어림하여 몫을 나타내기
- 몫과 나머지로 나타내기
- 계속 나누기를 하여 일정 자리에서 반올림하여 나타내기

# 단원 탐구문제

1. 분수의 곱셈 방법을 분수의 유형별로 나누어 제시하시오.

2. 퀴즈네어 막대를 이용하여 분수의 나눗셈 $\frac{2}{3} \div \frac{1}{2}$을 지도할 수 있는 방법을 제시하시오.

3. 다음은 소수의 곱셈을 지도하는 과정이다. 옳은 것을 모두 고르면?

ㄱ) 민정이는 하루에 우유를 0.5ℓ씩 마십니다. 3일 동안 마신 우유의 양을 구하시오.
ㄴ) 그림을 그려 구해보시오.
ㄷ) 0.5×3을 분수로 나타내어 얼마인지 소수로 나타내시오.
ㄹ) 0.5×3을 자연수의 곱 5×3과 비교하여 보시오.
ㅁ) (소수)×(자연수)의 계산 방법을 말해보시오.

① ㄱ)은 수평적 수학화이다.
② ㄴ)의 해결전략으로는 동수누가이다.
③ ㄷ)에서는 일반분수를 소수로 고치는 학습이 필요하다.
④ ㄹ)에는 유추적 사고가 요구된다.
⑤ 이 학습은 관계적 이해를 하도록 계획되었다.

4. 다음은 분수 나눗셈의 지도에 대한 신교사와 이교사의 대화이다. 이를 보고 물음에 답하시오.

신교사: 아이들이 분수의 나눗셈을 할 때에는 분모가 다른 분수의 나눗셈을 통분함으로써 쉽게 구할 수 있다는 것을 확인하고, 분수의 나눗셈을 곱셈 형식으로 바꾸어 계산할 수 있도록 지도해야 합니다.
이교사: 그런데, 중요한 것은 분수의 나눗셈을 포함제 개념으로 생각하게 하여 아이 스스로 원리를 발견하도록 해야 합니다. 이를 위해서는 색 막대를 이용한 조작활동을 해 보는 것도 도움이 됩니다.
신교사: 옳습니다. 그러나 계산 수업에서는 빠르고 정확하게 결과를 산출하는데 관심을 두어야 합니다.
이교사: 계산 수업에서 아이들이 계산 원리를 알지 못하면 실세계의 문제해결 능력이 떨어져 어려움을 야기시키기도 합니다. 따라서 계산 원리를 아이가 발견하도록 하는 것이 좋다고 생각합니다.

(1) 분수 나눗셈 $\frac{3}{4} \div \frac{1}{2}$을 이용하여 분수의 나눗셈을 포함제 개념으로 생각하도록 하기 위하여 문장제를 만드시오.

## 단원 탐구문제

(2) 신교사와 이교사가 중시하는 지도 관점을 Skemp의 이해 이론에 비추어 해석하시오.

(3) 이교사가 말하는 색 막대를 이용하여 분수 나눗셈 $\frac{3}{4} \div \frac{1}{2}$을 설명하시오.

(4) 영수는 $\frac{3}{4} \div \frac{1}{2}$을 계산하기 위하여 동수누감 전략을 다음과 같이 이용하였다. 영수의 풀이가 잘못된 곳을 찾고, 그 이유를 쓰시오.

**[풀이]** $\frac{3}{4} \div \frac{1}{2}$을 동수누감으로 풀면 $\frac{3}{4} - \frac{1}{2} = \frac{3}{4} - \frac{2}{4} = \frac{1}{4}$이므로 답은 $1\frac{1}{4}$이다.

5. 영수는 길이가 11.5m인 막대를 1.6m씩 잘라서 끈으로 사용하려고 한다. 끈을 몇 개를 만들 수 있고, 나머지가 얼마인가를 다음과 같이 구하였다.

> 11.5÷1.6를 분수를 이용하여 계산하면 $11.5 \div 1.6 = \frac{115}{10} \div \frac{16}{10} = 115 \div 16$이다. 따라서 115÷16을 필산으로 계산하면 몫은 7이고, 나머지는 3이다.

(1) 영수의 풀이에서 틀린 곳을 가르치고자 한다. 그 이유를 설명하고 옳게 바꾸시오.

(2) 위의 문제에 적절한 나눗셈의 의미와 뺄셈을 이용하여 문제를 해결할 수 있는 방법을 설명하시오.

(3) 분수를 이용하여 위의 문제를 해결하고, 그 결과를 해석하시오.

# 도형 09

## 이 장을 시작하면서

도형은 모양과 성질에 따라 여러 가지로 분류되며, 우리는 도형 개념을 형성하기 위하여 구체물로부터 모양의 공통점을 찾고, 그 안에 내재된 성질을 발견하게 된다. 산 위에 큰 바윗돌이 있다고 하자. 시간에 걸쳐 이 바윗돌이 밑으로 굴러 내려오면서 깎이고 깎이면서 모양이 변하게 된다. 그런 과정에서 암석을 연구하는 학자는 변하지 않는 암석의 성분을 연구할 것이지만, 수학자는 모양이 바뀌었어도 변하지 않는 수학적 성질을 탐구하게 된다.

초등학교에서 도형을 탐구하기 좋은 방법은 구체적 조작물을 이용하여 만져 보고 느껴보는 것이다. 도형을 탐구하기 좋은 교구로는 점판, 패턴블록, 칠교판, 속성블록 등이 있다. 칠교판은 손쉽게 만들어 사용할 수 있는 교구로, 아이들은 7개의 조작을 이용하여 다음과 같이 일상에서 접할 수 있는 사물을 표현하는 즐거움을 느낄 수도 있다.

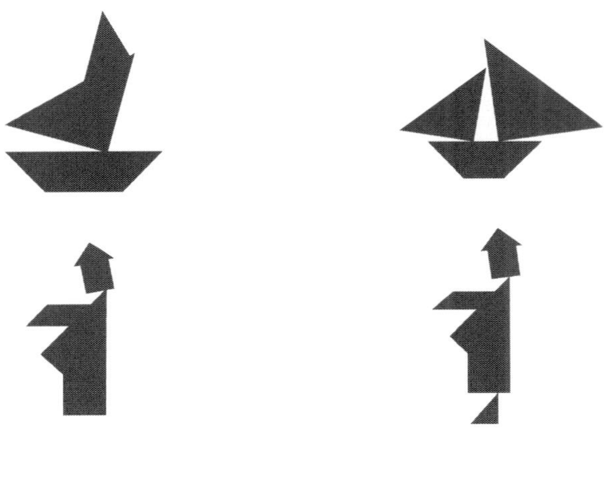

# 9장

# 도형

도형은 수와 연산 지도와 더불어 초등수학의 기본적인 학습 영역입니다. 초등학교 도형 영역은 평면도형과 입체도형으로 나누어 지도되며, 도형의 정의와 그 성질을 탐구합니다. 도형 지도의 초기 단계에서는 적절한 구체물을 제시하여 여러 가지 활동을 통해 기본도형의 개념과 그 성질을 이해하고, 점진적으로 형식화하여 그들 사이의 상호관계를 이해하도록 지도합니다. 이 장에서는 도형 영역 지도에 필요한 이론적 배경과 지도 방법에 대해 탐구해 봅니다.

## 9-1. 도형 영역의 이해

### (1) 도형의 역사

수학이 학문으로 주목받게 된 때는 기원전 6세기경인 고대 그리스 시대라고 할 수 있다. 그 이전에도 고대의 인도·중국·바빌로니아·이집트 등에서는 수학을 비롯하여 괄목할만한 문화가 발달하였다. 고대 이집트에서는 해마다 나일강에 홍수가 지나고 나면 토지의 경계가 없어져서 경작지를 본래대로 복원하느라고 힘이 들었다고 한다. 이런 이유로 인해서 토지를 측량하는 기술이 발달하게 되었는데, 토지를 뜻하는 'geo'와 측량한다는 'metry'로 이루어진 기하(geometry)가 기하학의 시초가 되었다.

○ 토지를 뜻하는 'geo'와 측량한다는 'metry'로 이루어진 기하(geometry)가 기하학의 시초가 되었다.

기하의 역사는 수학의 역사만큼이나 오래 되었다. 수학의 역사를 살펴보면, 기하와 대수에 관한 내용이 대부분을 차지하고 있다. 기원전 2900년경 초기 이집트의 피라미드를 만든 사람들은 기하와 측량술에 대한 중요한 지식을 가지고 있었지만, 수학활동에 대한 기록은 이로부터 1000년이 지난 후의 것에서 알 수 있다.

◎ 대영 박물관의 Rhind 수집품 중에 있는 아메스(Ahmes, B.C. 1680?~1620?)의 파피루스는 현재까지 알려져 있는 세계 최고의 수학책이다.

대영 박물관의 Rhind 수집품 중에 있는 아메스(Ahmes, B.C. 1680?~1620?)의 파피루스는 현재까지 알려져 있는 세계 최고의 수학책이다. 아메스의 파피루스에는 신관문자로 분수의 계산을 표기하고 있고, 또한 1개의 미지수를 가지는 일차방정식과 이차방정식인 문제도 다루고 있다. 또 아메스의 파피루스에는 여러 가지 기하문제가 있고, 원주율인 $\pi$를 $\pi=3.1604\cdots$도 이용하고 있다. 또한 원과 면적이 같은 정사각형의 존재 가능성도 알았던 흔적도 있다. 아메스의 파피루스와 이집트의 피라미드는 아마도 기하학적 지식을 표현하고 있는 최고의 증거품이다.

수학이 학문으로 자리를 잡고 꽃을 피우기 시작한 그리스인들은 이집트에서 기하학을, 바빌로니아에서 대수학을 배운 것으로 알려져 있다. 그리스의 탈레스(B.C. 640~546), 피타고라스(B.C. 580?~500?), 플라톤(B.C. 428~347?)도 이집트에 유학하여 그 문화를 접하였다. 그리스는 이들 문화를 받아들여 새로운 문명을 개척하였다.

그리스 최초의 철학파인 이오니아학파의 창시자는 탈레스(B.C. 640~546)는 실용적인 수학을 근거로 해서 이론적 연구를 하였다. 탈레스는 기하학을 그리스에 소개하였고, 피라미드의 그림자를 측정하여 그 실제의 높이를 재었다고 한다. 탈레스는 추상적이고 일반적인 도형의 성질을 연구하는 추상과학의 길을 개척하였다.

피타고라스(Pythagoras, B.C. 572?~492?)와 그 학파는 기하와 수론과의 연관성을 연구하였고, 직각삼각형의 변의 길이를 나타내는 정수를 찾아내는 방법을 생각하였다. 플라톤(Platon, B.C.. 427?~347)과 아리스토텔레스(Aristoteles, B.C. 384~322)는 추론의 형식, 정의, 공리에 대한 연구를 추진하여 연역적 전개 방법을 확립하였다.

기원전 3세기 경에 유클리드(Euclid, B.C. 약 300년경)는 유클리드의 「원론」(Elements) 13권을 저술하였는데, 이것은 당시까지의 기하학의 지식을 집대성하여 하나의 논리적 체계를 완성한 것이었다.

고대에는 기하를 모든 사람이 습득해야 하는 지식의 일부로 인식하였다. 초기의 그리스 철학자들은 유클리드의 원론을 배우지 않은 사람은 자신의 학파에 입문할 수 없게 하였다고 한다. 유클리드의 원론은 역사상 처음으로 수학을 논리적으로 정리하여 체계화한 것으로 유럽에서는 19세기 말까지 교과서로 활용하였다. 이 책은 공리에서 출발하여 차례로 정리를 증명하여 체계화한 것이다.

제1권에서 제4권까지가 평면기하학, 제5권이 비례론, 제6권의 닮은꼴의 기하학에서는 황금비에 관한 내용이 수록되어 있다. 제7권에서 제8권까지의 산술에서는 두 수의 최대공약수를 구하는 Euclid호제법이 있으며, 산술의 내용을 담고 있는 제9권에서는 Euclid의 소수정리라고 불리는 '소수의 개수는 유한이 아니다'가 증명되어 있다. 제10권이 무리수, 제11권에서 13권은 입체기하학에 관한 것이고, 정다면체에 관한 문제가 설명되어 있다.

전체 13권 중 8권이 기하학인데, 이는 당시의 수학 전반에 관한 것으로 볼 수 있다. 이 체계에는 오늘날의 수학적 체계에서 바라보면 여러 가지 결점도 있으나, 원론이 이후의 수학에 끼친 영향은 헤아릴 수 없을 정도로 크다. 원론은 제1권의 서두에서 23개의 정의, 5개의 공준, 5개의 공리를 제시한 다음, 이것을 기초로 하여 정수론, 평면기하, 공간기하, 기하적 대수 등에 관한 465개의 명제를 논리적으로 다루고 있다.

**수학산책**

정다면체는 모든 면이 정다각형이고, 각 꼭짓점에 모인 면의 수가 같은 입체도형이다. 유클리드 원론에 따르면 정사면체, 정육면체, 정십이면체는 피타고라스학파에 의해 발견되었고, 정팔면체, 정이십면체는 테아이테터스에 의해 발견되었음을 언급하고 있다. 고대 철학자인 플라톤은 그의 저서 Timaeus에서 다섯 가지 정다면체를 우주의 근원으로 삼아, 다섯 개의 우주의 기본 원소와 정다면체를 연결시켜 의미를 부여하였다. 비록 다섯 가지 정다면체가 플라톤에 의해 발견된 것은 아님에도 불구하고, 정다면체를 우주와 연결시켜 해석한 것만은 확실하다.
정사면체–불, 정육면체–흙, 정팔면체–공기, 정십이면체–우주, 정이십면체–물

### (2) 도형과 개념의 지도

◎ 도형은 형과 위치, 그리고 크기만을 추상화한 것이다.

물체에는 색, 광택, 부드러움, 딱딱함, 형, 크기, 위치 등 여러 가지 속성이 있으나, 도형은 그 가운데서 형과 위치, 그리고 크기만을 추상화한 것이다. 또한 도형은 보이는 물체만이 아니고, 이상화된 대상을 다룬다. 예를 들어 완전한 직사각형이란 존재하지도 않고 만들 수도 없는 것이다. 일반적으로

도형교육의 목표는 다음 3가지로 요약할 수 있다.

① 기본적인 평면도형이나 입체도형을 알고, 이들의 성질을 이해한다.
② 기본적인 도형지도를 통하여 공간개념의 이해를 깊게 한다.
③ 도형이나 공간에 관하여 수학적으로 고찰하고 처리하는 능력을 기른다.

①의 목표는 도형의 성질을 이해하는 것에 그 주안점을 두고 있다. 기본적인 평면도형이나 입체도형을 안다는 뜻은 주변에서 삼각형, 사각형, 원, 직육면체 등을 찾고, 이들을 추상화한 도형개념으로 이끌어 내는 것을 의미한다. 이를 위해 구체물을 주의 깊게 관찰하고, 실험 실측을 하거나 목적을 분명히 하여 모양을 분류·정리하는 일이 매우 중요한 일이다.

한편, 도형의 성질을 발견함에 있어서는 먼저 변, 각 등과 같은 도형을 구성하는 요소에 주의를 집중하거나, 접어보든가(대칭이동), 밀어보든가(평행이동), 돌려보든가(회전이동)의 조작을 통하여 도형의 성질을 알아보도록 한다.

②의 목표는 공간개념을 이해하는 것이 주안점이다. 도형의 성질은 그 도형이 존재하고 있는 공간에 의존되므로, 도형지도에 있어서는 공간개념을 확실히 하는 것이 필요하다.

③의 목표는 도형에 관한 수학적인 고찰과 처리 능력을 기르는데 그 주안

◎ 교육과정 성취기준

[6수02-10] 쌓기나무로 만든 입체도형을 보고 사용된 쌓기나무의 개수를 구할 수 있다.

**탐구활동**

아래 그림과 같이 각 모서리의 길이가 3 cm인 정육면체의 겉면에 페인트를 칠한 후, 각 면을 1 cm씩 잘라서 27개의 1 $cm^3$ 정육면체로 나누었다. 어느 면에도 페인트가 칠해지지 않은 1 $cm^3$ 정육면체의 수를 구하여라.

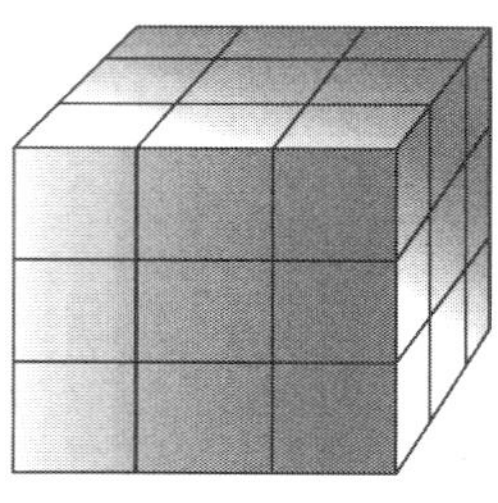

점이 있다. 곧 일상생활의 문제를 합리적으로 처리하는 기능을 기른다는 뜻으로 겨냥도, 전개도, 확대도, 축도를 그리는 일이나 도형의 성질을 이용하여 생활 문제를 해결하도록 한다.

모든 개념은 내포와 외연으로 구성되어 있기 때문에 도형의 개념 형성에 있어서는 그 개념의 내포와 외연을 명확히 고찰해 두는 것이 바람직하다. 개념의 '외연'이란 한 개념이 지시하는 모든 대상들의 전체 집합을 의미하는 것으로 평행사변형의 외연은 직사각형, 정사각형, 마름모와 같은 특수한 평행사변형과 전형적인 평행사변형들로 이루어진 평행사변형 전체를 의미한다. 한편, 개념의 '내포'란 한 개념에 해당되는 대상들이 가지고 있는 공통적인 성질을 의미한다. 평행사변형의 내포는 일반적으로 5가지 성질이 있다.

◎ 개념은 내포와 외연으로 구성되어 있다.

◎ 개념의 '외연'이란 한 개념이 지시하는 모든 대상들의 전체 집합을 의미하는 것이다.

◎ 개념의 '내포'란 한 개념에 해당되는 대상들이 가지고 있는 공통적인 성질을 의미한다.

도형의 개념을 지도할 때는 외연에 의해 몇 개의 도형을 주고, 그것을 시각적·감각적으로 분류하도록 하고, 내포에 의해 분류된 도형에서 공통적인 성질이나 특징을 찾아내도록 한다.

도형 개념의 형성 지도에 있어서는 보통 다음 세 가지를 중요시하고 있다.

① 도형 개념이 갖고 있는 속성(내포)을 파악하는 일이다. 이 경우는 도형 개념의 추상에 있어서 먼저 구체물을 보는 관점을 분명히 할 필요가 있다. 도형 개념은 여러 가지 구체물에서 추상되는 것이므로, 구체물의 어느 속성에 착안하는가에 따라서 추상화되는 것과 사상(捨象)되는 것이 구별되어 그 도형 개념이 갖는 속성(공통 성질)이 분명해진다. 그러므로 몇 개의 속성을 파악해 두는 것은 개념 형성에 있어서 불가결의 조건이다.

② 도형 개념이 갖는 표상(image)을 만드는 일이다. 이 경우는 도형이 눈앞에 없어도 그 도형의 표상을 그릴 수 있도록 하는 것이다.

③ 도형 개념이 갖는 범위(외연)를 포착하는 일이다. 이 경우는 그 도형 개념이 가리키는 대상 전체, 즉 그 개념의 적용 범위를 명백히 포착되도록 하는 것이므로 ①, ②의 경우를 서로 관련시켜 그 도형 개념이 판별되도록 하는 것이다.

한편, 도형개념을 대상개념, 관계개념, 공간개념으로 나눌 수 있다.

대상개념

① 대상개념의 형성

- 구체물에서 모양(형)을 추상하는 단계: 아이의 관점에서 구체물을 스스로 분류하게 하여 모양에 대한 친밀감을 갖게 하여 주변의 구체물에서 모양(형)을 추상화하는 힘을 갖게 한다는 것이다.
- 구성 요소에 착안하여 내포와 외연을 명확히 하는 단계: 꼭짓점의 개수나 변의 개수를 헤아려서 명칭을 붙여보고, 다른 도형과 분명히 구별할 수 있도록 한다.
- 대각선이나 각 등의 구성 요소간의 관계에 착안하여 개념을 풍부하게 하는 단계: 대각선이나 각에 의한 내포에 주의하여 개념을 풍부하게 한다.

관계개념

② 관계개념의 형성

- 도형의 상호관계에서 관계개념을 형성하는 단계: 도형을 몇 개의 도형으로 분해하든지 이동하든지 포개(겹쳐)서 맞추어 보든지, 한쪽을 확대(축소)하는 조작활동에 의해서 변이나 각의 상등관계, 합동, 대칭개념을 형성한다.
- 내포의 상호관계를 고찰하여 도형 상호간의 포함관계를 형성하는 단계: '도형 A는 도형 B의 성질을 모두 갖고 있다', 혹은 '도형 A의 내포는 도형 B의 내포에 조건을 더한 것이다'라는 것에서, 도형 A가 도형 B의 특수인 것을 이해하도록 한다.
- 도형의 위치관계에서 관계개념의 형성: 평행이나 수직의 개념은 직선과 직선, 직선과 평면, 평면과 평면 등이 서로 만나지 않는다든가 직각으로 만난다든가 라는 위치의 관계에서 표현되는 개념이다.

③ 공간(입체)도형의 개념형성

- 공간도형의 개념형성에서 아이들이 느끼는 공간도형은 어른들이 인식하는 것과 다르기 때문에, 그것에 대한 능동적인 활동이 매우 중요하다.
- 조작활동의 반복에 의해서 점점 공간도형이 심상으로 머릿속에 표상되도록 한다.

### (3) 정의와 성질

'정의'란 용어의 의미를 일의적으로 정하는 것으로, 도형 지도의 주안점이 된다. 용어를 정의할 때는 다음에 주의하여야 한다.

> 정의란 용어의 의미를 일의적으로 정하는 것이다.

① 도형을 구성하는 요소나 조작에 관심을 갖고 용어를 정의해야 한다.
② 정의하는 방법은 여러 가지 방법이 있을 수 있다는 사실을 알고, 또 정의한 내용은 간단 명확해야 한다.
③ 정의는 그 용어가 갖는 성질을 구별할 줄 알아야 한다.

용어를 정의하는 방법에는 공리적 정의와 내포적 정의로 나눌 수 있으며, 그 밖에 초등학교 저학년에서 행해지는 예시적 정의를 들 수 있다.

- 공리적 정의: 수학의 공리와 같이 약속해서 결정하는 것으로 정의한다. 예를 들면 삼각형의 '높이'에 대한 정의를 내리기 위해 삼각형의 구성 요소인 변과 꼭짓점에 관한 약속이 있은 후, 삼각형의 높이는 꼭짓점에서 밑변에 내린 수선의 길이로 정의한다.
- 내포적 정의(논리적 정의): 내포들 중 특징적인 성질을 이용하여 개념을 정의하는 것으로 최근류(最近類)와 종차(種差)에 의한 정의이다. '직사각형은 네 각이 직각인 사각형이다.'에서 직사각형의 상위 개념인 사각형이 최근류이고 이 둘을 구분해 주는 '네 각이 직각'이라는 속성을 종차라 한다.
- 예시적 정의: 저학년에서 사용되는 정의로서 구체적인 예를 들어 정의한다. 예를 들면 '성냥 곽과 같은 모양을 직육면체라고 한다.'는 예시적 정의다. 이에 (직육면체)≠(성냥 곽)을 인식해야 하며, 추상적인 지도를 덧붙이는 것이 바람직하다.
- 발생적 정의: 개념이 만들어지는 과정을 기술함으로써 정의한다. 예를 들면 직사각형을 한 변으로 기준으로 일회전하여 얻어지는 도형을 원기둥으로 정의하는 것이 발생적 정의이다.

> 내포적 정의(논리적 정의)는 최근류(最近類)와 종차(種差)에 의한 정의이다.

도형 지도에서는 교사가 도형의 성질을 직접 가르쳐 주는 것보다는 아이 스스로 도형의 성질을 발견하는 것이 바람직하다. 도형의 성질을 발견하는 방법은 도형을 구성하고 있는 요소에 관심을 갖거나, 그 도형을 여러 가지로 조작하는 과정에서 발견하는 것이다.

다음으로 성질에 의한 작도·구성의 지도는 도형의 성질에 관한 이해를 돕고 심화하기 위하여 필요하다. 예를 들어 직사각형의 성질 중에서 '두 개의 대각선의 길이가 같고, 서로 다른 것을 이등분한다.'는 성질을 알고 직사각형을 작도하는 일이나, '마주보는 변의 길이가 같다.'는 성질을 알고 직사각형을 작도 구성하는 일 등이 이에 속한다.

마지막으로 도형의 기초적인 성질을 이해한 후에는 성질에 관한 발전적 고찰을 시도할 수 있다. 예를 들어, 직사각형의 정의에 관심을 갖는 지도는 정사각형이 직사각형에 포함된다는 외연적 성질을 발견할 수 있고, 직사각형의 성질과 정사각형의 성질을 비교하여 직사각형의 모든 성질은 정사각형의 성질 속에 포함된다는 것을 알도록 한다.

## 9-2. 도형 영역의 지도 방법

1~2학년군에서는 입체도형과 평면도형의 모양, 평면도형의 구성 요소를 다룬다. 3~4학년군에서는 도형의 기초, 원, 삼각형, 사각형, 다각형, 평면도형의 이동 등을 다룬다. 5~6학년군에서는 합동, 대칭, 직육면체와 정육면체, 각기둥과 각뿔, 원기둥과 원뿔, 입체도형의 공간감각 등을 다룬다. 각 학년별 상세한 지도 내용과 방법은 다음과 같다(교육부, 2015a).

| 영역 | 핵심 개념 | 일반화된 지식 | 학년(군)별 내용 요소 | | |
|---|---|---|---|---|---|
| | | | 1~2학년 | 3~4학년 | 5~6학년 |
| 도형 | 평면도형 | 주변의 모양은 여러 가지 평면도형으로 범주화되고, 각각의 평면도형은 고유한 성질을 갖는다. | •평면도형의 모양<br>•평면도형과 그 구성 요소 | •도형의 기초<br>•원의 구성 요소<br>•여러 가지 삼각형<br>•여러 가지 사각형<br>•다각형<br>•평면도형의 이동 | •합동<br>•대칭 |
| | 입체도형 | 주변의 모양은 여러 가지 입체도형으로 범주화되고, 각각의 입체도형은 고유한 성질을 갖는다. | •입체도형의 모양 | | •직육면체, 정육면체<br>•각기둥, 각뿔<br>•원기둥, 원뿔, 구<br>•입체도형의 공간 감각 |

☆참고: 2009 개정 수학과 교육과정의 도형 영역 내용(교육과학기술부, 2011)

| 영역 \ 학년 | 1~2학년군 | 3~4학년군 | 5~6학년군 |
|---|---|---|---|
| 지도 내용 | • 입체도형의 모양<br>• 평면도형의 모양<br>• 평면도형과 그 구성 요소 | • 도형의 기초<br>• 평면도형의 이동<br>• 원의 구성 요소<br>• 여러 가지 삼각형<br>• 여러 가지 사각형<br>• 다각형 | • 합동과 대칭<br>• 직육면체와 정육면체<br>• 각기둥과 각뿔<br>• 원기둥과 원뿔<br>• 입체도형의 공간감각 |
| 용어와 기호 | 삼각형, 사각형, 원, 꼭짓점, 변, 오각형, 육각형 | 직선, 선분, 반직선, 각, (각의) 꼭짓점, (각의) 변, 직각, 예각, 둔각, 수직, 수선, 평행, 평행선, 원의 중심, 반지름, 지름, 이등변삼각형, 정삼각형, 직각삼각형, 예각삼각형, 둔각삼각형, 직사각형, 정사각형, 사다리꼴, 평행사변형, 마름모, 다각형, 정다각형, 대각선 | 합동, 대칭, 대응점, 대응변, 대응각, 선대칭도형, 점대칭도형, 대칭축, 대칭의 중심, 직육면체, 정육면체, 면, 모서리, 밑면, 옆면, 겨냥도, 전개도, 각기둥, 각뿔, 원기둥, 원뿔, 구, 모선 |

## (1) 평면도형의 지도 방법

**성취기준**

[2수02-03] 교실 및 생활 주변에서 여러 가지 물건을 관찰하여 삼각형, 사각형, 원의 모양을 찾고, 그것들을 이용하여 여러 가지 모양을 꾸밀 수 있다.
[2수02-04] 삼각형, 사각형, 원을 직관적으로 이해하고, 그 모양을 그릴 수 있다.
[2수02-05] 삼각형, 사각형에서 각각의 공통점을 찾아 말하고, 이를 일반화하여 오각형, 육각형을 알고 구별할 수 있다.

**[해설]** 평면도형은 생활 주변의 사물을 관찰하는 것을 통해 직관적으로 모양을 인식하고 그 특징을 파악하게 한다. 이를 위해서는 아이들이 생활 주변에서 쉽게 접하는 입체도형을 통해 평면도형을 자연스럽게 도입하는 것이 적절하다. 이 때 분류된 모양에 일상 언어를 사용하도록 한다. 그리고 예가 되는 모양과 예가 되지 않는 모양을 다양하게 다루어 볼 수 있다.

◎ **평면도형은 생활** 주변의 사물을 관찰하는 것을 통해 직관적으로 모양을 인식하고 그 특징을 파악하게 한다.

실생활에서 쉽게 볼 수 있는 사각형, 삼각형, 원 모양의 구체물, 종이에 구체물로 본을 뜬 모양, 다양한 교구 등을 이용하여 여러 가지 모양을 만들어 봄으로써 기본적인 평면도형에 대한 감각을 익히게 한다.

삼각형과 사각형의 구성요소로서 꼭짓점과 변을 알게 하고, 평면도형에서 이를 찾게 하며, 점에 기호를 붙여 꼭짓점과 변을 나타내고 읽을 줄 알게 한다.

이때 삼각형과 사각형에서 꼭짓점과 변에 해당하는 점과 선분의 개수를 세는 활동을 통하여 공통점과 차이점을 발견하게 한다. 그리고 삼각형, 사각형에서 각각의 공통점을 찾아 말하고, 이를 일반화하여 오각형, 육각형을 구별하여 이름 짓게 한다.

### □ 1~2학년군 교육과정 상의 유의사항

(가) 학습 요소

- 삼각형, 사각형, 원, 꼭짓점, 변, 오각형, 육각형

(나) 교수·학습 방법 및 유의 사항

◎ 입체도형의 모양이나 평면도형의 모양을 다룰 때 모양의 특징을 직관적으로 파악하여 모양을 분류하고, 분류한 모양을 지칭하기 위해 일상용어를 사용하게 할 수 있다.

- 입체도형의 모양이나 평면도형의 모양을 다룰 때 모양의 특징을 직관적으로 파악하여 모양을 분류하고, 분류한 모양을 지칭하기 위해 일상용어를 사용하게 할 수 있다.
- 입체도형의 모양과 평면도형의 모양을 이용한 모양 만들기와 꾸미기의 주제는 학생들에게 친근한 소재인 동물, 탈 것, 건물 등으로 다양하게 제시한다.
- 평면도형의 모양을 이용한 모양 꾸미기 활동에서는 스티커, 잡지에서 오려낸 모양 종이 등을 활용하게 할 수 있다.
- 삼각형, 사각형, 원은 예인 것과 예가 아닌 것을 인식하고 분류하는 활동을 통하여 직관적으로 이해하게 한다.
- 삼각형과 사각형에 대한 직관적 이해를 통하여 도형의 이름과 변 또는 꼭짓점의 개수와의 관계를 파악하고, 그 관계를 일반화하여 오각형과 육각형을 구별하여 이름 지을 수 있게 한다.

(다) 평가 방법 및 유의 사항

- 여러 가지 모양 만들기, 꾸미기, 채우기 활동을 평가할 때에는 과정 중심 평가를 한다.

**[해설]** 실생활의 물건이나 현상으로부터 선분과 직선, 반직선을 이해하고, 점에 기호를 붙여 선분과 직선, 반직선을 나타내고 읽을 수 있게 한다. 선분과

**성취기준**

[4수02-01] 직선, 선분, 반직선을 알고 구별할 수 있다.
[4수02-02] 각과 직각을 이해하고, 직각과 비교하는 활동을 통하여 예각과 둔각을 구별할 수 있다.
[4수02-03] 교실 및 생활 주변에서 직각인 곳이나 서로 만나지 않는 직선을 찾는 활동을 통하여 직선의 수직 관계와 평행 관계를 이해한다.
[4수02-06] 원의 중심, 반지름, 지름을 알고, 그 관계를 이해한다.
[4수02-07] 컴퍼스를 이용하여 여러 가지 크기의 원을 그려서 다양한 모양을 꾸밀 수 있다.
[4수02-08] 여러 가지 모양의 삼각형에 대한 분류 활동을 통하여 이등변삼각형, 정삼각형을 이해한다.
[4수02-09] 여러 가지 모양의 삼각형에 대한 분류 활동을 통하여 직각삼각형, 예각삼각형, 둔각삼각형을 이해한다.
[4수02-10] 여러 가지 모양의 사각형에 대한 분류 활동을 통하여 직사각형, 정사각형, 사다리꼴, 평행사변형, 마름모를 알고, 그 성질을 이해한다.
[4수02-11] 다각형과 정다각형의 의미를 안다.
[4수02-12] 주어진 도형을 이용하여 여러 가지 모양을 만들거나 채울 수 있다.

직선, 반직선에 대한 이해를 바탕으로 그 모양을 그릴 수 있게 한다.

실생활의 구체물이나 활동을 통해 직관적으로 각과 직각을 이해하게 한다. 이때 건물이나 물체의 모난 부분을 관찰하는 것, 부채를 접었다 폈다 하면서 모양을 변화시켜보는 것, 시계에서 두 바늘을 움직여 보는 것, 자신의 신체를 회전시켜 보는 것, 시선을 변화시켜보는 것 등을 통해 직관적으로 각을 이해하게 할 수 있다. 이를 기초로 각을 추상화하여 도형으로 볼 수 있도록 하고, 각의 구성요소인 각의 꼭짓점과 각의 변을 알고, 이를 찾아보게 한다. 또한 생활 주변에서 각과 직각을 찾아보게 하고, 직각을 기준으로 예각과 둔각을 이해하게 한다.

그리고 실생활의 사물이나 건물 등에서 수직인 곳과 수직이 아닌 곳을 관찰하여 그 차이점이 무엇인지 알아보는 활동을 통해 수직의 의미를 직관적으로 이해한 후, 평면에서 두 직선이 만날 때 이루어지는 각이 직각인 경우를 통해 수직과 수선을 정의한다. 삼각자를 이용하여 직선 위의 점이나 직선 밖의 점을 지나 주어진 직선에 대하여 수직인 직선 즉, 수선을 그릴 수 있게 한다. 이 때 직선 밖의 한 점에서 직선에 그은 선분 중에서 길이가 가장 짧은 것이 수선임을 알게 한다.

실생활에서 쉽게 볼 수 있는 사물이나 건물 등에서 평행인 곳과 평행이 아닌 곳을 관찰하여 그 차이점이 무엇인지 알아보는 활동을 통해 평행의 의미를 직관적으로 이해한 후, 한 직선에 대하여 수직인 서로 다른 두 직선은 평면상에서 아무리 늘여도 만나지 않는다는 것을 직관적으로 알게 함으로써 평행과 평행선을 정의한다.

실생활의 물건이나 현상 중에서 원 모양을 찾아보고, 이런 원의 공통된 특징으로 중심이 있다는 것과 중심에서 원 위의 점까지의 거리는 모두 같다는 사실을 알아보게 하여, 이것이 각각 원의 중심, 원의 반지름임을 알게 하며, 지름과 반지름의 관계도 알게 한다. 컴퍼스 사용 방법을 익히고, 컴퍼스를 사용하여 원을 이용한 여러 가지 모양을 그려 보게 한다.

삼각형을 변의 길이에 따라 세 변 중 두 변의 길이가 같은 삼각형이 이등변삼각형, 세 변의 길이가 모두 같은 삼각형이 정삼각형임을 알게 한다. 여러 가지 삼각형 중에 직각을 가진 삼각형을 모아 그 공통된 특징을 알아보게 함으로써 직각삼각형을 이해하게 하고, 실생활에서 직각삼각형을 찾아보게 한다. 또 예각과 둔각의 이해를 바탕으로 예각삼각형과 둔각삼각형으로 분류하게 한다.

◎ 여러 사각형 중에 직각을 가진 사각형들을 모아 그 공통된 특징을 알아보게 한다.

여러 사각형 중에 직각을 가진 사각형들을 모아 그 공통된 특징을 알아보게 하며, 직각의 개수와 변의 합동 관계에 따라 직사각형과 정사각형으로 구분할 수 있게 한다. 여러 가지 사각형의 공통된 성질을 인식하여 사다리꼴, 평행사변형, 마름모, 직사각형, 정사각형의 개념을 알게 한다. 종이 접기, 종이 오리기, 칠교판, 기하판 등 다양한 교구를 이용한 구체적인 조작 활동을 통해, 변, 각, 대각선에 대한 간단한 성질을 알아보게 한다.

다각형의 정의를 알고, 다각형 중 변의 길이가 모두 같은 다각형이 정다각형임을 이해하며, 삼각형이나 사각형도 다각형의 한 종류임을 이해하게 한다. 다각형에서 이웃하지 않은 두 꼭짓점을 이은 선분을 대각선이라 함을 알게 하고, 다각형의 대각선의 수를 알아보게 한다.

## □ 3~4학년군 교육과정 상의 유의사항

(가) 학습 요소

• 직선, 선분, 반직선, 각, (각의) 꼭짓점, (각의) 변, 직각, 예각, 둔각, 수직, 수선, 평행, 평행선, 원의 중심, 반지름, 지름, 이등변삼각형, 정삼각형,

직각삼각형, 예각삼각형, 둔각삼각형, 직사각형, 정사각형, 사다리꼴, 평행사변형, 마름모, 다각형, 정다각형, 대각선

(나) 교수·학습 방법 및 유의 사항

- 구체적인 사례나 활동을 통하여 각을 도입하고, 각의 변이 반직선임을 알게 한다.
- 평면도형의 이동을 활용하여 자신만의 규칙적인 무늬를 만들고, 다른 사람이 만든 무늬에서 규칙을 찾아 설명하게 한다.
- 여러 가지 삼각형과 사각형을 이름 짓는 활동을 통하여 각 도형의 정의에 대해서 학생들 스스로 사고하게 한다.
- 여러 가지 사각형의 성질은 구체적인 조작 활동을 통하여 간단한 것만 다루고, 여러 가지 사각형 사이의 관계는 다루지 않는다.

(다) 평가 방법 및 유의 사항

- 직선, 선분, 반직선에 대한 평가에서는 정확한 정의나 표현보다 직선, 선분, 반직선을 서로 구별할 수 있는지에 중점을 둔다.

**[지도 방법]** 평면 위에 있는 도형을 평면도형이라고 하는데, 평면도형의 지도에서는 다음 세 가지가 주요 학습 내용이 된다.

- 평면도형의 모양을 알아본다.
- 평면도형의 구성 요소의 성질을 알아본다.
- 평면도형의 상호 관계를 알아본다.

### 1) 점, 선, 면의 지도

점, 선, 면은 예시적으로 도입한다. 점의 개념을 직관적으로 이해시키기 위해서는 물방울(spot)과 같은 형태로 나타낸다. 그렇지만 점을 나타내는 모델이 점에 대한 직관적 이해에는 도움을 주지만, 점이 크기가 없는 개념이라는 것을 이해하는데 방해를 할 수도 있다. 선분은 '두 점을 곧게 이은 선'으로 약속한다. 그리고 직선은 '양쪽으로 끝없이 늘인 곧은 선'으로 약속한다. 면은 입체도형을 구성하는 기본 도형으로 평면과 곡면이 있다([그림 9-1]).

◎ 선분은 두 점을 곧게 이은 선으로 약속한다.

◎ 교육과정 성취기준
[4수02-01] 직선, 선분, 반직선을 알고 구별할 수 있다.

[그림 9-1] 선의 지도(교육부, 2018a, p. 30)

### 2) 각

◎ 각은 한 점에서 그은 두 반직선으로 이루어진 도형이다.

각은 한 점에서 그은 두 반직선으로 이루어진 도형이다. 초등학교 수학에서는 평각(180°)을 넘는 각은 다루지 않는다. 각은 여러 가지 구체물을 관찰하고 본을 뜨게 함으로써 도입할 수 있다. 직각은 '종이를 반듯하게 두 번 접었을 때 생기는 각'으로 약속한다. 즉 구체물을 통한 직관적인 방법으로 직각의 개념을 이해하도록 한다.

◎ 교육과정 성취기준
[4수02-02] 각과 직각을 이해하고, 직각과 비교하는 활동을 통하여 예각과 둔각을 구별할 수 있다.

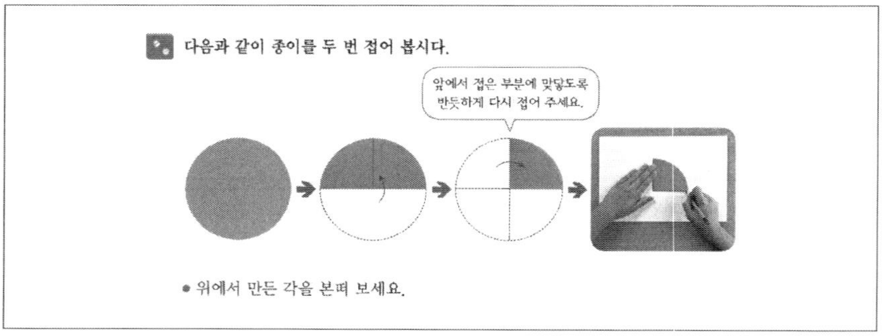


[그림 9-2] 직각의 도입(교육부, 2018a, p. 36)

### 3) 삼각형

삼각형은 주변의 물건, 자연, 건축물에 포함된 평면도형의 모양을 관찰하거나, 구체물을 본뜨는 활동을 통해 삼각형의 모양을 찾게 하고, 삼각형의 모양을 추상화하여 이해하게 한다. 이때 삼각형의 예가 되는 모양과 예가 되지 않는 모양을 다양하게 다루어 볼 수 있다.

삼각형의 구성요소로서 꼭짓점과 변을 알게 하고, 평면도형에서 이를 찾

◎ 교육과정 성취기준

[2수02-04] 삼각형, 사각형, 원을 직관적으로 이해하고, 그 모양을 그릴 수 있다.

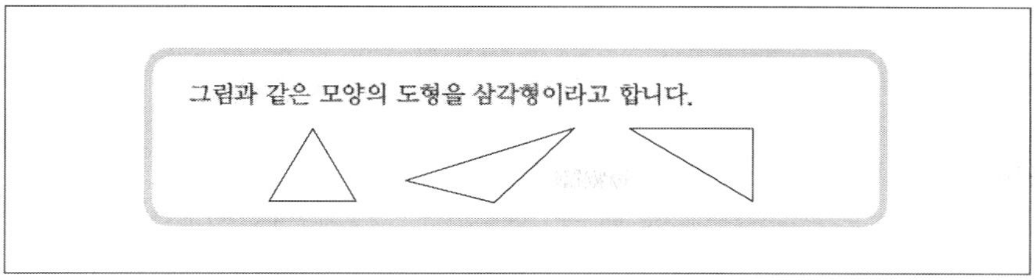


[그림 9-3] 삼각형의 도입(교육부, 2017c, p. 34)

게 하며, 점에 기호를 붙여 꼭짓점과 변을 나타내고 읽을 줄 알게 한다. 이때 삼각형에서 꼭짓점과 변에 해당하는 점과 선분의 개수를 세는 활동을 통하여 공통점과 차이점을 발견하게 한다.

**◎ 삼각형의 구성요소로서 꼭짓점과 변을 알게 하고, 평면도형에서 이를 찾게 하며, 점에 기호를 붙여 꼭짓점과 변을 나타내고 읽을 줄 알게 한다.**

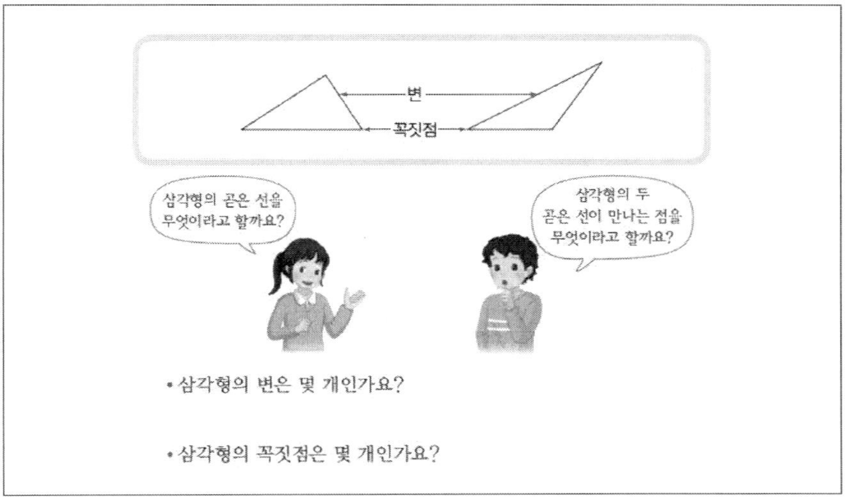


[그림 9-4] 삼각형의 꼭짓점과 변(교육부, 2017c, p. 35)

그리고 여러 가지 실험을 통하여 삼각형의 내각의 합이 180°임을 확인한다. 초등수학에서 삼각형의 내각의 합은 다음과 같은 방법으로 확인할 수 있다.

- 본을 떠서 합동인 삼각형을 만들어 세 꼭짓점을 한 점에 모은다.
- 삼각형을 세 조각으로 분할하여 세 꼭지각을 한 점에 모은다.
- 각도기를 이용하여 각을 측정한다.
- 삼각형을 접어서 한 점으로 모은다.
- 탐구형 소프트웨어를 이용하여 측정한다.

삼각형은 변이나 각에 의해 다음과 같이 분류된다.

① 정삼각형: 3개의 변이 합동이다.
② 예각삼각형: 모든 각이 90° 보다 작다.
③ 이등변삼각형: 적어도 2개의 변이 합동이다.
④ 직각삼각형: 한 각이 90°이다.
⑤ 부등변삼각형: 합동인 변이 없다.
⑥ 둔각삼각형: 한 각이 90° 보다 크다.

### 4) 사각형

사각형도 삼각형의 도입과 같이 평면도형의 모양을 직관적으로 관찰하거나, 구체물을 본뜨는 활동을 통해 사각형의 모양을 찾게 하고, 사각형의 모양을 추상화하여 이해하게 한다. 이때 사각형의 예가 되는 모양과 예가 되지 않는 모양을 다양하게 다루어 볼 수 있다.

사각형의 구성요소로서 꼭짓점과 변을 알게 하고, 평면도형에서 이를 찾게 하며, 점에 기호를 붙여 꼭짓점과 변을 나타내고 읽을 줄 알게 한다. 여러 가지 실험을 통하여 사각형의 내각의 합이 360°임을 확인한다. 초등수학에서 사각형의 내각의 합은 다음과 같은 방법으로 확인할 수 있다.

• 본을 떠서 합동인 사각형을 만들어 네 꼭짓점을 한 점에 모은다.

◎ 교육과정 성취기준
[4수03-14] 여러 가지 방법으로 삼각형과 사각형의 내각의 크기의 합을 추론하고, 자신의 추론 과정을 설명할 수 있다.

[그림 9-5] 사각형의 내각의 크기의 합(교육부, 2018c, p. 53)

• 사각형을 네 조각으로 분할하여 네 꼭지각을 한 점에 모은다.
• 각도기를 이용하여 각을 측정한다.
• 삼각형 2개로 나누어 삼각형의 내각의 합을 구한다.
• 탐구형 소프트웨어를 이용하여 측정한다.

**탐구활동**

평면에서 다각형의 내각과 외각의 크기의 합을 구하는 방법을 탐구해 보아라. 그리고 다면체에서 외각의 크기를 구하는 방법을 탐구해 보아라. 다면체의 외각의 크기에 대하여 발견한 사실을 써라.

사각형에는 특별한 이름이 많이 있다. 가장 흔한 것이 평행사변형, 직사각형, 정사각형, 마름모, 사다리꼴이다. 이 분류는 서로소가 아니다. 한 도형이 여러 개의 범주 안에 들어 있을 수 있다. 이를테면, 직사각형은 평행사변형이기도 하다. 이런 유형의 분류 과정은 삼각형의 경우처럼 전체를 서로소인 유형으로 나누는 것보다 어렵다. 이는 단지 도형의 예를 인식하는 수준을 넘어, 도형을 정의하는 성질에 대한 이해를 필요로 한다.

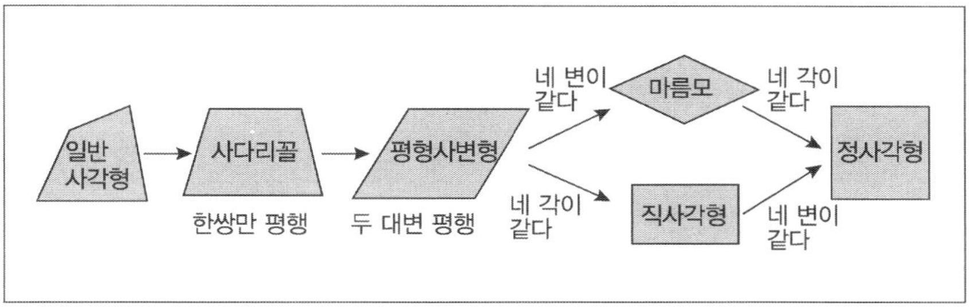

[그림 9-6] 사각형의 분류도

### 5) 원

원은 주변의 물건, 자연, 건축물에 포함된 평면도형의 모양을 직관적으로 관찰하거나, 직접 구체물을 본뜨는 활동을 통해 원의 모양을 찾고, 원의 모양을 추상화하여 이해하게 한다. 이때 원의 예가 되는 모양과 예가 되지 않는 모양을 다양하게 다루어 볼 수 있다.

원에 대한 더 나은 탐구를 위하여 실생활의 물건이나 현상 중에서 원 모양을 찾아보고, 이런 원의 공통된 특징으로 중심이 있다는 것과 중심에서 원 위의 점까지의 거리는 모두 같다는 사실을 알아보게 하여, 이것이 각각 원의 중심, 원의 반지름임을 알게 하며, 원을 자르는 가장 긴 선분이 원의 지름임을 알고, 원의 중심을 지나는 선분인 지름과 반지름의 관계도 알게 한다.

◎ **교육과정 성취기준**
[4수02-06] 원의 중심, 반지름, 지름을 알고, 그 관계를 이해한다.

**원의 반지름과 지름을 알아봅시다.**

- 원에 반지름을 2개 긋고, 반지름을 재어 보세요.
- 원에 지름을 2개 긋고, 지름을 재어 보세요.
- 한 원에 반지름과 지름을 몇 개 그을 수 있다고 생각하나요?

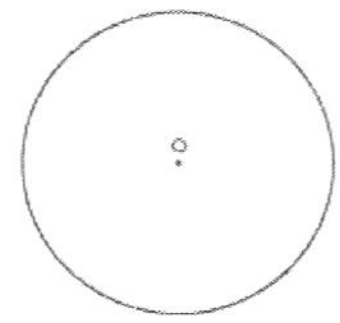

[그림 9-7] 원의 반지름과 지름(교육부, 2018b, p. 63)

컴퍼스 사용 방법을 익히고, 컴퍼스를 사용하여 원을 이용한 여러 가지 모양을 그려 보게 함으로써 원에 대한 이해를 깊게 할 뿐만 아니라 아름다운 무늬를 통해 수학의 심미적인 측면도 경험하게 한다.

### 7) 평행선과 각

다각형의 이해를 위하여 관계 개념을 이해하도록 한다. 실생활에서 쉽게 볼 수 있는 사물이나 건물 등에서 수직인 곳과 수직이 아닌 곳을 관찰하여 그 차이점이 무엇인지 알아보는 활동을 통해 수직의 의미를 직관적으로 이해한 후, 평면에서 두 직선이 만날 때 이루어지는 각이 직각인 경우를 통해 수직과 수선을 정의한다. 또한 삼각자를 이용하여 직선 위의 점이나 직선 밖의 점을 지나 주어진 직선에 대하여 수선을 그릴 수 있게 한다. 이 때 직선 밖의 한 점에서 직선에 그은 선분 중에서 길이가 가장 짧은 것이 수선임을 알게 한다.

◎ **교육과정 성취기준**
[4수02-03] 교실 및 생활 주변에서 직각인 곳이나 서로 만나지 않는 직선을 찾는 활동을 통하여 직선의 수직 관계와 평행 관계를 이해한다.

한 직선에 수직인 두 직선을 그었을 때, 그 두 직선은 서로 만나지 않습니다. 이와 같이 서로 만나지 않는 두 직선을 평행하다고 합니다.
이때 평행한 두 직선을 평행선이라고 합니다.

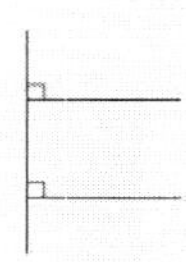

[그림 9-8] 평행과 평행선(교육부, 2018d, p. 80)

실생활에서 쉽게 볼 수 있는 사물이나 건물 등에서 평행인 곳과 평행이 아닌 곳을 관찰하여 그 차이점이 무엇인지 알아보는 활동을 통해 평행의 의미를 직관적으로 이해한 후, 한 직선에 대하여 수직인 서로 다른 두 직선은 평면상에서 아무리 늘여도 만나지 않는다는 것을 직관적으로 알게 함으로써 평행과 평행선을 정의한다. 삼각자를 이용하여 평행선을 그려 보게 하고, 평행선을 찾게 한다.

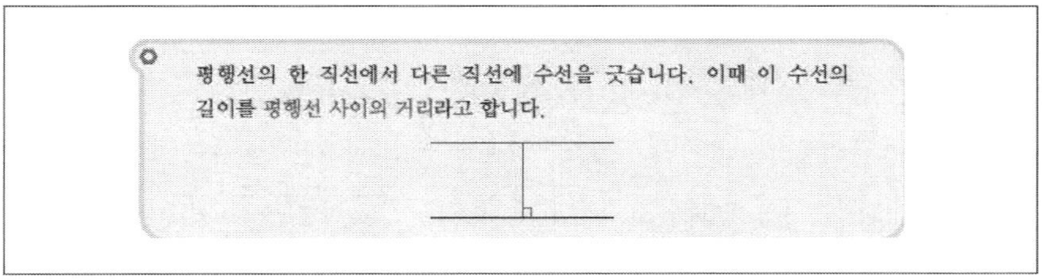


[그림 9-9] 평행선 사이의 거리(교육부, 2018d, p. 82)

**교육과정 성취기준**
[4수02-03] 교실 및 생활 주변에서 직각인 곳이나 서로 만나지 않는 직선을 찾는 활동을 통하여 직선의 수직 관계와 평행 관계를 이해한다.

평행선 사이의 수직인 선분의 길이로 평행선 사이의 거리를 정의하고, 평행선 사이의 거리를 측정하게 하며 한 직선과 주어진 거리만큼 떨어져 있는 평행선을 긋는 방법을 알게 한다.

**평행선 사이의 수직인 선분의 길이로 평행선 사이의 거리를 정의한다.**

### (2) 입체도형의 지도 방법

**성취기준**

[2수02-01] 교실 및 생활 주변에서 여러 가지 물건을 관찰하여 직육면체, 원기둥, 구의 모양을 찾고, 그것들을 이용하여 여러 가지 모양을 만들 수 있다.
[6수02-04] 직육면체와 정육면체를 알고, 구성 요소와 성질을 이해한다.
[6수02-05] 직육면체와 정육면체의 겨냥도와 전개도를 그릴 수 있다.
[6수02-06] 각기둥과 각뿔을 알고, 구성 요소와 성질을 이해한다.
[6수02-07] 각기둥의 전개도를 그릴 수 있다.
[6수02-08] 원기둥을 알고, 구성 요소, 성질, 전개도를 이해한다.
[6수02-09] 원뿔과 구를 알고, 구성 요소와 성질을 이해한다.

**[해설]** 입체도형은 생활 주변의 사물을 관찰하는 것을 통해 직관적으로 모양을 인식하고 그 특징을 파악하게 한다. 이를 위해서는 아이들이 생활 주변에서 쉽게 접하는 입체도형을 통해 직육면체, 원기둥, 구의 모양을 찾고,

**입체도형은 생활 주변의 사물을 관찰하는 것을 통해 직관적으로 모양을 인식하고 그 특징을 파악하게 한다.**

그것들을 이용하여 여러 가지 모양을 도입하는 것이 적절하다. 이 때 분류된 모양에 일상 언어를 사용하도록 한다. 그리고 예가 되는 모양과 예가 되지 않는 모양을 다양하게 다루어 볼 수 있다.

구체물이나 교구를 활용하여 직육면체와 정육면체의 정의를 알게 하고, 그 구성요소인 꼭짓점, 면, 모서리가 무엇인지 알게 한다. 직육면체와 정육면체에서 꼭짓점, 모서리, 면의 수를 알아보고, 직육면체와 정육면체의 관계 및 면의 평행과 수직에 대해서 알아보고, 평행인 면과 수직인 면을 찾아보게 한다.

◎ 직육면체와 정육면체의 겨냥도를 이해하고, 겨냥도를 그리는 방법을 알고 그리게 한다.

직육면체와 정육면체의 겨냥도를 이해하고, 겨냥도를 그리는 방법을 알고 그리게 한다. 직육면체와 정육면체의 전개도를 이해하고, 전개도를 그리는 방법을 알고 그리게 하며, 전개도에서 평행인 면과 수직인 면을 찾게 한다.

직육면체와 정육면체에 이어 각기둥과 각뿔을 다룬다. 각기둥과 각뿔의 의미를 이해하게 하고, 구성요소를 알게 하고, 평행인 면과 수직인 면을 찾아보는 것을 통해 각기둥에 대한 이해를 깊게 하며, 꼭짓점, 모서리, 밑면의 모양 등의 특징을 알아보는 것을 통해 각뿔의 성질을 알게 한다.

각기둥의 모서리를 잘라 펼쳐보는 활동을 통해 각기둥의 전개도를 이해하고, 그릴 수 있게 한다. 전개도에서 평행인 면, 수직인 면, 맞닿은 변을 찾고, 전개도를 접어서 각기둥을 만들어 보는 활동을 통해 각기둥에 대한 이해를 깊게 한다. 이때 각기둥에 대한 전개도는 간단한 경우만 다룬다.

◎ 원기둥과 원뿔을 직관적으로 인식하고, 여러 가지 입체도형에서 원기둥과 원뿔을 찾아내어 원기둥과 원뿔의 의미를 이해하게 한다.

원기둥과 원뿔을 직관적으로 인식하고, 여러 가지 입체도형에서 원기둥과 원뿔을 찾아내어 원기둥과 원뿔의 의미를 이해하게 한다. 원기둥의 밑면, 옆면, 높이와 원뿔의 꼭짓점, 옆면, 밑면, 모선, 높이 등 구성요소를 알게 하며, 원기둥과 원뿔의 여러 가지 성질을 찾아보게 한다. 원기둥의 모형을 잘라 펼쳐보는 활동을 통해 원기둥의 전개도를 이해하고, 원기둥의 전개도를 찾을 수 있게 한다. 직사각형, 직각삼각형, 반원을 한 직선을 중심으로 돌리는 활동을 통하여 원기둥, 원뿔, 구를 만들어 보게 한다.

### □ 5~6학년군 교육과정 상의 유의사항

(가) 학습 요소

• 직육면체, 정육면체, 면, 모서리, 밑면, 옆면, 겨냥도, 전개도, 각기둥,

각뿔, 원기둥, 원뿔, 구, 모선

(나) 교수·학습 방법 및 유의 사항

- 직육면체의 전개도에서 수직인 면과 평행한 면을 찾게 하여 전개도로부터 입체도형을 추측할 수 있게 한다.
- 각기둥의 전개도는 간단한 형태만 다루고, 각뿔과 원뿔의 전개도는 다루지 않는다.
- 한 직선을 중심으로 직사각형, 직각삼각형, 반원을 돌리는 활동을 통하여 원기둥, 원뿔, 구를 만들어 보게 한다.
- 모형을 이용하여 입체도형의 구성 요소와 성질을 확인하게 한다.
- 도형 영역의 문제 상황에서 문제해결 전략 비교하기, 주어진 문제에서 필요 없는 정보나 부족한 정보 찾기, 조건을 바꾸어 새로운 문제 만들기, 문제해결 과정의 타당성 검토하기 등을 통하여 문제해결 능력을 기르게 한다.

(다) 평가 방법 및 유의 사항

- 입체도형의 전개도에 대한 평가는 전개도가 될 수 있는 것과 될 수 없는 것을 구별하는 데 중점을 둔다.

**[지도 방법]** 입체도형은 시각적으로 보이지 않으므로 구체적인 조작활동을 통하여 이해하도록 해야 한다. 처음에는 추상적인 도형보다는 실생활에서 쉽게 볼 수 있는 물건, 자연, 건축물 등을 관찰하여 여러 가지 입체도형의 모양을 인식하며, 그 중 직육면체, 원기둥, 구의 모양을 찾게 한다. 이때 직육면체,

**◎ 입체도형은 시각적으로 보이지 않으므로 구체적인 조작활동을 통하여 이해하도록 해야 한다.**

**◎ 교육과정 성취기준**
[6수02-04] 직육면체와 정육면체를 알고, 구성 요소와 성질을 이해한다.

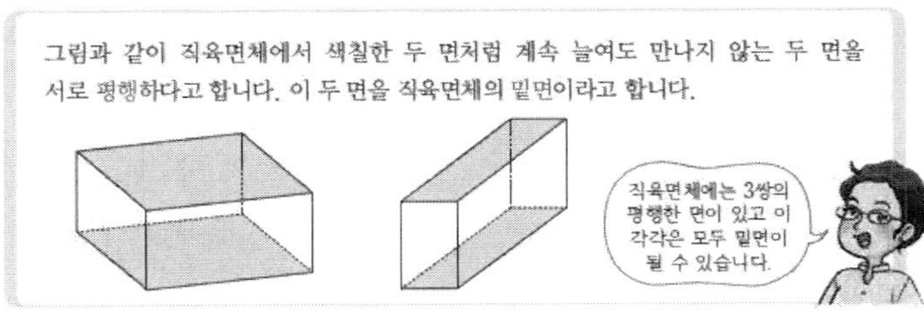


[그림 9-10] 직육면체에서 평행과 밑면(교육부, 2018f, p. 104)

원기둥, 구의 예가 되는 모양과 예가 되지 않는 모양을 다양하게 다룰 수 있다.

다음 단계에서는 구체물이나 교구를 활용하여 직육면체와 정육면체의 정의를 알게 하고, 그 구성요소인 꼭짓점, 면, 모서리가 무엇인지 알게 한다. 직육면체와 정육면체에서 꼭짓점, 모서리, 면의 수를 알아보고, 직육면체와 정육면체의 관계를 알게 한다. 또한 직육면체나 정육면체에서 면의 평행과 수직에 대해서 알아보고, 평행인 면과 수직인 면을 찾아보게 한다.

◎ **직육면체와 정육면체의 겨냥도를 이해하고, 겨냥도를 그리는 방법을 알고 그리게 한다.**

직육면체와 정육면체의 겨냥도를 이해하고, 겨냥도를 그리는 방법을 알고 그리게 한다. 직육면체와 정육면체의 전개도를 이해하고, 전개도를 그리는 방법을 알고 그리게 하며, 전개도에서 평행인 면과 수직인 면을 찾게 한다. 겨냥도를 그릴 때에는 다음에 유의하도록 한다.

- 평행한 모서리는 평행하게 그린다.
- 보이는 모서리는 실선으로, 보이지 않는 모서리는 점선으로 그린다.
- 각의 크기와 모서리의 길이는 고려하지 않는다.
- 잘 알아볼 수 있는 위치에서 그린다.

◎ **교육과정 성취기준**
[6수02-05] 직육면체와 정육면체의 겨냥도와 전개도를 그릴 수 있다.

**여러 가지 직육면체의 겨냥도를 그린 것입니다. 빠진 부분을 그려 넣어 겨냥도를 완성해 봅시다.**

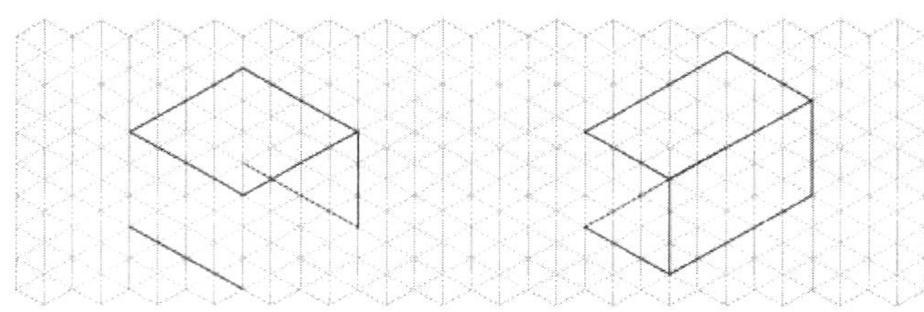

[그림 9-11] 겨냥도(교육부, 2018f, p. 107)

다음으로 각기둥(prism)은 합동인 2개의 다각형 면이 평행인 평면 안에 있고, 다른 면들은 평행사변형들로 경계가 된 다면체이고, 각뿔은 평면 위의 다각형 판과 평면 밖의 정점을 연결한 직선들로 이루어진 도형을 의미한다.

각기둥과 각뿔을 지도하기 위해  실생활의 다양한 물건을 관찰하여 각기둥과 각뿔을 직관적으로 인식하고, 각각 그 공통 성질을 알아내어 각기둥과 각뿔의 의미를 이해하게 하고, 구성요소를 알게 한다. 평행인 면과 수직인 면을 찾아보는 것을 통해 각기둥에 대한 이해를 깊게 하며, 꼭짓점, 모서리, 밑면의 모양 등의 특징을 알아보는 것을 통해 각뿔의 성질을 알게 한다.

또 각기둥의 모서리를 잘라 펼쳐보는 활동을 통해 각기둥의 전개도를 이해하고, 그릴 수 있게 한다. 전개도에서 평행인 면, 수직인 면, 맞닿은 변을 찾고, 전개도를 접어서 각기둥을 만들어 보는 활동을 통해 각기둥에 대한 이해를 깊게 한다. 이때 각기둥에 대한 전개도는 간단한 경우만 다룬다.

**◎ 각기둥의 모서리를 잘라 펼쳐 보는 활동을 통해 각기둥의 전개도를 이해하고, 그릴 수 있게 한다.**

**◎ 교육과정 성취기준**

[6수02-07] 각기둥의 겨냥도와 전개도를 그릴 수 있다.

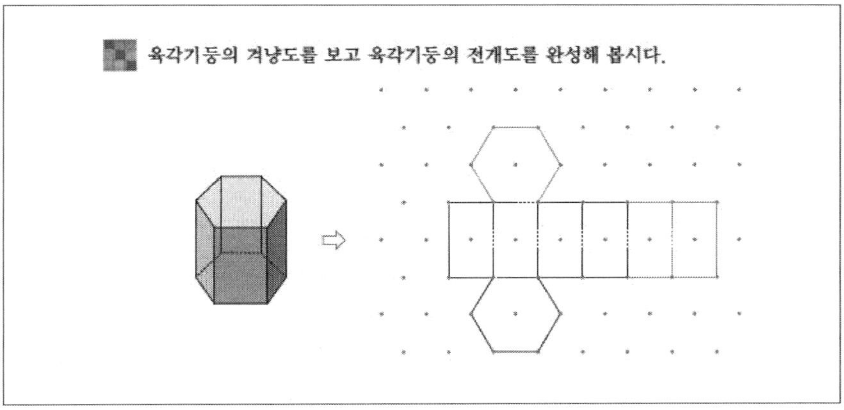


[그림 9-12] 육각기둥의 겨냥도(교육부, 2018g, p. 37)

한편, 다면체(polyhedron)는 다각형 영역에 의하여 만들어지는 단순 폐곡면이다. poly는 '많은'의 의미이며, hedron은 '평평한 표면'의 의미이므로, 이름

**탐구활동**

정사면체 ABCD에서 점 L, M, N은 각각 선분 AB, AC, AD의 중점이다. 평면 LMN으로 정사면체를 자른 다음 사면체 ALMN을 떼었다. 이와 같은 방법으로 다른 꼭짓점에 대해서도 잘라내면 남아있는 입체도형은 어떤 모양인가?

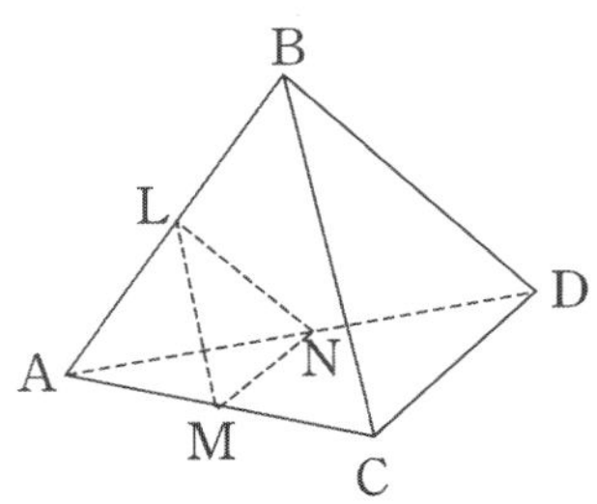

으로 다면체의 의미를 쉽게 알 수 있을 것이다. 다면체에서 각각의 다각형 영역을 면(face)이라고 한다. 다각형의 꼭짓점들은 다면체의 꼭짓점(vertex)이라 하고, 각 다각형 영역의 변을 다면체의 모서리(edge)라고 한다.

원기둥과 원뿔을 지도하기 위하여 실생활에서 쉽게 접할 수 있는 여러 가지 물건, 건축물 등을 관찰하여 원기둥과 원뿔을 직관적으로 인식하고, 여러 가지 입체도형에서 원기둥과 원뿔을 찾아내어 각각의 공통 성질을 알아봄으로써 원기둥과 원뿔의 의미를 이해하게 한다. 그리고 원기둥의 밑면, 옆면, 높이와 원뿔의 꼭짓점, 옆면, 밑면, 모선, 높이 등 구성요소를 알게 하며, 원기둥과 원뿔의 여러 가지 성질을 찾아보게 한다.

**교육과정 성취기준**
[6수02-08] 원기둥을 알고, 구성 요소, 성질, 전개도를 이해한다.

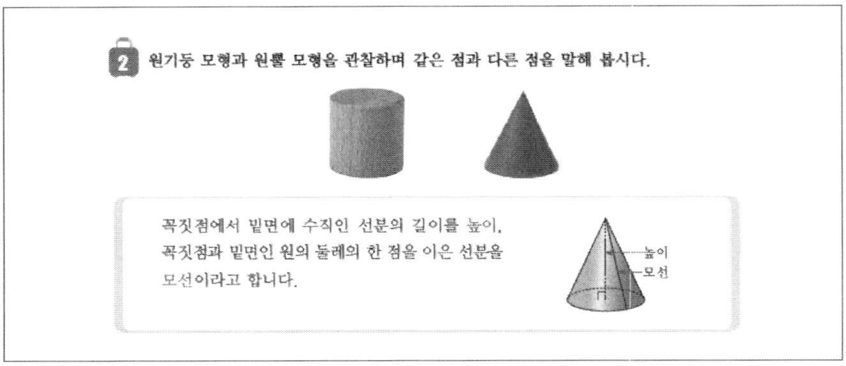


[그림 9-13] 원뿔의 모선(교육부, 2018g, p. 37)

원기둥의 모형을 잘라 펼쳐보는 활동을 통해 원기둥의 전개도를 이해하고, 원기둥의 전개도를 찾을 수 있게 한다. 또한 주어진 원기둥의 전개도 중에서

**교육과정 성취기준**
[6수02-09] 원뿔과 구를 알고, 구성 요소, 성질, 전개도를 이해한다.

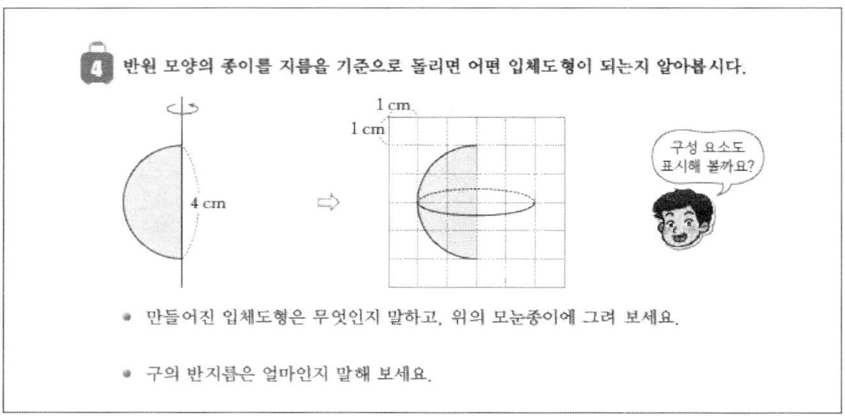


[그림 9-14] 구 만들기(교육부, 2018g, p. 37)

원기둥을 만들 수 없는 전개도를 찾고 왜 만들 수 없는지 설명하게 한다. 이때 원기둥의 전개도를 정확하게 그리는 활동은 하지 않는다.

원기둥, 원뿔, 구를 통하여 회전체와 회전축을 직관적으로 이해하게 하고, 도형을 회전축을 중심으로 회전시켰을 때 생기는 입체를 회전체라 정의하며, 회전체와 회전시킨 기본 도형을 짝지어 보게 한다. 회전체를 여러 가지 방향의 평면으로 잘라보고, 회전축에 수직인 평면으로 잘랐을 때와 회전축을 품은 평면으로 잘랐을 때, 여러 가지 방향으로 잘랐을 때의 단면을 비교하게 하여 회전체에 대한 이해를 깊게 한다. 특히, 구를 여러 가지 방향으로 자른 단면을 통해 구의 특징을 이해하게 한다.

**탐구활동**

다섯 가지의 정다면체의 각 면의 중심을 이어서 생기는 입체도형은 어떤 모양인지 알아보아라.

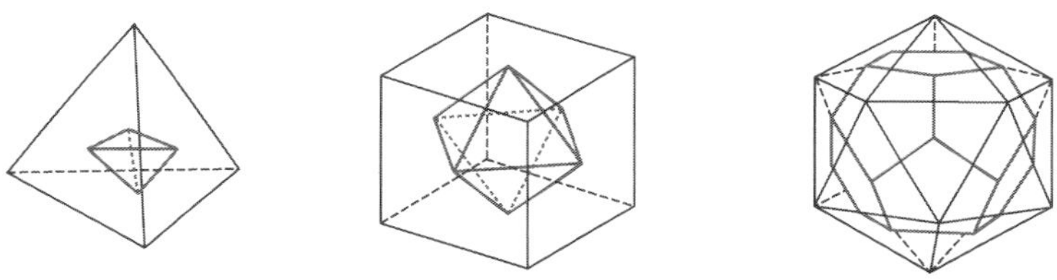

## (3) 공간 감각과 쌓기나무의 지도 방법

**성취기준**

[2수02-02] 쌓기나무를 이용하여 여러 가지 입체도형의 모양을 만들고, 그 모양에 대해 위치나 방향을 이용하여 말할 수 있다.
[6수02-10] 쌓기나무로 만든 입체도형을 보고 사용된 쌓기나무의 개수를 구할 수 있다.
[6수02-11] 쌓기나무로 만든 입체도형의 위, 앞, 옆에서 본 모양을 표현할 수 있고, 이러한 표현을 보고 입체도형의 모양을 추측할 수 있다.

**[해설]** 쌓기나무를 이용한 공간 감각의 형성 지도에서는 저학년과 고학년에서 이루어진다. 먼저 저학년에서는 쌓기나무로 만든 간단한 입체도형을 보고 입체도형의 구조를 직관적으로 파악하여 똑같이 만들어 보게 한다. 이를 통해 입체도형에 대한 이해를 깊게 할 뿐만 아니라, 공간적 대상의 이미지를

구성하는 공간 감각을 기르게 한다.

### □ 1~2학년군 교육과정 상의 유의사항

(가) 교수·학습 방법 및 유의 사항

- 쌓기나무를 이용한 모양 만들기, 칠교판을 이용한 모양 채우기나 꾸미기를 통하여 도형에 대한 공간 감각을 기르게 한다.
- 쌓기나무로 만든 입체도형의 모양에 대해서 '~의 앞', '~의 오른쪽', '~의 위', '2층' 등을 사용하여 말하게 한다.

**[지도 방법]** 2학년 과정에서 쌓기나무는 쌓은 모양을 보고 똑같이 쌓아보고, 쌓은 모양의 위치나 방향을 이해하도록 하고 있다. 이때 쌓기나무는 보는 방향에 따라 모양이 달라지기 때문에 모양을 설명하기 전에 아이들과 앞, 뒤, 오른쪽, 왼쪽을 약속해야 한다. 그리고 왼쪽과 오른쪽은 아이들의 관점에서, 앞과 뒤는 사물을 기준으로 정하도록 한다. 또한 여러 가지 모양으로 쌓기나무를 만들어 보고, 쌓은 모양에 대해 위치나 방향을 이용하여 설명하도록 한다.

◎ **교육과정 성취기준**
[2수02-02] 쌓기나무를 이용하여 여러 가지 입체도형의 모양을 만들고, 그 모양에 대해 위치나 방향을 이용하여 말할 수 있다.

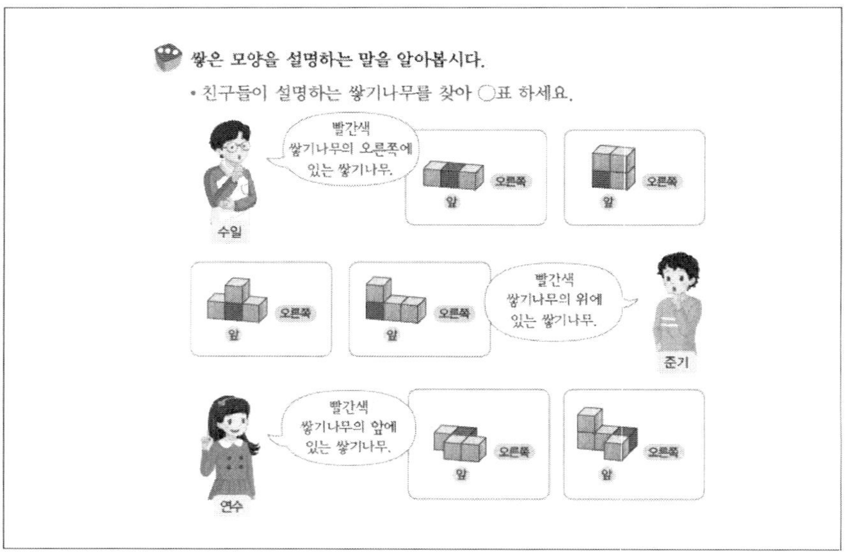


[그림 9-15] 쌓은 나무 설명하기(교육부, 2017c, p. 51)

**[해설]** 고학년 과정에서는 입체도형의 구조를 파악하는 활동으로 쌓기나

무로 만든 입체도형을 보고 사용된 쌓기나무의 개수를 구하게 한다. 이 때 입체도형을 평면에 나타낸 모양만을 보고 입체도형의 구조를 완전히 파악할 수 없는 경우도 있기 때문에 사용된 쌓기나무의 개수를 구할 때 아이들에게 구조를 추측하게 하고 의사소통하게 한다. 또한 어떤 입체도형을 위, 앞, 옆에서 본 모양으로 표현한 것이나 위에서 본 모양의 각 칸 위에 쌓여 있는 쌓기나무의 개수를 적는 방법으로 표현한 것에서 그 입체도형의 모양을 알 수 있게 한다. 이는 입체도형을 평면도형으로 표현하는 것과 평면도형으로 표현된 것을 보고 입체도형의 구조를 파악하는 활동이다.

### □ 5~6학년군 교육과정 상의 유의사항

(가) 평가 방법 및 유의 사항

- 쌓기나무로 만든 입체도형의 위, 앞, 옆에서 본 모양에 대한 평가를 할 때에는 간단한 모양을 이용한다.

**[지도 방법]** 6학년 과정에서는 쌓은 모양과 쌓기나무의 개수를 알아보도록 한다. 여기에서는 공간의 다양한 대상들을 추상화한 모델로서 쌓기나무를 활용한 것을 알도록 하기 위해 투영도와 쌓기나무 구조물의 투영도를 함께 제시한다. 아이들은 쌓기나무로 만든 모양을 보면서 뒤에 숨은 경우가 있는지 알아내도록 하고, 이용된 쌓기나무의 개수를 알아 내도록 한다. 3차원 공간인 쌓기나무로 쌓은 모양을 2차원 공간인 평면 위에 기록하기 위해서는 쌓은 모양이 한 가지만 표현되는 방법을 활용하도록 한다.

**◎ 교육과정 성취기준**

[6수02-11]쌓기나무로 만든 입체도형의 위, 앞, 옆에서 본 모양을 표현할 수 있고, 이러한 표현을 보고 입체도형의 모양을 추측할 수 있다.

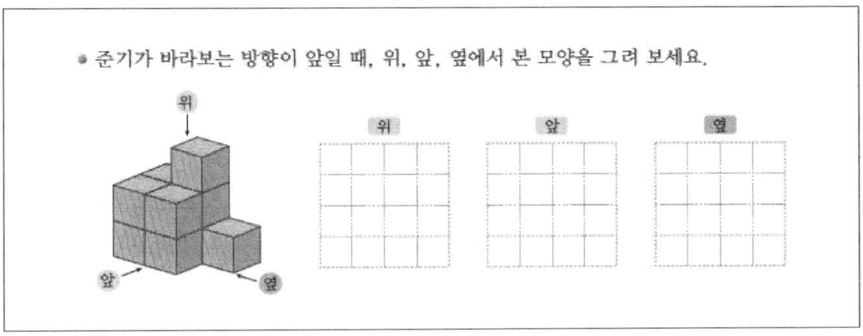


[그림 9-16] 쌓은 나무 개수 알기(교육부, 2018h, p. 56)

### (4) 도형의 이동의 지도 방법

**성취기준**

[4수02-04] 구체물이나 평면도형의 밀기, 뒤집기, 돌리기 활동을 통하여 그 변화를 이해한다.
[4수02-05] 평면도형의 이동을 이용하여 규칙적인 무늬를 꾸밀 수 있다.

◎ 밀기, 뒤집기, 돌리기를 통해 그 변화를 관찰하게 한다.

**[해설]** 간단한 평면도형의 밀기, 뒤집기, 돌리기는 공간적 대상의 정신적 이미지를 구성하고 변환하는 능력을 신장함과 동시에 이후에 학습하게 될 합동과 대칭을 이해하는 데 기초가 된다. 처음에는 구체물, 그림, 평면도형 등을 직접 밀기, 뒤집기, 돌리기를 통해 그 변화를 관찰하게 하고, 익숙해지면 직접 해보기 전에 어떤 모양이 될지 추측하게 한 후 직접 해보고 확인하게 함으로써 공간 추론을 경험하게 한다.

돌리기의 경우 회전 방향에 대해서는 시계 방향, 시계 반대 방향 등의 용어나 회전의 크기에 대해서는 반 바퀴, 반의 반 바퀴 등 친숙한 용어들을 사용할 수 있다. 모양이 같은 여러 장의 도형이나 무늬 카드를 준비하여 제시된 카드의 모양이 되도록 만들게 하는 활동, 제시된 모습대로 몸을 움직여서 만드는 활동, 똑같은 몇 개의 정사각형들로 만들 수 있는 서로 다른 모양이 몇 개인지를 밀기, 뒤집기, 돌리기 등을 이용하여 알아보는 활동 등 여러 가지 방법으로 이동에 대한 감각을 기르게 한다.

#### □ 3~4학년군 교육과정 상의 유의사항

(가) 교수·학습 방법 및 유의 사항

- 실생활에서 평면도형의 이동을 활용한 사례를 찾아서 이동에 따른 변화를 추론하고 설명하게 한다.
- 평면도형의 이동을 활용하여 자신만의 규칙적인 무늬를 만들고, 다른 사람이 만든 무늬에서 규칙을 찾아 설명하게 한다.

(나) 평가 방법 및 유의 사항

- 평면도형의 이동을 활용하여 모양의 변화나 무늬를 설명하게 할 때 설명 방법이 다양할 수 있음에 유의하여 평가한다.

**[지도 방법]** 도형을 이동하거나 모양이나 크기를 바꾸는 것을 도형의 변환이라 한다. 또, 도형을 이동하여 다른 도형에 완전히 겹칠 수 있을 때 두 도형은 합동이라 한다. 즉, 두 도형이 합동이면 그 크기와 모양이 같다. 합동개념은 유클리드 기하학에서 가장 중요한 개념이다. 합동변환이란 도형의 모양이나 크기는 변하지 않고, 위치만을 이동하는 것으로, 평행이동(slide, 밀기), 대칭이동(turn, 뒤집기), 회전이동(flip, 돌리기)이 있다.

### 1) 평행이동(밀기)

도형을 일정한 방향으로 일정한 거리만큼 이동하는 조작을 평행이동이라 한다. 따라서 평행이동에 의하여 도형 위의 모든 점은 같은 방향으로 같은 거리만큼 이동된다.

### 2) 대칭이동(뒤집기)

대칭이동에는 선대칭, 점대칭, 면대칭이 있으나, 초등수학에서는 선대칭과 점대칭을 주로 취급하고 면대칭은 거울을 이용하여 소개하는 정도로 다룬다.

**모양 조각을 뒤집고 돌리면 어떻게 되는지 알아봅시다.** 준비물 7

- 모양 조각을 오른쪽으로 뒤집고 시계 방향으로 90°만큼 돌렸을 때와 시계 방향으로 90°만큼 돌리고 오른쪽으로 뒤집으면 어떻게 될지 생각해 보세요.
- 모양 조각을 오른쪽으로 뒤집고 시계 방향으로 90°만큼 돌려 보세요.

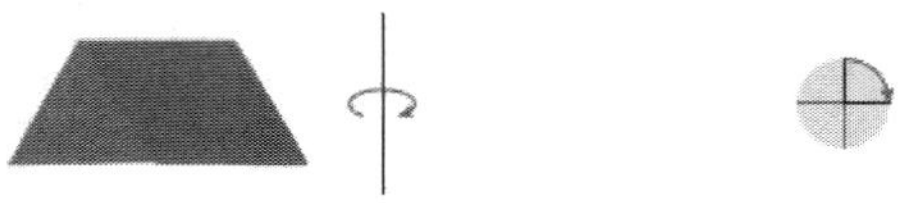

- 모양 조각을 시계 방향으로 90°만큼 돌리고 오른쪽으로 뒤집어 보세요.

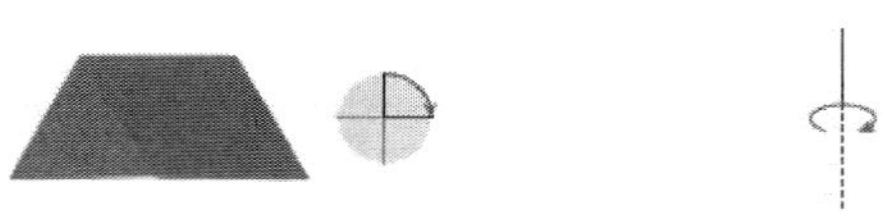

- 모양 조각을 움직인 방법에 따라 어떻게 되는지 비교하여 말해 보세요.

[그림 9-17] 뒤집고 돌리기(교육부, 2018c, p. 96)

**교육과정 성취기준**
[4수02-04] 구체물이나 평면도형의 밀기, 뒤집기, 돌리기 활동을 통하여 그 변화를 이해한다.

### 3) 회전이동(돌리기)

평면곡선을 그 평면 위의 한 직선을 회전축으로 하여 회전하였을 때 얻어지는 곡면을 회전면이라 하고, 처음 곡선의 개개의 위치를 모선이라 한다. 또, 회전면과 그 축에 수직인 두 평면에 의하여 둘러싸인 입체를 회전체라 한다. 실제로 원기둥, 원뿔, 구 등은 사각형, 삼각형, 원을 한 직선을 축으로 하여 회전하여 만들어지는 입체도형으로 볼 수 있다.

## (5) 합동과 대칭의 지도 방법

**성취기준**

[6수02-01] 구체적인 조작 활동을 통하여 도형의 합동의 의미를 알고, 합동인 도형을 찾을 수 있다.
[6수02-02] 합동인 두 도형에서 대응점, 대응변, 대응각을 각각 찾고, 그 성질을 이해한다.
[6수02-03] 선대칭도형과 점대칭도형을 이해하고 그릴 수 있다.

◎ 합동, 대칭

**[해설]** 실생활에서 여러 가지 모양이나 연속적으로 배열된 무늬를 제시하고 모양과 크기가 같아서 완전히 포개어지는 것을 찾아보게 함으로써 합동의 의미를 직관적으로 이해하게 한다. 합동인 두 도형에서 대응점, 대응변, 대응각을 알게 하고, 대응변의 길이와 대응각의 크기가 같음을 알게 한다.

실생활에서 쉽게 볼 수 있는 물건이나 무늬, 동식물, 건축물, 조형물 등을 살펴봄으로써 대칭의 의미를 직관적으로 이해하게 한다. 사람, 물건, 글자, 점 등을 거울에 비쳐 보는 활동, 데칼코마니나 여러 가지 모양을 반으로 접는 활동 등 다양한 구체적 조작 활동을 통해 선대칭도형과 대칭축의 의미를 알게 한다. 특히 여러 가지 물체나 점을 거울에 비쳤을 때 나타나는 상을 관찰하는 활동은 도형의 대칭에 대한 기초 경험을 제공할 뿐만 아니라, 공간 감각을 길러 줄 수 있다. 선대칭도형에서 대응점, 대응변, 대응각을 찾아보고, 대응변의 길이와 대응각의 크기가 같고 대칭축은 대응점을 이은 선분을 수직이등분한다는 성질을 알게 한다. 선대칭 도형의 성질을 이용하여 선대칭도형의 나머지 부분을 그릴 수 있게 한다.

바람개비, 태극무늬 등 다양한 도형에서 도형의 한 점을 중심으로 $180^\circ$ 회전하여 겹쳐보게 하는 등 구체적 조작 활동을 통해 점대칭도형과 대칭의 중심의 의미를 알게 한다. 점대칭도형에서 대응점, 대응변, 대응각을 찾아보고,

대칭의 중심은 대응점을 이은 선분을 이등분하고, 대응변과 대응각의 크기가 같다는 성질을 알게 한다. 점대칭도형의 성질을 이용하여 점대칭도형의 나머지 부분을 그릴 수 있게 한다.

### □5~6학년군 교육과정 상의 유의사항

(가) 학습 요소

- 합동, 대칭, 대응점, 대응변, 대응각, 선대칭도형, 점대칭도형, 대칭축, 대칭의 중심

(나) 교수·학습 방법 및 유의 사항

- 실생활에서 같은 무늬 찾기, 종이 겹쳐 오리기, 도장 찍기, 데칼코마니 등 구체적인 조작 활동을 통하여 도형의 합동의 의미를 알게 한다.
- 실생활에서 선대칭도형과 점대칭도형의 예를 찾아 설명하게 한다.
- 선대칭도형과 점대칭도형의 성질을 이용하여 각 도형의 나머지 부분을 그리게 한다.

(다) 평가 방법 및 유의 사항

- 선대칭도형과 점대칭도형 그리기를 평가할 때 점판이나 격자를 이용하여 쉽게 그릴 수 있게 한다.

**[지도 방법]** 합동은 두 도형이 완전히 포개어지는 도형을 의미한다. 따라서 합동인 두 도형은 모양과 크기가 서로 같다. 선분이나 각도 도형이므로 선분의 합동이나 각의 합동도 생각할 수 있다. 두 선분의 길이가 같으면 그 두 선분은 합동이며, 두 각의 크기가 같으면 그 두 각은 합동이다. 즉, 선분의 경우에는 길이, 각의 경우에는 각의 크기만을 확인하며 두 도형이 합동인지 아닌지를 알 수 있다. 그러나 다각형의 경우에는 가장 간단한 다각형인 삼각형의 경우에도 대응점, 대응변, 대응각 등 고려해야 할 요소들이 여러 가지가 있다.

◎ 합동은 두 도형이 완전히 포개어지는 도형을 의미한다.

선대칭 도형은 도형의 내부를 지나는 한 직선을 대칭축으로 하여 접었을 때 완전히 겹쳐지는 도형을 선대칭 도형이라 하고, 이 직선을 대칭축이라 한다.

◎ 선대칭 도형은 도형의 내부를 지나는 한 직선을 대칭축으로 하여 접었을 때 완전히 겹쳐지는 도형을 의미한다.

교육과정 성취기준
[6수02-03] 선대칭도형과 점대칭도형을 이해하고 그릴 수 있다.

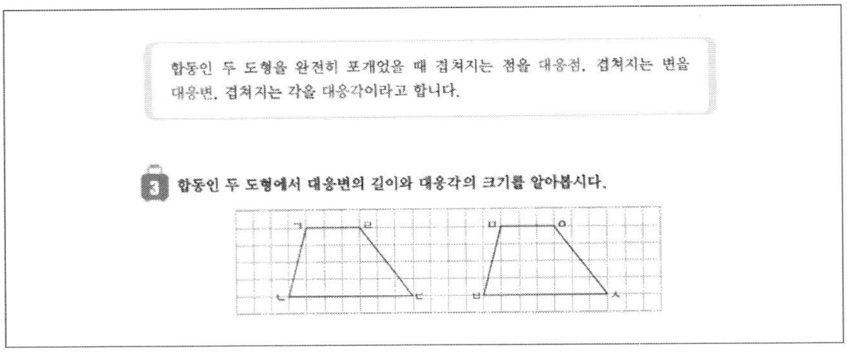


[그림 9-18] 합동에서 대응변과 대응각(교육부, 2018f, p. 57)

이를테면, 선분, 직사각형, 정사각형, 마름모, 이등변삼각형, 정삼각형, 부채꼴 등은 모두 선대칭 도형이다.

한편, 선대칭의 위치에 있는 도형은 도형을 어떤 직선을 축으로 대칭이동하여 다른 도형에 완전히 겹칠 수 있을 때 두 도형은 선대칭의 위치에 있다고 한다. 따라서 선대칭의 위치에 있는 도형은 상호 대칭인 도형이다.

교육과정 성취기준
[6수02-03] 선대칭도형과 점대칭도형을 이해하고 그릴 수 있다.

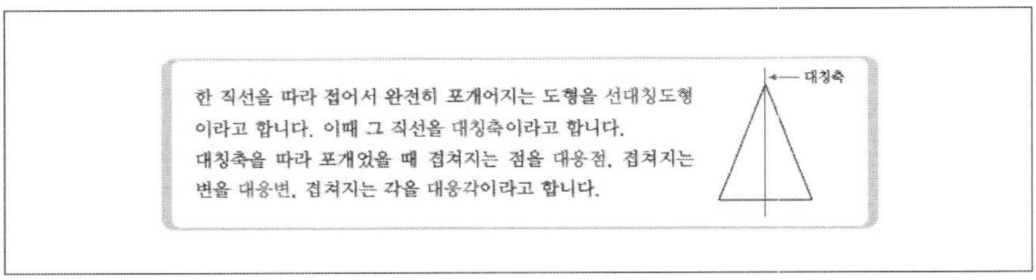


[그림 9-19] 선대칭도형(교육부, 2018f, p. 59)

**점대칭 도형은 도형을 그 내부의 한 정점을 중심으로 180° 회전이동한 도형이 원래의 도형과 완전히 겹쳐지는 도형을 의미한다.**

다음으로 점대칭 도형은 도형을 그 내부의 한 정점을 중심으로 180° 회전이동한 도형이 원래의 도형과 완전히 겹쳐질 때 이 도형을 점대칭 도형이라 하고, 이 정점을 점대칭의 중심이라 한다. 점대칭 도형에서 점대칭의 중심은 도형의 내부, 또는 그 경계선상에 오직 하나 존재한다. 점대칭 도형으로는 선분, 정사각형, 정육각형, 직사각형, 마름모, 원, 구 등이 있다. 마지막으로 점대칭의 위치에 있는 도형은 도형을 한 정점을 중심으로 180° 회전이동하여 다른 도형에 완전히 겹쳐질 때, 두 도형을 점대칭의 위치에 있는 도형이라고 하고, 이 정점을 점대칭의 중심이라 한다. 점대칭의 위치에 있는 도형의 대응하는 두 점을 잇는 선분은 점대칭의 중심에 의하여 이등분된다.

> 한 도형을 어떤 점을 중심으로 180° 돌렸을 때 처음 도형과 완전히 겹쳐지면 이 도형을 점대칭도형이라고 합니다. 이때 그 점을 대칭의 중심이라고 합니다.
> 대칭의 중심을 중심으로 180° 돌렸을 때 겹쳐지는 점을 대응점, 겹쳐지는 변을 대응변, 겹쳐지는 각을 대응각이라고 합니다.

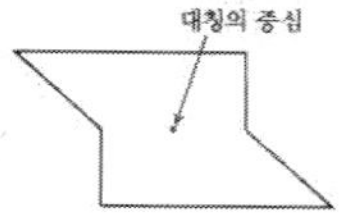


[그림 9-20] 점대칭도형(교육부, 2018f, p. 65)

**교육과정 성취기준**

[6수02-03] 선대칭도형과 점대칭도형을 이해하고 그릴 수 있다.

## 단원 탐구문제

1. 도형 개념의 지도에서 사다리꼴을 예로 하여 개념의 내포와 외연을 설명하시오.

2. 삼각형의 내각의 합을 구하는 방법을 모두 제시하시오.

3. 수학에서 정의 방법과 각각의 예를 한 가지씩 제시하시오.

4. 우리 주변에서 테셀레이션이 되어 있는 곳을 찾아보시오.

5. van Hiele의 기하학습 사고 수준을 제시하고, 각 수준의 특징을 서술하시오.

6. 다음은 정삼각형을 지도하는 과정이다. 틀린 것을 모두 고르면?

ㄱ) 삼각형의 변의 길이를 재어보고 세 변의 길이가 같은 삼각형을 찾아봅시다.
ㄴ) 세 변의 길이가 같은 삼각형과 그렇지 않은 삼각형을 분류하여 보시오.
ㄷ) 세 변의 길이가 같은 삼각형의 이름을 지어 보시오.
ㄹ) 약속하기
ㅁ) 정삼각형을 찾아보시오.
ㅂ) ______________________

① 본 수업은 개념 학습 모형이 적합하다.
② ㄷ)은 Dienes의 개념학습 과정 중 기호화에 해당한다.
③ ㅂ)에서는 정삼각형의 성질을 찾도록 한다.
④ 이 단계에 있는 아이는 정삼각형이 이등변삼각형이라는 것을 알 수 있다.
⑤ 이 수업에서 세 변의 길이가 같은 여러 크기의 정삼각형 타일을 보여주는 것은 지각적 다양성의 원리를 구현한 것이다.

7. 다음 도형 지도에 대한 설명으로 틀린 것을 모두 고르면?

① 처음 평면도형을 배울 때에는 세모, 네모, 동그라미와 같은 일상적인 용어를 이용하여 표현하도록 합니다. 이때 직관적 관찰하거나 직접 구체물을 본뜨는 활동을 통해 도형을 인식하는데 초점을 두므로 예가 되는 모양만을 이용해야 합니다.

② 도형의 지도에서는 교육과정의 내용을 재구성하여 제시할 수 있다. 예를 들면 사각형을 도입하고 사각형의 구성 요소로 선분과 직선을 도입할 수 있다.

③ 3학년에서 직사각형의 개념을 형성할 때에는 네 각이 모두 직각인 사각형에 어울리는 이름을 붙이도록 하고, 이때 직각이 90°임을 각도기를 이용하여 확인하도록 한다.

④ 정삼각형의 성질과 이등변삼각형의 성질을 이용하여 정삼각형이 이등변삼각형이 됨을 이해한 아이는 삼각형의 내각의 크기의 합을 이용하여 사각형의 내각의 크기의 합을 구할 수 있을 것이다.

⑤ 겨냥도는 3차원도형을 2차원도형으로 표현하는 방법으로, 관찰자의 위치에서 보이는 형태에 따라 구체적으로 그린다.

8 다음은 도형의 학습 지도의 과정을 나타낸 것이다. 각 사례를 보고 물음에 답하시오.

(사례 1)
- 1단계: 교과서, 삼각자, 동전과 같은 물건을 모아 본다.
- 2단계: 물건의 모양을 그려보고, 모양의 이름을 정한다.
- 3단계: 생활주변의 다양한 물체 중에서 여러가지 모양을 찾아본다.
- 4단계: 여러가지 모양을 이용하여 여러 가지 모양을 만들어 본다.

(사례 2)
- 1단계: 네 각이 직각인 사각형을 찾아본다.
- 2단계: 네 각이 직각인 사각형의 이름을 지어보고, 직사각형을 약속한다.
- 3단계: 점판 위에 사각형을 그려본다.
- 4단계: 직사각형의 성질을 발견한다.

(사례 3)
- 1단계: 사각형을 모양에 따라 2가지로 나누고, 그 이유를 설명해 보자.
- 2단계: 마주보는 두 쌍의 대변이 평행한 사각형의 이름을 지어보고, 평행사변형을 약속한다.
- 3단계: 평행사변형인 것과 아닌 것을 구별한다.
- 4단계: 평행사변형의 성질을 알아보고, 사다리꼴과의 관계를 조사한다.

(1) 위의 각 사례를 van Hiele의 기하학습사고 수준에 비추어 가장 관련 있는 단계의 사고의 대상을 쓰고, 그 이유에 대해 논하시오.

(2) (사례 1)과 (사례 2)의 특징을 개념 형성과 관련하여 설명하시오.

(3) 위 수업 (사례 3)의 사고의 특징을 van Hiele의 기하학습사고 수준에 비추어 서술하고, (사례 3)에 적합한 기하학적 사고 수준으로 이행하는데 필요한 수업 활동을 쓰시오.

(4) (사례 2)의 학습 내용을 지도하려고 한다. 이 학습 내용을 Dienes가 제시한 수학 개념의 형성학습 과정에 따라 재구성하시오.

9. 다음은 초등학교 수학 수업의 일부이다. 물음에 답하시오.

[활동 1]
- 네 각이 모두 직각인 사각형은 어느 것입니까?
- 네 각이 모두 직각인 사각형에 어울리는 이름을 붙여 보시오.
- (　　㉠　　)
- 네 각이 모두 직각인 사각형을 직사각형이라고 합니다.

**[활동 2]**
- 한 쌍의 변이 평행합니까?
- 직사각형을 사다리꼴이라고 할 수 있습니까?
- (　　㉠　　)
- 직사각형을 사다리꼴이라고 할 수 있습니까?
- 직사각형을 사다리꼴이라고 할 수 있습니까?

(1) 활동 1과 활동 2에 관련된 수학적 추론의 유형을 각각 쓰시오.

(2) 활동 1과 활동 2에 관련된 수학적 활동을 van Hiele의 기하학적 사고 수준에 비추어 어느 수준에 해당하는지 그 수준의 구체적인 명칭을 쓰시오.

(3) 활동 1과 활동 2에서의 사고의 특징을 각각 기술하고, 활동 1의 수준에서 사고하는 아이를 활동 2의 사고 수준으로 이행하게 하는데 효과적인 교수 전략을 제시하시오.

(4) ㉠에 반성적 사고를 유도하는 발문을 쓰고, 그 발문의 의의를 쓰시오.

# 측정 10

## 이 장을 시작하면서

측정은 공통된 속성을 가지는 단위를 이용하여 주어진 사물이나 상황의 속성을 비교하는 것이다. 길이는 길이 단위로 비교하고, 무게는 무게 단위로 비교하게 된다. 따라서 아이들은 주변 사물이나 현상에 대하여 알고 있는 단위를 이용하여 측정을 함으로써 양감을 기르게 된다.

한 가지 사물에 대하여 측정할 수 있는 속성은 여러 가지 것이 있다. 다음 그림을 보고 물통에 있는 여러 가지 속성을 탐구해 보자. 그리고 각 속성들이 어떻게 측정되는지 알아보고, 자신의 몸에서 측정할 수 있는 여러 가지 속성을 찾아보고, 이에 대해 토론해 보자.

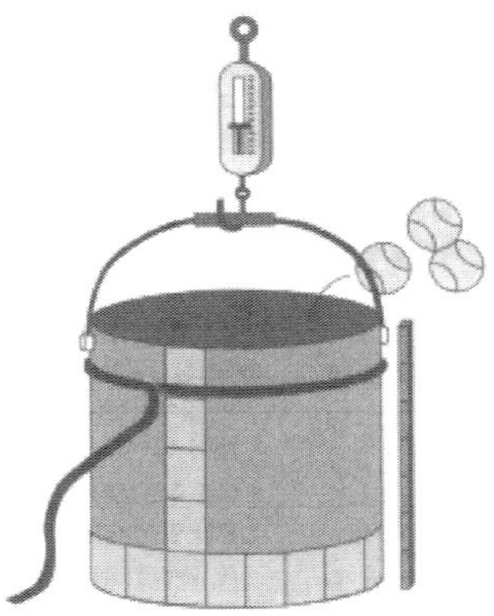

- 속성: 무게
- 단위: 쇠구슬, 추, 상자 등
- 물통을 용수철에 걸어 늘어난 만큼 당기기 위해 단위 무게가 몇 개 필요한가?

- 속성: 부피, 들이
- 단위: 물 컵, 종이컵, 공 등
- 물통을 가득 채우기 위해 종이 컵 몇 개분이 필요한가?

- 속성: 길이(높이)
- 단위: 막대기, 노끈, 나무젓가락 등
- 물통의 높이를 재기 위해 나무젓가락이 몇 개 필요한가?

- 속성: 넓이
- 단위: 모눈종이, 타일, 색종이 등
- 물통의 밑면을 덮기 위해서 색종이가 몇 장 필요한가?

# 10장

# 측정

측정 영역에서 다루는 양은 일상에서 직면하는 대소(大小), 장단(長短), 광협(廣狹), 고저(高低) 경중(輕重) 등으로 표현될 수 있는 것을 대상으로 합니다. 아이들은 구체물을 관찰하고 비교, 조작하는 과정에서 자연스럽게 양의 개념을 습득하게 됩니다. 측정은 사물의 속성에 수를 부여하는 것으로, 초등학교에서는 시각, 길이, 들이, 무게, 각도, 넓이, 부피 등을 다루게 됩니다. 이 장에서는 측정 지도를 위한 이론적 배경과 지도 방법에 대해 알아보기로 합니다.

## 10-1. 측정 영역의 이해

### (1) 측정과 측정의 지도

측정이란 '대상 또는 사건의 어떤 속성에 수를 부여하는 것'을 의미하며, 어떤 양을 기준으로 측정 대상이 몇 개분에 해당하는가의 수치를 구하는 과정이다. 이때 기준이 되는 양을 '단위'라 하고, 측정에 의해 얻어진 양을 그 단위에 의한 측도(measure) 또는 측정값이라고 한다.

◎ 측정이란 대상 또는 사건의 어떤 속성에 수를 부여하는 것이다.

길이, 들이, 무게, 넓이, 부피 시간, 온도 등은 대부분의 초등학교에서 측정할 수 있는 속성이다. 비록 각각의 속성이 서로 다를지라도, 아이들이 이러한 속성을 측정하는 것을 배우도록 하기 위하여 다음과 같은 순서에 따르도록 한다.

Ⅰ. 대상을 비교함으로써 속성을 안다.

A. 직관적 비교

B. 직접 비교

C. 간접 비교

Ⅱ. 단위를 선정한다.

A. 임의 단위

B. 보편 단위

Ⅲ. 단위에 의해 대상을 비교하고, 단위의 수를 찾는다.

A. 세기

B. 도구 이용

C. 공식 이용

Ⅳ. 단위의 수를 기록한다.

측정하는 방법을 이해하는 데에는 다음과 같은 네 단계의 과정을 파악하는 것이 필요하다.

**□1단계: 측정할 속성 결정**

대상들은 측정될 수 있는 많은 특성(속성)을 가지고 있다. 측정을 수반하는 과제가 제시되면 측정할 속성을 정하는 것이 필수이다. 측정할 대상의 속성을 파악하기 위해서는 두 항목을 측정 도구와 단위 없이 직접적으로 비교하게 된다. 그러나 대상을 이동하는 과정에서 물체의 크기나 위치에 따라 시간적, 공간적 불편성에 직면한다. 이러한 직접 비교의 불편성을 체득함으로써 다른 매개물을 이용하는 간접 비교 방법을 모색하게 된다.

**□2단계: 적절한 측정 단위 선택**

비교하는 양을 이동할 수 없는 경우에는 다른 구체물을 이용하여 간접 비교해야 한다. 이 때 사용하는 구체물을 '임의 단위'라고 하는데, 임의 단위를 사용하여 비교하게 되면 단위의 크기가 일정하지 않으므로 의사소통에 문제가 생긴다. 이러한 임의 단위의 불편성을 알게 됨으로써 보편 단위의 필요성을 체득하게 된다. 측정에 이용되는 단위는 다음과 같은 특성이 있다.

◎ 임의 단위를 사용하여 비교하게 되면 단위의 크기가 일정하지 않으므로 의사소통에 문제가 생긴다.

- 측정 단위는 선택한 속성에 적절해야 한다.
- 속성을 여러 가지 단위로 측정할 수 있다.
- 단위는 대상의 크기에 적절해야 한다.
- 단위의 수는 단위의 크기와 반대로 바뀐다.
- 서로 다른 측정 단위를 선택할지라도 측정 과정에서 단위를 바꿀 수는 없다.

계기에 의한 측정 지도에 앞서서 보편 단위에 대한 양감을 가지도록 해야 한다. 보편 단위는 누구나 쉽게 사용할 수 있도록 적절한 이론적 배경을 가져야 하고, 독립된 단위계는 가능한 적고, 기본 단위를 간단하게 적용하여 다른 양의 단위계를 구성할 수 있도록 해야 하며, 단위량은 측정 대상보다 가능한 한 적고 취급이 간편해야 한다.

**□ 3단계: 단위의 수를 정하기 위해 단위와 대상의 비교**

선택한 단위를 대상과 비교하는 것은 연속적인 양을 측정 단위로 쪼갤 수 있게 한다.

**□ 4단계: 단위의 수와 단위의 이름 제시**

서로 다른 단위를 선택할 수 있고, 단위의 수는 단위의 크기에 따라 달라지기 때문에, 단위의 수뿐만 아니라 단위의 이름을 반드시 제시해야 한다.

### (2) 양의 개념

측정 영역에서 다루는 양은 일상생활에서 '대소', '장단', '광협', '고저', '경중', '다소' 등으로 표현될 수 있는 것을 주 대상으로 한다. 만약, 우리가 연필을 관찰한다면 연필이 가진 양은 길이, 무게, 부피, 가격, 색깔, …… 등이 있다.

우리는 연필이 가진 여러 가지 양 중에서 한 양을 적당한 크기를 기준으로 하여 대상의 크기를 상대적으로 비교하고 판단한다. 이와 같이 양은 상대적인 개념으로 이해된다.

◎ 이산량은 더 이상 분할할 수 없는 양이고, 연속량은 분할 가능한 양이다.

일반적으로 양은 이산량(분리량)과 연속량으로 분류된다. 분리량이란 더 이상 분할할 수 없는 양으로, 사람이나 달걀, 사과, 구슬과 같이 독립된 개체의 수를 나타내는 양을 뜻한다. 분리량을 수치화하는 과정을 '센다'고 하고, 그 수치는 정수가 대응된다.

이에 반해 길이, 넓이, 부피, 무게, 시간, 각도 등과 같이 얼마든지 분할가능한 양을 연속량이라 한다. 연속량을 수치화하는 과정을 '잰다'고 하고, 그 수치는 실수가 대응된다. 따라서 측정영역의 주요 대상은 연속량이 된다.

또, 연속량은 시간, 길이, 들이, 무게, 넓이, 부피와 같이 가법적인 양과 속력, 밀도, 농도와 같이 비가법적인 양으로 분류된다. 전자는 사물의 외형적 크기를 나타내는 양으로 외연량이라 하고, 후자는 사물의 속성의 크기를 나타내는 양으로 내포량이라 한다. 초등학교에서 다루는 외연량은 다음과 같은 것이 있다.

◎ 길이, 시간, 길이, 들이, 무게, 넓이, 부피

① **길이, 거리:** 길이는 모든 양의 기본이 되는 양이고, 대상의 속성 중에서 쉽게 지각되는 것 중의 하나이다. 거리도 길이에 의해 측정되며, 물체 사이에 적용되는 길이의 개념이다. 둘레는 한 영역을 돌아가는 거리로, 길이의 특수한 형태이다. 길이에는 막대, 철사, 노끈 등과 같이, 물체 그 자체가 길이로 받아들여지는 경우와 책상의 가로와 세로, 의자의 높이, 원통의 둘레 등과 같이, 한 물체의 어떤 측면으로 받아들여지는 경우가 있다. 길이의 대소를 나타내는 말에는 '길다, 두껍다, 높다, 깊다, 크다, 멀다' 등이 있다.

② **시간:** 시각은 때의 위치(시점)를 나타내고, 시간은 두 시각 사이의 양을 나타낸다. 시간에서는 양으로서 시간과 그 가법성 등을 이해하여 사칙계산의 범위에서 시간 계산이 가능하도록 지도해야 한다.

③ **들이:** 들이는 용기의 내부공간에 들어가는 물건 부피의 최댓값을 말한다. 들이는 리터, 밀리리터 등으로 측정될 수 있으며, 리터는 1901년 국제도량형총회에서 '물 1kg의 부피'로 정의되었다. 그렇지만 리터와 세제곱데시미터가 동일하지 않아 약 1000000분의 28만큼 차이가

있어 세제곱데시미터와 리터 사이의 혼동의 위험성이 제기되었다. 이에 1964년 리터의 이전 정의는 폐기되었으며, 리터는 세제곱데시미터의 특수 명칭으로 사용하게 되었고, 1리터는 1세제곱데시미터의 공간에 담을 수 있는 양을 의미한다(한국표준과학연구원, 2007).

④ **무게:** 어느 쪽이 얼마나 더 무거운가를 알기 위해서는 제3의 물체인 임의 단위를 도입하고, 무게의 보편 단위인 1 g과 1 kg을 도입한다.

⑤ **각도:** 끝점을 공유하는 두 반직선으로 이루어진 도형을 각이라 하고, 각의 두 반직선 사이의 벌어진 정도를 나타내는 양을 각도라고 한다.

⑥ **넓이:** 길이가 1차원의 기본량이라면 넓이는 2차원의 기본량이다. 두 도형의 넓이의 차를 모눈의 수를 이용하여 유도하고, 이의 불편함이나 측정값의 객관화의 필요성으로부터 넓이의 단위 1 $cm^2$를 도입한다.

⑦ **부피:** 입체도형이 차지하는 공간의 크기를 의미한다. 부피에 대한 지각은 넓이에 대한 지각보다 훨씬 어려우므로 쌓기나무로 공간을 메우는 것으로 할 수 있다.

한편, 내포량은 두 외연량의 몫으로 나타내는 양으로, 서로 다른 두 종류의 양의 몫인 경우를 도, 같은 종류의 두 양의 몫인 경우를 율이라고 한다. 도는 속도, 밀도 등과 같이 균등분포를 전제로 할 때, 단위당 분포량이다. 율은 원주율, 확률과 같이 같은 종류의 두 양의 비의 값에 해당하는 양이다.

## (3) 양의 기본 성질

양의 도입단계에서는 구체적인 양을 무정의 용어로 도입하고, 양이 가지는 기본 성질을 체험하도록 하여 공리로서 인정하게 한다. 일반적으로 양에는 다음과 같은 성질이 있다.

### 1 양의 비교성

같은 종류의 양은 서로 비교할 수 있다. 이를테면, 높이와 깊이, 거리는 모두 길이로 표현될 수 있으므로 이들 양은 서로 비교 가능하다. 결국, 양을 비교하기 위해서는 두 양은 공통의 성질을 가지고 있어야 한다. 양은 비교함으로써 그 존재가 확인되고 비교될 수 있기 때문에 양이라고 한다. 양의 비교는

◎ 양은 비교함으로써 그 존재가 확인되고 비교될 수 있기 때문에 양이라고 한다.

측정의 시작인 동시에 측정 행위는 비교 과정의 일부이기도 하다. 측정은 비교하기 위해서이고, 비교는 측정에 의해서 목적을 달성할 수 있다. 그리고 양의 비교는 보존성이 있기 때문에 보존성이 비교라는 개념을 존재할 수 있게 하는 것이다.

일반적으로 양을 비교하는 방법에는 두 가지가 있는데, 대상을 직접 이동하여 겹쳐보는 직접 비교와 조작이 용이한 매개물을 사용하여 간접 비교가 있다.

간접 비교의 경우에는 양의 독립성, 즉 양은 그것이 소속된 물체와는 독립된 개념이므로 다른 물체로 대치 가능하다는 것이 전제되어야 한다. 즉, 사람, 돼지, 책상, 과일 등 비교 대상이 서로 이질적이더라도 무게라는 측면에서는 같은 양이므로 무게의 대소를 비교할 수 있다. 일반적으로 양의 독립성은 다음과 같이 형식화될 수 있다.

"같은 종류의 두 양 $a$, $b$에 대하여 $a=c_1$, $b=c_2$, $c_1>c_2$이면 $a>b$이다."

이를테면, 사과상자가 배 상자의 무게와 같고, 또 텔레비전의 무게가 세탁기의 무게와 같다고 하자. 그리고 사과 상자가 텔레비전의 무게보다 무겁다면 배 상자는 세탁기보다 무거운 것이다. 결국, 양의 독립성에 따라 양을 매개물이나 계기를 사용하여 수치화하고, 그 수치를 비교하면 양의 대소를 판별할 수 있게 된다. 또, 두 양의 상등관계를 이해하려면 다음 관계가 이해되어야 한다.

같은 종류의 양 $a$, $b$, $c$에 관하여 다음의 동치관계가 성립한다.

① $a = a$ (반사율)
② $a = b$이면 $b = a$ (대칭율)
③ $a = b$, $b = c$이면 $a = c$ (추이율)

한편 양의 대소를 판별하기 위해서는 다음 원리가 성립해야 한다.

④ 같은 종류의 양 $a$, $b$에 대해서 다음 중 하나가 반드시 성립한다(삼일률).
$a < b$, $a = b$, $a > b$
⑤ 같은 종류의 세 양 $a$, $b$, $c$에 대하여 다음 추이율이 성립한다.

$a < b$, $b < c$ 이면 $a < c$

위의 삼일률과 대소에 관한 추이율에 의하여 같은 종류의 양은 대소로 순서 지을 수 있게 된다.

### ② 양의 가법성

두 물체를 합쳐 같은 종류의 양이 결정될 수 있을 때, 두 양을 합치는 것을 양의 합병이라 한다. 양의 합병은 두 물체의 화학적인 변화는 고려하지 않으며, 합병의 결과가 일의적으로 결정된다. 같은 종류의 양에 대하여 반드시 물체의 합병에 해당하는 양이 얻어질 때, 두 양은 덧셈가능하다고 한다. 이에 따라 양의 합병은 물체와는 독립적으로 덧셈 가능하게 된다. 이를테면, 소금과 물의 무게를 따로 측정함으로써 두 양을 섞어 소금물을 만들지 않고도 소금물의 무게를 구할 수 있게 된다.

◎ 같은 종류의 양에 대하여 물체의 합병에 해당하는 양이 얻어질 때 두 양은 덧셈가능하다고 한다.

일반적으로 두 물체 A, B의 양을 각각 $m(A)$, $m(B)$라 할 때, 두 물체를 합병한 물체 $A \cup B$(단, $A \cap B = \phi$)의 양 $m(A \cup B)$는 $m(A \cup B) = m(A)+m(B)$인 관계가 성립한다. 즉, 몇 개의 물체를 합병한 양은 각각의 양의 덧셈으로 결합된다. 이 때 양 $m(A)$를 가법적인 양이라 한다. 가법적인 양으로는 길이, 넓이, 부피, 들이, 무게, 시간, 각도 등이 있다.

그런데 외연량과는 달리 농도, 밀도, 속력 등의 내포량에 대해서는 덧셈 연산이 실질적인 의미가 없다. 이에 따라 내포량의 합병은 덧셈 연산을 적용할 수 없다. 따라서 내포량의 경우에는 상황에 따라 새로운 수학적 원리를 개발하여야 한다.

### ③ 양의 연속성

양을 측정할 수 있다. 즉, 양을 수치화하거나 수직선상의 점으로 나타낼 수 있는 것은 측정이 가능하기 때문이다. 양의 연속성에 관한 성질은 다음과 같이 형식화될 수 있다. 같은 종류의 두 양 $a$, $b$에 대하여

◎ 양의 연속성

① $a > b$이면 $a > c > b$인 양 $c$가 존재한다.

이것은 '서로 다른 두 양에 대하여 그 사이에 존재하는 양은 무수히 많다'는

것으로 양의 조밀성이라고 한다. 이 원리에서 다음 성질이 유도된다.

② $a > b$이면 $a \le n \times b$인 자연수 $n$이 존재한다(아르키메데스의 원리)

이는 양에 대해서 '최대의 양도 존재하지 않고, 또 최소의 양도 존재하지 않는다.'는 것을 의미한다.

③ 양 $a$와 자연수 $n$에 대하여 $a = n \times b$인 양 $b$가 존재한다.

이것은 양을 얼마든지 등분할 수 있다는 것으로, 앞의 ②와 함께 '연속량은 같은 종류의 양에 의해서 측정될 수 있다.'는 양의 등분성을 의미한다. 또, 양을 수치화하면 실수가 되므로 수직선상의 점이나 선분의 길이로 나타낼 수 있게 된다.

## 10-2. 측정 영역의 지도 방법

1~2학년군에서는 양의 비교, 시각과 시간, 길이를 다룬다. 3~4학년군에서는 시간, 길이, 들이, 무게, 각도 등을 다룬다. 5~6학년군에서는 수의 범위, 어림하기, 평면도형의 둘레와 넓이, 원주율과 원의 넓이, 입체도형의 겉넓이와 부피 등을 다룬다. 각 학년별 상세한 지도 내용과 방법은 다음과 같다(교육부, 2015a).

| 영역 | 핵심 개념 | 일반화된 지식 | 학년(군)별 내용 요소 | | |
|---|---|---|---|---|---|
| | | | 1~2학년 | 3~4학년 | 5~6학년 |
| 측정 | 양의 측정 | 생활 주변에는 시간, 길이, 들이, 무게, 각도, 넓이, 부피 등 다양한 속성이 존재하며, 측정은 속성에 따른 단위를 이용하여 양을 수치화하는 것이다. | •양의 비교<br>•시각과 시간<br>•길이(cm, m) | •시간, 길이(mm, km), 들이, 무게, 각도 | •원주율<br>•평면도형의 둘레, 넓이<br>•입체도형의 겉넓이, 부피 |
| | 어림하기 | 어림을 통해 양을 단순화하여 표현한다. | •입체도형의 모양 | | •수의 범위<br>•어림하기(올림, 버림, 반올림) |

☆참고: 2009 개정 수학과 교육과정의 측정 영역 내용(교육과학기술부, 2011)

| 영역＼학년 | 1~2학년군 | 3~4학년군 | 5~6학년군 |
|---|---|---|---|
| 지도 내용 | • 양의 비교<br>• 시각 읽기<br>• 시각과 시간<br>• 길이 | • 시간·길이·들이<br>• 무게·각도·어림하기(반올림, 올림, 버림)<br>• 수의 범위(이상, 이하, 초과, 미만) | • 평면도형의 둘레와 넓이<br>• 무게와 넓이의 여러 가지 단위<br>• 원주율과 원의 넓이<br>• 겉넓이와 부피 |
| 용어와 기호 | 시, 분, 약, cm, m | 초, 이상, 이하, 초과, 미만, 반올림, 올림, 버림, 도(°), mm, km, L, mL, g, kg, | 가로, 세로, 밑변, 높이, 원주, 원주율, $cm^2$, $m^2$, $km^2$, t, a, ha, $cm^3$, $m^3$ |

## (1) 비교하기

**성취기준**

[2수03-01] 구체물의 길이, 들이, 무게, 넓이를 비교하여 각각 '길다, 짧다', '많다, 적다', '무겁다, 가볍다', '넓다, 좁다' 등을 구별하여 말할 수 있다.

**[해설]** 길이 비교에서는 길쭉한 물체 2, 3개의 길이를 직접 비교하여 '길다', '짧다', '가장 길다', '가장 짧다' 등으로 표현할 수 있게 하며, 길이의 길고 짧음을 비교할 수 있게 한다.

들이 비교에서는 2, 3개의 그릇에 담긴 액체나 가루의 양을 직접 비교하여 보고 '많다', '적다' 등으로 표현할 수 있게 한다.

무게 비교에서는 물체 2, 3개를 직접 들어서 무게를 느껴 보고 '더 무겁다', '더 가볍다' 등으로 표현할 수 있게 한다.

넓이 비교에서는 생활 주변에서 넓적한 부분을 찾아 넓이를 비교하게 하고, '더 넓다', '더 좁다' 등으로 표현할 수 있게 한다.

길이나 들이, 무게, 넓이 등을 비교할 때 사용되는 자료는 직접 비교가 가능한 것을 사용하도록 하고, 아이들이 직관적으로 비교할 수 있는 경험을 제공하며, 여러 가지 종류의 양감을 느끼게 한다.

### □ 1-2학년군 교육과정 상의 유의사항

(가) 교수학습 방법 및 유의 사항

• 양의 비교는 직관적인 비교, 직접 비교, 간접 비교 등을 상황에 따라

알맞게 다룬다.

**[지도 방법]** 측정은 일상생활에서 시간과 시각, 길이, 들이, 무게, 넓이, 부피 등의 양을 측정하는데 이용된다. 또한 반올림과 올림, 버림은 물건의 양을 어림할 때 이용되며, 수의 범위를 구분하기 위하여 이상, 이하, 초과, 미만을 배운다.

임의 단위는 보편 단위의 도입을 위해 필요하고, 길이는 넓이의 개념을 배우기 위해 필요하며, 길이와 넓이는 부피의 개념을 배우기 위해 필요하다. 직사각형의 넓이는 삼각형과 평행사변형, 마름모, 원의 넓이를 측정할 때 활용된다.

측정을 지도하는 일반적인 과정은 사물이나 현상이 가지고 있는 여러 가지 속성 중에서 어떤 속성을 고찰하려고 하는지를 명확히 밝히는 분류단계와 비교단계, 측정단계를 거친다.

◎ 분류하기→비교단계→측정단계

① **분류하기:** 우리는 측정하기 전에 일상생활에서 사물이나 현상에서 어떤 속성을 측정하고자 하는지를 명확히 해야 한다. 예를 들면, 우유 상자가 있을 때 들이를 측정할 것인지, 부피를 측정할 것인지를 명확히 해야 한다.

② **비교단계:** 비교에는 직관적 비교, 직접 비교와 간접 비교가 있다. 직관적 비교는 비교하고자하는 속성의 외관에 의해 즉각적으로 비교하는 방법이고, 직접 비교는 비교하고자 하는 속성을 직접 견주어 비교하는 방법이다. 간접 비교는 비교하고자 하는 속성을 제3의 대상을 이용하여 비교하는 방법이다.

③ **측정단계:** 측정단계에서는 측정하려는 양이 단위량의 몇 배에 해당하는가를 조사하여 수치화하게 된다. 이때 단위량을 측정자가 임의로 선택한 단위로 측정하는 임의 단위에 의한 측정과 모두가 공통으로 사용하는 단위를 사용하여 측정하는 보편 단위에 의한 측정으로 나눌 수 있다.

◎ 계기에 의한 직접측정과 양에 관계된 다른 양의 측정값을 구하는 간접측정이 있다.

또 측정 방법에는 계기에 의한 측정의 결과가 그대로 양의 측정값이 되도록 하는 직접측정과 계기에 의한 측정할 수 없는 경우에 측정하려는 양에 관계된 다른 양의 측정값을 구하여 그것을 토대로 원래의 양을 측정하는 간접측정이 있다.

한편, 비교하기는 막대와 줄넘기 중 어느 것이 더 긴지를 판단할 때 관찰하는 것만으로도 시각적으로 길이를 비교할 수 있는 경우는 직관적 비교에 해당한다. 그러나 길이가 엇비슷하거나 확실한 판단이 필요할 때 두 대상을 맞대어 보면 어느 것의 길이가 더 긴지 쉽게 알 수 있고, 이렇게 직접 맞대어 보고 대소 관계를 정하는 것은 직접 비교에 해당한다(교육부, 2017e).

멀리 떨어져 있어 직접 비교가 불가능한 경우에는 매개적 역할의 사물, 즉 끈이나 막대와 같은 것을 이용하여 길이를 간접 비교할 수 있다. 길이 이외의 무게, 들이, 넓이 등에서도 직관적 비교, 직접 비교, 간접 비교가 가능하다. 직접 비교와 간접 비교의 구별은 매개물의 존재 여부에 의존하지만, 무게나 들이의 경우에는 매개물의 역할에 주의할 필요가 있다. 예를 들어 양팔저울의 양팔에 두 물체를 놓아 어느 쪽으로 기우는가를 확인함으로써 무게를 비교하는 경우에는 양팔저울 자체가 무게 속성의 매개물은 아니므로 직접 비교에 해당한다. 한편, 양팔저울을 사용하더라도 기준이 되는 제3의 물건을 이용하여 그 물건보다 무겁거나 가벼운 경우를 비교하여 판단한다면 이것은 간접 비교에 해당한다.

들이의 경우, 한 용기에 물을 가득 부은 다음 물을 다른 용기에 부어 넣으면서 처음 용기에 물이 남는지, 다른 용기에 물이 가득 차지 않는지를 판단하는 경우는 직접 비교라고 볼 수 있다. 그러나 두 용기에 가득찬 물을 각각 제3의 용기를 사용하여 거기에 부어 보고 더 들어가는지 덜 들어가는지를 알아보았다면 이것은 간접 비교에 해당한다.

각 속성에 대해 여러 가지 유형의 비교 활동이 가능하지만, 모든 속성에 대해 동일한 절차를 따르는 것의 적절성에 대해서는 재고의 여지가 있다. 교수·학습 상황에 적절하게 교사가 선택해야 할 교수학적 변인으로 다루어질 필요가 있는 것이다.

### (2) 길이

**성취기준**

[2수03-05] 길이를 나타내는 표준 단위의 필요성을 인식하고, 1cm와 1m의 단위를 알며, 상황에 따라 적절한 단위를 사용하여 길이를 측정할 수 있다.
[2수03-06] 1m가 100cm임을 알고, 길이를 단명수와 복명수로 표현할 수 있다.

[2수03-07] 여러 가지 물건의 길이를 어림하여 보고, 길이에 대한 양감을 기른다.
[2수03-08] 구체물의 길이를 재는 과정에서 자의 눈금과 일치하지 않는 길이의 측정값을 '약'으로 표현할 수 있다.
[2수03-09] 실생활 문제 상황을 통하여 길이의 덧셈과 뺄셈을 이해한다.
[4수03-03] 길이를 나타내는 새로운 단위의 필요성을 인식하여 1mm와 1km의 단위를 알고, 이를 이용하여 길이를 측정하고 어림할 수 있다.
[4수03-04] 1cm와 1mm, 1km와 1m의 관계를 이해하고, 길이를 단명수와 복명수로 표현할 수 있다.

◎ 임의 단위로 물체의 길이를 재는 활동을 통해 임의 단위가 불편함을 알고, 길이의 표준 단위의 필요성을 느끼게 한다.

**[해설]** 여러 가지 임의 단위로 물체의 길이를 재는 활동을 통해 임의 단위가 불편함을 알고, 길이의 표준 단위의 필요성을 느끼게 한 후, 1 cm를 이해하게 한다. 또한 여러 가지 물체의 길이를 재는 과정에서 1 cm 단위로 길이를 재기에는 불편한 길이, 즉 1 m보다 충분히 긴 길이를 재는 활동에서 1 m 단위가 필요함을 알고 1 m를 이해하게 하여 여러 가지 길이를 잴 수 있도록 한다. 또 1 cm, 1 m의 양감을 익혀 길이를 어림하는 기초가 되게 한다.

1 m가 넘는 물체의 길이를 표현함에 있어 '1 m=100 cm'임을 활용하여 길이를 복명수로 나타낼 수 있게 한다. 또한 길이의 연산이 필요한 경우에는 단명수로 나타낸 길이가 사용될 때가 있으므로 복명수로 나타낸 길이를 '몇 cm'의 단명수로도 나타낼 수 있게 한다.

길이를 재는 활동을 하면서 자의 눈금과 일치하지 않는 길이의 측정값을 나타내는 데 어려움이 있음을 느끼게 한다. 이때, 1 cm, 1 m 단위로 표시된 눈금에서 '조금 더 된다', '조금 못 된다'로 판단하여 이를 '약 몇 cm', '약 몇 m'로 표현할 수 있게 한다. 여기에서 사용하는 '약'이라는 용어는 자의 눈금에서 더 가까운 쪽의 눈금을 읽는 정도로 지도한다.

### □ 1~2학년군 교육과정 상의 유의사항

(가) 학습 요소

• 약, cm, m

(나) 교수·학습 방법 및 유의 사항

• 표준 단위를 도입하기 전에 여러 가지 임의 단위를 사용하여 구체물의

길이를 재어보게 한다.

• 측정 영역의 문제 상황에 적합한 문제해결 전략을 지도하여 문제해결 능력을 기르게 한다.

**[해설]** 실생활에서 1cm보다 작은 아주 짧은 길이를 나타내는 데 사용할 단위가 필요함을 느끼게 하여 1mm 단위를 도입하고, 1mm 단위로 여러 가지 물건의 길이를 재어보는 활동으로 1mm를 알게 한다. 또 1m 단위로 재기에는 너무 먼 거리를 재기 위해서는 새로운 길이 단위가 필요함을 느끼게 하여 1km를 도입하고, 실생활에서 여러 가지 거리를 1km 단위로 나타내게 한다.

복명수로 나타낸 길이는 길이의 크기를 직관적으로 이해하는 데 좋으며, 길이의 연산에서는 단명수로 나타낸 길이가 사용될 때가 있다. 따라서, 1cm와 1mm, 1m와 1km 사이의 관계를 이해하고 단위를 환산하여 단명수와 복명수로 말할 수 있게 한다. 여러 가지 물건이나 거리를 어림으로 예측하고 1mm와 1km로 확인하는 과정을 거치면서 1mm와 1km에 대한 양감을 기르게 한다.

### □3~4학년군 교육과정 상의 유의사항

(가) 학습 요소

• mm, km

(나) 교수·학습 방법 및 유의 사항

• 시간, 길이, 들이, 무게의 단위를 지도할 때 단위 사이의 관계를 이해하는 데 중점을 두고, 지나친 단위 환산은 다루지 않는다.

• 길이, 들이, 무게, 각도를 측정할 때 측정도구의 눈금에 일치하지 않는 측정값을 '약'으로 표현하게 한다.

**[지도 방법]** 길이는 모든 양의 가장 기본이 되는 양으로, 막대나 철사와 같이 물체 그 자체를 길이로 받아들이는 경우와 책의 가로와 세로, 원기둥의 둘레 등과 같이 물체의 한 측면으로 받아들여지는 경우가 있다. 또 길이를 비교하여 대소를 표현할 때에는 길다, 짧다, 두껍다, 얇다, 높다, 낮다, 깊다, 얕다,

멀다, 가깝다 등으로 표현한다. 따라서 길이의 크기 비교는 길이가 물체 그 자체로 받아들여지는 것의 길이 비교, 길이가 물체의 한 측면이라고 생각되는 것의 길이 비교, 길이가 길다, 짧다로 표현되지 않는 길이의 비교로 구분하여 지도하는 것이 좋다.

- 직관적 비교: 비교하고자 하는 대상의 차이가 현저한 경우에 외관에 의해 비교한다.
- 직접 비교: 측정하거나 비교하는 물건의 수가 적을 때, 또는 비슷한 물건을 비교할 경우 직접 비교를 한다. 예를 들어, 필통 속의 연필 두 개를 꺼내어 길이를 비교하는 활동을 통하여 어느 것이 더 긴가를 알아본다.
- 간접 비교: 측정하거나 비교하는 물건의 수가 많을 때, 간접 비교를 한다. 예를 들어 여러 명의 아이들의 키를 벽에 나타내어 아이들의 키를 간접 비교하는 활동을 한다.
- 임의 단위: 책상의 길이를 뼘의 길이나 연필의 길이를 기준으로 하여 재어보는 활동을 한다. 이 때 뼘의 길이나 연필의 길이와 같이 어떤 길이를 재는 데 기준이 되는 길이를 임의 단위라고 한다. 아이들은 각자 선택한 임의 단위를 이용하여 똑같은 물건의 길이가 임의 단위의 몇 배인가를 알아보는 활동을 한다.
- 보편 단위: 임의 단위로 수치화한 비교는 가능하지만, 얼마만큼 긴가에 대한 표현은 불편하다. 이때 표준 단위의 필요성을 느끼게 하고, 1 cm의 단위를 도입한다.

**◎ 교육과정 성취기준**
[2수03-05] 길이를 나타내는 표준 단위의 필요성을 인식하고, 1cm와 1m의 단위를 알며, 상황에 따라 적절한 단위를 사용하여 길이를 측정할 수 있다.

[그림 10-1] 임의 단위의 불편성(교육부, 2017c, p. 94)

518 cm와 같이 하나의 단위를 이용하여 길이를 나타낸 표기 방법을 단명수라 하고, 5 m 18 cm와 같이 2개의 단위를 이용하여 길이를 나타낸 표기방법을 복명수라고 한다. 길이의 보편 단위로 1 m의 단위를 도입하여 복명수를 이해하도록 한다. 길이의 크기를 직관적으로 이해하는 데 복명수가 좋기 때문에 단명수를 복명수로 고쳐서 표현하는 경우가 많다. 그러나 길이의 연산을 필요로 한 경우에는 단명수가 좋은 경우가 많기 때문에 복명수를 단명수로 고친다.

어떤 길이를 재는 데 있어서 1 cm의 단위량으로는 잴 수 없는 단수의 양을 재어서, 더 정확한 측정값을 얻기 위하여 1 mm의 단위를 도입한다. 또 먼 거리를 나타내는 단위로 1 km의 단위를 도입한다.

- 길이의 계산: 길이의 합과 차의 계산은 자연수의 합과 차를 계산하는 방법과 유사하다. 자연수의 연산은 십진기수법의 원리에 입각하여 지도하지만, 길이 단위에 대한 연산은 경우에 따라 다르다. 예를 들어, 1 cm =10 mm이므로 1 cm와 1 mm 사이에는 자연수와 같이 십진법이 적용되기 때문에 십진법을 적용하는 연산이 된다.

그렇지만 1 m=100 cm이므로, 1 m와 1 cm 사이에는 백진법이 적용되기 때문에 백진법을 적용하는 연산이 된다. 1 km=1000 m이므로, 1 km와 1 m 사이에는 천진법이 적용되기 때문에 천진법을 적용하는 연산이 된다.

### (3) 시간

**성취기준**

[2수03-02] 시계를 보고 시각을 '몇 시 몇 분'까지 읽을 수 있다.
[2수03-03] 1시간은 60분임을 알고, 시간을 '시간', '분'으로 표현할 수 있다.
[2수03-04] 1분, 1시간, 1일, 1주일, 1개월, 1년 사이의 관계를 이해한다.
[4수03-01] 1분은 60초임을 알고, 초 단위까지 시각을 읽을 수 있다.
[4수03-02] 초 단위까지의 시간의 덧셈과 뺄셈을 할 수 있다.

**[해설]** 실생활에서 아침에 일어나는 시각, 운동하는 시각, 등교하는 시각 등 시각과 관련된 활동을 소재로 시각에 관심을 가지게 하고, 시계보기를 통하여

'몇 시', '몇 시 30분'으로 시각을 말할 수 있게 한다.

시각을 나타내는 단위로 '1분' 단위까지 시계 눈금을 통해 구체적으로 지도하고 이를 활용하여 시각을 '몇 시 몇 분'까지 읽을 수 있게 한다. 시각과 시각 사이의 간격을 뜻하는 시간의 의미를 알고, 1시간=60분을 알게 한다. 1시간이 60분임을 이해한 후, 60분이 넘는 시간을 '몇 시간 몇 분'으로 표현할 수 있게 한다.

◎ 색띠나 수직선을 이용하여 1일이 24시간임을 알게 하고, 24시간이 넘는 시간을 '며칠 몇 시간'으로 나타낼 수 있도록 한다.

색띠나 수직선을 이용하여 1일이 24시간임을 알게 하고, 24시간이 넘는 시간을 '며칠 몇 시간'으로 나타낼 수 있도록 한다. 또 달력을 이용하여 1주일, 1개월, 1년 사이의 관계를 알게 한다. '1주일=7일, 1개월=30일(28일, 29일, 31일), 1년=12개월' 사이의 관계를 활용하여 시간 계산을 할 수 있게 한다.

### □ 1~2학년군 교육과정 상의 유의사항

(가) 학습 요소

- 시, 분

(나) 교수·학습 방법 및 유의 사항

- 시각 읽기는 학생의 경험을 소재로 하고, 학생들이 모형 시계를 조작하며 '몇 시', '몇 시 30분', '몇 시 몇 분', '몇 시 몇 분 전' 등의 시각을 읽게 한다.
- 시간의 여러 가지 단위를 지도할 때 단위 사이의 관계를 이해하는 데 중점을 두고, 지나친 단위 환산은 다루지 않는다.

(다) 평가 방법 및 유의 사항

- '몇 시 몇 분 전'의 시각 읽기를 평가할 때 '5분 전', '10분 전', '15분 전' 등과 같이 실생활에서 자주 사용되는 경우를 다루고, '2시 48분'을 '3시 12분 전'으로 나타내는 것과 같이 복잡한 경우는 다루지 않는다.
- 1일, 1주일, 1개월, 1년 사이의 관계를 평가할 때에는 달력을 이용하여 그 관계를 이해하는지 파악하는 데 중점을 둔다.

**[해설]** 1초 단위가 사용되는 실생활의 장면을 소재로 하여 짧은 시각을 나

타내는 단위로 1초 단위를 이해하게 하고, 초 단위까지의 시각을 읽고 활용할 수 있게 한다. 초 단위까지 표현된 시간의 덧셈, 뺄셈을 할 수 있게 한다. 여기서의 시간셈은 계산 원리의 이해에 중점을 두고 초, 분, 시의 단위 환산이 복잡하지 않은 정도의 시간셈만 다루게 한다.

## □ 3~4학년군 교육과정 상의 유의사항

(가) 학습 요소

- 초

(나) 교수·학습 방법 및 유의 사항

- 시각과 시간의 의미는 구체적인 상황 속에서 구별하여 사용할 수 있는 정도로 이해하게 한다.

**[지도 방법]** 시각은 때의 위치(시점)를 나타내고, 시간은 두 시각 사이의 양을 나타낸다. 따라서 시각은 인공위성 발사 시각, 뉴스 시작 시각과 같이 좀 더 정확하게 시각을 잴 필요가 있는 상황을 생각하도록 한다. 시간은 수업이 9시에 시작하여 9시 40분까지 40분 동안 수업을 하는 상황을 생각하도록 한다. 시간의 단위로는 1시간, 1분간, 1초간을 다룬다.

◎ 시각은 때의 위치(시점)를 나타내고, 시간은 두 시각 사이의 양을 나타낸다.

초등학교 아이들에게는 복잡한 시간의 의미를 가르치기 어렵다. 관례에 따라 표현되는 시각과 시간을 가르칠 뿐이다. 모형 시계를 통해 시각을 읽는 활동은 초등학교에서 시간을 가르치는 최초의 방법이다. 다음과 같은 여러 특성을 모두 파악해야 시각을 바르게 읽고 나타낼 수 있다.

① 시침과 분침, 초침이 있다.
② 1부터 12까지 숫자가 쓰여 있다.
③ 시침과 분침은 서로 다른 속도로 움직인다.
④ 시침과 분침은 서로 연결되어 있어서 하나가 움직이면 다른 하나도 따라 움직인다.
⑤ 분침이 6에 오면 30분을 나타낸다.
⑥ 디지털 형식으로 표현된 시각을 모형 시계에 나타낸다.

특히 오늘 아침에 언제 일어났는지, 학교에 오기 위해 언제 출발했는지, 잠을 몇 시에 잤는지 등과 같이, 아이의 아이의 생활 속에서 시각을 확인하여 시각을 표현하도록 지도한다. 시각을 제시하고 모형 시계 그림에서 시침과 분침을 그려 나타내도록 하는 활동도 제시한다.

◎ 교육과정 성취기준

[2수03-04] 1분, 1시간, 1일, 1주일, 1개월, 1년 사이의 관계를 이해한다.

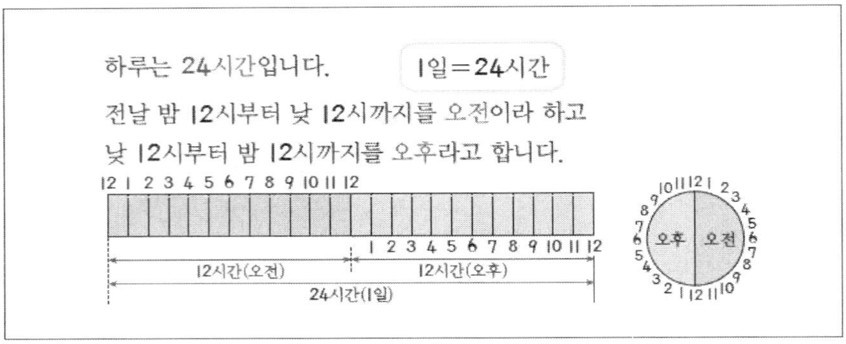


[그림 10-2] 하루의 시간(교육부, 2017c, p. 93)

## (4) 들이

**성취기준**

[4수03-05] 들이를 나타내는 표준 단위의 필요성을 인식하여 1L와 1mL의 단위를 알고, 이를 이용하여 들이를 측정하고 어림할 수 있다.
[4수03-06] 1L와 1mL의 관계를 이해하고, 들이를 단명수와 복명수로 표현할 수 있다.
[4수03-07] 실생활 문제 상황을 통하여 들이의 덧셈과 뺄셈을 이해한다.

**[해설]** 생활 장면에서 임의 단위로 들이를 측정하는 것이 불편함을 알고, 표준 단위의 필요성을 인식하게 하여 1 L, 1 mL 단위를 도입한다. 실제적인 들이의 측정 활동으로 1 L와 1 mL의 양감을 기르고, 1 L와 1 mL 사이의 관계를 이해하게 한다.

여러 가지 그릇의 들이를 기구로 측정하여 L와 mL로 말할 수 있게 한다. 이때 '1 L=1000 mL'임을 알고 이를 활용하여 들이를 단명수와 복명수로 말할 수 있게 한다.

1 L와 100 mL의 양을 측정해본 경험을 바탕으로 여러 가지 그릇의 들이를 어림하고 직접 측정해 보는 활동을 반복함으로써 여러 가지 그릇의 들이에 대한 양감을 기르게 한다. 이러한 양감을 바탕으로 생활 속에서 볼 수 있는

다양한 그릇의 들이를 어림해 보는 활동도 하게 한다. 들이 단위 사이의 관계를 활용하여 L와 mL로 나타낸 들이의 합과 차를 구할 수 있게 한다.

## □ 3~4학년군 교육과정 상의 유의사항

(가) 학습 요소

- L, mL

(나) 교수·학습 방법 및 유의 사항

- 실제로 재거나 어림하는 측정 활동을 통하여 시간, 길이, 들이, 무게, 각도에 대한 양감을 기르게 한다.
- 시간, 길이, 들이, 무게의 단위를 지도할 때 단위 사이의 관계를 이해하는 데 중점을 두고, 지나친 단위 환산은 다루지 않는다.

**[지도 방법]** 여러 가지 그릇의 들이에 대한 직접 비교와 간접 비교를 통하여 들이의 측정 단위에 대한 필요성을 인식하고, 현실적으로 그릇을 보편 단위를 이용하여 재어 보도록 한다.

◎ 들이는 똑같은 모양, 똑같은 크기의 그릇일 경우에 직접 비교가 가능하다.

- 직접 비교: 들이는 똑같은 모양, 똑같은 크기의 그릇일 경우에 직접 비교가 가능하다. 그러나 그릇이 다른 경우에는 한쪽 그릇에 가득 채웠다가 다른 그릇에 옮겨 담아 보고 과부족의 상태에 따라 들이를 비교할 수 있다. 또는 두 그릇에 물을 가득 채우고 똑같은 그릇에 물을 부어 높이를 비교할 수도 있다.
- 간접 비교: 그릇을 옮길 수 없거나 두 그릇의 모양이나 크기가 다른 경우에 간접 비교를 한다. 이 때 두 그릇에 물을 채우고 정해진 다른 그릇에 따르면서 얼마나 되는가를 보고 비교한다.
- 임의 단위: 컵을 이용하여 두 그릇의 들이를 비교하게 된다. 컵의 수가 정수가 되지 않는 경우에는 '좀 더 된다', '약 몇 컵 정도이다'와 같은 어림수로 표현한다.
- 보편 단위: 들이를 측정하는 단위로 1 L가 있다. 그릇의 들이를 어림하고 1 L를 확인하는 과정을 통하여 1 L에 대한 양감을 기르도록 한다.

◎ 교육과정 성취기준

[2수03-01] 구체물의 길이, 들이, 무게, 넓이를 비교하여 각각 '길다, 짧다', '많다, 적다', '무겁다, 가볍다', '넓다, 좁다' 등을 구별하여 말할 수 있다.

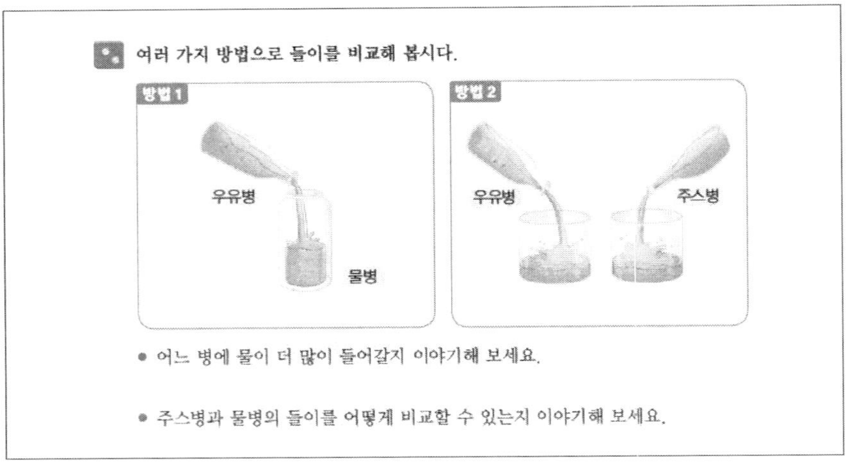


[그림 10-3] 들이 비교(교육부, 2018b, p. 98)

들이의 단위 사이의 관계는 1 L=1000 mL임을 알도록 한다. 그리고 들이의 합과 차를 구하도록 한다.

### (5) 무게

**성취기준**

[4수03-08] 무게를 나타내는 표준 단위의 필요성을 인식하여 1g과 1kg의 단위를 알고, 이를 이용하여 무게를 측정하고 어림할 수 있다.
[4수03-09] 1kg과 1g의 관계를 이해하고, 무게를 단명수와 복명수로 표현할 수 있다.
[4수03-10] 실생활에서 무게를 나타내는 새로운 단위의 필요성을 인식하여 1t의 단위를 안다.
[4수03-11] 실생활 문제 상황을 통하여 무게의 덧셈과 뺄셈을 이해한다.

**[해설]** 물건을 들어보고 '무겁다', '가볍다'의 느낌만으로 얼마나 더 무거운지를 나타내기에는 불편함을 알고, 표준 단위의 필요성을 인식하게 하여 1 kg, 1 g 단위를 도입한다. 또 '1 kg=1000 g'임을 알고 이를 활용하여 무게를 단명수와 복명수로 말할 수 있게 한다. 또한 1 g, 1 kg의 양감을 익혀 무게를 어림하는 기초가 되게 한다.

여러 가지 물체의 무게를 어림하고 직접 측정해 보는 활동을 반복함으로써 여러 가지 물체의 무게에 대한 양감을 기르게 한다. 이러한 양감을 바탕으로 생활 속에서 볼 수 있는 다양한 물체의 무게를 어림해 보는 활동도 하게 한다. 여러 가지 물체의 무게를 다양한 형태의 저울로 측정하여 kg과 g 단위로 말할 수 있게 한다. 무게 단위 사이의 관계를 활용하여 kg과 g으로 나타낸 무게의 합과 차를 구할 수 있게 한다.

### □ 3~4학년군 교육과정 상의 유의사항

(가) 학습 요소

- g, kg, t

(나) 교수·학습 방법 및 유의 사항

- 실제로 재거나 어림하는 측정 활동을 통하여 시간, 길이, 들이, 무게, 각도에 대한 양감을 기르게 한다.
- 시간, 길이, 들이, 무게의 단위를 지도할 때 단위 사이의 관계를 이해하는 데 중점을 두고, 지나친 단위 환산은 다루지 않는다.

(다) 평가 방법 및 유의 사항

- 무게 단위 사이의 관계에 대해 평가할 때 1g과 1t 사이의 단위 환산은 다루지 않는다.

**[지도 방법]** 여러 가지 물건을 직접 비교와 간접 비교를 통하여 무게의 측정 단위에 대한 필요성을 인식하고, 생활이나 교실에서 이용되는 물건을 단위의 무게로 재어 보도록 한다.

- 직접 비교: 두 물건을 양손으로 들어보고 무게를 비교해 보도록 한다. 또 양팔저울을 이용하여 두 물건의 무게를 비교해 보도록 한다.
- 간접 비교: 양팔저울을 이용하여 비교할 경우에 얼마나 무거운지를 알 수 없다. 따라서 두 물건을 동전이나 클립을 이용하여 무게를 비교해 본다.
- 임의 단위: 간접 비교를 할 때 동전이나 클립을 사용하여 무게를 비교하게 된다. 이 때 동전이나 클립이 임의 단위이다. 임의 단위를 사용하면 임의 단위가 바뀔 때마다 무게가 다르게 되어 불편하다는 것을 알게 된다.
- 보편 단위: 무게를 측정하는 단위로 1g이 있다. 물건의 무게 1g을 확인하는 과정을 통하여 1g에 대한 양감을 기르도록 한다. 무게의 단위

사이의 관계는 1kg=1000g임을 알도록 한다. 그리고 무게의 합과 차를 구하도록 한다.

◎ **교육과정 성취기준**
[4수03-08] 무게를 나타내는 표준 단위의 필요성을 인식하여 1g과 1kg의 단위를 알고, 이를 이용하여 무게를 측정하고 어림할 수 있다.

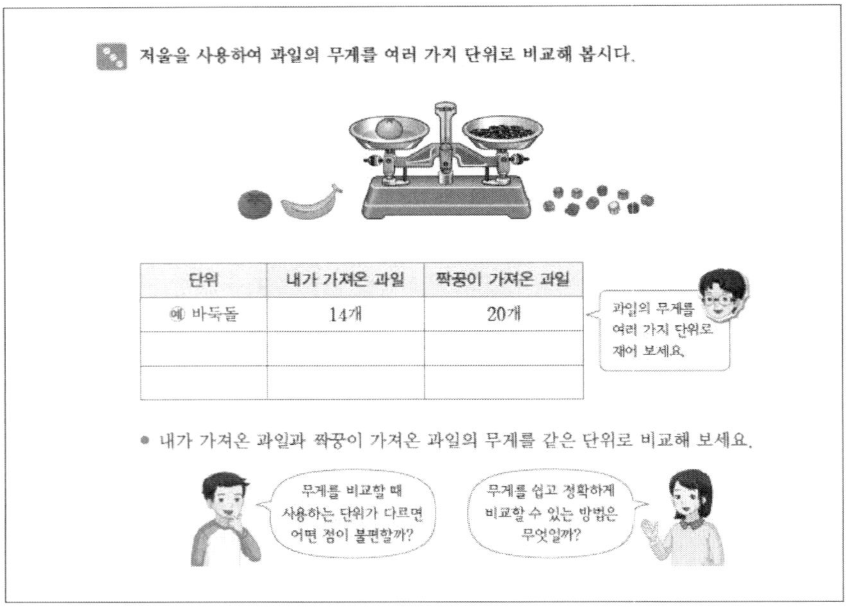
저울을 사용하여 과일의 무게를 여러 가지 단위로 비교해 봅시다.

| 단위 | 내가 가져온 과일 | 짝꿍이 가져온 과일 |
|---|---|---|
| 예 바둑돌 | 14개 | 20개 |
| | | |
| | | |



● 내가 가져온 과일과 짝꿍이 가져온 과일의 무게를 같은 단위로 비교해 보세요.



[그림 10-4] 무게의 임의 단위(교육부, 2018b, p. 107)

## (6) 각도

**성취기준**

[4수03-12] 각의 크기의 단위인 1도(°)를 알고, 각도기를 이용하여 각의 크기를 측정하고 어림할 수 있다.
[4수03-13 주어진 각도와 크기가 같은 각을 그릴 수 있다.
[4수03-14] 여러 가지 방법으로 삼각형과 사각형의 내각의 크기의 합을 추론하고, 자신의 추론 과정을 설명할 수 있다.

◎ **각도는 각의 두 반직선 사이의 벌어진 정도를 말한다.**

**[해설]** 각도는 각의 두 반직선 사이의 벌어진 정도를 말하는데, 이는 한 반직선의 끝점을 꼭짓점에 고정하고 다른 반직선의 끝점을 꼭짓점을 중심으로 회전시켰을 때의 회전한 양으로 볼 수도 있다.

각의 크기를 재는 표준 단위로 1도를 알고 각도기의 사용법을 이해하게 한다. 실생활 장면에서 각의 크기를 측정하는 활동을 통하여 1도(°)를 알게 하고, 각도기를 이용하여 각의 크기를 측정할 수 있게 한다. 각도기를 사용하는 방법을 정확히 알고 여러 가지 각의 크기를 재어 각의 크기의 단위인 도(°)로 나타내게 한다.

자와 각도기를 사용하여 주어진 각을 정확하게 그릴 수 있게 한다. 각도기 사용법을 정확하게 알고 여러 가지 각을 그릴 수 있게 한다.

삼각형의 세 내각의 합을 각도를 재어보거나 삼각형 모양의 종이에서 세 꼭짓점 부분을 잘라 각을 합쳐보는 활동 등 여러 가지 방법으로 구하게 하여 그 합이 180도가 되는 것을 알게 한다. 또 사각형의 내각의 합도 각도기를 사용하거나 사각형 모양의 종이에서 네 꼭짓점 부분을 잘라 각을 합쳐보는 활동 등으로 사각형의 내각의 합이 360도임을 알게 한다.

### □3~4학년군 교육과정 상의 유의사항

(가) 학습 요소

• 도(°)

**[지도 방법]** 각의 두 선분 사이의 벌어진 정도를 나타내는 양을 각도라고 하는데, 각을 측정하는 보편 단위로 1°를 이용한다. 특히 책과 창문 등의 물건에서 각의 모양을 만져 보는 활동이나 직사각형 모양의 종이를 정확하게 겹치도록 두 번 접어 펼쳤을 때 만들어지는 4개의 각의 크기가 직각이 됨을 알게 한다.

## (7) 넓이

**성취기준**

[6수03-03] 평면도형의 둘레를 재어보는 활동을 통하여 둘레를 이해하고, 기본적인 평면도형의 둘레의 길이를 구할 수 있다.

[6수03-04] 넓이를 나타내는 표준 단위의 필요성을 인식하여 1cm², 1m², 1km²의 단위를 알며, 그 관계를 이해한다.

[6수03-05] 직사각형의 넓이를 구하는 방법을 이해하고, 이를 통하여 직사각형과 정사각형의 넓이를 구할 수 있다.

[6수03-06] 평행사변형, 삼각형, 사다리꼴, 마름모의 넓이를 구하는 방법을 다양하게 추론하고, 이와 관련된 문제를 해결할 수 있다.

[6수03-07] 여러 가지 둥근 물체의 원주와 지름을 측정하는 활동을 통하여 원주율을 이해한다.

[6수03-08] 원주와 원의 넓이를 구하는 방법을 이해하고, 이를 구할 수 있다.

**[해설]** 일상생활에서 볼 수 있는 여러 가지 물체의 둘레를 재어 보는 활동을 바탕으로 둘레의 길이의 의미를 이해하게 하고 이를 바탕으로 기본적인 평면도형의 둘레의 길이를 측정하여 구해 보게 한다.

◎ 넓이의 표준 단위로 $1\,cm^2$를 도입하고, $1\,cm^2$의 실제 넓이에 대한 양감을 느끼게 한다.

어떤 도형의 넓이를 측정한다는 것은 그 도형을 완전히 덮을 수 있는 단위 넓이의 도형의 개수를 세는 것이다. 다양한 형태와 크기의 임의 단위로 도형을 덮어봄으로써 넓이를 비교하는 데 임의 단위가 불편함을 알게 한다. 임의 단위의 불편함을 깨닫게 한 후에 넓이의 표준 단위로 $1\,cm^2$를 도입하고, $1\,cm^2$의 실제 넓이에 대한 양감을 느끼게 한다.

직사각형의 넓이는 직사각형을 완전히 덮을 수 있는 $1\,cm^2$인 정사각형의 개수를 세는 과정에서 가로와 세로의 곱으로 구할 수 있다. 평행사변형, 삼각형, 사다리꼴, 마름모의 넓이 구하기는 모양은 변하지만 넓이는 변하지 않게 변형하거나 도형을 분할하는 등 다양한 방법을 이해한 후 구하게 한다. 평행사변형의 넓이를 구하기 위해 평행사변형을 직사각형으로 변형하거나 마름모의 넓이를 구하기 위하여 마름모를 직사각형으로 변형하는 등 다양한 방법으로 평면도형의 넓이를 구해보게 하여 그 방법을 이해하게 한다. 넓이 구하는 방법을 이해한 후 이를 일반화하여 평행사변형, 삼각형, 사다리꼴, 마름모의 넓이를 구할 수 있게 한다. 특히 삼각형의 넓이를 다룰 때는 높이가 삼각형의 내부, 외부에 있는 것을 모두 다룬다.

$1\,cm^2$ 보다 큰 넓이 단위의 필요성을 이해하게 하고 $1\,m^2$, $1\,km^2$를 사용한 예를 들어 이런 단위 사이의 관계를 이해하게 한다. $1\,cm^2$와 관련된 활동을 통하여 $1\,m^2$에 대한 양감을 기르게 한다. 또 넓이의 단위들을 사용한 예를 통해 $1\,m^2$, $1\,km^2$에 대한 양감을 기르게 한다.

◎ 둥근 물체의 원주를 여러 가지 방법으로 측정하여 원주와 지름의 비율을 구하는 활동으로 원주율을 이해하게 한다.

둥근 물체의 원주를 여러 가지 방법으로 측정하여 원주와 지름의 비율을 구하는 활동으로 원주율을 이해하게 한다. 둥근 물체의 원주를 여러 가지 방법으로 측정한 결과를 바탕으로 원주율은 일정함을 이해하게 하고, 원주율의 근삿값으로 3.14를 사용하게 한다.

지름과 원주율을 이용하여 원주를 구하는 방법을 알게 하고, 여러 가지 원의 원주를 구할 수 있게 한다. 원의 넓이는 모눈종이 위에 원을 그리고 그 원 안에 있는 모눈의 개수를 세거나 원에 외접하는 정사각형과 내접하는 정사각형 사이의 관계를 이용하여 대략적으로 알아보게 한다. 또 원을 작은 부채꼴로 잘라 붙여 직사각형 모양을 만드는 활동으로 원의 넓이를 구하는 공식을 이해하게 한다. 이런 활동을 바탕으로 원주와 원의 넓이를 구하는 공식을 활용하여 여러 가지 원의 원주와 원의 넓이를 구할 수 있게 한다.

## □ 5~6학년군 교육과정 상의 유의사항

(가) 학습 요소

- 가로, 세로, 밑변, 높이, 원주, 원주율, $cm^2$, $m^2$, $km^2$

(나) 교수·학습 방법 및 유의 사항

- 삼각형의 넓이는 높이가 삼각형의 외부에 있는 것도 다룬다.
- 원주율을 나타내는 3, 3.1, 3.14 등은 정확한 값이 아님을 알고 상황에 따라 적절하게 선택하여 사용할 수 있게 한다.
- 원주율, 원주, 원의 넓이, 입체도형의 겉넓이와 부피 등을 구할 때 복잡한 계산은 계산기를 사용하게 할 수 있다.

◎ 삼각형의 넓이는 높이가 삼각형의 외부에 있는 것도 다룬다.

(다) 평가 방법 및 유의 사항

- 원주율과 관련하여 계산이 지나치게 복잡한 문제는 다루지 않는다.
- 넓이 단위 사이의 관계에 대해 평가할 때 $1\,cm^2$와 $1\,km^2$ 사이의 단위 환산은 다루지 않는다.

**[지도 방법]** 평면도형의 둘레는 직사각형과 같이 도형이 선분으로 구성된 도형에는 선분의 길이를 모두 합하면 되지만, 원과 같이 곡선으로 구성된 도형은 주의하여 지도하여야 한다. 먼저 직사각형의 둘레는 직사각형 모양이 있는 물건을 묶는 데 필요한 끈의 길이를 알아보도록 하여

(직사각형의 둘레)={(가로)+(세로)}×2

◎ 직사각형의 둘레

임을 발견하도록 한다.

정사각형은 직사각형의 특수한 경우이기 때문에 직사각형의 둘레를 이용하여 나타낼 수도 있고, 정사각형 모양의 물건을 묶는데 필요한 끈의 길이를 알아보도록 하여

(정사각형의 둘레)=(한 변의 길이)×4

임을 발견하도록 한다. 원의 둘레는 병이나 원형 통과 같이 원기둥 모양의 물건을 묶는데 필요한 끈의 길이를 알아본다. 그리고 원의 둘레의 길이를 구하기 위해 필요한 원의 둘레의 길이를 원주라 하고, 지름의 길이에 대한 원주의 비율을 원주율이라고 약속한다.

◎ 원주율

원주율은 지름의 길이에 대한 원주의 비율이므로 활동에서 얻은 자료를 이용하여 원주를 지름으로 각각 나누어 보도록 하여 원주율의 크기를 (원주율)=(원주)÷(지름)≒3.14임을 알게 한다. 여기서

$$(\text{원주})=(\text{반지름})\times 2\times 3.14$$

임을 발견하게 한다.

| 물건 | 지름의 길이 | 원의 둘레 |
|---|---|---|
| 음료수 병 | 7cm | 22cm |
| 캔 음료 | 8.5cm | 26.7cm |
| 테이프 | 35cm | 110cm |

◎ 교육과정 성취기준
[6수03-07] 여러 가지 둥근 물체의 원주와 지름을 측정하는 활동을 통하여 원주율을 이해한다.

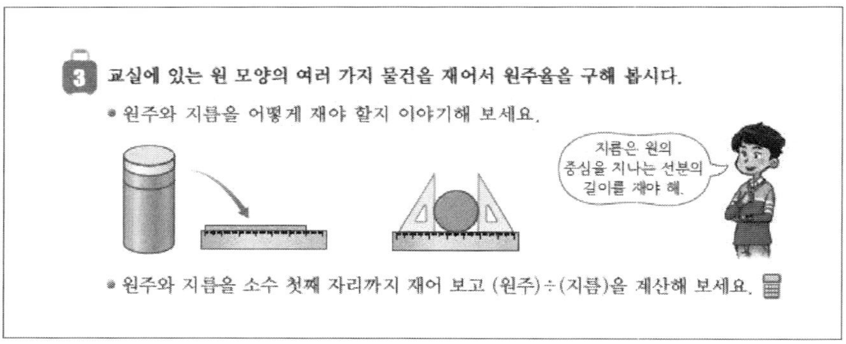


[그림 10-5] 원주율 구하기(교육부, 2018h, p. 95)

넓이는 2차원의 기본량으로 가장 기본 도형인 직사각형을 이용하여 속성을 이해하도록 하고, 단위를 도입하며 넓이를 구하는 공식을 발견하도록 한다.

- 직접 비교: 비교하는 물건의 수가 적을 때, 직접 비교를 위하여 아래와 같이 가방 속의 물건 2개(한 물건이 다른 물건에 완전히 포함되는

경우)를 꺼내어 넓이를 비교하는 활동을 한다.

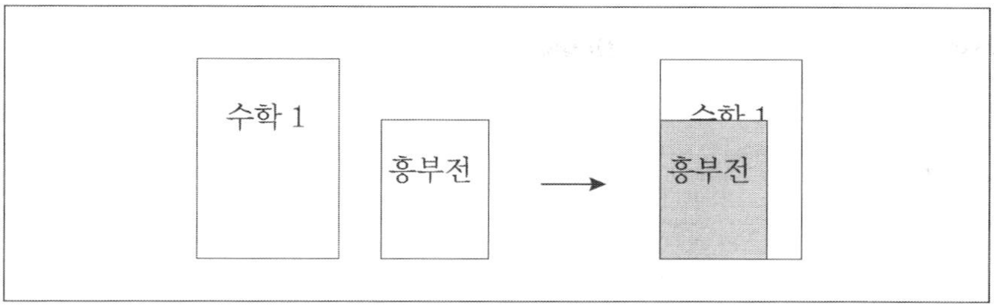


[그림 10-6] 넓이의 직접 비교

◎ 비교하는 물건의 수가 많거나 직접 비교할 수 없을 때 간접 비교를 한다.

• 간접 비교: 비교하는 물건의 수가 많거나 직접 비교할 수 없을 때 간접 비교를 한다. 아래 그림과 같이 책가방 속의 물건 2개(한 물건이 다른 물건에 완전히 포함되지 않는 경우)를 꺼내어 넓이를 비교하는 활동을 한다. 직접 크기를 비교할 수 없기 때문에 다른 물건을 이용하여 넓이를 재어야 할 필요성을 알아야 한다.

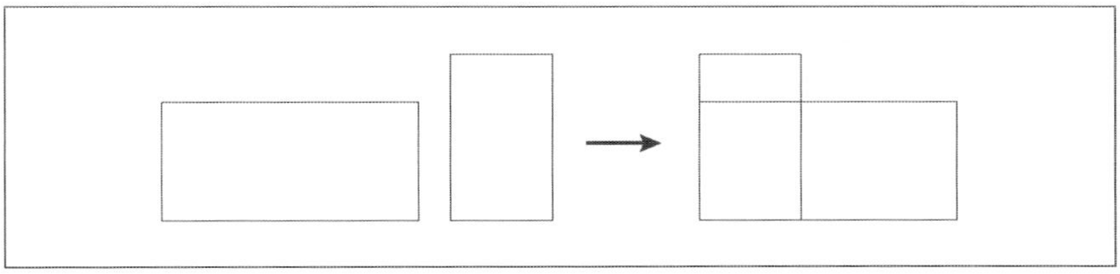

[그림 10-7] 넓이의 간접 비교

• 임의 단위: 직접 비교할 수 없을 때 다른 물건을 이용하여 넓이를 각각 계산해 보도록 한다. 예를 들면, 책상의 넓이를 색종이의 넓이나 책의 넓이를 기준으로 하여 재어보는 활동을 한다. 이 때 색종이의 넓이나 책의 넓이와 같이, 어떤 넓이를 재는 데 기준이 되는 단위를 임의 단위라고 한다.

• 보편 단위: 여러 가지 임의 단위로 재어 보고, 의사소통의 불편함을 발견하게 하는 활동을 통하여 모든 사람들이 공유하여 사용할 수 있는 보편 단위인 한 변이 1 cm인 정사각형의 넓이를 표준단위로 하여 $1\,\text{cm}^2$를 정의한다.

**탐구활동**

서로 평행인 두 직선 $l$, $m$에 대하여 $\overline{AB} \,/\!/\, \overline{CD}$이고, $\overline{AB}$ 와 $\overline{CD}$ 사이의 거리와 곡선 EF와 HG사이의 거리가 같을 때, 어느 영역의 넓이가 더 넓은가?

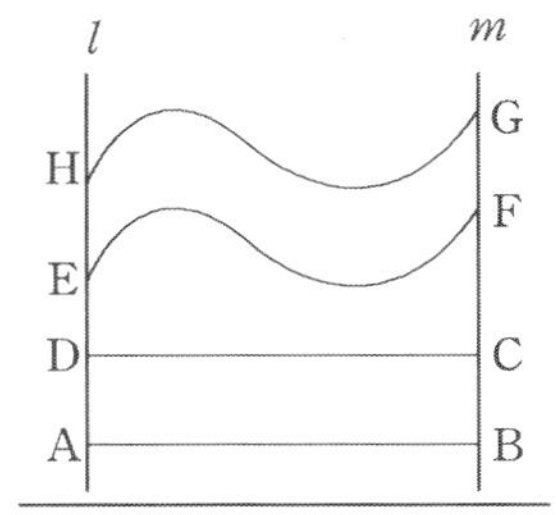


◎ 직사각형의 넓이

### 1 직사각형의 넓이

직사각형 모양의 넓이를 가로와 세로에 각각 1 cm씩 나누고, 1 $cm^2$가 모두 몇 개인지를 세어 보는 활동을 한다. 직사각형의 넓이를 구하는 공식을 얻기 위하여, 아이들은 직사각형에서 '가로'와 '세로'가 무엇을 가리키고 있는지 알고 있어야 한다. 그러므로 직사각형에서 가로와 세로를 약속한다. 정사각형은 직사각형의 특수한 경우이기 때문에 직사각형의 넓이를 구하는 공식을 이용할 수 있다.

### 2 평행사변형의 넓이

한 변의 길이가 1 cm인 모눈종이 위에서 평행사변형 모양은 1 $cm^2$가 몇 개인지를 세어 보는 활동을 한다. 평행사변형의 넓이를 구하는 데는 밑변과 높이를 약속하여야 한다. 평행사변형에서 평행인 두 변을 '밑변'이라 하고, 밑변 사이의 거리를 '높이'라고 약속한다.

◎ 교육과정 성취기준
[6수03-06] 평행사변형, 삼각형, 사다리꼴, 마름모의 넓이를 구하는 방법을 다양하게 추론하고, 이와 관련된 문제를 해결할 수 있다.

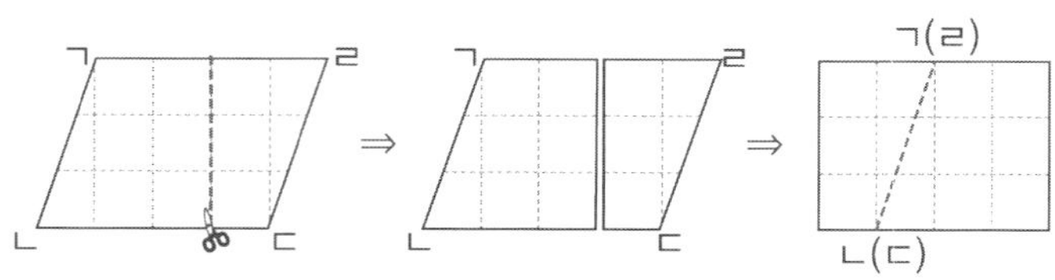


[그림 10-8] 평행사변형의 등적 변형

모눈종이 위에서 평행사변형의 오른쪽에 있는 삼각형을 잘라서 평행사변형의 왼쪽에 붙이면 평행사변형의 넓이는 직사각형의 넓이와 같음을 발견하게 된다. 따라서 평행사변형의 넓이를 구하는 공식은 다음 식과 같음을 발견하게 된다.

(평행사변형의 넓이) = (밑변) × (높이)

### ③ 삼각형의 넓이

한 변의 길이가 1 cm인 모눈종이 위에서 삼각형 모양은 1 $cm^2$가 몇 개인지 세어 보는 활동을 한다. 삼각형 2개를 붙여 놓으면 평행사변형이 됨을 발견하게 한다. 그러므로 삼각형의 넓이는 평행사변형의 넓이의 반임을 발견하게 된다.

◎ 삼각형 2개를 붙여 놓으면 평행사변형이 됨을 발견하게 한다.

◎ 교육과정 성취기준
[6수03-06] 평행사변형, 삼각형, 사다리꼴, 마름모의 넓이를 구하는 방법을 다양하게 추론하고, 이와 관련된 문제를 해결할 수 있다.

**삼각형 2개를 이용하여 삼각형의 넓이를 구하는 방법을 알아봅시다.** 준비물 9

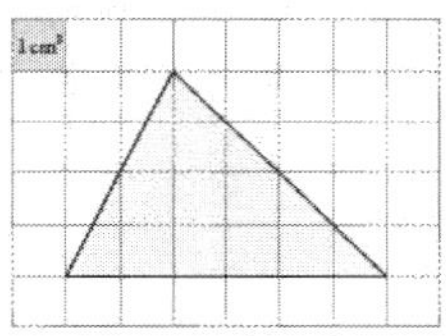


- 삼각형( 준비물 9 )의 밑변을 파란색, 높이를 빨간색으로 표시해 보세요.
- 삼각형 2개를 붙여 넓이를 구하기 쉬운 도형으로 만들어 보세요.

[그림 10-9] 삼각형의 넓이(교육부, 2018e, p. 127)

따라서 삼각형의 넓이를 구하는 공식은 다음과 같다.

(삼각형의 넓이) = (밑변)×(높이)÷2

### ④ 사다리꼴의 넓이

한 변의 길이가 1 cm인 모눈종이 위에서 사다리꼴 모양은 1 $cm^2$가 몇 개인지를 세어 보는 활동을 한다. 사다리꼴의 넓이를 구하는 데 필요한 밑변, 윗변, 아랫변, 높이를 정의한다. 사다리꼴에서 평행인 두 변을 '밑변'이라고 한다. 밑변을 위치에 따라 '윗변', '아랫변'이라 하고, 두 밑변 사이의 거리를 '높이'

라고 한다. 사다리꼴의 넓이는 다음과 같이 구할 수 있다.

**[방법1]**: (윗변)×(높이)÷2+(아랫변)×(높이)÷2

**[방법2]**: (윗변)×(높이)+{(아랫변)−(윗변)}×(높이)÷2

**[방법3]**: {(윗변)+(아랫변)}×(높이)÷2

**교육과정 성취기준**

[6수03-06] 평행사변형, 삼각형, 사다리꼴, 마름모의 넓이를 구하는 방법을 다양하게 추론하고, 이와 관련된 문제를 해결할 수 있다.

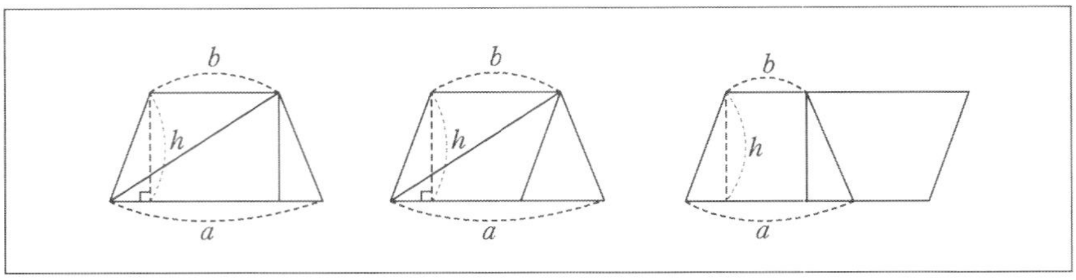


[그림 10-10] 사다리꼴의 넓이 구하기

**[방법3]**이 가장 활용하기에 간편하므로, **[방법3]**을 사다리꼴의 넓이를 구하는 공식으로 약속하게 됨을 이해하게 한다.

### 5 마름모의 넓이

한 변의 길이가 1cm인 모눈종이 위에서 마름모 모양은 $1cm^2$가 몇 개인지를 세어 보는 활동을 한다. 모눈종이 위에 마름모를 그리고, 마름모의 대각선과 평행한 선을 그어 마름모를 둘러싼 직사각형을 그리도록 한다. 마름모의 넓이는 마름모를 둘러 싼 직사각형의 넓이의 반임을 발견하게 된다. 따라서 마름모의 넓이를 구하는 공식은 다음 식과 같음을 발견하게 한다.

(마름모의 넓이) = (한 대각선)×(다른 대각선)÷2

### 6 원의 넓이

원을 크기가 같은 여러 개의 부채꼴로 자르고, 부채꼴을 직사각형 모양이 되도록 붙이는 활동을 한다. 원을 한없이 잘게 잘라 붙이면 원의 넓이는 가로의 길이가 원주의 $\frac{1}{2}$이고, 세로의 길이가 반지름의 길이와 같은 직사각형의 넓이와 점점 같아진다는 것을 발견하게 된다. 따라서 원의 넓이를 구하는 공식은 다음과 같음을 발견하게 한다.

$$
\begin{aligned}
(\text{원의 넓이}) &= (\text{원주의 } \frac{1}{2}) \times (\text{반지름}) \\
&= (\text{지름}) \times (\text{원주율}) \times \frac{1}{2} \times (\text{반지름}) \\
&= (\text{반지름}) \times (\text{반지름}) \times (\text{원주율})
\end{aligned}
$$

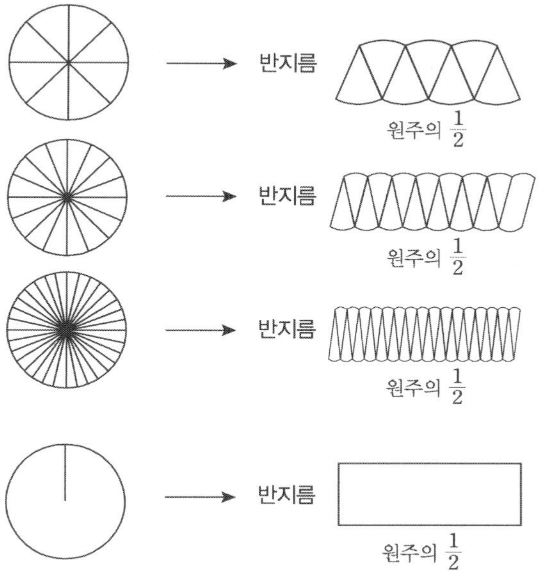


[그림 10-11] 원의 넓이 구하기

**교육과정 성취기준**
[6수03-08] 원주와 원의 넓이를 구하는 방법을 이해하고, 이를 구할 수 있다.

**탐구활동**

넓이가 일정한 정사가경, 정삼각형, 원의 둘레의 길이를 각각 구하여라. 이를 이용하여 음료수 병이 대부분 원기둥인 이유를 생각해 보아라.

## (8) 부피

**성취기준**

[6수03-09] 직육면체와 정육면체의 겉넓이를 구하는 방법을 이해하고, 이를 구할 수 있다.
[6수03-10] 부피를 이해하고, $1cm^3$, $1m^3$의 단위를 알며, 그 관계를 이해한다.
[6수03-11] 직육면체와 정육면체의 부피를 구하는 방법을 이해하고, 이를 구할 수 있다.

**[해설]** 직육면체와 정육면체의 겉넓이는 각 면의 넓이를 각각 구해서 더하는 방법, 넓이가 같은 면을 찾아 더하는 방법, 전개도의 넓이를 구하는 방법 등 다양한 방법으로 겉넓이를 구할 수 있게 한다.

생활 주변의 구체적인 사물을 통해 부피 개념을 형성하게 하고, 부피의 임의 단위로 측정하는 것이 불편함을 깨달아 부피의 표준 단위로 $1\,\mathrm{cm}^3$, $1\,\mathrm{m}^3$를 알게 한다. $1\,\mathrm{cm}^3$는 가로, 세로, 높이가 각각 $1\,\mathrm{cm}$인 정육면체가 차지하는 공간의 크기로 부피 표준 단위의 하나임을 알게 한다. $1\,\mathrm{m}^3$는 가로, 세로 높이가 각각 $1\,\mathrm{m}$인 정육면체가 차지하는 공간으로서 $1\,\mathrm{cm}^3$의 1000000배가 됨을 이해하게 한다.

직육면체와 정육면체의 부피는 단위 부피의 개수를 세는 활동으로 구할 수 있음을 알고, 그 과정에서 (가로)×(세로)×(높이)로 부피를 구할 수 있음을 알게 한다. 이를 발전시켜 부피는 일반적으로 (밑넓이)×(높이)로 구할 수 있게 한다.

### □ 5~6학년군 교육과정 상의 유의사항

(가) 학습 요소

• $\mathrm{cm}^3$, $\mathrm{m}^3$

(나) 교수·학습 방법 및 유의 사항

• 겉넓이와 부피를 구하는 방법에 대하여 다양한 추론을 하고, 자신의 추론 과정을 다른 사람에게 설명하게 한다.

◎ 직육면체의 겉넓이

**[지도 방법]** 직육면체 모양인 상자의 겉면에 색종이를 붙이는 것을 생각하고, 직육면체의 겉넓이를 구하는 데 필요한 밑넓이와 옆넓이를 약속하여야 한다. 직육면체의 겉넓이는 2개의 밑넓이와 옆넓이이므로, 다음 공식을 발견하게 한다.

(직육면체의 겉넓이) = (밑넓이)×2+(옆넓이)

정육면체는 모든 면이 정사각형인 직육면체로 직육면체의 특수한 경우이다. 그러므로 정육면체의 겉넓이에 대한 공식을 다음과 같이 발견하게 한다.

(정육면체의 겉넓이) = (밑넓이)×6

직육면체 모양의 부피는 직육면체와 부피가 같도록 쌓기나무로 쌓아 보는 활동을 한다. 쌓기나무(예, 4×3×2)를 보면서 직육면체의 부피는 다음과 같음을 발견하게 한다.

직육면체 모양의 부피는 직육면체와 부피가 같도록 쌓기나무로 쌓아 보는 활동을 한다.

- 한 층에 놓인 쌓기나무의 개수는 4×3=12이므로 12 $cm^3$임을 발견하게 한다.
- 두 층에 놓인 쌓기나무의 개수는 4×3×2=24이므로 24 $cm^3$임을 발견하게 한다.

(직육면체의 부피) = (밑면의 가로)×(밑면의 세로)×(높이)

정육면체는 직육면체의 특수한 경우이다. 그러므로 정육면체의 부피에 대한 다음 공식을 발견하게 한다.

(정육면체의 부피) = (한 모서리의 길이)×(한 모서리의 길이)×(한 모서리의 길이)

교육과정 성취기준

[6수03-10] 부피를 이해하고, 1 $cm^3$, 1 $m^3$의 단위를 알며, 그 관계를 이해한다.

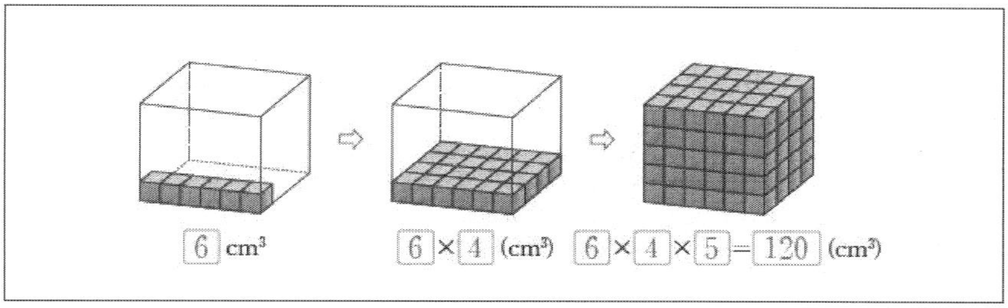


[그림 10-12] 직육면체의 부피(교육부, 2018g, p. 120)

## (9) 범위와 어림하기

**성취기준**

[6수03-01] 실생활 장면에서 이상, 이하, 초과, 미만의 의미와 쓰임을 알고, 이를 활용하여 수의 범위를 나타낼 수 있다.
[6수03-02] 어림값을 구하기 위한 방법으로 올림, 버림, 반올림의 의미와 필요성을 알고, 이를 실생활에 활용할 수 있다.

**[해설]** 이상은 '크거나 같다'의 의미로, 이하는 '작거나 같다'의 의미로, 초과는 '보다 크다'의 의미로, 미만은 '보다 작다'의 의미로 사용되는 말이다.

◎ 이상, 이하, 초과, 미만

실생활에서 사용되는 예를 찾아 그 뜻을 알고, 이상, 이하, 초과, 미만을 사용한 말에서 수의 범위를 나타낼 수 있게 한다.

어림값을 구하기 위한 방법으로서 반올림, 올림, 버림이 쓰이는 예를 통하여 그 의미와 필요성을 알도록 하며, 이를 생활에 활용할 수 있게 한다. 예를 들면 계란이 32개 필요한데 가게에서는 10개씩 묶음으로 팔 경우에는 올림하여 4묶음을 사야한다거나, 감 489개를 한 상자에 100개씩 담아 팔려고 할 경우에는 버림하여 4상자만 팔 수 있는 것들이 있다. 이와 같이 같은 측정값이라도 필요에 따라 반올림, 올림, 버림으로 어림한다는 것을 이해하고 일상생활에서 반올림, 올림, 버림을 활용하게 한다.

### □ 5~6학년군 교육과정 상의 유의사항

(가) 학습 요소

• 이상, 이하, 초과, 미만, 올림, 버림, 반올림

**[지도 방법]** 학교 수학에서 교사는 정확한 값이 필요할 때와 대략적인 값이 필요할 때를 알고 적용하도록 아이들을 지도해야 한다. 어림은 특별한 목적을 위해 정확한 크기, 양, 수에 대한 근사적인 의견을 형성하는 것으로 실생활과 관련된 양을 직접적으로 판단하기 위한 기술이다. 우리는 생활 속에서 어림을 많이 하게 되는데, 어림을 하게 되는 이유는 다음과 같다(교육부, 2014).

• 값이 알려져 있지 않기 때문이다: 알려고 하는 값이 알려져 있지 않아 어림하는 경우로, 미래에 대해 예측하는 경우가 이에 속한다.
• 값이 다양하기 때문이다: 알려고 하는 값이 측정할 때마다 매번 다르게 나타나기 때문에 어림하는 경우로, 온도, 기압, 타이핑 속도의 결과 등이 이 경우에 속한다.
• 측정의 한계 때문이다: 물리적인 측정의 경우에 물체의 길이와 같이 정확하지 않고, 측정기구가 완전하지 않기 때문에 어림하는 경우이다.
• 제한된 영역 때문이다: 어떤 값이 자연수로만 의미를 갖기 때문이다. 예를 들어 3개에 1000원인 과자의 한 개의 가격은 대략 330원이라고 할 수 있다.

# 11 자료와 가능성

## 이 장을 시작하면서

확률은 생활 속에 밀접하게 연관되어 있다. 예를 들어 일확천금을 꿈꾸며 로또를 구매하는 사람이 1등에 당첨될 확률은 45개의 공에서 6개의 당첨 번호를 맞추어야 하므로 45개 중 순서를 고려하지 않고 여섯 개를 선택하는 경우의 수 ${}_{46}C_6$을 분모로 하고, 당첨 숫자를 선택하는 경우의 수 1을 분자로 하는 $\frac{1}{8145060}$이다.

머피의 법칙과 셀리의 법칙도 확률과 관련이 있다. 머피의 법칙은 미국의 항공 엔지니어인 머피(Edward Murphy)가 충격 완화장치 실험이 실패로 끝난 데서 유래하였으며, 희망하지 않는 방향으로 일이 진행될 때 사용하기 시작되었다. 이 반대의 경우가 셀리의 법칙이다. 결국 일어날 확률이 1%도 안 되는 나쁜 사건이 계속 벌어지면 머피의 법칙에 해당되고, 일어날 확률이 1%밖에 되지 않는 좋은 사건이 계속 일어나면 셀리의 법칙에 해당된다.

확률은 경우에 따라 구하는 방법과 해석이 다양하여 논란이 벌어지기도 한다. 대표적인 것이 세기의 사건으로 불린 O J. 심슨 사건의 판결이다. 미국 미식축구 선수인 심슨의 아내가 피살되었고, 심슨이 유력한 용의자였다. 일반적으로 DNA의 일치 확률이 1만분의 1밖에 안되는데, 피살 현장에서 채취한 DNA가 심슨의 것과 일치하였다. 이를 근거로 검사는 심슨이 범인일 확률이 99.99%라고 주장하였다. 한편 심슨의 변호인은 LA인근의 인구 300만 명 중 동일한 DNA를 공유하는 사람은 300명이고, 심슨이 300명 중의 한 명이므로 범인일 확률은 0.3%에 불과하다고 주장하였다. 검사와 변호인이 서로 다른 측면의 확률에 주목한 결과이다.

# 11장

# 자료와 가능성

정보화 사회에서 접하는 수많은 정보를 수집하고 정리하고 조직하기 위해서는 자료와 가능성에 관한 지식이 필요합니다. 초등학교에서 자료와 가능성 영역은 실생활에서 그래프 그리기와 해석하기, 평균 구하기, 가능성 탐구하기 등을 다룹니다. 자료와 가능성 영역을 지도할 때에는 아이들이 경험하는 현실적인 과제를 택하고, 다양한 실험이나 관찰을 통하여 이해시키도록 해야 합니다. 특히 자료와 가능성 영역의 지도는 타 교과와 관련하여 통합적으로 지도하도록 합니다. 이 장에서는 자료와 가능성 영역에 대한 이론적 배경과 지도 방법에 대해 알아봅니다.

◎ 정보화 사회에서 접하는 수많은 정보를 수집하고 정리하고 조직하기 위해서는 자료와 가능성에 관한 지식이 필요합니다.

## 11-1. 통계학의 발달

우리는 불확실한 사회에서 살고 있다. 따라서 불확실한 상황 하에서 미래에 대한 예측이나 의사결정을 하기 위하여 판단의 근거가 되는 과학적인 수치를 수집하고 분석하여 이를 근거로 현명한 판단을 해야 한다. 이와 같이 우리는 일상생활에서 이미 통계를 활용하고 있으며, 통계는 우리의 삶과 밀접한 관계를 맺고 있다.

통계는 어떤 집단의 현상구조를 밝히기 위하여 자료의 처리를 논하는 것이다. 통계에서 사용되는 자료는 수량적으로 나타난 것이라야 하며, 이것을 분류·정리하여 그 집단의 어떤 사실의 법칙성을 알아내는 것이다. 이런 면에서

◎ 통계는 어떤 집단의 현상구조를 밝히기 위하여 자료의 처리를 논하는 것이다.

우리는 여러 가지 방법으로 통계와 접하며 살고 있다.

통계학의 기원은 기원전 이집트나 로마에서 통계조사가 행해졌다는 기록이 있어 그 때부터 통계의 발생을 생각하는 사람도 있다. 이집트의 피라미드, 중국의 만리장성 등을 건설하는 데는 많은 사람, 자재, 식량 등이 필요했기에 당연히 초보적인 통계가 있었던 것으로 생각된다. 실제로 이집트에서는 B.C. 3050년, 중국에서는 B.C. 2300년경에 실시한 통계조사 기록이 발견되었다. 또 알렉산더 대왕이나 징기스칸의 대군에 의한 대원정이나 11세기경의 십자군 등에는 수십만 명의 병사와 말, 무기, 식량의 기록이 필요하였으며, '수표'가 만들어졌었다는 것은 틀림없다.

그러나 통계라는 것은 단순한 수표와는 다르며, 아무렇게나 무의미하게 나열되어 있는 수에서 하나의 경향을 찾아내어 전체로서 어떤 판단을 하는 것이 통계라 할 수 있다. 이런 의미에서의 통계의 탄생은 17세기에 독일과 영국에서 각각 독립적으로 일어난 것으로 알려져 있다.

◎ 통계의 탄생은 17세기에 독일과 영국에서 각각 독립적으로 일어난 것으로 알려져 있다.

보통은 17세기경 독일에서 탄생한 국세학파와 영국에서 있었던 정치 산술학파가 통계학의 기초를 구축한 것으로 밝히고 있다. 거의 같은 연대에 프랑스에서는 우연의 수리를 취급하는 확률론의 연구가 수학으로의 형태를 갖추기 시작하였다고 전해진다.

독일에서는 최대의 종교전쟁인 30년 전쟁(1618~1648)이 벌어져 프랑스, 스웨덴, 폴란드 등으로 병사들이 출병하게 되고, 그 결과 국론은 분열되고 도시, 농촌은 모두 황폐화되어 인구가 줄고 생산이 미약하게 되었다. 이렇게 폐허화된 국가를 건설하기 위해 콘링(H. Conring, 1606~1681)은 토지, 국민, 재정 등 국가시정을 알기 위한 국세조사의 필요성을 설파했는데, 이것이 근대 통계학의 시작이라고 할 수 있다. 통계학이라는 statistics는 국가라는 state에 그 근원을 두고 있다.

한편, 영국에서는 16세기 이후 런던이 유럽의 해외무역의 중심지로서 여러 외국 무역선이 출입했기 때문에, 전염병이 만연하여 많은 시민이 사망하였다. 이것 때문에 런던에서는 16세기 말부터 시민의 출생, 사망과 그 원인을 나열한 사망표를 발행했는데, 그랜트(J. Graunt, 1620~1674)는 불규칙하게 보이는 수표에서 몇 개의 경향이나 규칙성이 있다는 것을 발견하였다. 그는 당시 런던에서는 사망자 수가 출생자 수를 능가하였음에도 불구하고 인구가 줄지 않는 이유가 이주에 기인한다는 것을 확인하였고, 사망자를 연령별로 배열하고 각 연령에서의 사망률도 산출하였다. 이 후 이것은 생명보험 이론의 기초가 되었다.

벨기에의 천문학자 케틀레(L. A. J. Quetelet, 1796~1874)는 '통계학의 아버지'로 불려지고 있는데, 그는 자연현상에 법칙이 있는 것과 같이 사회현상에도 법칙이 있다고 보고, 그것을 통계적 방법에 의해 찾아내려고 노력했다. 그는 통계조사 기관의 설치, 통계조사 방법의 고안, 통계제도 정비 등 관청통계를 발달시킨 공적이 크다.

◎ 자연현상에 법칙이 있는 것과 같이 사회현상에도 법칙이 있다.

그 후에 통계학은 시대의 발전에 따라 더욱 발전하였는데, 이는 곧 기술통계에서 추측통계로 발전하였다. 오늘날 수리통계의 기법은 더욱 심화·발전되고, 모든 학문의 연구에서만이 아니라, 전자계산기와 더불어 경제·경영에서 매우 활발히 이용되고 있다.

현대 통계학은 크게 둘로 구분된다. 하나는 기술통계이고, 다른 하나는 추측통계이다. 기술통계는 어떤 집단의 현상을 파악하기 위하여 자료를 수집하고 정리하여 표나 그래프를 만들거나, 자료를 요약하여 대푯값이나 변동의 크기 등을 구하는 방법을 다루는 분야이다. 추측통계는 표본 집단에서 얻은 결과를 활용하여 대상 전체 집단(모집단)의 특성을 추측하는 학문이다.

◎ 현대 통계학은 기술통계와 추측통계가 있다.

## 11-2. 확률의 발생과 개념

확률은 우연 현상을 수량화하려는 수학자들의 노력에 의해 개념화 되었다. 실제로 15~16세기에 이탈리아, 프랑스 등에서는 도박이 성행하였는데, 도박에서 이기기 위한 과학적, 이론적 추구가 확률 발달의 근간이 되었다고 할 수 있다. 수학사에서 카르다노(Cardano, 1501~1576)는 '우연'을 처음으로 수량적으로 취급하였다.

◎ 확률은 우연 현상을 수량화하려는 수학자들의 노력에 의해 개념화 되었다.

1654년에 파스칼(Pascal, 1623~1662)과 페르마(Fermat, 1601~1665)는 서신 왕래를 통하여 주사위 게임, 도박꾼의 내깃돈 문제를 다루었다. 파스칼과 페르마의 연구는 확률에 대한 관심을 불러 일으켰고, 수학적 확률 이론에 대한 책들의 대부분은 이들 서신 왕래를 확률 이론의 시초로 다루고 있다.

### 탐구활동

탐구활동: 다음은 17세기 유명한 도박사 드메레가 파스칼에게 질문한 내용이다. 파스칼이 해결한 방법을 찾아보자.

'실력이 비슷한 갑과 을 두 사람이 32 피스톨(화폐단위)씩을 걸고 내기를 했다네. 한 번 이기면 1점을 얻는 것으로 하고, 먼저 3점을 얻는 사람이 64피스톨을 모두 가지기로 했다네. 이 내기에서 갑이 먼저 2점을, 을이 1점을 땄는데, 그만 한 사람이 몸이 아파 시합을 더 이상 할 수 없게 되었다네. 이럴 경우 게임을 무효로 하자니 먼저 2점을 딴 갑이 억울해 하고, 갑이 먼저 2점을 땄으니 갑이 이긴 걸로 하자니 을의 앞일은 모르는 것인데 어떻게 판정을 내려야 할지 혼란스럽게 되었네. 도대체 64피스톨을 어떻게 분배하는 것이 좋겠나? 파스칼 자네라면 충분히 풀 수 있을거라 믿네.'

확률을 이해하기 위하여 먼저 표본공간과 근원사건을 알아야 한다. 표본공간이란 같은 조건하에서 여러 번 반복할 수 있는 어떤 시행에서 일어날 가능성이 있는 모든 결과를 원소로 하는 집합을 말한다. 예를 들어, 주사위를 1회 던졌을 때 나오는 눈의 수는 6가지이다. 이 때 주사위를 1회 던졌을 때 전체집합 $U=\{1, 2, 3, 4, 5, 6\}$이 표본공간이다.

전체집합 $U$의 임의의 부분집합을 사건이라고 한다. 특히 하나의 원소로 이루어진 집합을 근원사건이라고 한다. 예를 들면, 홀수의 눈이 나오는 사건은 $O=\{1, 3, 5\}$이며, 집합 $\{1\}$, $\{3\}$, $\{5\}$는 근원사건이다. 확률은 수학적 확률(Laplace), 통계적 확률(Von Mises), 공리적 확률(Kolmogorov) 등 세 가지로 분류된다.

◎ 수학적 확률
통계적 확률
공리적 확률

#### (1) 수학적 확률

라플라스(M. P. S. Laplace)는 근원사건이 $N$개인 표본공간에서 각 근원사건이 일어날 가능성이 모두 같은 정도일 경우, $m$개의 근원사건으로 구성된 사건 $A$가 일어날 확률 $P(A)$를

$$P(A) = \frac{m}{N}$$

으로 정의하였다.

◎ $m$개의 근원사건으로 구성된 사건 $A$가 일어날 확률 $P(A)$는 $P(A)=\frac{m}{N}$이다.

이 정의에 따르면, 주사위를 던져서 6이 나올 확률은 일어날 가능성이 같다고 가정할 때의 면이 6개이므로 $\frac{1}{6}$이라고 할 수 있다. $\frac{1}{6}$은 주사위를 던지

기 이전에 구할 수 있는 값이며, 어떤 시도를 실제로 해보기 전에 확률 계산을 허용한다는 점에서 '선험적 확률'이라고 도 한다. 이 정의는 '각 근원사건이 일어날 가능성이 같은 정도'라는 개념을 바탕으로 하고 있으므로 근원사건이 유한개이고, 각 경우가 동등하게 가능한 경우로 분석될 수 있는 공간에 대해서만 적용할 수 있다.

### (2) 통계적 확률

통계적 확률은 상대도수라는 통계적 개념에 근거한 것으로, 어떤 사건에 대한 통계적 확률이란 시행 횟수에 대한 그 사건의 상대도수의 극한값을 뜻한다.

◎ 통계적 확률은 상대도수라는 통계적 개념에 근거한 것이다.

예를 들어, 동전의 앞면이 나올 확률은 미리 알 수가 없으며, 실제로 많이 던져 보여야 한다. 이 동전을 1만 번 정도 던졌을 때 앞면이 7560번 나왔다면 앞면이 나올 경험적 확률은 0.756이 된다. 이 정의에 의한 확률은 경험에 의하여 확률값을 얻게 되므로, '경험적 확률'이라고 불리기도 한다.

통계적 확률은 수학적 확률이 가지고 있는 제한점을 극복하게 된다. 즉, 수학적 확률은 동등하게 가능성이 분절되지 않은 공간과 가능성의 경우가 무한인 경우에 확률값을 결정하지 못하는 반면에, 통계적 확률은 상대도수의 극한값이 존재한다면 확률값을 구할 수 있다.

예를 들어, 수학적 확률로 볼 때 동전의 면은 2개이고 그 두 면이 나올 가능성이 동등하다는 것에 주목하여, 앞면이 나올 확률은 $\frac{1}{2}$이라고 생각하였다. 반면에 통계적 확률로는 동전을 무한히 반복하여 던지기 전에는 확률값을 구할 수 없으며, 무한히 반복하여 던진 결과에 따라 결론을 내려야 한다.

### (3) 공리적 확률

콜모고로프(A. Kolmogorov)는 표본공간 $S$의 임의의 사건 $E$에 대하여 다음 세 조건을 만족하는 실수 값을 대응시킬 수 있을 때, $P(E)$를 사건 $E$의 공리적 확률이라고 정의하였다.

① 임의의 사건 $E \subset S$에 대하여 $0 \le P(E) \le 1$

② $P(S)=1$

③ $E_1, E_2, E_3, \cdots, E_i$가 서로 배반사건이면

$$P(E_1 \cup E_2 \cup E_3 \cup \cdots \cup E_i) = P(E_1)+P(E_2)+P(E_3)+\cdots+P(E_i)$$

## 11-3. 자료와 가능성 영역의 지도 방법

1~2학년군에서는 분류하기, 표 만들기, 그래프 그리기를 다룬다. 3~4학년군에서는 간단한 그림그래프, 막대그래프, 꺾은선그래프 등을 다룬다. 5~6학년군에서는 평균과 가능성, 그림그래프, 띠그래프, 원그래프를 다룬다. 각 학년별 상세한 지도 내용과 방법은 다음과 같다(교육부, 2015a).

| 영역 | 핵심 개념 | 일반화된 지식 | 학년(군)별 내용 요소 | | |
|---|---|---|---|---|---|
| | | | 1~2학년 | 3~4학년 | 5~6학년 |
| 자료와 가능성 | 자료 처리 | 자료의 수집, 분류, 정리, 해석은 통계의 주요 과정이다. | •분류하기<br>•표<br>•○, ×, /를 이용한 그래프 | •간단한 그림그래프<br>•막대그래프<br>•꺾은선그래프 | •평균<br>•그림그래프<br>•띠그래프, 원그래프 |
| | 가능성 | 가능성을 수치화하는 경험은 확률의 기초가 된다. | | | •가능성 |

☆참고: 2009 개정 수학과 교육과정의 자료와 가능성 영역 내용(교육과학기술부, 2011)

| 영역 \ 학년 | 1~2학년군 | 3~4학년군 | 5~6학년군 |
|---|---|---|---|
| 지도 내용 | •분류하기<br>•표 만들기<br>•그래프 그리기 | •자료의 정리<br>•막대그래프와 꺾은선그래프 | •가능성과 평균<br>•자료의 표현<br>•비율그래프(띠그래프, 원그래프) |
| 용어와 기호 | 표, 그래프 | 그림그래프, 막대그래프, 꺾은선그래프 | 평균, 가능성, 띠그래프, 원그래프 |

### (1) 분류와 표 만들기 지도 방법

**성취기준**

[2수05-01] 교실 및 생활 주변에 있는 사물들을 정해진 기준 또는 자신이 정한 기준으로 분류하여 개수를 세어보고, 기준에 따른 결과를 말할 수 있다.
[2수05-02] 분류한 자료를 표로 나타내고, 표로 나타내면 편리한 점을 말할 수 있다.

◎ 사물이나 사람을 소재로 정해진 한 가지 기준과 아이들이 정한 한 가지 기준에 따라 분류하고 각각의 개수를 세게 한다.

**[해설]** 실생활에서 사물이나 사람을 소재로 정해진 한 가지 기준과 아이들이 정한 한 가지 기준에 따라 분류하고 각각의 개수를 세게 한다. 이때 분류의 기준이 되는 특징은 분명하고 간단한 것으로 한다.

아이들의 생활 속에서 여러 가지 통계 자료를 실제로 조사하여 정리할 필요가 있음을 느끼게 하고, 실생활과 관계된 소재를 사용하여 구체적인 자료의 크기를 조사하여 표로 나타내게 한다. 자료의 크기를 나타내고 비교하는 데 표를 이용하는 것이 편리함을 알게 한다.

### □ 1~2학년군 교육과정 상의 유의사항

(가) 교수·학습 방법 및 유의 사항

- 분류하기에서는 학생들이 실생활에서 친근하게 느낄 수 있는 소재를 활용한다.
- 기준을 정하여 분류할 때 학생들이 정한 다양한 기준을 존중하되, 분명하지 않은 기준일 경우에는 분류하는 것이 어려움을 인식하게 한다.
- 표를 만들 때 자료가 중복되거나 빠지지 않도록 세어보는 방법을 함께 지도한다.

(나) 평가 방법 및 유의 사항

- 분류하기를 평가할 때 학생들의 수준에 비해 어려운 분류 대상이나 분류 기준을 사용하지 않는다.

**[지도 방법]** 자료 영역의 지도는 다음과 같은 과정을 거칠 수 있다.

◎ 자료 영역의 지도는 목적확인, 자료 수집, 분류 및 정리, 해석, 판단의 과정을 거친다.

**1 목적확인**

통계를 실시함에 있어서는 그 목적이 분명해야 한다. 즉, '무엇 때문에 이와 같은 통계 조사를 실시하는가?'가 분명해야 한다.

**2 자료수집**

자료를 수집할 때 고려해야 할 사항으로는 '자료는 목적에 비추어 알맞은 자료인가'라는 타당성의 문제와 '조사방법이 정확하게 실행되었는가'라는 신뢰성의 문제가 있다.

**3 분류 및 정리**

어떤 집단에 대하여 조사한 결과, 그대로는 전체의 구성이나 특징을 파악하기가 어렵다. 따라서 집단의 성격을 장소, 시간, 상황, 질, 양, 모양 등의 관점에 의하여 같은 점과 다른 점으로 분할할 필요가 있다. 이렇게 분할하는 것을 분류라 하고, 분류된 자료를 표나 그래프로 나타내 보거나 평균 등을 산출하여 보다 알기 쉽게 만드는 것을 정리라고 한다. 그러나 분류와 정리는 통계처리 과정에서 엄격하게 구별되는 것은 아니다.

분류에는 직업, 성별, 각종 현상 등과 같은 질적인 것과 연령, 키, 몸무게 등과 같은 양적인 것이 있다. 질적인 분류에서 얻은 통계를 속성통계라 하고, 양적 구조를 나타내는 통계를 변량통계, 또는 변수통계라고 한다.

#### 4 해석

표나 그래프가 만들어지고 평균과 같은 대푯값이 산출되었다면, 이것을 분석해 봄으로써 자료를 객관적이고 타당하게 해석하도록 해야 한다.

#### 5 판단

앞의 해석을 바탕으로 자료에 없는 구간에 대한 사상이나 그 범위 밖의 사상 또는 앞으로 일어난 것을 예상하고 판단하도록 한다. 그렇게 함으로써 통계집단의 특성을 제대로 개관할 수 있게 된다.

◎ 자료 조사는 정보를 수집함으로써 이루어진다.

자료 조사는 정보를 수집함으로써 이루어진다. 자료에는 국가적으로 실시한 여론 조사에서부터 학급 아이들의 신장을 조사하는 것까지 다양하다. 아이들의 관심사와 성숙 정도에 따라 실제적인 자료를 찾을 수 있다. 수집된 여러 자료를 확인함으로써 아이들은 흥미를 느끼고 관련 문제해결 활동에 지속적으로 참여하는 기회를 가지게 된다. 다음은 아이들이 수집할 수 있는 자료의 예이다.

- 신체 특징: 키, 몸무게, 신발의 크기
- 사회적 특징: 생일, 가족의 수, 용돈
- 개인의 기호: 좋아하는 텔레비전 쇼, 좋아하는 책, 좋아하는 운동, 좋아하는 색, 좋아하는 음료수

수집된 자료는 분류·정리해야 한다. 어떤 집단에 대해서 조사한 결과가 전체의 구성이나 특징을 그대로 알려주기는 어렵다. 얻은 정보를 일정한 기준

에 의해서 정리할 필요가 생긴다. 이 정리의 과정을 분류라 한다. 저학년에서의 분류는 미리 정한 한 가지 기준에 따라야 한다.

**교육과정 성취기준**
[2수05-01] 교실 및 생활 주변에 있는 사물들을 정해진 기준 또는 자신이 정한 기준으로 분류하여 개수를 세어보고, 기준에 따른 결과를 말할 수 있다.

분류기준 모양

| 모양 |  |  |  |
|---|---|---|---|
| 세면서 표시하기 |  |  |  |
| 장난감의 수(개) | 5 | | |

[그림 11-1] 분류하고 세어보기(교육부, 2017c, p. 133)

분류의 대상이 되는 집단 개개인의 단위는 각각 특성을 가진다. 이를테면 어떤 학교에서 보호자의 집단을 대상으로 해서 직업이라는 관점에서 조사를 해보면 상업, 공무원, 회사원 등 각 보호자 특유의 성질이 나타난다. 자료에는 연령, 신장, 득점 등과 같은 양적인 것과 직업, 성격 등과 같이 질적인 것이 있다. 따라서 분류에는 양적 분류, 질적 분류로 나눌 수 있다. 분류 후에는 각각에 대응하여 개수를 세어보는 활동을 하여 표로 만드는데, 양적 구조를 나타내는 통계표를 도수분포표라 하고, 이 때 양적 항목을 변량이라 하며, 변량은 연속량과 이산량으로 나눈다.

표를 만들면 통계자료의 특징을 일목요연하게 알 수 있고, 수리적인 자료 분석을 간편하게 할 수 있으며, 보다 많은 정보를 시각적으로 빨리 파악할 수 있다. 표를 지도할 때는 표로 정리하는 필요성을 이해하도록 해야 하고, 표를 만드는 방법, 표를 통해 수량관계를 고찰하거나 항목 사이의 비교 및 전체적인 경향을 파악할 수 있도록 해야 한다.

**표를 만들면 통계자료의 특징을 일목요연하게 알 수 있고, 수리적인 자료 분석을 간편하게 할 수 있으며, 보다 많은 정보를 시각적으로 빨리 파악할 수 있다.**

**교육과정 성취기준**
[2수05-02] 분류한 자료를 표로 나타내고, 표로 나타내면 편리한 점을 말할 수 있다.

**운동회에서 청군과 백군이 얻은 점수를 표로 나타내었습니다. 표를 보고 알 수 있는 내용을 두 가지 써 봅시다.**

운동회에서 청군과 백군이 얻은 점수

| 경기 | 공굴리기 | 달리기 | 줄다리기 | 박 터뜨리기 | 합계 |
|---|---|---|---|---|---|
| 청군 점수(점) | 100 | 50 | 200 | 100 | 450 |
| 백군 점수(점) | 200 | 100 | 100 | 150 | 550 |

[그림 11-2] 표 해석하기(교육부, 2018b, p. 124)

## (2) 그래프 지도 방법

**성취기준**

[2수05-03] 분류한 자료를 ○, ×, ╱ 등을 이용하여 그래프로 나타내고, 그래프로 나타내면 편리한 점을 말할 수 있다.
[4수05-01] 실생활 자료를 수집하여 간단한 그림그래프나 막대그래프로 나타낼 수 있다.
[4수05-02] 연속적인 변량에 대한 자료를 수집하여 꺾은선그래프로 나타낼 수 있다.
[4수05-03] 여러 가지 자료를 수집, 분류, 정리하여 자료의 특성에 맞는 그래프로 나타내고, 그래프를 해석할 수 있다.
[6수05-02] 실생활 자료를 그림그래프로 나타내고, 이를 활용할 수 있다.
[6수05-03] 주어진 자료를 띠그래프와 원그래프로 나타낼 수 있다.
[6수05-04] 자료를 수집, 분류, 정리하여 목적에 맞는 그래프로 나타내고, 그래프를 해석할 수 있다.

**[해설]** 조사된 통계 자료를 ○나 간단한 그림으로 나타내거나 직사각형 마디에 색칠을 하여 그래프로 나타내고 자료의 크기를 비교하게 한다. 자료를 그래프로 나타내는 것이 알아보기 쉽고, 비교하는 데 편리함을 알게 한다.

실생활에서 아이들에게 친근감 있는 소재를 선정하여 실제 자료를 수집, 분류, 정리하여 표를 만들고, 이를 자료의 종류에 따라 여러 가지 형태의 간단한 그림그래프, 막대그래프로 나타내고 읽을 수 있게 한다.

### □ 1~2학년군 교육과정 상의 유의사항

(가) 학습 요소

◎ 표, 그래프

• 표, 그래프

(나) 교수·학습 방법 및 유의 사항

• 표와 그래프로 나타내기는 생활 주변에 있는 자료들을 활용하되, 그 기준이 분명하고 간단한 것을 다룬다.

◎ 자료를 수집하여 정리한 표, 그림그래프, 막대그래프 등에서 자료의 여러 가지 특성을 찾고, 이를 설명하게 한다.

자료를 수집하여 정리한 표, 그림그래프, 막대그래프 등에서 자료의 여러 가지 특성을 찾고, 이를 설명하게 한다. 표와 그래프의 장단점을 알게 하고, 자료의 특성을 찾는 데 이들을 적절히 활용하게 한다.

양의 크기를 비교할 때에는 막대그래프로 나타내고, 변화하는 모습을 알아볼 때는 꺾은선그래프로 나타내는 것이 편리함을 알고, 자료의 특성에 따라 적절한 그래프를 선택하여 사용하게 한다. 연속적인 변량에 대한 통계 자료를 조사하여 표로 만들고, 이를 바탕으로 꺾은선그래프를 그리고, 변화와 관련된 여러 가지 사실을 찾아낼 수 있게 한다. 변화의 모습이 잘 나타날 수 있게 하기 위하여 그래프의 눈금의 크기와 물결선 등을 적절히 잘 활용할 수 있게 한다.

실생활에서 아이들에게 친근감 있는 소재를 선정하여 자료를 수집하게 한다. 수집된 자료를 정리하여 표로 작성하고, 막대그래프, 꺾은선그래프, 그림그래프 중 목적에 맞는 그래프를 선택하여 표현하게 하고, 그래프에서 자료의 특성을 해석하게 한다.

### □ 3~4학년군 교육과정 상의 유의사항

(가) 학습 요소

- 그림그래프, 막대그래프, 꺾은선그래프

◎ 그림그래프, 막대그래프, 꺾은선그래프

(나) 교수·학습 방법 및 유의 사항

- 그래프로 나타내면 자료의 특성을 알아보는 데 편리함을 설명하게 한다.
- 꺾은선그래프를 그릴 때 변화의 경향이 잘 드러날 수 있도록 눈금의 크기를 적절히 선택하게 한다.
- 간단한 그림그래프, 막대그래프, 꺾은선그래프의 특성을 비교하여 자료의 특성에 맞는 그래프로 나타내게 한다.

(다) 평가 방법 및 유의 사항

- 꺾은선그래프에서는 변화의 경향을 파악하는지에 중점을 두어 평가한다.

실생활과 관련하여 신문, 인터넷 등에 있는 표나 그래프를 소재로 활용하여 비율그래프를 다룰 수 있다. 조사 자료에서 전체에 대한 각 부분의 비율에 관심을 가지게 하여 비율그래프의 필요성을 알게 한다. 띠그래프와 원그래프의 특성을 이해하고, 알맞은 그래프로 나타내어 활용할 수 있는 능력을 기르게 한다. 조사된 자료를 항목별로 백분율을 구하여 정리하고, 정리된 자료를 알맞은 비율그래프로 나타내어 자료를 알기 쉽게 나타낸다. 원그래프를 지도할 때에는 초등학교에서 원과 관련하여 부채꼴과 중심각을 다루지 않기 때문에 눈금이 표시된 원을 사용한다. 조사된 자료를 나타낸 비율그래프를 살펴보고, 전체에 대한 각 부분의 비율에서 드러나는 자료의 특성을 찾아 이를 해석하여 결론을 이끌어 내게 한다.

### □ 5~6학년군 교육과정 상의 유의사항

(가) 학습 요소

◎ 띠그래프, 원그래프

- 띠그래프, 원그래프

(나) 교수·학습 방법 및 유의 사항

- 띠그래프와 원그래프를 지도할 때 신문, 인터넷 등에 있는 표나 그래프를 소재로 활용할 수 있게 한다.
- 원그래프를 그릴 때에는 눈금이 표시된 원을 사용하게 한다.
- 막대그래프, 꺾은선그래프, 그림그래프, 띠그래프, 원그래프의 특성을 비교하여 목적에 맞는 그래프로 나타내게 한다.

**[지도 방법]** 그래프를 그리는 기능에는 그래프상의 정보를 해석하는 것은 물론이고, 그래프를 그리고 읽는 것을 포함한다. 이는 초등학교 저학년에서 도입되어야 한다. 초등학교에서 지도되는 그래프에는 그림그래프, 막대그래프, 꺾은선 그래프, 비율그래프가 있다.

#### 1 그림그래프

그림그래프에서 자료는 그림으로 표현된다. 그림그래프를 적절하게 해석하기 위해서는 각 대상이 얼마의 양을 표현하는지 알아야 한다([그림 11-3]).

#### 2 막대그래프

◎ 막대그래프는 자료가 이산량일 때 가장 많이 사용된다.

막대그래프는 자료가 이산량일 때 가장 많이 사용된다. 막대는 자료의 수나 퍼센트를 표현한다. 막대그래프는 종종 자료의 범주를 빠르게 시각적으로 비교하기 위하여 사용된다. 막대그래프를 그리는 순서는 다음과 같다.

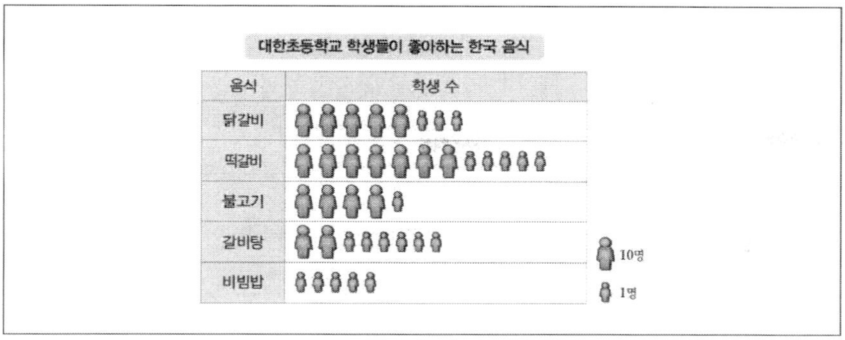


[그림 11-3] 그림그래프(교육부, 2018b, p. 137)

◎ **교육과정 성취기준**
[4수05-01] 실생활 자료를 수집하여 간단한 그림그래프나 막대그래프로 나타낼 수 있다.

① 가로와 세로 중 어느 쪽에 조사한 수량을 나타낼 것인지를 정한다.

② 눈금 한 칸의 크기를 정한다.

③ 조사한 수량 중에서 가장 큰 수를 나타낼 수 있도록 눈금의 수를 정한다.

④ 수량에 맞도록 막대를 그린다. 막대그래프에서 양의 크기는 막대의 폭이 아니라, 그 길이로 나타낸다는 것을 알게 한다.

⑤ 막대그래프에 제목을 붙인다.

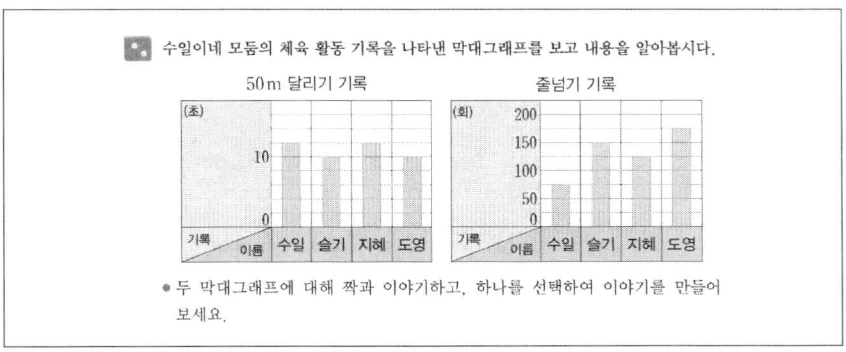


[그림 11-4] 막대그래프(교육부, 2018c, p. 119)

◎ **교육과정 성취기준**
[4수05-01] 실생활 자료를 수집하여 간단한 그림그래프나 막대그래프로 나타낼 수 있다.

### 3 꺾은선그래프

꺾은선그래프에서 눈금의 점은 연속적인 자료를 표현하는 데 이용된다. 각 축을 분명하게 표시해야 자료를 적절하게 해석할 수 있다. 아주 다양한 꺾은선그래프가 이용되고 있지만, 여기에는 다음 두 가지 가정이 내재되어 있다.

◎ **꺾은선그래프에서 눈금의 점은 연속적인 자료를 표현하는 데 이용된다.**

① 자료는 이산적인 것이 아니라 연속적인 것이다.

② 자료의 변화는 곡선이 아니라, 일차함수에 의하여 정확하게 표현된다.

꺾은선그래프는 일조 시간, 기온, 강우량 등과 같은 변량을 표현하기에 좋으며, 여러 자료를 비교하는 시각적 도구로도 효과적이다. 꺾은선그래프를 그리고 해석하기 위해서는 그래프의 가로축과 세로축을 모두 확인해야 하는데, 이는 좌표에 대한 선수학습의 좋은 기회를 제공한다. 꺾은선그래프를 그리는 순서는 다음과 같다.

① 가로의 눈금과 세로의 눈금에 무엇을 나타낼 것인지 정한다.

② 가로의 눈금 한 칸을 얼마로 할 것인지 정한다.

③ 가로의 눈금과 세로의 눈금을 각각 몇 개씩으로 할 것인지를 정한다.

④ 조사된 변화내용을 세로의 눈금에서 찾아 가로의 눈금과 만나는 자리에 점을 찍는다.

⑤ 점을 선분으로 잇는다.

**◎ 교육과정 성취기준**

[4수05-02] 연속적인 변량에 대한 자료를 수집하여 꺾은선그래프로 나타낼 수 있다.

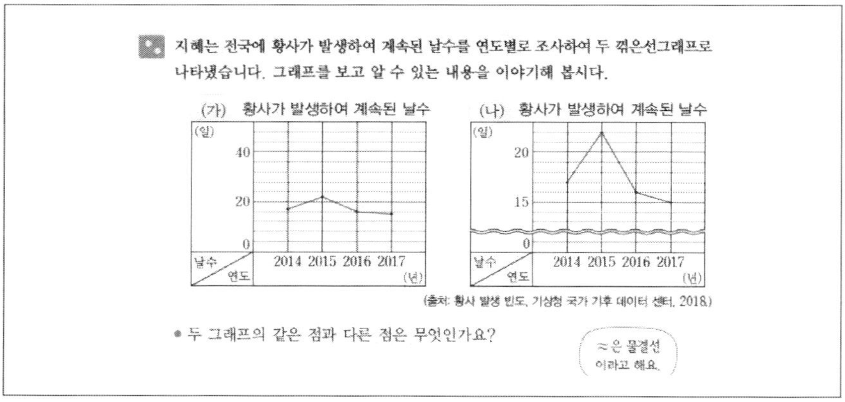


[그림 11-5] 꺾은선그래프(교육부, 2018d, p. 103)

### 4 원그래프와 띠그래프

**◎ 원그래프는 전체를 원으로, 띠그래프는 직사각형으로 각 분할된 양을 전체에 대한 퍼센트로 표현하는 그래프이다.**

원그래프는 전체를 원으로, 띠그래프는 직사각형으로 각 분할된 양을 전체에 대한 퍼센트로 표현하는 그래프이다. 원그래프는 해석하기가 쉽기 때문에 널리 사용된다. 그러나 원그래프와 띠그래프는 정지된 시점에서의 자료만을 표현하며 100%를 넘을 수 없다는 것이 제한점이다.

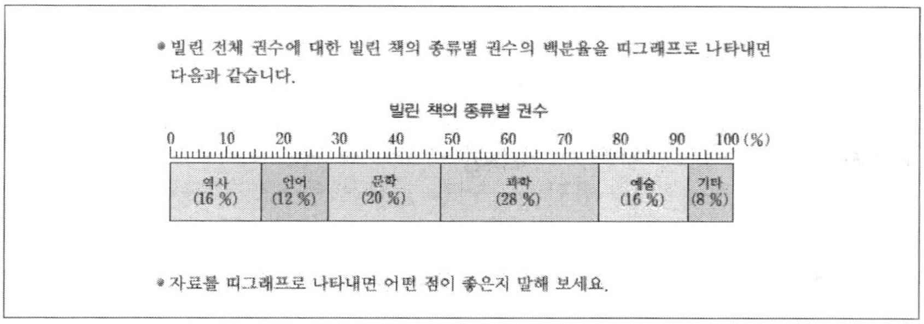


[그림 11-6] 띠그래프(교육부, 2018g, p. 97)

◎ 교육과정 성취기준
[6수05-03] 주어진 자료를 띠그래프와 원그래프로 나타낼 수 있다.

### ⑤ 줄기-잎 그림[7]

줄기-잎 그림을 사용하면 자료를 좀 더 조직적으로 표현할 수 있다. 줄기는 아이들 키(예: 114 cm)의 백의 자리와 십의 자리를 나타내고, 잎은 일의 자리를 나타낸다. 예를 들어 | 11 | 4는 키가 114인 여학생이 1명 있음을 나타낸다. 줄기-잎 그림은 막대그래프의 일반적인 모양을 유지하면서도 개개인의 측정값을 보전한다. 그러므로 모든 정보를 제시하면서 두 집단에 대한 분명한 시각적 비교를 가능하게 하는 것이다.

◎ 줄기-잎 그림은 막대그래프의 일반적인 모양을 유지하면서도 개개인의 측정값을 보전한다.

| 남학생 | 줄기 | 여학생 |
|---|---|---|
| 3 | 15 | 5 8 |
| 7 8 | 15 | 5 7 8 8 |
| 2 3 5 7 | 13 | 0 3 4 6 7 7 |
| 0 5 5 9 | 12 | 2 5 |
| 8 | 11 | 4 |

[그림 11-7] 줄기-잎 그림

한편, 다양한 실제 생활에 필요한 그래프를 그리는 기능을 발달시키는 데에는 오랜 시간이 걸리므로, 학교 수학은 이에 대한 많은 기회를 제공해야 한다. 그래프와 관련된 경험을 안내함에 있어 다음과 같은 몇 가지 제안을 한다.

① 아이들의 관심을 끄는 정보를 사용하라.

---

7 2009 개정 교육과정에 따른 수학과 교육과정에서부터 줄기와 잎 그림이 중학교 교육과정으로 이동하였다.

② 아이들로 하여금 스스로 자료를 수집하고, 그래프로 표현하는 가장 좋은 방법이 어떤 것인지 결정할 수 있는 기회를 제공하라.

③ 동일한 자료를 그래프로 표현하는 여러 가지 방법을 생각하게 하라. 그래프의 종류는 물론이고 표시하는 자료의 단위를 변화시키는 것도 이에 포함된다.

④ 그래프가 없으면 알아내기 어렵거나, 또는 적어도 이해하기 어려운 자료를 제시하라.

⑤ 그래프를 읽는 것만으로는 알 수 없는 질문을 제기하고, 아이들로 하여금 그 정보를 기술하고 해석하도록 장려하여라.

⑥ 아이들로 하여금 여러 가지 그래프의 장, 단점과 특징을 알아보도록 격려하여라.

### (3) 평균의 지도 방법

**성취기준**

| [6수05-01] 평균의 의미를 알고, 주어진 자료의 평균을 구할 수 있으며, 이를 활용할 수 있다. |
|---|

**[해설]** 실생활에서 일상적인 평균의 의미, 예를 들면 가장 많은, 대략, 보통, 중간 등의 의미로 사용하는 상황을 생각해 보거나 자료의 높이를 맞추는 것과 같이 평균의 시각적인 의미를 파악하는 것 등을 통해 평균의 직관적인 의미를 파악하고, 주어진 자료의 평균을 구할 수 있는 방법을 생각해 보게 함으로써 평균을 계산하는 방법을 알게 한다. 실생활에서 평균이 이용되는 경우를 알아보고, 이와 관련된 문제를 해결할 수 있게 한다. 아이들이 스스로 결정한 주제를 가지고 실제로 조사하고 정리하여 평균값을 구하고 활용할 수 있게 한다.

◎ 평균의 직관적인 의미를 파악하고, 주어진 자료의 평균을 구할 수 있는 방법을 생각해 보게 함으로써 평균을 계산하는 방법을 알게 한다.

### □ 5~6학년군 교육과정 상의 유의사항

(가) 학습 요소

• 평균

(나) 교수·학습 방법 및 유의 사항

• 평균을 구하는 방법뿐만 아니라 그 의미를 직관적으로 파악하게 한다.

◎ 평균을 구하는 방법뿐만 아니라 그 의미를 직관적으로 파악하게 한다.

(다) 평가 방법 및 유의 사항

• 평균을 구하는 것뿐만 아니라 평균이 사용된 상황에서 그 의미를 파악하는지 평가한다.

**[지도 방법]** 통계는 자료를 수집하고 조직하는 활동이다. 오늘날에는 너무나 많은 정보가 존재하므로, 그래프 이외에 정보를 단순화하거나 축소하는 방법이 있어야 한다. 자료를 수집하고, 조직하고, 제시하고, 해석하는 것은 이른바 기술 통계이다.

**1 평균**

통계집단의 변량 전체를 대표하여 그 자료 전체의 특징을 하나의 수로 나타낸 값을 그 통계집단의 대푯값이라고 한다. 대푯값에는 평균(mean), 중앙값(median), 최빈값(mode) 등이 있으나, 이 중에서 가장 널리 사용되는 것은 평균이다.

◎ 변량 전체를 대표하여 그 자료 전체의 특징을 하나의 수로 나타낸 값을 그 통계집단의 대푯값이라 한다.

평균은 변량의 값의 총합을 변량의 개수로 나눈 값, 즉 $n$개의 변량 $x_1$, $x_2$, $x_3$, $\cdots$ $x_n$의 평균 $M$은

$$M = \frac{x_1+x_2+x_3+\cdots+x_n}{n}$$ 이다.

평균에는 다음과 같은 7가지 성질이 있다.

① 평균은 극단적인 값 사이에 존재한다. 예를 들면 어떤 반 아이들의 평균 나이는 가장 나이 많은 아이의 나이와 가장 어린 아이의 나이 사이에 있다.

② 평균으로부터의 편차의 합은 0이다.

③ 평균은 평균 이외의 다른 값에 의해서 영향을 받는다. 예를 들면 0, 5, 10의 평균 5는 자료 10이 더해질 경우 평균이 6.25로 바뀐다.

④ 평균은 자료 중의 어느 하나와 반드시 일치하는 것은 아니다. 예를 들어 1과 3의 평균은 2이다.

⑤ 평균은 추상적인 대푯값이지 반드시 실제적인 뜻을 가진 것은 아니다.

예를 들어, 가족 당 평균 자녀수가 2.5명이다. 이와 같이 평균은 그에 대응하는 대상이 실제적으로 존재하지 않는 소수가 될 수도 있다.

◎ 평균을 계산할 때, 0이 있다면 반드시 고려해야 한다.

⑥ 평균을 계산할 때, 0이 있다면 반드시 고려해야 한다. 예를 들어 아이가 일주일에 숙제를 하는 평균시간을 계산하려고 할 때, 아이가 숙제를 하지 않는 요일도 반드시 포함시켜야 한다.

⑦ 평균은 그 변량 전체를 대표하는 값이다. 이 성질을 공간적인 용어로 표현한다면, 평균은 변량 전체의 집합의 원소 각각으로부터 가장 가까이 있는 값이다.

◎ 교육과정 성취기준
[6수05-01] 평균의 의미를 알고, 주어진 자료의 평균을 구할 수 있으며, 이를 활용할 수 있다.

[그림 11-8] 평균구하기(교육부, 2018f, p. 127)

### ② 중앙값

◎ 중앙값은 자료의 가운데 값을 나타내며, 중앙값보다 큰 값과 작은 값의 개수는 같다.

중앙값(median)은 자료의 가운데 값을 나타내며, 중앙값보다 큰 값과 작은 값의 개수는 같다. 중앙값은 이해하기가 쉽고 구하기가 쉽다는 장점이 있는데, 가장 큰 값과 가장 작은 값을 순차적으로 제거해 나가면 남는 값이 중앙값이 된다. 만약 남은 값이 2개이면 두 값의 산술평균이 중앙값이 된다. 이를 다음과 같이 나타낼 수 있다.

① 자료의 개수 $n$이 홀수이면 $\frac{n+1}{2}$번째 자료의 값이 중앙값이다.

② 자료의 개수 $n$이 짝수이면 $\frac{n}{2}$번째와 $\frac{n+1}{2}$번째 자료의 값의 평균이 중앙값이다.

중앙값을 설명하기는 쉽다. 다섯 명의 아이의 나이가 2, 3, 7, 9, 9라면 가운데의 7세가 중앙값이다. 고속도로의 중앙선을 참고하도록 하면 통계에서의 중앙값이 가운데 위치라는 것을 아이들이 쉽게 떠올릴 수 있을 것이다.

### 3 최빈값

최빈값(mode)은 수집된 자료 가운데 가장 빈번하게 나타나는 값이다. 물리적 용어로는 그래프의 최고점, 또는 가장 높은 기둥이다. 최빈값은 구하기도 쉽고 치우친 값에 영향을 거의 받지 않는다. 한 학급 아이들의 나이는 대다수 아이들의 나이가 같을 것이므로 최빈값을 적용하기에 아주 좋은 예이다.

◎ 최빈값은 항상 존재하는 것은 아니고, 두 개 이상일 수도 있다.

최빈값은 항상 존재하는 것은 아니고, 두 개 이상일 수도 있으며, 자료의 대푯값을 나타내기에도 빈약하고 자료의 작은 변화에도 쉽게 변하는 특징이 있다. 예를 들어 자료가 2, 3, 4, 5, 6이면 최빈값은 없고, 자료가 2, 3, 3, 4, 5, 5이면 최빈값은 3과 5이다. 이를 정리하면 다음과 같다.

① 자료의 값 중에서 도수가 가장 큰 값이 한 개 이상 있으면 그 값이 모두 최빈값이다.
② 각 자료의 값의 도수가 모두 같으면 최빈값은 없다.

그런데 자료가 도수분포표로 주어지는 경우에는 대푯값을 구하는데 주의가 필요하다. 다음과 같은 도수분포표에서 평균, 중앙값, 최빈값은 다음과 같이 구한다.

| 계급값 | 도수 |
|---|---|
| $x_1$ | $y_1$ |
| $x_2$ | $y_2$ |
| $x_3$ | $y_3$ |
| $x_4$ | $y_4$ |
| 합계 | $N$ |

① **평균:** $\frac{x_1 y_1 + x_2 y_2 + x_3 y_3 + x_4 y_4}{N}$
② **중앙값:** $N$이 홀수이면 $\frac{N+1}{2}$번째 도수가 속한 계급의 계급값
$N$이 짝수이면 $\frac{N}{2}$번째와 $\frac{N+1}{2}$번째 도수가 각각 속한 계급의 계급값의 평균
③ **최빈값:** 도수분포표에서 도수가 가장 큰 계급의 계급값

예를 들면 다음과 같은 도수분포표에서 각 대푯값을 구해보면 다음과 같다.

① **평균:** $\frac{5\times1+7\times2+9\times4+11\times3}{10}=8.8$

② **중앙값:** 5번째와 6번째 도수가 각각 속하는 계급의 계급값의 평균인 $\frac{9+9}{2}=9$

③ **최빈값:** 도수가 4로 가장 큰 계급의 계급값인 9가 된다.

| 계급값 | 도수 |
|---|---|
| 4이상~6미만 | 1 |
| 6~8 | 2 |
| 8~10 | 4 |
| 10~12 | 3 |
| 합계 | 10 |

### (4) 가능성 지도 방법

**성취기준**

[6수05-05] 실생활에서 가능성과 관련된 상황을 '불가능하다', '~아닐 것 같다', '반반이다', '~일 것 같다', '확실하다' 등으로 나타낼 수 있다.
[6수05-06] 가능성을 수나 말로 나타낸 예를 찾아보고, 가능성을 비교할 수 있다.
[6수05-07] 사건이 일어날 가능성을 수로 표현할 수 있다.

◎ 사건이 일어날 가능성은 0, $\frac{1}{2}$, 1 정도로 표현할 수 있게 한다.

**[해설]** 실생활 속에서 가능성을 수치로 나타내는 예를 알아보고, 사건이 일어날 가능성을 수로 표현할 수 있다. 가능성은 실생활의 예를 통해 가능성과 관련된 다양한 상황을 알아보고, 사건이 일어날 가능성은 0, $\frac{1}{2}$, 1 정도로 표현할 수 있게 한다.

#### □5~6학년군 교육과정 상의 유의사항

(가) 학습 요소

• 가능성

(나) 교수·학습 방법 및 유의 사항

• 가능성을 수로 표현할 때 0, $\frac{1}{2}$, 1 등 직관적으로 파악되는 경우를 다룬다.

**[지도 방법]** 일상적으로 우리는 확률에 접한다. 다음은 일반적으로 접하게 되는 확률적 진술의 예이다.

"오늘 비올 확률은 40%이다."

"타이거즈 팀은 3대 1의 승산이 있다."

"그 직업의 사고 확률은 1000분의 1도 안 된다."

확률 개념은 형식적인 정의로부터 알 수도 없거니와 그래서는 안 된다. 그보다는 다양한 예를 통하여 확률의 중요 개념을 설명하고 명료화하는 것이 좋다.

2009 개정 교육과정에 따른 수학과 교육과정에서부터 확률 대신 '가능성'을 다루고 있다. 가능성은 실생활 속에서 일어날 수 있는 일의 가능한 정도를 수로 나타내어 보는 과정을 통해 확률에 대한 초보적인 경험을 제공하고 있다.

◎ 초등학교에서는 확률 대신 '가능성'을 다루고 있다.

가능성은 실생활의 예를 통해 가능성과 관련된 다양한 상황을 알아보고, 사건이 일어날 가능성은 0, $\frac{1}{2}$, 1 정도로 표현할 수 있게 지도하도록 하고 있다. 즉 일어날 일들이 확실함, 그럴듯함, 불가능함으로 나타내고, 가능성을 어떻게 수량화할 수 있는지 학습할 수 있다. 예를 들어 텔레비전을 켰을 때 광고를 보게 될 가능성은 얼마인가? 내일 비가 올 가능성은 얼마인가? 내일 학교에 갈 가능성은 얼마인가? 빨간색과 파란색으로 똑같이 칠해진 원판 돌리기에서 빨간색에서 멈출 가능성은 얼마인가? 이와 같은 같은 상황에서 일이 일어날 가능성을 나타내기 위하여 아이들은 자료를 수집하고 이를 수로 나타낼 수 있을 것이다. 이러한 경험을 통하여 특정한 결과가 나타날 가능성을 결정할 수 있을 것이다.

**3** 일이 일어날 가능성에 대한 자신의 생각에 ○표 해 봅시다.

| 일 | 불가능하다 | ~아닐 것 같다 | 반반이다 | ~일 것 같다 | 확실하다 |
|---|---|---|---|---|---|
| 동전을 던지면 숫자 면이 나올 것입니다. | | | | | |
| 주사위를 던지면 1 이상 5 이하의 눈이 나올 것입니다. | | | | | |
| 빨간색 구슬 5개가 들어 있는 주머니에서 꺼낸 구슬은 파란색일 것입니다. | | | | | |
| 동전을 세 번 던지면 세 번 모두 그림 면이 나올 것입니다. | | | | | |
| 노란색 구슬 1개가 들어 있는 주머니에서 꺼낸 구슬은 노란색일 것입니다. | | | | | |

가능성은 어떠한 상황에서 특정한 일이 일어나길 기대할 수 있는 정도를 말합니다. 가능성의 정도는 불가능하다, ~아닐 것 같다, 반반이다, ~일 것 같다, 확실하다 등으로 표현할 수 있습니다.

[그림 11-9] 가능성(교육부, 2018f, p. 133)

◎ 교육과정 성취기준

[6수05-05] 실생활에서 가능성과 관련된 상황을 '불가능하다', '~아닐 것 같다', '반반이다', '~일 것 같다', '확실하다' 등으로 나타낼 수 있다.

# 단원 탐구문제

1. 수학의 역사에서 확률 개념이 늦게 나타난 이유를 조사하고, 확률의 발생 과정에서 나타난 여러 가지 패러독스에 대해 조사하시오.

2. 통계의 지도 과정을 5단계로 구분하여 제시하고, 막대그래프를 이용하여 지도 과정을 서술하시오.

3. 초등수학에서 가능성을 지도하는 방법에 대하여 논하시오.

4. '오늘 비가 올 가능성이 20%이다.'라는 진술의 의미에 대하여 서술하시오.

5. 다음은 확률과 통계에 대한 아이들의 대화이다. 이 중 옳지 않은 것은?

> 가: 너무 더운데 실내 온도의 변화를 꺾은선 그래프로 나타내어 온도 변화를 조사해 보자.
> 나: 줄기–잎 그림에서 잎은 막대그래프의 막대 길이와 같아.
> 다: 평균은 가운데 값이므로 평균보다 큰 값과 작은 값의 합은 같지.
> 라: 비율그래프에서는 절대적인 양의 비교가 쉽지.
> 마: 초등학교에서 확률은 수학적 확률의 의미로 다룬데.

① 라　　② 다, 마　　③ 다, 라, 마　　④ 나, 다, 라, 마　　⑤ 모두

6. 다음은 2015 개정 교육과정에 따른 수학과 교육과정의 목표와 김교사의 수업 과정을 나타낸 것이다.

> **[수학과 목표]**
> (1) 생활 주변 현상을 수학적으로 관찰하고 표현하는 경험을 통하여 수학의 기초적인 개념, 원리, 법칙을 이해하고 수학의 기능을 습득한다.
> (2) 수학적으로 추론하고 ①의사소통하며, 창의·융합적 사고와 정보 처리 능력을 바탕으로 생활 주변현상을 수학적으로 이해하고 문제를 합리적이고 창의적으로 해결한다.
> (3) (　　　　　　　　　　　　　　　　) 수학 학습자로서 바람직한 태도와 실천능력을 기른다.

[수학 과정]

교사: 오늘은 환경오염을 줄이기 위해 가장 심각하다고 생각하는 환경오염의 원인을 조사한 표를 가지고 수업을 하겠습니다. 다음 자료를 봅시다. 가장 심각하다고 생각하는 환경오염의 원인은 무엇입니까?

| 자동차 매연 | 공장 폐수 | 석면 | 생활용수 | 기타 | 계 |
|---|---|---|---|---|---|
| 13 | 14 | 6 | 4 | 3 | 40 |

학생: 공장폐수입니다.

교사: 그러면 공장폐수라고 생각한 사람은 전체 학생 수의 얼마나 되는지 알아봅시다.
각자 환경오염의 원인 별로 백분율을 구해봅시다.

학생: (백분율 계산)

교사: 환경오염의 원인별로 학생의 비율을 원 모양으로 나타내어 봅시다.

(중략)

교사: 이와 같은 그래프를 원그래프라고 합니다.
이 그래프를 보고 편리한 점을 말해 봅시다.

학생: ② ________________

(1) 통계의 지도 과정과 수학과 목표 (1)에 비추어 이 수업의 문제점을 한 가지 제시하시오.

(2) 김교사는 ①에 제시된 능력을 이 수업의 내용을 바탕으로 평가하려고 한다. 평가할 내용을 수업 내용과 관련지어 3가지만 서술하시오.

(3) ②에 제시될 답에 대하여 서술하시오.

(4) 수학과 목표 (다)를 달성하기 위하여 김교사는 '자기평가' 방법을 이용하여 평가를 실시하였다. 이를 보고 (다)에 제시될 수학과 목표를 제시하시오.

7. 다음은 지난달을 기준으로 이번 달의 3명의 아이들의 용돈의 증가량을 나타낸 표와 인상률을 나타낸 그래프에 대한 아이들의 대화이다. 물음에 답하시오.

| | 증가량 |
|---|---|
| 민지 | 6000원 |
| 정구 | 6000원 |
| 은정 | 4000원 |

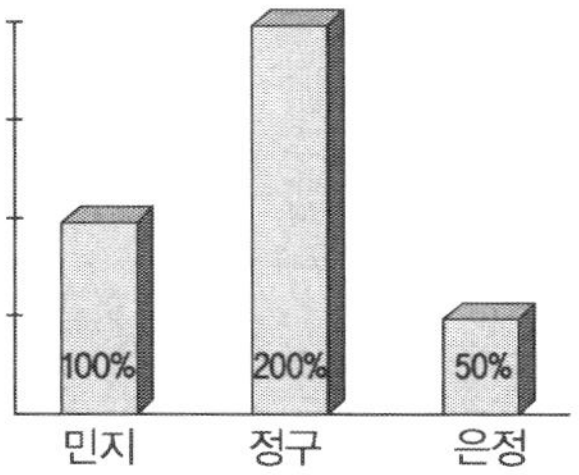


영수: 이번 달에 제일 많은 용돈을 받는 친구는 정구야.
준수: 민지는 지난달에 받은 용돈의 2배를 받을 수있어.
민수: 은정이가 받은 용돈은 지난달의 반 밖에 안 돼.

(1) 세 명의 친구 중에서 틀린 말을 한 사람을 쓰시오.

(2) 이번 달에 용돈을 가장 적게 받는 사람을 쓰시오.

(3) 지난달의 세 명의 친구들의 용돈을 구하시오.

(4) 이 아이들의 대화에 나타난 통계의 지도 단계를 쓰고, 위의 대화에서 아이들에게 전달할 학습 주제를 제시하시오.

# 규칙성 12

## 이 장을 시작하면서

수학을 무엇이라 생각하느냐라는 질문에 많은 사람들은 규칙을 탐구하는 학문이라고 한다. 수학에서 다루는 개념이나 원리, 법칙, 정리들은 공통의 규칙을 찾아 정리한 사실을 의미한다. 예를 들어, 직각삼각형의 세 변 사이의 관계는 길이에 관계없이 일정한 관계가 존재하며, 이를 피타고라스 정리($a^2 = b^2 + c^2$)로 설정할 수 있다.

수학에서 다루는 가장 기본으로 수에도 규칙이 있는데, 십진기수법의 원리는 10씩 모아지면 한 자리씩 위의 자리로 바꿀 수 있는 원리이다. 그러한 원리 때문에 수에는 많은 규칙이 존재하는데 한 가지 예가 다음과 같다.

| | | |
|---:|:---:|:---|
| (1)+2 | = | 3 |
| (4)+5+6 | = | 7+8 |
| (9)+10+11+12 | = | 13+14+15 |
| (16)+17+18+19+20 | = | 21+22+23+24 |
| (25)+26+27+28+29+30 | = | 31+32+33+34+35 |
| ------------------------ | = | ------------------------ |

위의 수 피라미드에는 어떤 규칙이 있는지 살펴보고, 마지막 빈 줄에 규칙에 맞는 수를 써 넣어 보아라. 그리고 이러한 관계를 만드는 수의 패턴을 찾아보도록 하자.

# 12장

# 규칙성

패턴(규칙성)은 건물의 조형물이나 벽지, 타일 등과 같이 일상생활에 스며들어 있으며, 수학 영역까지 깊게 관련되어 있습니다. 학교 수학에서 패턴은 학습 내용으로 뿐만이 아니라, 문제해결을 위한 전략으로 다루어지고 있습니다.

**패턴(규칙성)은 건물의 조형물이나 벽지, 타일 등과 같이 일상생활에 스며들어 있으며, 수학 영역까지 깊게 관련되어 있습니다.**

규칙성은 2007 개정 수학과 교육과정에서 규칙성과 문제해결 영역이었던 것이 2009 개정 수학과 교육과정에서부터 규칙성만으로 독립된 영역입니다. 이 장에서는 규칙성 영역의 지도를 위한 의의 및 배경, 지도 방법에 대하여 알아보기로 합니다.

## 12-1. 규칙성 영역의 이해

### (1) 규칙성 지도의 의의

수학자들(Devlin, 1994/Schoenfeld, 1994/Steen, 1988)은 수학을 '패턴의 과학'이라고 한다. 이것은 수학이 패턴의 원리와 특성을 결정하기 위하여 공리나 이론적으로 정의된 체계 안에서 탐구하고 실험을 하거나 실생활로부터 패턴을 추출하여 재구성한 추상화된 모형이라는 것을 의미한다.

수학=패턴의 과학 (Science of pattern)

수학의 발달 과정을 살펴보면 인류는 자연 속에 내재된 패턴을 발견하고, 그것을 설명하고, 그 패턴 속에 숨어 있는 질서와 규칙을 밝혀내려는 노력을 계속해 왔음을 알 수 있다. 눈송이는 그 모양이 6겹 대칭이고, 나뭇잎은

석영속의 육각형　　꽃잎 속의 육각형　　밀랍구조에서의 육각형

[그림 12-1] 자연 속의 육각형 패턴 구조

일정한 규칙을 가지고 있다. 인류는 많은 패턴을 인식하고 분류하고, 이용하는 정형화된 사고 체계를 만들었으며, 이 과정에 수학을 이용함으로써 실험을 하지 않고도 자연의 많은 현상을 알고, 미래를 예측할 수 있었다.

학교 수학에서 패턴이라는 것은 수, 무늬, 도형 등을 일정한 규칙으로 늘어놓은 배열을 뜻하며, 초등학교 아이들에게 패턴이라는 용어가 낯설어 규칙 또는 규칙성이라는 용어로 대신한다(강지형 외 5, 2008). 학교 수학에서 규칙성을 강조하는 이유는 다음과 같다.

**◎ 규칙성은 우리의 삶과 함께 한다.**

첫째, 규칙성이 우리의 삶과 무관하지 않다는데 있다. 규칙성이라는 용어는 일상생활에서 다양하게 사용되고 있으며, 일정한 규칙으로 배열된 수, 도형, 무늬, 현상, 행동 등 어디에서나 찾을 수 있다. 학교 수학에서 규칙성은 수학이 생활에 활용되는 구체적인 예를 통하여 수학의 가치와 유용성을 인식할 수 있는 주제이다. 주변 현상에서 일정한 규칙을 찾고 이를 수학적으로 표현하는 기회를 제공하게 되면 아이들은 자신이 살고 있는 주위 환경에서

**◎ 교육과정 성취기준**

[4수04-01] 다양한 변화 규칙을 찾아 설명하고, 그 규칙을 수나 식으로 나타낼 수 있다.

[그림 12-2] 달력에서 규칙 찾기(교육부, 2018b, p. 142)

수학이 어떻게 활용되고 있는가를 이해할 수 있다.

둘째, 규칙 찾기는 초등학교 수학 문제해결에서 많이 이용되는 전략 중 하나이다. 특히 일상의 문제를 해결하기 위하여 일정한 규칙을 찾는 것은 유용한 문제해결 전략이다. 또 규칙을 찾는 활동은 아이들이 미래를 예상하고 추측하는 데 중요하며, 수학적으로는 함수를 이해하는 기초가 된다. 아래 [그림 12-3]은 그림으로 표현된 수의 배열에서 규칙을 찾아 다음에 나타날 그림의 모양과 수를 알아보는 문제이다.

◎ 규칙성은 수학 문제해결에서 많이 이용되는 전략 중 하나이다.

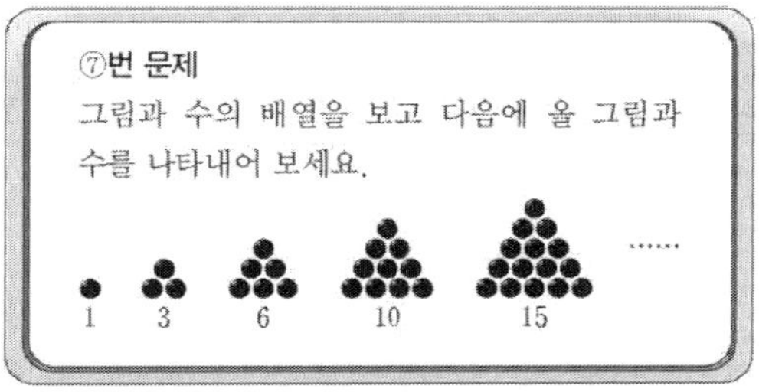


[그림 12-3] 수의 배열에서 규칙 찾기(교육부, 2018b, p. 144)

◎ 교육과정 성취기준

[4수04-01] 다양한 변화 규칙을 찾아 설명하고, 그 규칙을 수나 식으로 나타낼 수 있다.

셋째, 규칙성과 관련지어 수, 도형, 측정 등을 학습하게 되면 영역들을 서로 관련지을 수 있게 되어 수학을 통합적으로 이해하는 데 도움이 된다. 규칙성 탐구는 다양한 표현들 사이를 관련지어 연결해주고, 수학의 내용들 사이의 관계를 연결해 주며, 다른 교과에서 수학을 이용할 수 있고, 일상의 생활에서 수학을 사용할 수 있도록 연결해 준다. 이와 같이 다른 영역을 서로 관련짓는 것은 상급단계에서 더욱 추상적인 아이디어를 갖게 하는 기초가 된다.

◎ 규칙성은 수학을 통합적으로 이해하는 데 도움이 된다.

### 수학산책

선분을 분할하여 긴 선분과 짧은 선분의 비가 원래 선분과 긴 선분의 비와 같을 때 황금분할이라고 한다. 이때 황금비(golden ratio)는 황금분할하여 생기는 비인 $\frac{1+\sqrt{5}}{2}$로 약 1.618이다. 그런데 복사용지에서 쓰이는 실용비는 큰 종이를 잘라 작은 종이를 만드는 과정에서 종이 낭비를 줄일 수 있는 가장 경제적인 종이 형태를 만드는 비를 의미한다. 가로가 $x$, 세로가 1인 직사각형을 절반으로 잘라 생기는 작은 직사각형이 원래 직사각형과 닮은꼴일 때 $x$의 값을 구하면 $\sqrt{2}$이다. 따라서 복사용지의 가로와 세로의 비는 약 1.4인 것이다.

◎ 규칙성은 의사소통 능력을 신장시킨다.

넷째 규칙성의 탐구는 모든 학년의 수학 교육 전반에 걸쳐 강조되어야 할 의사소통 능력을 신장시킨다. 아이들은 규칙을 말로 설명하고, 그들이 파악한 규칙을 쓰고, 또 규칙에 관한 자신의 생각을 서로서로 나누게 된다. 규칙성의 탐구는 일상의 언어와 수학의 언어를 의미 있게 연결해줌으로써 의사소통으로서 수학을 강화할 수 있다.

◎ 교육과정 성취기준

[4수04-01] 다양한 변화 규칙을 찾아 설명하고, 그 규칙을 수나 식으로 나타낼 수 있다.

**규칙적인 계산식을 찾고 이야기해 봅시다.**

- 책 번호의 배열에서 규칙적인 계산식을 찾아보세요.

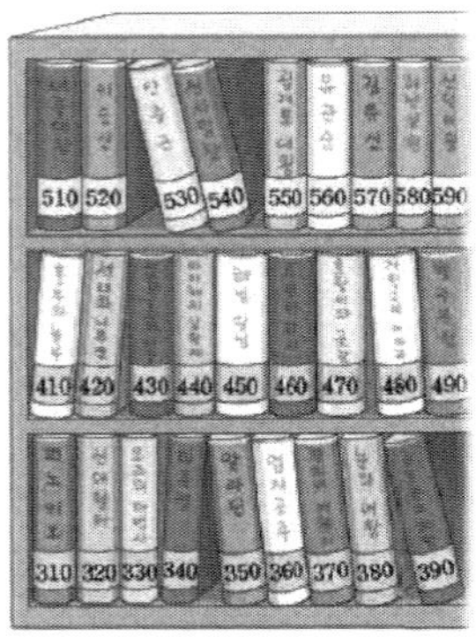


310+420=320+410

320+430=330+420

510+420+330=530+420+310

520+430+340=540+430+320

- 찾은 규칙을 친구들과 이야기해 보세요.

[그림 12-4] 규칙을 찾고 이야기하기(교육부, 2018b, p. 143)

◎ 규칙성은 수학적 사고력을 향상시킨다.

다섯째, 규칙성은 수학적 사고력을 향상시킨다. 아이들은 몇몇의 사례를 모아 그들 사이의 공통인 규칙이나 성질을 찾아내어 일반화하는 귀납 추론을 할 수 있다. 또 아이들은 주어진 집합에 대한 고찰로부터 일정한 규칙을 발견하여 주어진 집합을 포함한 보다 광범위한 집합에 대한 고찰로 확장하여 일반적인 법칙을 이끌어내는 연역 추론을 할 수 있다.

◎ 규칙성은 창의적 사고력을 향상시킨다.

여섯째, 규칙성은 창의적 사고력을 향상시킨다. 규칙성의 탐구는 유창성, 융통성, 독창성 등의 창의적 사고력을 기르는데 효과적이다.

6학년까지 아이들은 규칙을 인식하고, 설명하고, 일반화할 수 있어야 하며, 일정한 규칙을 지닌 일상생활의 현상을 예측하기 위한 수학적 모델을 만들 수 있어야 한다. 자연세계에서는 규칙적인 현상이 광범위하게 존재하므로 이 영역에 대한 학습은 더욱 중요하다. 아이들은 규칙성을 탐구함으로써 수학적 힘을 발달시킬 수 있으며, 수학의 아름다움을 느낄 수 있는 기회를 갖게 된다.

### (2) 패턴의 기초

패턴은 수학의 기초이기 때문에 패턴과 관계에 초점을 둔 활동은 어렸을 때부터 시작되어야 하고, 모든 학년에서 계속되어야 한다. 학교 수학에서 패턴을 강조하는 것은 패턴이 우리의 삶과 무관하지 않기 때문이며, 수학에서 패턴 탐구가 중요한 주제이기 때문이다. 다음 글은 학교 수학에서 패턴이 강조되어야 할 직접적인 이유를 제시하고 있다.

◎ 패턴은 수학의 기초이기 때문에 패턴과 관계에 초점을 둔 활동은 어렸을 때부터 시작되어야 하고, 모든 학년에서 계속되어야 한다.

> 우리는 매일 말하기나 듣기에서, 음악 작품이나 비디오 영상에서, 장식 디자인과 자연 기하에서, 교통 규칙에서, 우리가 만들어내는 대상에서 항상 여러 규칙성을 접하게 된다. 여러 가지 규칙성을 인식하고, 해석하고 창조해 내는 능력은 우리의 주변 세계를 인식하는데 핵심적인 것이다(Senegal, 1990, p. 139).

저학년에서는 신체 활동, 소리 운동 등의 반복에서 패턴을 인식한다. 음악에서 박자 치기 또는 노랫말, 놀이에서 손뼉 치기 및 규칙에 따라 움직이기, 미술에서 색칠하기, 국어의 동시에서 반복되는 말 등은 패턴을 인식하는 데 좋은 자료가 된다. 이를 바탕으로 아이들이 도형, 그림, 기호, 수 등을 사용하여 패턴을 익히게 된다.

규칙에 따라 몸으로 나타내어 봅시다.

• 친구와 함께 다른 규칙을 만들어 몸으로 나타내어 보세요.

[그림 12-5] 규칙에 따라 몸으로 나타내기(교육부, 2017b, p. 105)

◎ 교육과정 성취기준

[2수04-01] 물체, 무늬 수 등의 배열에서 규칙을 찾아 여러 가지 방법으로 나타낼 수 있다.

패턴을 인식하고 패턴을 찾았다면 패턴을 말로 설명하게 하고, 이를 식으로 나타내어 보게 한다. 어떤 현상을 식으로 나타내어 설명함으로써 추상화 단계로 진입하는 것이며, 수학의 아름다움이나 수학의 힘을 느낄 수 있다.

특히 어떤 도형이나 행동의 패턴을 수로 나타내는 활동은 어떤 현상의 패턴을 수량으로 분석하고 일반화시켜 간단히 설명할 수 있게 한다. 예를 들어 다음과 같은 바둑돌의 배열에서 '9번째에는 바둑돌을 몇 개 놓아야 할까?'라고 발문하면 아이들은 곤란을 겪게 된다. 따라서 아이들은 패턴을 다른 방법으로 나타낼 필요성을 느끼고, 패턴을 아래의 수의 나열과 같이 나타내면 9번째에 놓일 바둑돌을 쉽게 구할 수 있다.

**◎ 교육과정 성취기준**
[4수04-01] 다양한 변화 규칙을 찾아 설명하고, 그 규칙을 수나 식으로 나타낼 수 있다.

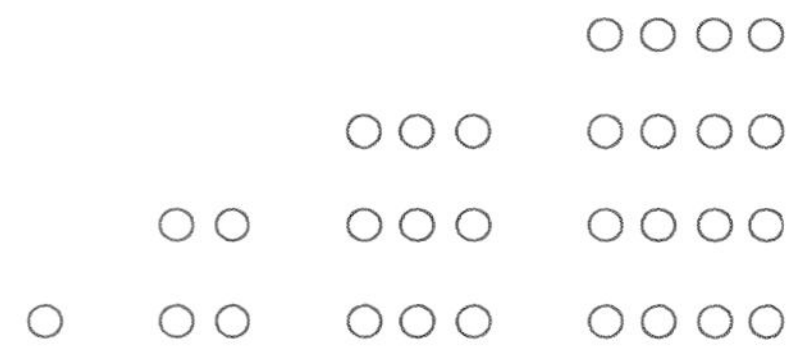

| 1 | 4 | 9 | 16 | ______ |
|---|---|---|---|---|
| 1×1 | 2×2 | 3×3 | 4×4 | ? |

## (3) 패턴의 유형

패턴은 속성과 생성 방식에 따라 유형을 나눌 수 있지만, 대부분의 패턴은 여러 가지 속성이나 생성 방식을 함께 지니고 있는 복합적인 형태를 띠고 있다. 따라서 패턴의 어떤 속성을 인식하느냐에 따라 하나의 패턴을 여러 가지로 해석할 수 있다(강지형 외 5, 2008).

### 1) 속성에 따른 패턴유형

① **관계적인 속성을 지닌 패턴:** 2, 4, 6, 8, …이나 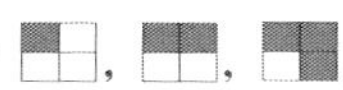, …과 같이 각 항들 사이의 관계를 나타내는 수나 도형의 패턴이다.

② **도형 속성을 지닌 패턴:** □, ○, ○, □, □, ○, ○, ○, □, □, □, …과 같이 도형의 성질이나 모양을 기초로 하는 패턴이다.

③ **물리적 속성을 지닌 패턴:** □, □, ■, ■, ■, □, □, ■, ■, ■, □, □, …과 같이 색, 크기, 방향 등을 기초로 한 패턴이다.

### 2) 생성방식에 따른 유형

① **반복패턴:** 1, 2, 1, 2, 1, 2, …과 같이 기본단위나 규칙이 변화 없이 그대로 유지되면서 반복되는 패턴이다.

② **증가패턴:** 1, 1, 2, 1, 2, 3, …과 같이 기본단위나 규칙이 증가 또는 변형되면서 나타나는 패턴이다.

③ **대칭패턴:** ◁, ▷, ◁, ▷, …, 또는 1, −1, 2, −2, 3, −3, …과 같이 기본단위가 대칭되면서 나타나는 패턴이다.

④ **회전패턴:** ↑, →, ↓, ←, ↑, →, …과 같이 기본단위가 회전하면서 나타나는 패턴이다.

⑤ **카오스(chaos) 패턴:** 자연에서 흔히 볼 수 있는 비정규적인 패턴으로 유체의 난류현상, 구름모양, 번개모양, 주가의 등락 등이 있다. 이런 카오스적인 현상을 나타내는 기하학적 패턴을 프랙탈(fractal)이라고 하는데, 칸토르 집합, 시어핀스키(Sierpinski) 삼각형 등이 있다.

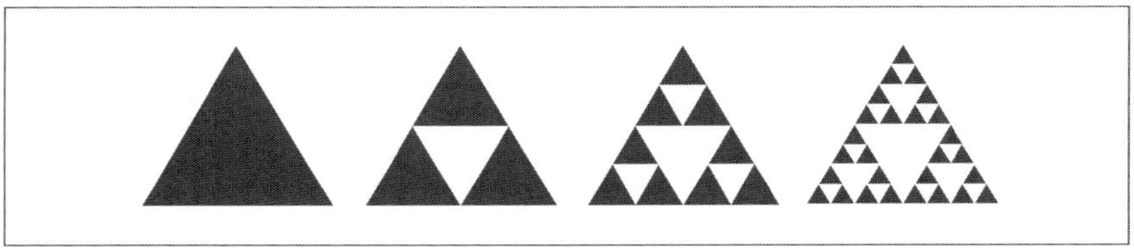

[그림 12-6] 시어핀스키 삼각형

### 3) 여러 가지 패턴

① **수배열표에 있는 패턴:** 수배열표는 수의 관계를 탐구하기 위한 좋은 자료이다. 수배열표에서 찾을 수 있는 탐구 과제는 다음과 같다.

- 가로(세로)줄로 구성된 수의 패턴은 무엇인가?
- 대각선으로 구성된 수의 패턴은 무엇인가?
- 정사각형안의 4개의 수들의 패턴은 무엇인가?

② **수의 패턴:** 수로만 이루어진 많은 패턴을 관찰할 수 있다. 수로 이루어진 패턴은 패턴을 찾고 확장하여 수열을 탐구하는데 바탕이 될 수 있다.

③ **피보나치 패턴:** 1, 1, 2, 3, 5, 8, 13, …과 같은 수의 배열에 나타난 패턴을 피보나치 수열이라고 한다. 이러한 연속된 수들은 이탈리아 수학자 레오나르도 피보나치의 이름을 딴 것이다. 이 수열은 다양한 생명체에도 나타나는데, 예를 들면 파인애플이나 해바라기 씨에서 반대 방향으로 가는 나선형 집합을 세어 보면 수는 피보나치 수열에서 인접한

◎ 1, 1, 2, 3, 5, 8, 13, …과 같은 수의 배열에 나타난 패턴을 피보나치 수열이라고 한다.

수가 된다. 피보나치 수열에서 흥미로운 사실은 수열에서 인접한 두 수의 비율이 황금비에 가까워진다는 것이다.

◎ **교육과정 성취기준**
[2수04-01] 물체, 무늬, 수 등의 배열에서 규칙을 찾아 여러 가지 방법으로 나타낼 수 있다.

수 배열표에서 규칙을 찾아봅시다.

| 1 | 2 | 3 | 4 | 5 | 6 | 7 | 8 | 9 | 10 |
|---|---|---|---|---|---|---|---|---|---|
| 11 | 12 | 13 | 14 | 15 | 16 | 17 | 18 | 19 | 20 |
| 21 | 22 | 23 | 24 | 25 | 26 | 27 | 28 | 29 | 30 |
| 31 | 32 | 33 | 34 | 35 | 36 | 37 | 38 | 39 | 40 |
| 41 | 42 | 43 | 44 | 45 | 46 | 47 | 48 | 49 | 50 |
| 51 | 52 | 53 | 54 | 55 | 56 | 57 | 58 | 59 | 60 |
| 61 | 62 | 63 | 64 | 65 | 66 | 67 | 68 | 69 | 70 |
| 71 | 72 | 73 | 74 | 75 | 76 | 77 | 78 | 79 | 80 |
| 81 | 82 | 83 | 84 | 85 | 86 | 87 | 88 | 89 | 90 |
| 91 | 92 | 93 | 94 | 95 | 96 | 97 | 98 | 99 | 100 |

[그림 12-7] 수배열표에서 규칙 찾기(교육부, 2017b, p. 110)

◎ **프랙탈(fractal)**

**수학산책**

우리나라의 해안선의 길이는 얼마나 될까? 해안선의 모양, 나뭇가지와 같이 도형의 일부가 전체와 같은 모양을 하는 도형을 프랙탈(fractal)이라고 한다. 프랙탈은 1975년 만델브로에 의해 시작되었으며, 자연수가 아닌 소수 차원의 프랙탈 차원을 정의할 수 있게 되었다. 코흐 눈송이나 시어핀스키 삼각형과 같이 아름다운 프랙탈 도형을 많이 접할 수 있으며, 프랙탈을 이용하여 아름다운 모양을 만들 수 있다.

### (4) 도형의 이동

초등학교 수학에서 다루는 도형의 이동은 하나의 도형을 다른 도형으로 옮기는 '도형의 변환'을 의미한다. 점의 집합으로 도형을 본다면 점집합 A로부터 B로 대응 관계로 도형의 변환을 생각할 수 있다. 다시 말해서, 도형의 변환이란 도형 A를 일정한 규칙에 의해 도형 B로 옮기는 것을 말한다.

도형의 변환에는 어떤 성질이 변하지 않는가에 따라 합동변환, 닮음변환, 아핀변환, 사영변환, 위상변환이 있는데, 초등학교에서는 합동변환(isometry)에 대해서만 다룬다. 합동변환은 도형의 모양과 크기가 변하지 않고 위치나 방향이 변하는 변환을 말하며 평행이동, 회전이동, 대칭이동이 있다. 초등학교에서는 평행이동에 해당되는 밀기(slide), 대칭이동에 해당되는 뒤집기(flip), 회전이동에 해당되는 돌리기(turn)라는 용어로 도형의 변환을 다루고 있다.

◎ 밀기(slide)
뒤집기(flip)
돌리기(turn)

◎ 교육과정 성취기준
[4수02-04] 구체물이나 평면도형의 밀기, 뒤집기, 돌리기 활동을 통하여 그 변화를 이해한다.

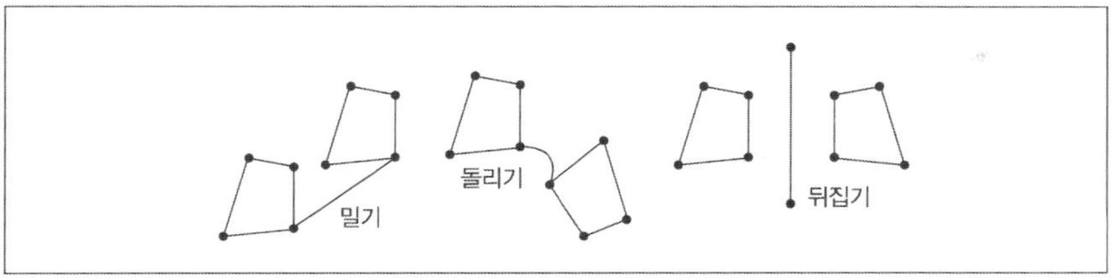


[그림 12-8] 밀기, 돌리기, 뒤집기

간단한 도형이나 무늬를 이용하여 3가지 이동을 익힌 다음, 어떤 과정을 거쳐서 도형이 변화되었는지 살펴보게 하는 것은 공간 지각력을 향상시키는 데 도움이 된다.

도형의 이동에서는 평면도형을 여러 방향으로 밀거나, 뒤집거나, 돌렸을 때 모양의 변화를 관찰하고 그림으로 나타내도록 한다. 이러한 활동을 통해 아이들은 밀기, 뒤집기, 돌리기의 결과가 원래의 도형과 합동이라는 것을 직관적으로 이해하게 된다. 다음은 평면도형을 뒤집었을 때 생기는 모양에 대하여 알아보는 학습 내용이다.

◎ 교육과정 성취기준
[4수02-05] 평면도형의 이동을 이용하여 규칙적인 무늬를 꾸밀 수 있다.

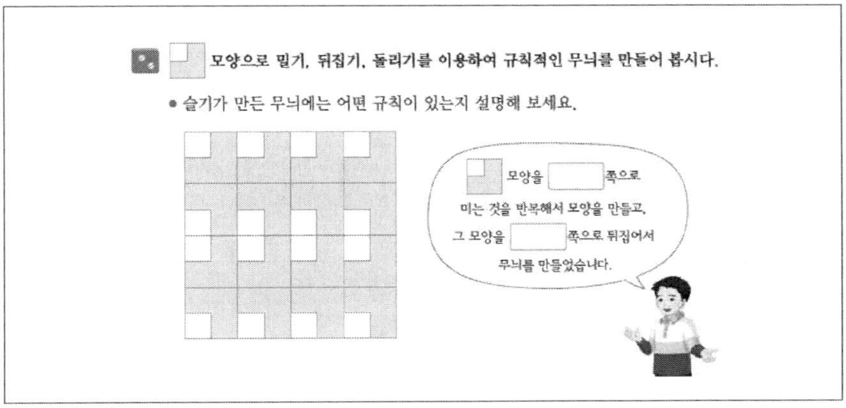


[그림 12-9] 도형의 이동으로 무늬 꾸미기(교육부, 2018b, p. 99)

## (5) 무늬 꾸미기(tessellation)

우리 주변에는 바닥의 타일, 벽지, 장식물 등과 같이 많은 부분이 아름다운 무늬로 꾸며져 있다. 이와 같이 어떤 틈이나 포개짐 없이 평면이나 공간을 덮는 패턴을 테셀레이션이라고 한다. 테셀레이션은 라틴어 'tessella'에서 유래되었는데, 고대 로마 때 모자이크에 사용되었던 작은 정사각형 모양의 돌이나 타일을 의미한다. 테셀레이션은 생활 속에서 다양하게 활용되는데, 이를 이용하여 아이들은 무늬를 보고, 스스로 규칙을 정하여 다양한 무늬를 꾸며 볼 수 있도록 한다.

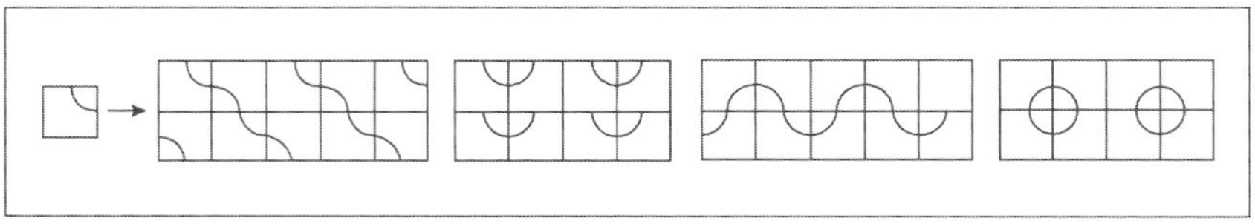

[그림 12-10] 정사각형 무늬타일을 이용한 무늬꾸미기

교과서에서는 기본 도형을 이용하여 어떻게 무늬를 꾸밀 수 있는지 탐색하고 직접 무늬를 꾸며보는 활동을 한다. 이를 위해 먼저 기본도형을 이해하고, 밀기, 뒤집기, 돌기기 등을 이용하여 기본 도형이 어떻게 배열이 되었는지 알아보도록 한다. 또한 주어진 기본 도형을 이용하여 자기 자신의 규칙을 정해 무늬를 꾸며보는 활동을 하게 할 수 있다.

◎ **교육과정 성취기준**
[4수02-05] 평면도형의 이동을 이용하여 규칙적인 무늬를 꾸밀 수 있다.

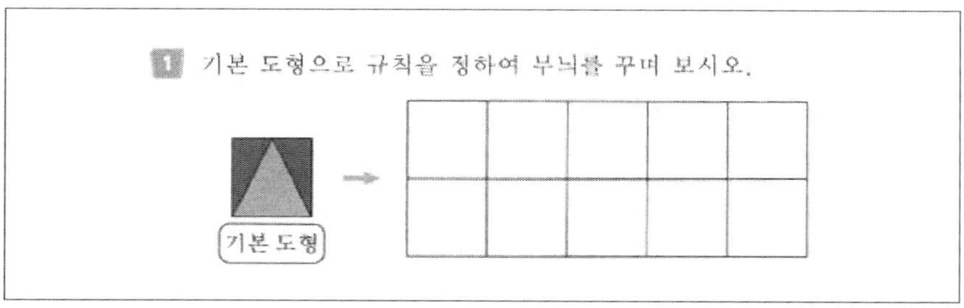


[그림 12-11] 기본 도형으로 무늬 꾸미기

테셀레이션은 미술 작품에도 이용되는데, 네델란드 화가인 Escher(1898-1972)는 무어인들의 모자이크에 영감을 받아 단순한 기하학적 무늬에서 수학적 변환을 이용하여 창조적인 형태(새, 물고기, 사람)의 테셀레이션 작품 세계를 구축하였다(이대현, 최승현, 2006).

[그림 12-12] Escher와 테셀레이션(천국과 지옥, 1960)

### 수학산책

수학과 예술의 역사는 밀접한 관련을 가지고 있다. 예를 들어 사영기하학의 출현으로 미술에서는 평행한 직선을 멀리서 보면 소실점에서 만나는 기법을 이용하게 된다. 또 17–18세기 미술은 바로크, 로코코, 자연주의, 신고전주의 등으로 분류되는데, 운동과 변화를 강조하는 수학과 같이 바로크 미술은 동적이고 활기차며 역동적으로 표현하고 있다.
칸토어가 집합론을 발표한 해가 1883년인데, 미술에서는 그해에 점묘화가 등장하였다. 집합이란 원소와 같이 대상을 작은 요소로 보는 것을 의미하는데, 미술에서도 사물을 점으로 보는 후기인상주의 점묘화가 등장한 것이다.

## (6) 대응과 함수적 사고

자연을 이루고 있는 구성요소들은 서로 영향을 끼치며 어떤 유기적인 관계를 맺으면서 변화하고 있다. 즉 하나의 구성요소가 변하면 그에 따라 다른 구성요소도 변화가 일어나게 된다. 변화를 가져오는 구성요소가 무엇이고, 어떤 관계를 맺으면서 변하는가에 대한 규칙을 발견한다면 앞으로 일어날 현상에 대해서 예상할 수 있으며, 그에 대비할 수 있을 것이다.

구성요소들의 유기적인 관계를 나타내는 함수는 역사적으로 따라서 변하는 두 양 사이의 관계를 수학적으로 받아들인 데서 발생하였다. 예를 들면 서로 관계를 맺고 있는 두 양 A, B가 있을 때, A의 크기가 변함에 따라 B의 크기가 변하게 될 때 두 양의 사이의 관계를 함수라고 한다. 그러나 '따라서 변한다.'는 의미는 직관적으로는 알기 쉽지만, 논리적이지 못하므로 집합의 관점

◎ 함수는 따라서 변하는 두 양 사이의 관계를 수학적으로 받아들인 데서 발생하였다.

### 수학산책

함수(function)라는 용어는 1692년 라이프니찌가 처음으로 사용하였고, 함수 기호 $f(x)$는 18세기에 오일러가 처음으로 사용하였다. 우리나라에서 함수라는 말은 중국에서 온 것으로 영어 function의 한자어이다.

에서 함수를 '두 집합 X, Y에서 X의 각 원소 $x$가 Y의 단 하나의 원소 $y$에 대응되는 관계를 X에서 Y로의 함수'라고 정의한다.

◎ 대응이란 두 값으로 이루어지는 하나의 짝을 의미한다.

함수에 대한 근본적인 사고를 위해서는 대응의 개념을 알아야 한다. 대응이란 하나의 값이 정해지면 거기에 따른 값이 정해진다는 의미에서 '두 값으로 이루어지는 하나의 짝'을 의미한다. 대응의 개념을 이해시키기 위한 가장 기본적인 지도 방법은 표를 이용하는 것이다. 예를 들면 한 사람이면 팔이 2개, 두 사람이면 4개, 세 사람이면 6개, …이므로 이를 표로 나타내면 다음과 같다. 이것은 2개의 집합 X={1, 2, 3, …}과 Y={2, 4, 6, …} 사이의 대응 관계로 나타낸 것이다.

| 사람 수 | 1 | 2 | 3 | 4 | 5 | 6 | 7 | … |
|---|---|---|---|---|---|---|---|---|
| 팔의 수 | 2 | 4 | 6 | 8 | 10 | 12 | 14 | … |

◎ 함수적 사고

초등수학에서는 함수 그 자체를 가르치는 것이 아니라, 함수적 사고를 배양하는 데 목적이 있다. 함수적 사고란 함수 이론에 근거를 두고 현상을 보고, 생각하고, 규칙을 찾아내는 과정이라고 할 수 있으며, 수학교육 입장에서 이런 사고능력을 길러주자는 데 그 목적이 있다. 함수적 사고의 특성을 살펴보면 다음과 같다(강지형 외 5, 2008).

① 함수적 사고는 관계에 의한 사고이다. 여러 과학현상은 관계라는 관점을 떠나서는 그 이론이 만들어질 수 없다. 적어도 2개 이상 집합 사이의 관계에서 여러 가지 이론이 만들어지고 추론의 대상이 된다.
② 함수적 사고의 추론 형식은 연역적, 귀납적 방법이 적용된다. 어떤 관계에서 규칙을 찾아내는 데에는 귀납적인 방법을 사용하며, 만들어진 규칙을 다른 것에 적용할 때에는 연역적 방법을 사용하고 있다. 수학의 추론 형식은 대개 이론을 형성하는 데 전제가 되는 공리가 있고, 이 공리를 바탕으로 연역적인 추론 방법을 따르지만, 초등학교에서는 연역적으로 생각하기 어려우므로 귀납 추론 방법을 사용하는 경우가 많다.
③ 함수적 사고는 동적인 생각과 극한의 생각이 작용된다. 어떤 수학적 대상의 성질을 밝힐 때 그 대상을 있는 그대로 정적인 상태에서 관찰, 조사하는 것보다 그 대상을 필요에 따라 이리저리 움직여보거나 움직

이는 상태에서 그 대상을 알아보는 것은 바람직한 사고이다.

수학학습 지도에 있어서 함수적 사고의 배양을 위하여 다음과 같은 지도가 중요하다.

① '따라서 변하는 변량'에 대한 인식을 가질 수 있게 한다. 그러기 위해서는 '하나의 양이 변하면 그에 따라 다른 양이 변한다는 것을 이해할 수 있게 해야 한다.
② 2개의 집합 X, Y에서 서로 대응하는 원소를 발견할 수 있도록 한다.
③ 대응의 규칙성을 발견할 수 있게 한다. 즉 집합 X의 원소와 그에 대응되는 집합 Y의 원소 사이에 일반적으로 어떤 관계가 있는가를 발견할 수 있게 한다.
④ 대응 관계를 말이나 식으로 표현할 수 있게 한다.
⑤ 대응 관계식을 이용하여 하나의 변량을 알면 다른 변량의 값을 구할 수 있게 한다.
⑥ 함수적 관찰에 의해 문제를 해결할 수 있게 한다.

◎ 함수적 사고 기르기

### (7) 비와 비율

우리는 생활 속에서 양적인 사고를 할 때 관계적인 것을 자주 다룬다. 예를 들어 '–의 반', '–의 몇 배'와 같은 개념을 많이 사용한다. 양적인 사고가 관계적이라는 것은 수 자체가 중요한 것이 아니라, 그러한 수들 사이의 관계가 중요하다는 것이다. 예를 들어 다음 문장을 살펴보자.

◎ 관계적이라는 것은 수 자체가 중요한 것이 아니라, 그러한 수들 사이의 관계가 중요하다는 것이다.

- 올해 나의 수입이 10% 증가하였다.
- 어제보다 오늘 일을 2배 더 하였다.
- 이경민 선수의 자유투 성공률은 75%이다.

이러한 예시들은 비와 비율의 개념과 관련되어 있다. 아이들은 학교에서 비와 비율을 배우기 전이라도 물건의 가격 비교, 요리 재료의 비율, 물건의 할인율, 야구 선수의 타율, 비올 가능성 등의 경험을 통해 비와 비율에 대한 비형식적 지식을 가지고 있다(교육부, 2015b). 비와 비율은 $a$가 $b$의 몇 배인지를 알아보는 수들 사이의 상대적인 관계를 알아보는 것으로, 두 양 $a$, $b$를 비교하는 방법에는 다음 세 가지 방법이 있다.

① $a>b$, $a=b$, $a<b$인지를 알아본다.
② $a$가 $b$보다 얼마나 크거나 작은지를 알아본다.
③ $a$가 $b$의 몇 배인지를 알아본다.

◎ $a$와 $b$의 비에서 $a$를 비교하는 양, $b$를 기준량이라고 하고, $a:b$로 나타낸다.

①은 두 양의 대소를 비교하는 것이고, ②는 절대적인 비교(뺄셈) 방법이며, ③은 상대적인 비교(나눗셈) 방법을 의미한다. 두 양 $a$, $b$를 비교하는 방법 중 $a$가 $b$의 몇 배인지를 알아보는 경우는 양의 상대적인 크기를 비교하는 것으로 비(ratio)를 고려한다. 즉 두 양 $a$, $b$에 대하여 '$a$와 $b$'의 비는 $a$의 크기를 $b$의 크기에 비추어 생각하는 것으로, $a$를 비교하는 양, $b$를 기준량이라고 하고, 수학적으로 $a:b$로 나타낸다. 따라서 비는 두 양의 상대적인 크기를 비교할 때 이용되기 때문에 두 양의 크기를 비교하는 장면을 생각해야 한다. 예를 들면 한 아이가 2자루의 연필을 1000원에 샀다면 2자루 연필에 대한 1000원의 비가 된다.

◎ $a$와 $b$의 비율은 $a \div b$ 또는 $\frac{a}{b}$로 나타낸다.

비율은 비를 하나의 수치로 나타낼 때 쓰는 개념으로, 비교하는 양을 기준량으로 나눈 몫을 의미한다. 즉 두 양 $a$, $b$에 대하여 '$a$와 $b$의 비율'은 수학적으로 $a \div b$ 또는 $\frac{a}{b}$로 나타내며, 분수나 소수로 나타낼 수 있다. 즉, 비율은 기준량에 대한 비교하는 양의 비를 의미한다. 생활에서는 필요에 의하여 특별한 비율을 많이 생각한다.

### 1) 할, 푼, 리[8]

비율을 소수로 나타낼 때 그 소수의 자리 수에 따라 할푼리가 정해진다. 기준량을 10으로 보았을 때의 비율을 할이라고 하고, 기준량을 100으로 했을 때의 비율을 푼이라 하며, 기준량을 1000으로 했을 때의 비율을 리라고 한다. 예를 들면 비율이 0.237이면 2할 3푼 7리이다.

---

8 할푼리는 2009 개정 교육과정에 따른 수학과 교육과정에서부터 다루지 않는다.

### 2) 백분율

100을 기준량으로 했을 때의 비율을 백분율이라고 하며, 기호 %를 사용하여 나타낸다. 예를 들어 A가 B의 25%란 말은 B를 100으로 보았을 때 A는 25에 해당된다는 의미이다.

◎ 백분율, %

한편, 두 백분율을 뺄셈으로 비교할 때에는 %p라는 기호를 사용하고, '퍼센트포인트'라고 읽는다. 예를 들어 '작년 50%에서 올해 60%로 증가했을 경우에 '퍼센트로는 20%, 퍼센트포인트로는 10%p' 증가하였다라고 말할 수 있는 것이다. 퍼센트(%)와 퍼센트포인트(%p)는 분명하게 구별되는 용어로, 몇 % 증가했다는 것은 기존의 수량을 기준으로 증가한 수량을 백분율로 표시한 것이고, 몇 %p 증가했다는 것은 기존에 제시된 %가 수치상으로 얼마나 증가했는가를 표시한 것이다(교육부, 2015b).

◎ 퍼센트포인트, %p

## 12-2. 규칙성 영역의 지도 방법

교육과정의 1~2학년군에서는 규칙 찾기를 다루고 있다. 이를 위해 물체, 무늬, 수 등의 배열에서 규칙을 찾아 여러 가지 방법으로 나타내고, 자신이 정한 규칙에 따라 물체, 무늬, 수 등을 배열하도록 한다.

3~4학년군에서는 규칙을 수나 식으로 나타내기를 다루고 있다. 이를 위해 다양한 변화 규칙을 찾아 설명하고, 그 규칙을 수나 식으로 나타내며, 규칙적인 계산식의 배열에서 계산 결과의 규칙을 찾고, 계산 결과를 추측할 수 있도록 한다.

5~6학년군에서는 실생활의 복잡한 문제를 해결하는 데 유용한 두 양 사이의 대응 관계를 다룬다. 또한 비례적 사고를 개발하는 데 도움이 되는 비와 비율을 다룬다. 규칙성 탐구와 비와 비율에 관련하여 2015 개정 수학과 교육과정에서는 아래 표와 같은 내용을 제시하고 있다(교육부, 2015a).

| 영역 | 핵심 개념 | 일반화된 지식 | 학년(군)별 내용 요소 | | |
|---|---|---|---|---|---|
| | | | 1~2학년 | 3~4학년 | 5~6학년 |
| 규칙성 | 규칙성과 대응 | 규칙성은 생활 주변의 여러 현상을 탐구하는 데 중요하며 함수 개념의 기초가 된다. | • 규칙 찾기 | • 규칙을 수나 식으로 나타내기 | • 규칙과 대응<br>• 비와 비율<br>• 비례식과 비례배분 |

☆참고: 2009 개정 수학과 교육과정의 규칙성 영역 내용(교육과학기술부, 2011)

| 영역 \ 학년 | 1~2학년군 | 3~4학년군 | 5~6학년군 |
|---|---|---|---|
| 지도 내용 | • 규칙 찾기 | • 규칙 찾기<br>• 규칙과 대응 | • 비와 비율<br>• 비례식과 비례배분<br>• 정비례와 반비례 |
| 용어와 기호 | | | 비, 기준량, 비교하는 양, 비율, 백분율, 비례식, 비례배분, 정비례, 반비례, 비례상수, :, % |

## (1) 규칙 찾기와 규칙을 수나 식으로 나타내기

**성취기준**

[2수04-01] 물체, 무늬, 수 등의 배열에서 규칙을 찾아 여러 가지 방법으로 나타낼 수 있다.
[2수04-02] 자신이 정한 규칙에 따라 물체, 무늬, 수 등을 배열할 수 있다.

**[해설]** 상품 포장지, 벽지, 보도블록의 무늬, 장판 무늬 등 아이들이 쉽게 접할 수 있고 반복되는 규칙이나 발전해 가는 주변의 여러 가지 물체나 무늬에서 규칙적인 배열을 찾아보게 한다. 그리고 규칙에서 변화 규칙을 찾아 말로 설명할 수 있게 하고, 주어진 그림 다음에는 어떤 그림이 오는지, 어떤 규칙으로 늘어놓았는지 등을 말해 보게 한다. 또 규칙적인 배열을 말, 수, 그림, 기호, 구체물, 행동 등의 다양한 방법으로 표현하도록 한다.

◎ 실생활 장면을 통하여 자신이 다양한 형태의 규칙을 정하고, 그 규칙에 따라 물체나 무늬, 수 등을 배열할 수 있게 한다.

실생활 장면을 통하여 자신이 다양한 형태의 규칙을 정하고, 그 규칙에 따라 물체나 무늬, 수 등을 배열할 수 있게 한다. 자신의 규칙을 창의적으로 만들어 보고, 다른 사람의 배열에서 규칙을 찾아보거나 규칙에 대해 서로 이야기할 수 있게 한다.

### □ 1~2학년군 교육과정 상의 유의사항

(가) 교수·학습 방법 및 유의 사항

- 물체나 무늬의 배열에서는 크기, 색깔, 위치, 방향 등에 대한 단순한 규칙을 다루고, 그 규칙을 말, 수, 그림, 기호, 구체물, 행동 등의 다양한 방법으로 표현하게 한다.
- 물체나 무늬의 배열에서 다음에 올 것이나 중간에 빠진 것을 추측하여

말하게 한다.

• 수의 배열뿐만 아니라 수 배열표, 덧셈표, 곱셈표를 활용하여 수의 규칙을 찾고, 자신이 정한 규칙에 따라 색칠하거나 ○, / 등으로 나타내게 한다.
• 자신의 규칙을 창의적으로 만들어보고, 다른 사람의 배열에서 규칙을 찾아보거나 규칙에 대해 서로 말하게 한다.
• 규칙성 영역의 문제 상황에 적합한 문제해결 전략을 지도하여 문제해결 능력을 기르게 한다.

(나) 평가 방법 및 유의 사항

• 규칙 찾기를 평가할 때 학생이 자신의 규칙이나 다른 학생의 규칙에 대해 의사소통하는 과정을 평가한다.

**성취기준**

[4수04-01] 다양한 변화 규칙을 찾아 설명하고, 그 규칙을 수나 식으로 나타낼 수 있다.
[4수04-02] 규칙적인 계산식의 배열에서 계산 결과의 규칙을 찾고, 계산 결과를 추측할 수 있다.

**[해설]** 규칙적으로 늘어놓은 바둑돌과 같이 구체물이나 그림으로 주어진 배열을 보고 그 개수를 수로 단순화하여 그 규칙을 설명할 수 있게 한다. 그리고 규칙 찾기 놀이를 통하여 간단한 덧셈, 뺄셈, 곱셈이 적용되는 규칙에서 규칙을 추측하고 말이나 글로 나타낼 수 있게 한다. 또, 규칙적인 계산식의 배열에서 계산 결과의 규칙을 찾고, 계산 결과를 추측할 수 있게 한다.

## □ 3~4학년군 교육과정 상의 유의사항

(가) 교수·학습 방법 및 유의 사항

• 규칙적인 계산식의 배열에서 계산 결과의 규칙을 찾는 활동을 할 때 계산기를 사용하게 할 수 있다.
• 규칙성 영역에 적합한 문제해결 전략을 지도하고, 문제해결 과정을 설명하게 하여 문제해결 능력을 기르게 한다.

◎ **규칙적인 계산식의 배열에서 계산 결과의 규칙을 찾는 활동을 할 때 계산기를 사용하게 할 수 있다.**

(나) 평가 방법 및 유의 사항

- 규칙을 식으로 나타낼 때 혼합 계산식, 일반항을 나타낸 식 등을 이용해야 하는 복잡한 문제는 다루지 않는다.
- 규칙적인 계산식의 배열에 대한 평가에서는 계산 결과의 규칙을 추측하고 확인하는 데 중점을 둔다.

**◎ 교육과정 성취기준**

[2수04-01] 물체, 무늬, 수 등의 배열에서 규칙을 찾아 여러 가지 방법으로 나타낼 수 있다.

**● 신문, 전단지 등 실생활에서 찾을 수 있는 수 배열표에서 규칙 찾기** 추론 의사소통 정보 처리

① 실생활에서 찾은 수 배열표를 제시한다.
② 수 배열표에서 일부의 숫자를 가려 빈칸으로 만든다.
③ 빈칸에 들어갈 수를 구하고 규칙을 설명해 보도록 한다.

**[지도 방법]** 규칙 탐구는 실생활에서 쉽게 접할 수 있는 여러 가지 물체나 무늬의 규칙을 찾아보고 그 규칙에 따라 배열할 수 있게 하며, 수의 배열의 규칙에 따라 수를 배열할 수 있게 한다.

**◎ 여러 가지 규칙 탐구 소재**

① 신체 활동을 이용한 반복적 규칙

손뼉치기, 발구르기, 손뼉치기, 발구르기, 손뼉치기, 발구르기, …

손뼉치기, 손뼉치기, 발구르기, 손뼉치기, 손뼉치기, 발구르기, …

② 그림을 이용한 반복적 규칙

□, ○, □, ○, □, ○, □, ○, …

□, ○, ○, □, ○, ○, □, ○, ○, …

③ 수를 이용한 반복적 규칙

1, 3, 1, 3, 1, 3, …

1, 3, 5, 1, 3, 5, 1, 3, 5, …

④ 신체 활동을 이용한 증가하는 규칙

손뼉치기, 발구르기, 손뼉치기, 발구르기, 발구르기, 손뼉치기, 발구르기, 발구르기, 발구르기, …

⑤ 그림을 이용한 증가하는 규칙

□, ○, □, □, ○, □, □, □, ○, …

⑥ 수를 이용한 증가하는 규칙

1, 3, 5, 7, 9, 11, …

규칙 찾기를 위해 규칙적으로 늘어놓은 바둑돌과 같이 구체물이나 그림으로 주어진 배열을 보고 그 개수를 수로 단순화하여 그 규칙을 설명할 수 있게 한다. 그리고 간단한 덧셈, 뺄셈, 곱셈이 적용되는 규칙에서 규칙 찾기 놀이를 통하여 규칙을 추측하고 말이나 글로 나타낼 수 있게 한다. 아이들은 규칙적인 계산식의 배열에서 계산 결과의 규칙을 찾고, 계산 결과를 추측할 수 있다.

## (2) 규칙과 대응

**성취기준**

[6수04-01] 한 양이 변할 때 다른 양이 그에 종속하여 변하는 대응 관계를 나타낸 표에서 규칙을 찾아 설명하고, □, △ 등을 사용하여 식으로 나타낼 수 있다.

**[해설]** 두 양의 대응 관계를 나타낸 표를 보고, 한 양이 다른 양과 어떤 관계로 변하고 있는지 그 규칙을 찾아내고, 찾아낸 규칙을 이용하여 두 양의 대응 관계를 식으로 나타낼 수 있게 한다.

### □ 5~6학년군 교육과정 상의 유의사항

(가) 교수·학습 방법 및 유의 사항

- 두 양의 대응 관계는 덧셈식, 뺄셈식, 곱셈식, 나눗셈식 중 하나로 표현되는 간단한 경우만 다룬다.

**[지도 방법]** 대응이란 어떤 관계에 의하여 두 집합의 원소를 짝지어 주는 것으로, 하나의 값이 정해지면 그 값에 따라 다른 값이 정해지는 두 값으로 이루어진 짝을 의미한다. 대응 지도에서는 두 양의 대응 관계를 나타낸 표를 보고, 한 양이 다른 양과 어떤 관계로 변하고 있는지 그 규칙을 찾아내도록 하고, 찾아낸 규칙을 이용하여 두 양의 대응 관계를 식으로 나타낼 수 있게 한다. 이 때 두 양의 관계는 복잡하지 않고, 한 양이 변할 때 다른 양이 그에

◎ 대응이란 어떤 관계에 의하여 두 집합의 원소를 짝지어 주는 것이다.

종속하여 변하는 관계를 통하여 지도하도록 한다. 구체적으로 대응은 다음과 같은 과정으로 지도한다.

첫째, 주어진 대응표에서 대응 규칙을 찾는다. 아래 표와 같이 대응된 수를 제시하고 시행착오를 통해서 대응 규칙을 찾게 한다. 규칙 찾기에 제시되는 보기는 계산이 복잡한 경우를 가급적 피하여 암산으로 쉽게 할 수 있는 것을 택하는 것이 바람직하다.

| 2 | 1 | 3 | 5 | 4 |  | □ |
|---|---|---|---|---|---|---|
| 4 | 3 | 5 |  | 6 | 8 | □+2 |

둘째, 주어진 규칙에 의한 대응 수를 찾는다. '2를 더한다.' '2만큼 큰 수' 등의 규칙이 주어지고 '5에 대응되는 수' 또는 '6에 대응되는 수' 등을 알아보게 한다. 이런 활동은 규칙의 의미를 분명하게 이해하는 데에 도움이 된다.

셋째, 대응 규칙을 식으로 나타내게 한다. 대응 규칙을 분명히 의식하게 되면 이것을 '□에 대응되는 수는 □+2'와 같이 수학적 문장으로 나타내게 한다.

◎ **교육과정 성취기준**

[6수04-01] 한 양이 변할 때 다른 양이 □ 그에 종속하여 변하는 대응 관계를 나타낸 □ 표에서 규칙을 찾아 설명하고, □, △ 등을 사용하여 식으로 나타낼 수 있다.

> 두 양 사이의 대응 관계를 식으로 간단하게 나타낼 때는 각 양을 ○, □, △, ☆ 등과 같은 기호로 표현할 수 있습니다.
>
> • 드론의 수를 ○, 날개의 수를 ☆이라고 할 때, 두 양 사이의 대응 관계를 식으로 나타내어 보세요.

[그림 12-13] 대응 관계를 식으로 나타내기(교육부, 2018e, p. 55)

### (3) 비와 비율

**성취기준**

[6수04-02] 두 양의 크기를 비교하는 상황을 통해 비의 개념을 이해하고, 그 관계를 비로 나타낼 수 있다.

[6수04-03] 비율을 이해하고, 비율을 분수, 소수, 백분율로 나타낼 수 있다.

**[해설]** 두 양의 상대적인 크기를 비교할 때는 한 쪽의 양을 기준으로 다른 쪽의 양이 몇 배가 되는지를 나타내는 방법으로 비를 도입하고, 비에서 기준량과 비교하는 양을 이해하게 한다. 두 양을 비교하여 비로 나타낸 것을 보고, 이를 비율로 나타내는 방법을 알고 그 의미를 이해하게 한다. 특히 생활에서 비율을 나타내는 방법으로 백분율을 알게 하고, 이를 활용하여 생활문제를 해결하게 한다.

### □ 5~6학년군 교육과정 상의 유의사항

(가) 학습 요소

- 비, 기준량, 비교하는 양, 비율, 백분율, :, %

(나) 교수·학습 방법 및 유의 사항

- 두 양을 비교할 때 한 양을 기준으로 다른 양이 몇 배가 되는지를 나타낼 필요성을 인식하게 하면서 비의 개념을 도입한다.
- 비율의 의미를 다룰 때 타 교과 및 실생활에서 비율이 적용되는 간단한 사례를 사용할 수 있다.

(다) 평가 방법 및 유의 사항

- 비율을 평가할 때 속력, 인구밀도, 축척, 농도 등을 구하는 문제는 다루지 않는다.

**[지도 방법]** 비는 두 양의 비교이고, 덧셈적인 비교가 아니라 곱셈적인 비교이다. 두 양의 비례적 관계를 생각할 수 있는 능력은 형식적인 사고를 하는데 중요한 요소 중의 하나이다. 두 양의 비례적 관계에 대한 개념 형성에 실패하게 되면 대수, 기하는 물론 과학의 일부분을 포함하여 양적인 사고와 이해를 필요로 하는 학습을 할 수 없게 된다. 따라서 학교 수학에서 비와 비율은 단지 공식이나 기호를 의미 없이 조작하기보다는 의미를 이해하도록 지도해야 한다. 예를 들어 다음과 같은 문제를 이용하여 학급의 친구들과 함께 탐구하고 토론할 기회를 제공하는 것이 필요하다.

**◎ 비는 두 양의 비교이고, 덧셈적인 비교가 아니라 곱셈적인 비교이다.**

**문제** 시장에 갔더니 갑 회사의 제품은 5kg을 7000원에 팔고, 을 회사의 제품은 4kg을 6000원에 팔고 있었다. 어느 회사의 제품을 구입하는 것이 유리한가?

◎ 비와 비율은 생활에서 자주 사용되며, 일반적인 사고에서도 매우 중요하기 때문에 강조되어야 한다.

비와 비율은 생활에서 자주 사용되며, 일반적인 사고에서도 매우 중요하기 때문에 강조되어야 한다. 두 양 A, B의 크기를 비교하는 방법에는 'A는 B의 몇 배이다'와 같이 곱셈 구조로 비교하는 상대적인 크기의 비교가 있다.

$a$, $b$가 두 수 또는 양일 때 $a$가 $b$의 몇 배인가의 관계를 '$b$에 대한 $a$의 비' 또는 '$a$와 $b$의 비'라고 하고 $a : b$로 나타낸다. $a$가 $b$의 몇 배인가는 $a$의 크기를 $b$의 크기에 비추어 생각하는 것이므로 $b$는 기준량이 되고, $a$는 비교되는 양이 된다. 따라서 $a$와 $b$의 비를 $a : b$로 나타낼 때에는 그 순서가 중요하다.

◎ 교육과정 성취기준
[6수04-02] 두 양의 크기를 비교하는 상황을 통해 비의 개념을 이해하고, 그 관계를 비로 나타낼 수 있다.

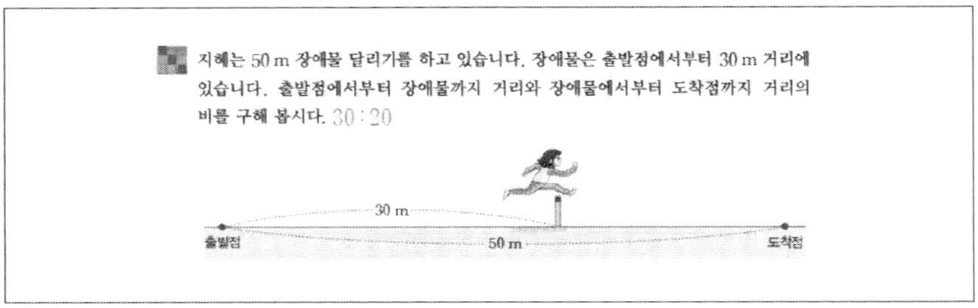


[그림 12-14] 비로 나타내기(교육부, 2018g, p. 77)

비율은 비를 하나의 수치로 나타낼 때 쓰는 개념으로, 비교하는 양을 기준량으로 나눈 몫을 의미한다. 즉 두 양 $a$, $b$에 대하여 '$a$와 $b$의 비율'은 수학적으로 $a \div b$ 또는 $\frac{a}{b}$로 나타내며, 분수나 소수로 나타낼 수 있다.

비율을 나타내는 방법에는 기준량을 1로 보지 않고 10 또는 100으로 보

◎ 교육과정 성취기준
[6수04-03] 비율을 이해하고, 비율을 분수, 소수, 백분율로 나타낼 수 있다.

[그림 12-15] 비율로 나타내기(교육부, 2018g, p. 80)

는 경우가 있다. $a$, $b$에 대한 비율이 $k$일 때, 기준량을 10 또는 100으로 보면 비교하는 양의 크기 $K_1$, $K_2$는 각각

$$a : b = k : 1 = K_1 : 10 = K_2 : 100$$

따라서 $K_1=10k$, $K_2=100k$이다. 비율 $k$가 0.1, 0.01, 0.001이면 $K_1$은 1, 0.1, 0.01이 되는데, 이를 각각 1할, 1푼, 1리라고 한다. 이와 같이 나타내는 방법을 '할푼리'라고 한다. $K_2$에서는 0.01이 단위가 되는데 이를 1%로 나타낸다. 이와 같이 나타내는 방법을 '백분율'이라고 한다. 백분율은 기준량이 100일 때의 비율을 의미한다. 예를 들면 8에 대한 3의 비율은 0.375인데 이를 할푼리로는 3할7푼5리이고, 백분율로는 37.5%이다.

◎ 백분율은 기준량이 100일 때의 비율을 의미한다.

## (4) 비례식과 비례배분

**성취기준**

[6수04-04] 비례식을 알고, 그 성질을 이해하며, 이를 활용하여 간단한 비례식을 풀 수 있다.
[6수04-05] 비례배분을 알고, 주어진 양을 비례배분 할 수 있다.

**[해설]** 비례식에서는 비례식의 뜻을 이해하고 실생활에서 비례 관계가 있는 문제를 비례식을 활용하여 해결할 수 있게 한다. 이 때 활용되는 비례식은 비의 전항과 후항 사이의 관계에서 미지항을 쉽게 알 수 있는 간단한 경우만 다루도록 한다. 실생활의 예로 비례배분 상황을 이해하게 하고, 상황에 맞게 비례배분하는 방법을 이해하게 한 후, 주어진 양을 비례배분할 수 있게 한다.

### □ 5~6학년군 교육과정 상의 유의사항

(가) 학습 요소

• 비례식, 비례배분

**[지도 방법]** $a : b$와 $c : d$에서 그 비율이 같을 때 그 두 비는 같다고 한다. 이때 $a : b=c : d$와 같은 식을 비례식이라 한다. 예를 들어 A반 30명 중에 안경 쓴 아이가 15명이고, B반 20명 중에 안경 쓴 아이가 10명이라면 각

◎ 비례식은 비율이 같은 식을 등호로 $a : b=c : d$와 같이 나타낸 식이다.

반에서 안경 쓴 아이의 비는 30 : 15, 20 : 10으로 수는 다르지만, 같은 비율을 가지므로 30 : 15=20 : 10이다.

비의 상등관계를 이용하여 주어진 비를 가장 간단히 정수비로 고치는 것을 '비를 간단히 한다.'라고 한다. 가로 18 cm, 세로 12 cm인 직사각형에서 가로와 세로의 길이의 비는 18 : 12인데 이를 간단히 하면 (18÷6) : (12÷6)=3 : 2가 된다. 이를 위한 비례식의 성질은 다음과 같다.

◎ 비례식의 성질

(1) 비례식의 전항과 후항에 0이 아닌 같은 수를 곱하여도 그 비의 값은 변하지 않는다.
즉, $a : b = (a\times k) : (b\times k),\ k \neq 0$
(2) 비의 전항과 후항을 0이 아닌 같은 수로 나누어도 그 비의 값은 변하지 않는다.
즉, $a : b = (a\div k) : (b\div k),\ k \neq 0$
(3) 비례식의 외항끼리의 곱과 내항끼리의 곱은 같다.
즉, $a : b = c : d \Leftrightarrow a\times d = b\times c$이다.

◎ 교육과정 성취기준
[6수04-04] 비례식을 알고, 그 성질을 이해하며, 이를 활용하여 간단한 비례식을 풀 수 있다.

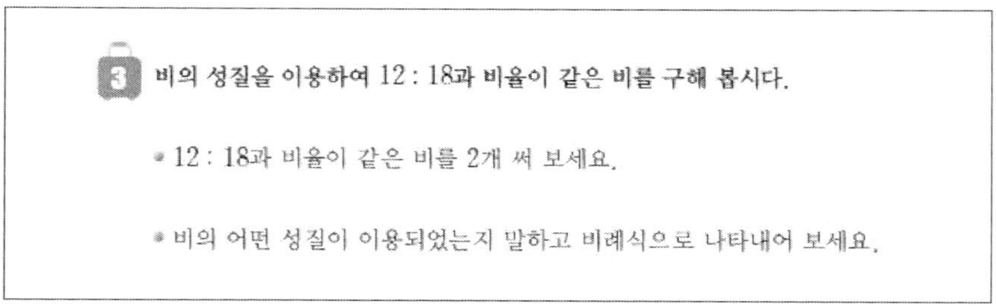
3 비의 성질을 이용하여 12 : 18과 비율이 같은 비를 구해 봅시다.

- 12 : 18과 비율이 같은 비를 2개 써 보세요.
- 비의 어떤 성질이 이용되었는지 말하고 비례식으로 나타내어 보세요.

[그림 12-16] 비례식의 성질(교육부, 2018h, p. 75)

**[참고]** 같은 종류의 몇 개의 양 사이의 관계를 $a : b : c : d$의 꼴로 나타낼 수 있는데, 이를 연비라고 한다. 연비는 기준량과 비교되는 양이 있는 것이 아니고, 3개 이상의 양을 비의 형식을 써서 나타낸 것이다.

◎ 주어진 비에 따라 나누는 것을 비례배분이라고 한다.

한편, 어떤 양을 몇 개의 부분으로 똑같이 나누는 것이 아니라, 주어진 비에 따라 나누는 것을 비례배분이라고 한다. 일반적으로 어떤 양 A를 비 $k : l : m : n$으로 비례배분하는 방법은 다음과 같다.

$$1\text{부분 } A\times\frac{k}{k+l+m+n} \qquad 2\text{부분 } A\times\frac{l}{k+l+m+n}$$

3부분 $A \times \dfrac{m}{k+l+m+n}$　　　　4부분 $A \times \dfrac{n}{k+l+m+n}$

**탐구활동**

어떤 부자가 임신한 부인에게 다음과 같이 유언을 하였다. "만일 아들을 낳으면 아들에게는 재산의 $\frac{1}{3}$을 주고, 부인은 재산의 $\frac{2}{3}$를 가지시오. 만일 딸을 낳으면 딸에게는 재산의 $\frac{2}{3}$를 주고, 부인은 재산의 $\frac{1}{3}$을 가지시오. " 그 부자가 죽은 후, 부인은 아들과 딸 한명 씩 쌍둥이를 낳았다. 유언에 맞게 재산을 분배할 때 부인, 아들, 딸이 가질 재산은 얼마인지 구하여라.

또, 각 부분을 각각 $kx$, $lx$, $mx$, $nx$로 하여 1차 방정식 $kx+lx+mx+nx = A$에서 $x$를 구한 다음, 각 부분의 양을 구하는 방법도 있다. 아래 [그림 12-17]에서는 비례배분하는 세 가지 방법인 활동적, 영상적, 상징적 방법을 나타내고 있다.

**○ 교육과정 성취기준**
[6수04-05] 비례배분을 알고, 주어진 양을 비례배분 할 수 있다.

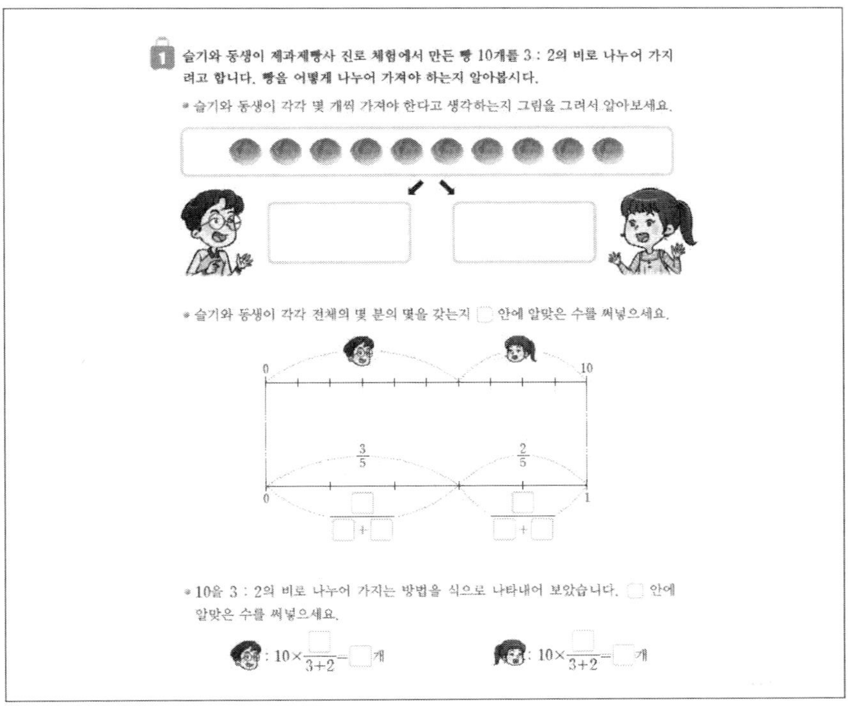


[그림 12-17] 비례배분의 세 가지 방법(교육부, 2018h, p. 82)

## 단원 탐구문제

1. 초등학교 규칙성 영역의 지도 내용을 들고, 각각의 지도 방안을 논하시오.

2. 규칙성 탐구 학습이 함수의 지도와 어떻게 관련되는지 쓰시오.

3. 다음에 주어진 표를 이용하여 초등학교에서 대응을 지도할 때 중점을 두어야 할 내용에 대하여 논하시오.

| 1 | 2 | 3 | 4 | 5 | 6 | … |
|---|---|---|---|---|---|---|
| 3 | 6 | 9 | 12 | 15 | 18 | … |

4. 다음 진술이 참인지, 거짓인지 판정하시오.

'농구 경기에서 전반전에는 4번의 자유투 중 1번을 성공하였고, 후반전에는 7번 중 3번을 성공하였다. 따라서 전체 경기 동안 던진 자유투는 4+7=11(번), 성공한 자유투는 1+3=4(번)이고 자유투 성공률이 전반전은 $\frac{1}{4}$이고 후반전은 $\frac{3}{7}$이므로 $\frac{1}{4}+\frac{3}{7}=\frac{4}{11}$이 성립한다.'

5. 다음에 제시된 문제 상황을 보고, 이에 대한 설명으로 옳은 것을 모두 고르시오.

상황: 경민이네 가족과 친척들은 10인승과 20인승 버스로 나누어 타고 설악산에 가기로 하였습니다. 10인승에는 8명이 타고, 20인승에는 17명이 탔습니다. 어느 버스에 타는 것이 더 넓게 느껴지는지 알아봅시다.

① 전시 학습으로 세 개 이상의 수의 크기를 비교하는 학습이 필요하다.
② 두 양의 크기를 나타내는 비율로서의 분수를 활용하도록 한다.
③ 문제 상황에서 도입된 분수에서 $\frac{2}{3}$와 $\frac{4}{6}$는 같은 의미이다.
④ 문제 상황을 비례식으로 나타낼 수 있다.
⑤ 문제 상황에서는 비례적 사고가 필요하며, 이를 위해 가법적 비교를 해야 한다.

6. 다음 3가지 학습 내용을 보고, 옳은 것을 고르시오.

> (가) 사탕 18개를 오빠, 나, 동생이 3:2:1로 나누어 가지려고 한다. 각각 몇 개씩 나누어 가져야 하는지 수막대를 그려서 알아봅시다.
> (나) 10개의 사탕을 동생과 2: 3의 비율로 나누었습니다. 나와 동생이 갖는 사탕의 수를 구하시오.
> (다) 모둠에는 3명, 여학생이 4명 있습니다. 남학생에 대한 여학생의 비를 나타내시오.

① (가)는 영상적 표현을 이용한 지도법이다.

② (나)의  학습 내용을 그림으로 표현하는 것은 영상적 표현이다.

③ (다)의 학습은 2015 개정 교육과정에서 5학년으로 이동하였다.

④ (다)에 나타난 분수에는 덧셈이 정의된다.

⑤ 세 가지 학습지도는 모두 수평적 수학화와 관련 있다.

7. 다음은 학급 구성원들의 공적인 비판과 협의를 통해 객관적인 수학적 지식을 구성해 간다고 보는 사회적 구성주의를 실천하는 김교사의 비례배분 수업의 일부이다. 물음에 답하시오.

> 김교사: 아버지는 연필 10자루를 사가지고 오셨습니다. 오빠와 동생이 3:2로 비례배분하면 오빠와 동생은 각각 몇 자루씩 가지게 되는지 알아봅시다. [각자 탐구하고 토론이 진행된다.]
> 김교사: 자, 이제 발견된 사실을 발표해 볼까요?
> 영수: 문제의 핵심은 비례배분이므로 5개씩 가지게 됩니다.
> 김교사: 이 의견에 대해 질문 있습니까?
> 준수: 비례배분을 설명해 주시겠습니까?
> 영수: 비례배분이란 똑같이 나누는 것이라고 생각합니다.
> 준수: 3:2로 나누면 6개와 4개씩을 가지게 되는데요.

(1) 영수와 준수는 서로 다른 의견을 제시하였다. 김교사가 주관적 지식을 객관적 지식으로 변화시키기 위해 제시할 발문을 2가지 쓰시오.

(2) 김교사는 이 수업에서 아이들의 의사소통 능력을 평가하려고 한다. 평가 내용을 2가지 제시하시오.

(3) 김교사는 비례배분하는 방법을 활동적, 영상적, 상징적 표현단계로 나누어 설명하려고 한다. 각 단계의 구체적인 방법을 쓰시오.

8. 다음은 비례식을 지도하는 수업의 일부이다. 물음에 답하시오(2013년 임용고사).

| | |
|---|---|
| 1차시 | 교사: 빵 2개를 만들려면 달걀이 3개 필요합니다.<br>민지: ㉠ 빵 2개를 만들기 위해 필요한 달걀의 수는 빵의 수보다 하나 더 많아요. 그래서 빵 4개를 만들려면 5개가 필요해요.<br>영수: 저는 그렇게 생각하지 않아요. ㉡ 빵 2개를 만드는 데 달걀이 3개 필요하니까, 다시 빵 2개를 더 만들려면 달걀이 3개 더 필요해요. 그래서 빵 4개를 만들려면 달걀 6개가 필요해요.<br>(이하 생략) |

| | |
|---|---|
| 4차시 | 교사: 빵 2개를 만드는 데 달걀이 5개 필요합니다. 빵을 10개를 만들려면 달걀이 몇 개 필요한지 ㉢ 비의 성질을 이용하여 구해 보세요.<br>(중략)<br>교사: 비례식으로 만들어 보고 내항의 곱과 외항의 곱을 비교해 보세요.<br>민지: 비례식은 2:5=10:25이고, 내항의 곱은 5×10=50, 외항의 곱도 2×25=50입니다.<br>교사: ㉣ 비례식에서는 내항의 곱과 외항의 곱이 같아요. 그러면 빵을 10개 만들 때 달걀이 몇 개 필요한지 비의 성질을 이용하지 않고도 구할 수 있겠습니까?<br>(이하 생략) |

1) 1차시 수업에서 두 수를 비교하는 민지의 방법(㉠)과 영수의 방법(㉡)의 차이점을 설명하시오.

2) 4차시 수업에서의 ㉢을 진술하고, ㉣은 무엇을 진술한 것인지 쓰시오.

9. 다음은 '규칙성' 영역에서 문제해결 능력을 신장시키기 위한 수업의 일부이다. 물음에 답하시오(2017년 임용고사).

교사: 다음은 어떤 규칙에 따라 ●를 넣어 1부터 119까지의 수를 차례로 나타낸 것입니다.

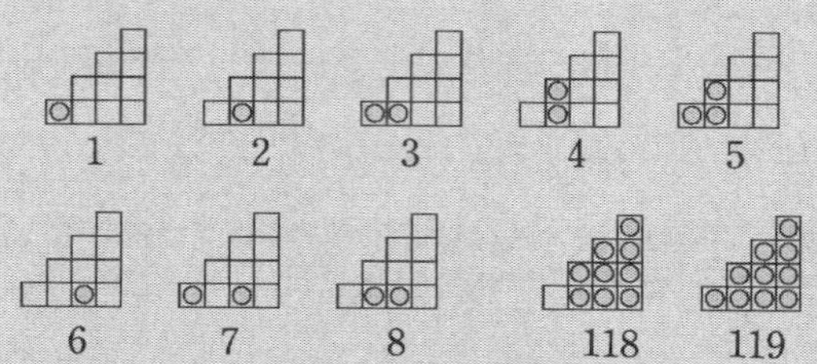

교사: 어떤 규칙인지 모둠끼리 찾아보세요.

지윤: 1, 2, 3을 보면 첫째 세로줄의 ●는 1이고, 둘째 세로줄의 ●는 2이고, 3은 1+2로 나타낸 것을 알 수 있어.

준서: 4는 2를 나타내는 ●가 둘째 세로줄의 아래 칸과 위 칸에 다 있으니까 2+2로 생각한 거야.

민수: 5는 3+2로 생각하면 같은 칸에 ●를 2개를 넣어야 하니까 안 되고, 4+1로 생각해야 해.

준서: 6은 첫째 세로줄과 둘째 세로줄이 5에서 다 차니까 셋째 세로줄의 맨 아래 칸에 ●를 넣은 거야.

지윤: 그러면 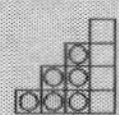 의 다음은 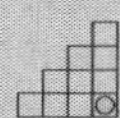 이야.

민수: 그리고 4처럼 생각하면 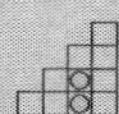 은 12야.

준서: 선생님, 질문 있어요. 12를 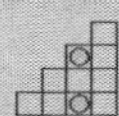 이라고 해도 돼요?

교사: 안 됩니다. 세로줄은 ●를 맨 아래 칸부터 차례로 넣습니다.

준서: 알겠습니다. 그러면 저희가 규칙을 다 찾은 것 같아요.

교사: 서로 협력하며 규칙을 잘 찾았네요. 규칙에 따르면 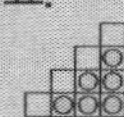 이 나타내는 수는 무엇일까요?

지윤: (　㉠　)입니다.

교사: 맞았어요. 여러분 모두 참 잘했어요. 이번 시간에 알게 된 것을 수학 일기에 써보세요.

1) ㉠에 들어갈 알맞은 수를 쓰시오.

2) 다음은 민수의 수학일기이다. ⓐ-ⓔ중에서 틀린 것을 2가지 찾고, 그 기호와 이유를 각각 쓰시오.

오늘 수학 시간에 규칙 찾기를 했다. 처음에는 어려웠지만 친구들과 함께 찾아 보니 재미있었다. 오늘 찾은 규칙에 따라 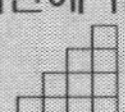 에 ●를 넣어 수를 나타내면서 몇 가지를 더 발견할 수 있었다. 맞는지 내일 친구들과 확인해 봐야겠다.

ⓐ ●가 1개만 있는 수는 모두 10개이다.
ⓑ ●가 2개만 있는 수 중에서 가장 큰 수는 48이다.
ⓒ ●가 3개만 있는 수 중에는 18이 있다.
ⓓ ●가 4개만 있는 수 중에서 가장 작은 수는 16이다.
ⓔ ●가 첫째 세로줄에 있는 수는 모두 60개이다.

# 문제해결 13

## 이 장을 시작하면서

다음과 같이 분수의 크기를 비교하는 상황에서 3명 아이들의 반응이 나타났다. 아이들의 반응을 살펴보고, 각각의 반응에 대하여 생각해 보는 시간을 갖도록 하자.

**[문제]** 두 분수 $\frac{6}{8}$과 $\frac{4}{5}$의 크기를 비교해 보시오.

영수: $\frac{4}{5}$는 $\frac{8}{10}$과 같기 때문에 $\frac{8}{10}$은 1보다 $\frac{2}{10}$가 적다. 또 $\frac{6}{8}$은 1보다 $\frac{2}{8}$가 적다. $\frac{1}{10}$이 $\frac{1}{8}$보다 적으므로 $\frac{8}{10}$이 1에 더 가까워서 $\frac{4}{5}$가 $\frac{6}{8}$보다 크다.

철수: $\frac{6}{8}$은 $\frac{12}{16}$와 같고, $\frac{4}{5}$는 $\frac{12}{15}$와 같다. $\frac{1}{15}$은 $\frac{1}{16}$보다 크기 때문에 $\frac{4}{5}$가 $\frac{6}{8}$보다 크다.

민수: $\frac{6}{8}$과 $\frac{4}{5}$를 통분하면 $\frac{6}{8}=\frac{30}{40}$이고, $\frac{4}{5}=\frac{32}{40}$이므로 $\frac{4}{5}$가 $\frac{6}{8}$보다 크다.

세 아이들은 분수에 대한 어떤 지식을 사용했는지 탐구해 보아라. 영수와 철수의 풀이 방법은 민수의 풀이 방법과 어떻게 다른지 생각해 보자. 분수의 의미와 크기에 초점을 두고 문제를 해결한 아이와 학교에서 배운 대로 통분을 하여 해결한 아이들의 차이는 무엇일지 생각해 보자.

# 13장

# 문제해결

학교 수학은 아이들의 문제해결력을 길러주어야 하며, 이를 위해 문제해결 과정과 수학 학습은 통합되어야 합니다. 즉 아이들은 문제해결 경험을 통해 진정한 수학적 사고 활동이 일어나도록 해야 합니다. 따라서 문제해결은 수학 학습의 중요한 부분으로 오래 전부터 강조되어 왔으며, 특히 An Agenda for Action(NCTM, 1980)에서 '문제해결이 1980년대 학교 수학의 초점이 되어야 한다.'고 선언한 이래로 지금까지 학교 수학에서 중요한 위치를 차지해 오고 있습니다. 우리나라에서도 새수학 운동의 개선으로 기초·기본을 중시한 제4차 수학과 교육과정 이래로 문제해결을 꾸준히 강조하고 있습니다.

○ 학교 수학은 아이들의 문제해결력을 길러주어야 하며, 이를 위해 문제해결 과정과 수학 학습은 통합되어야 한다.

문제해결 영역은 2009 개정 교육과정에 따른 수학과 교육과정에서는 수학적 과정에 포함되었고, 2015 개정 교육과정에 따른 수학과 교육과정에서는 수학 교과 역량의 하나로 제시되고 있습니다. 이 장에서는 수학 교과 역량의 하나인 문제해결에 대하여 알아보기로 합니다.

## 13-1. 수학 교과 역량으로서 문제해결

2015 개정 교육과정에 따른 수학과 교육과정에서는 6가지 교과 역량을 제시하고 있다. 이 중에서 문제해결은 '해결 방법을 알고 있지 않은 문제 상황에서 수학의 지식과 기능을 활용하여 해결 전략을 탐색하고 최적의 해결 방안을 선택하여 주어진 문제를 해결하는 것'을 의미한다. 이에 대해 교육과정

에서는 문제해결의 교수·학습 방법을 다음과 같이 제시하고 있다(교육부, 2015a).

문제해결 역량을 위한 교수 학습 방법

□ **문제해결 능력을 함양하기 위한 교수·학습에서는 다음 사항을 강조한다.**

① 문제를 해결할 때에는 문제를 이해하고 해결 전략을 탐색하며 해결 과정을 실행하고 검증 및 반성하는 단계를 거치도록 한다.
② 협력적 문제해결 과제에서는 균형 있는 책임 분담과 상호작용을 통해 동료들과 협력하여 문제를 해결하게 한다.
③ 수학적 모델링 능력을 신장하기 위해 생활 주변이나 사회 및 자연 현상 등 다양한 맥락에서 파악된 문제를 해결하면서 수학적 개념, 원리, 법칙을 탐구하고 이를 일반화하게 한다.
④ 문제 해결력을 높이기 위해 주어진 문제를 변형하거나 새로운 문제를 만들어 해결하고 그 과정을 검증하는 문제 만들기 활동을 장려한다.

그리고 문제해결 능력의 하위 요소, 하위 요소의 의미, 이를 구현하는 기능은 아래와 같다(교육부, 2017e).

문제해결 역량의 구성

**〈표 13-1〉 문제해결 역량의 구성(교육부, 2017e, p. 15)**

| 하위 요소 | 의미 | 기능 |
|---|---|---|
| 문제 이해 및 전략 탐색 | 문제에서 구하고자 하는 것과 주어진 조건 및 정보를 파악하고, 적절한 해결 전략을 탐색하여 풀이 계획을 수립하는 능력 | (문제) 이해하기, 분석하기, (조건, 정보) 파악하기, (관계) 파악하기, 계획하기, 탐구하기, 일반화하기, 특수화하기, 유추하기, 분류하기, 조사하기, 거꾸로 생각하기, 단순화하기, 그림으로 나타내기, 표 만들기, 식 세우기, (다양한 전략) 구사하기 |
| 계획 실행 및 반성 | 계획한 풀이 과정을 수행하고 검증 및 반성을 통하여 해결 방법과 해답을 평가하는 능력 | 계산하기, (절차) 수행하기, 문제해결하기, 적용하기, 활용하기, 점검하기, 반성하기, 평가하기 |
| 협력적 문제 해결 | 균형 있는 책임 분담과 상호작용을 통해 집단적으로 문제해결을 수행하는 능력 | 설명하기, 정당화하기, 질문하기, 비판하기, (의견) 존중하기, (의견) 조정하기, 의사결정하기, 토론하기, 제안하기, 종합하기 |
| 수학적 모델링 | 실생활 문제 상황을 수학적으로 나타내고 분석하여 결론을 도출하고 이를 상황에 맞게 해석하는 능력 | (상황) 모델링하기, 변환하기, 분석하기, 적용하기, 활용하기, 해석하기, 결론 도출하기, 점검하기 |
| 문제 만들기 | 주어진 문제를 변형하거나 새로운 문제를 만들어 해결하는 능력 | (조건) 변형하기, 유사성 찾기, 비교하기, 관련짓기, 확장하기, 생성하기, (문제) 만들기 |

문제해결 역량의 하위 요소로 5가지를 제시하고 있는데, 문제 이해 및 전략 탐색과 계획 실행 및 반성은 Polya의 문제해결 4단계를 구현한 것이다. 다음에 제시된 [그림 13-1]은 교과서의 문제해결에 제시된 예시이다. 이 예시에서는 Polya의 문제해결 4단계에 따라 4가지의 발문이 단계적으로 제시되어 있음을 알 수 있다.

**Polya의 문제해결**
4단계에 따른 문제해결

**1** **전망대에 있는 도영이는 구슬 탑에 가려고 합니다. 가장 짧은 거리를 선택해서 가려면 어떤 길로 가야하는지 알아봅시다.**

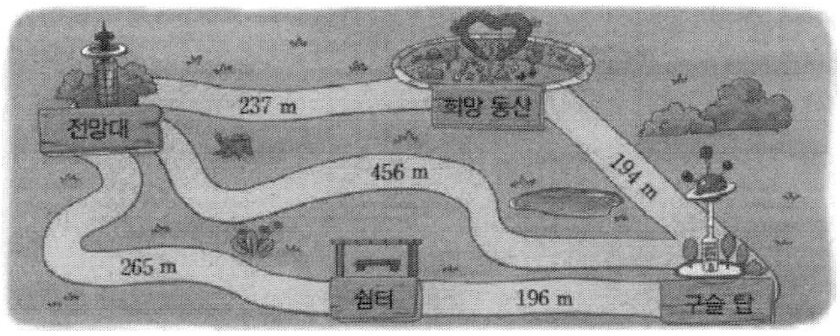


- 도영이가 알아보려고 하는 것은 무엇인가요?
- 어떤 방법으로 문제를 해결하면 좋을까요?
- 내가 생각한 방법으로 문제를 해결해 보세요.
- 바르게 구했는지 확인해 볼까요?

[그림 13-1] 교과서에 제시된 문제해결(교육부, 2018a, p. 22)

다음으로 협력적 문제해결은 주어진 문제에 대하여 혼자 해결하는 것보다 여러 동료와 함께 문제를 해결하는 것에 의미를 둔 요소로, 균형 있는 책임 분담과 상호작용을 통해 집단적으로 문제해결을 수행하는 능력이다. 예를 들어, 다음 문제에 대한 아이들의 대화를 살펴보자.

> 미술 프로젝트를 실행하기 위해 아이 1명당 점토 한 봉지의 $\frac{3}{4}$이 필요하다. 아이들이 모두 12명이라면 몇 봉지의 점토가 필요한지 구하시오.

선생님: 영수야, 경민이 풀이 방법이 이해가 되니?

영수: 잘 모르겠어요. $1\frac{1}{2}$봉지를 받아서는 안 되고, $\frac{3}{4}$봉지를 받아야 해요.

경민: 아냐, 2명이 $1\frac{1}{2}$봉지를 받으니, 4명은 3봉지를 받게 돼. 그래서 $\frac{3}{4}$을 더하는 것 보다 $1\frac{1}{2}$을 더하는 편이 더 쉬워.

영수: 아직도 잘 모르겠어. 4명이 3봉지를 받는 것을 알겠어. 그래서 $\frac{3}{4}$을 4번 더해야 해.

워니: 알겠다. 그것은 네가 양쪽을 2배하는 것과 같아. 만일 2명이 $1\frac{1}{2}$봉지를 받으면 4명은 2명이 받는 양의 2배를 받게 되니, 3봉지를 받을 수 있어.

영수: [오랜 침묵] 아이 수와 점토 봉지 수를 모두를 2배 했구나. 좋은 생각인데.

선생님: 경민아, 다음엔 무엇을 했지?

경민: 저는 $\frac{3}{4}$을 더하지 않고 $1\frac{1}{2}$을 더했어요. 3 더하기 $1\frac{1}{2}$은 $4\frac{1}{2}$, 이것은 6명이 받는 양이에요.

선생님: 영수야, 이 방법에 대해 어떻게 생각하니? 경민이는 $\frac{3}{4}$을 더하지 않았어.

영수: 경민이는 2명이 받을 수 있는 양을 추가로 더했어요. 좋은 생각이에요.

선생님: 경민이, 영수, 워니의 풀이 방법은 어떤 점에서 다르다고 생각하니?

워니: 저는 영수와 같은 방법으로 풀었지만, 경민이의 방법이 좋다고 생각해요. $\frac{3}{4}$을 더하는 것 보다 $1\frac{1}{2}$을 더하는 편이 더 쉬워요. 그래서 경민이는 2명이 받는 양을 매번 더했어요.

위의 대화에서는 아이들이 의사소통 과정을 통해 상호간에 각자의 문제해결 방법을 공유하고 협력해서 해결해 가고 있음을 알 수 있다. 위의 대화에서 경민이의 전략은 다음과 같이 표현할 수 있다. 여러분도 아이들과 같은 방법으로 이 문제를 해결하고 경민이의 전략에 대해 이야기해 보도록 하자.

| | |
|---|---|
| $\frac{3}{4}+\frac{3}{4}=1\frac{1}{2}$ | 2 kids |
| $1\frac{1}{2}+1\frac{1}{2}=3$ | 4 kids |
| $3+1\frac{1}{2}=4\frac{1}{2}$ | 6 kids |
| $4\frac{1}{2}+1\frac{1}{2}=6$ | 8 kids |
| $6+1\frac{1}{2}=7\frac{1}{2}$ | 10 kids |
| $7\frac{1}{2}+1\frac{1}{2}=9$ | 12 kids |

이와 같이 협력적 문제해결은 서로의 방법을 설명하고 정당화하기, 질문하기, 비판하기, 의견 존중하고 조정하기, 의사결정하기, 토론하기, 제안하기, 종

합하기 등의 기능을 가지고 있다.

수학적 모델링은 실생활 문제 상황을 수학적으로 나타내고 분석하여 결론을 도출하고 이를 상황에 맞게 해석하는 능력으로, 수학화 과정으로 해석할 수 있다. 수학적 모델링은 NCTM(1989)에서도 이미 강조하고 있는 내용으로, 이 책에서는 [그림 13-2]와 같이 모델링 과정을 제시하고 있다.

◎ 수학적 모델링 과정 (NCTM, 1989)

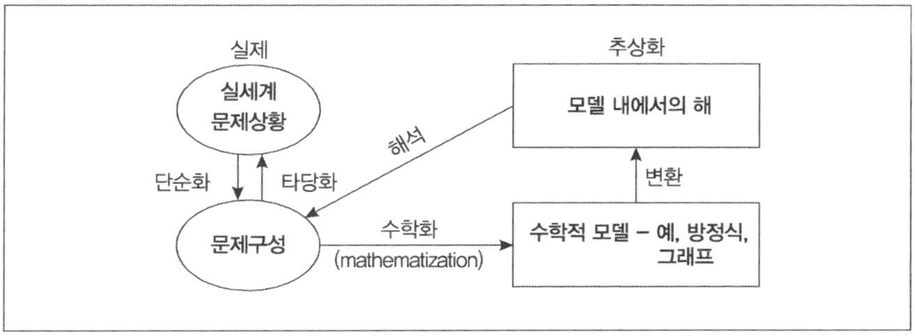


[그림 13-2] 수학적 모델링 과정(NCTM, 1989, p. 138)

문제 만들기는 주어진 문제를 변형하거나 새로운 문제를 만들어 해결하는 능력으로, 아이 스스로 문제를 만들어 해결하는 것을 의미하며, 조건을 변형하거나 확장하여 문제를 만드는 활동이 강조된다. 문제 만들기는 문제를 해결하는 과정에서 새로운 문제를 만들어 봄으로써 원래의 문제를 재해석하게 되고 그 문제를 해결할 수 있는 단서를 발견하게 된다는 장점이 있다. 또한 원래의 문제와는 다른 새로운 문제를 만들고 그것을 분석함으로써 원래 문제를 그렇게 풀게 된 이유나 폭넓은 일반화, 형태에 대한 통찰을 통해 그 문제의 의미를 충분히 이해할 수 있다는 장점이 있다.

◎ 문제만들기는 문제를 변형하거나 새로운 문제를 만들어 해결하는 것을 의미한다.

문제를 만드는 방법에는 여러 가지가 있는데, Brown과 Walter(1983)는 문제 만들기의 중요성을 강조하며, 체계적으로 문제를 만드는 방법으로 다음과 같은 What If Not전략을 제안하였다.

◎ What if not 전략

① **속성 열거하기:** 문제를 구성하고 있는 요소나 속성을 모두 열거해 본다.
② What If Not **수행하기(속성 부정하기):** 전 단계에서 열거한 속성에서 '만약-그렇지 않다면 어떻게 될 것인가'라는 의문을 가져 본다.
③ **문제 만들기:** 전 단계에서 생각한 의문을 기초로 새로운 문제를 만든다.
④ **만든 문제 분석하기:** 새로 만든 문제를 분석하거나 해를 구한다.

◎ 수용 단계는 주어진 문제를 이해하고 분석하는 단계이고, 도전 단계는 What If Not 전략으로 대표된다.

Brown과 Walter(1983)는 문제 만들기 활동 과정을 수용(accepting)과 도전(challenging)으로 나누어 제시하고 있다. 수용 단계는 주어진 문제를 이해하고 분석하는 단계로, 원래의 문제를 그대로 받아들이되 문제에서 요구하는 것보다 더 많은 것을 탐구하게 된다. 도전 단계는 What If Not 전략으로 대표되며 새로운 질문을 제기함으로써 새로운 속성을 창출하고, 역으로 새로운 속성은 새로운 질문을 만들어 낼 수 있게 된다.

수학교육에서 문제 만들기와 관련된 교수·학습 방법은 중요성이 날로 강조되고 있으며, 수학적 지식을 아이 스스로 구성해가도록 해야 한다는 구성주의 학습 원리나 수학은 추측과 반박을 통한 발명의 과정을 강조하는 준 경험주의 수리철학관과도 밀접한 관련이 있다.

## 13-2. 문제해결 지도의 의의

학교에서 수학을 지도하는 이유로 수학 그 자체를 계승 발전시키기 위한 것과 수학을 활용하여 생활에서 일어나는 여러 가지 문제를 해결하기 위한 것을 들 수 있다. 후자를 문제해결이라는 용어로 표현할 수 있는데, 문제해결은 학교수학에서 중요한 위치를 차지하고 있으며, 최근에는 수학 학습 자체를 문제해결이라고 생각하는 경향도 있다.

문제해결은 문제 상황을 이해하고, 여러 가지 해결 전략을 활용하여 해결 방법을 모색하고, 그 문제를 해결해 나가는 일련의 과정으로 볼 수 있다. 문제해결은 생활 속에서 수학 문제를 해결하는 능력이 중요함을 인식시키고, 그 능력을 기르기 위한 훈련의 일환으로 강조되어야 한다.

### (1) 문제와 문제해결

아이들의 문제해결력을 향상시키기 위한 수업에서 가장 중요한 것은 좋은 문제를 제공하는 것이다. '문제'에 대한 정의는 학자에 따라 여러 가지 의미로 사용되고 있다. 영어의 어원을 살펴보면, 문제(problem)는 pro(앞으로)와 ballein(던진다)이 합쳐진 단어로, '명료하지 않다. 알고 싶다. 해결하고 있다.' 등의 뜻을 가지고 있다. 일반적으로 문제와 관련하여, 문제(problem), 연습문제(exercise), 질문(question)과 같은 용어가 자주 거론되는데, 이들 용어는 다음과 같이 구분할 수 있다(이대현과 최승현, 2006).

- **문제:** 문제는 전형적인 학교 수학에서 강조되어 온 연습문제와 구별되며, 주어진 과제를 해결하기 위하여 학습한 내용을 종합하고 분석하는 주의 깊은 사고와 문제해결 전략이 요구되는 과제이다.
- **연습문제:** 연습문제는 문제해결의 절차가 이미 알려져 있으며, 한 두 개의 알고리즘을 직접 적용함으로써 쉽게 풀 수 있는 과제를 의미한다.
- **질문:** 질문은 이미 학습한 내용을 회상하도록 요구하는 물음으로, 학습한 내용을 올바르게 이해하고 기억하고 있는가를 확인하기 위한 목적을 가진다.

○ 문제(problem)
연습문제(exercise)
질문(question)

문제와 연습문제의 구분은 문제해결자에 따라 상대적이며, 개개인의 아이에게도 문제를 다루는 시간에 따라 상대적이다. 예를 들어 6명의 아이가 리그전으로 바둑대회를 한다고 할 때 총 경기의 수를 구하는 문제의 경우에 초등학생의 경우에는 그림 그리기나 규칙 찾기 전략을 이용하여 다음과 같이 해결할 수 있다.

○ **문제와 연습문제의 구분은 학습자에 따라 상대적이며, 개개인에게도 시간에 따라 상대적이다.**

- 그림 그리기: 6명의 아이를 점으로 나타내고, 각 점을 연결하는 선으로 나타내면 선의 개수가 전체 경기의 수가 된다.
- 규칙 찾기: 경기에 참여한 아이 수가 2명이면 1번의 경기가 이루어진다. 3명의 경우에는 3번, 4명의 경우에는 6번이 된다. 5명의 경우에는 10번이 된다. 이것은 경기 참여자 수가 늘어남에 따라 자연수만큼씩 늘어난다는 규칙이 있다. 따라서 6명인 경우에는 15번이 된다.

그런데 이 문제는 순서가 없는 경우의 수를 찾는 것이다. 따라서 조합을 알고 있는 아이의 경우에는 ${}_6C_2$를 이용하여 15번의 경기가 이루어진다는 것을 쉽게 알 수 있다. 이와 같이 동일한 문제일지라도 문제해결자에 따라 문제와 연습문제의 구분이 가능한 것이다.

수학 교실에서 다루어지는 대부분의 문제는 현실 세계를 반영하기보다 인위적으로 조작된 가공의 세계를 반영하며, 주로 문제해결의 경로가 정형화되고 문제해결 과정과 결과가 유일하다는 단점을 가지고 있다. Lenchner(1983)는 좋은 문제를 선택하기 위한 준거를 다음과 같이 제시하고 있다.

- 문제해결자가 문제 풀기를 원하도록 충분히 흥미 있고 도전적이어야 한다.
- 다양한 문제해결 전략을 통하여 해결할 수 있어야 한다.
- 제시된 문제는 다른 문제와 관련되어야 하며, 다양한 영역으로 확장 가능해야 한다.
- 문제해결자의 능력에 대한 적절한 기능 수준에 있어야 한다.
- 문제해결자 스스로 창안한 문제를 이용한다(p. 14).

◎ 제시된 문제는 다른 문제와 관련되어야 하며, 다양한 영역으로 확장 가능해야 한다.

이러한 조건에 맞는 문제의 예로 다음 문제를 들 수 있다. 각자 문제를 해결해 보고, 이 문제를 활용하여 새로운 문제를 만들어 보도록 하자.

**[문제]** 아래 그림과 같이, 각 모서리의 길이가 3cm인 정육면체의 겉면에 페인트를 칠한 후, 각 면을 1cm씩 잘라서 27개의 $1\text{cm}^3$ 정육면체로 나누었다. 어느 면에도 페인트가 칠해지지 않은 $1\text{cm}^3$ 정육면체의 수를 구하여라(이대현, 최승현, 2006, pp. 6~7).

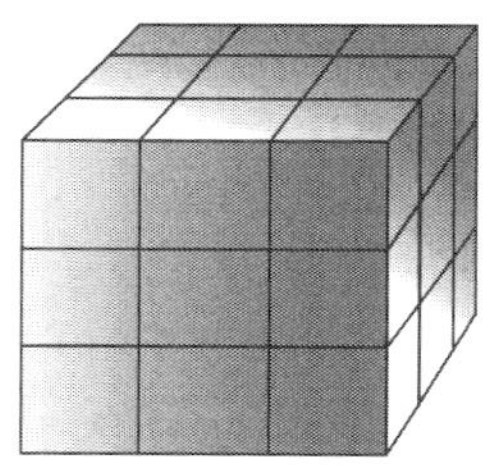

이 문제에서 어느 면에도 페인트가 칠해지지 않은 $1\text{cm}^3$ 정육면체는 한 개임을 알 수 있다. 그러면 이 문제를 다음과 같이 확장할 수 있다.

① 각 모서리가 4cm인 정육면체의 경우에 이 문제와 같은 조건에서 어느 면에도 페인트가 칠해지지 않은 $1\text{cm}^3$ 정육면체의 수를 구하여라.
② 각 모서리가 5cm인 정육면체의 경우에 이 문제와 같은 조건에서 어느 면에도 페인트가 칠해지지 않은 $1\text{cm}^3$ 정육면체의 수를 구하여라.
③ 각 모서리가 $n$cm인 정육면체의 경우에 이 문제와 같은 조건에서 어느

면에도 페인트가 칠해지지 않은 $1\,cm^3$ 정육면체의 수를 구하여라.

문제의 의미와 같이 문제해결(problem solving)의 의미도 학자들에 따라 다양하게 제시되고 있다. 수학 학습과 관련하여 문제해결이란 아이들이 주어진 문제 장면에서 부딪치는 장애를 해결하기 위해 기지의 수학적 지식이나 기능, 경험 등을 활용하여 새로운 해결책을 발견하여 해를 산출하는 것이라고 할 수 있다.

◎ 문제해결(problem solving)

문제해결은 수학의 중요한 부분으로 오래 전부터 강조되어 왔으며, 특히 An Agenda for Action(NCTM, 1980)에서 '문제해결이 1980년대 학교 수학의 초점이 되어야 함'을 선언한 이래 1980년대에는 문제해결의 시대라고 할 만큼 문제해결에 대한 다양하고 활발한 논의가 이루어졌다. 또한 NCTM(2000)에서도 문제해결을 발전적으로 강조하고 있는데, 문제해결이 모든 수학 학습의 통합된 부분이어야 하며, 수학 교수 프로그램은 수학을 이해하는 중요한 요소로서 문제해결에 초점을 맞추어야 한다고 하고 있다.

수학교육의 주된 목적은 수학적으로 사고하도록 가르치는 것이고, 수학적으로 사고하도록 가르친다는 것은 수학적인 안목으로 문제를 해결하는 능력을 기른다는 것을 의미한다. 문제해결의 경험을 통하여 아이들은 기초적인 수학적 지식이나 기능을 확실하게 이해할 수 있게 되며, 고등정신 기능을 신장시킬 수 있다. 그리고 이러한 능력은 매일 생활하면서 부딪치는 문제를 해결하는 바탕이 되어 수학의 유용성을 알게 하고 수학에 대한 흥미와 태도를 개선하게 하는 데에도 기여한다.

◎ 수학교육의 주된 목적은 수학적으로 사고하도록 가르치는 것이고, 수학적으로 사고하도록 가르친다는 것은 수학적인 안목으로 문제를 해결하는 능력을 기른다는 것을 의미한다.

### (2) 문제의 유형

문제의 유형을 분류하는 것은 문제를 체계적으로 해결해 나가는데 도움이 된다. 전통적으로 초등학교 수학에서 다루는 문제는 크게 정형적인 문제(routine problem)와 비정형적인 문제(non-routine problem)로 나눌 수 있다. 정형적인 문제는 이미 제시된 알고리즘을 사용하여 해결할 수 있는 문제를 말한다. 정형적인 문제를 해결하기 위하여 아이들은 이미 학습한 수학적 개념, 원리, 법칙을 적용하여 결과를 산출할 수 있다.

◎ 정형적인 문제는 알고리즘을 사용하여 해결할 수 였는 문제이고, 비정형 문제는 문제를 해결하는 알고리즘이나 답을 얻는 방법을 모르는 상태에서 문제해결 전략이나 독자적인 해결 방법을 구안하여 풀어야 하는 문제를 말한다.

비정형적인 문제는 문제를 해결하는 알고리즘이나 답을 얻는 방법을 모르는 상태에서 문제해결 전략이나 독자적인 해결 방법을 구안하여 풀어야 하는 문제를 말한다. 비정형적인 문제의 해결에서는 문제해결의 결과뿐 아니라, 문제를 해결하는 과정 그 자체가 중요하게 여겨진다. 비정형적인 문제는 문제를 해결하기 위하여 여러 가지 문제해결 전략을 적용하여 결과를 산출할 수 있다.

Charles & Lester(1982)는 수학 문제해결의 연구에서 문제의 유형을 해결 단계와 활용 정도에 따라 다음과 같이 여섯 가지로 구분하였다. 첫째 '반복 문제'는 알고리즘을 사용한 반복 연습의 기회를 주는 문제로 주로 계산력을 신장시키는 데 도움이 된다. 둘째 '간단한 적용 문제'는 문장제를 수식으로 번안하는 것이 필요하지만, 하나의 연산을 포함하는 일단계 문제를 말한다. 셋째 '복잡한 적용 문제'는 문제 장면을 수식으로 번안하여 해를 구할 때 2개 이상의 연산이 요구되는 문장제를 말하며, 다단계 문제라고도 한다. 넷째 '과정 문제'는 단계적으로 사고하는 과정이 중시된 문제로서 몇 개의 연산을 이용하여서는 해결할 수 없고 구체적 해결 전략을 이용하여야만 해결할 수 있는 문제를 의미한다. 다섯째 '응용 문제'는 수학적 지식과 사고력을 활용할 기회를 주는 문제로서, 일상생활 문제 장면의 해결에서 수학의 가치와 유용성을 느끼게 한다. 여섯째 '퍼즐 문제'는 오락적인 문제이지만, 사고의 유연성이 중시되며 교육적 게임도 이 문제의 유형에 포함된다.

**탐구활동**

정사각형 모양으로 배열된 점이 그려진 그림을 이용하여 다음 식의 합을 구하여라.

(1) $1+3+5+7+9+11+\cdots+n$

(2) $1+2+3+\cdots++n+(n-1)+\cdots+3+2+1$

(3) $1\times4+3\times4+5\times4+\cdots+(2n-1)\times4\ \ m$

### (3) Polya의 문제해결 4단계

Polya(1957)의 문제 이해, 계획 수립, 계획 실행, 반성의 4단계

Polya(1957)는 'How to solve it'에서 문제를 해결하기 위한 일반적인 전략으로 문제 이해, 계획 수립, 계획 실행, 반성의 4단계와 각 단계에 적절한 발문과 아이의 사고를 자극하는 아이디어를 제시하였다. 이에 따르면 교사는 아이들의 문제해결 활동을 효과적으로 돕기 위해서 아이의 사고를 자극하고 이끌어 주는 적절한 수준의 발문과 권고를 사용해야 한다. Polya의 문제해결 4단계에 따라 문제해결의 각 단계의 중요 내용과 교사가 사용할 수 있는 발

문과 권고에는 다음과 같은 것이 있다.

### 1) 문제 이해 단계

문제를 이해하는 단계로 문제에서 구하려는 것과 주어진 것을 알고, 용어의 뜻을 파악하며, 문제를 분석하는 것이 이 단계에 해당한다. 아이들은 문제가 무엇을 묻고 있는지, 문제가 어떤 상황이고 문제에 나타난 조건이 무엇인지, 조건들 사이에는 어떤 관계가 있는지를 파악해야 문제에 대한 해결 방안이 떠오를 것이다. 특히 문제를 이해하는데 수학의 외적 조건이 장애가 되지 않아야 하는데, 이를 위해 단계에서는 문제에 포함된 언어와 관련된 장애를 확인하고 이를 교정해 주어야 한다. 다음과 같은 발문이 이 단계에서 유용할 것이다.

◎ 문제 이해 단계는 문제에서 구하려는 것과 주어진 것을 알고, 용어의 뜻을 파악하며, 문제를 분석하는 단계이다.

- 미지인 것은 무엇이고 주어진 것은 무엇인가?
- 자료와 조건은 무엇인가?
- 조건은 만족될 수 있는가?
- 조건은 미지의 것을 결정하기에 충분한가, 불충분한가, 아니면 과다한가?
- 그림을 그리거나 적절한 기호를 붙여 보아라.
- 조건을 여러 부분으로 분해해 보아라.

### 2) 계획 수립 단계

문제 이해와 계획수립은 문제를 해결하기 위한 중요한 단계이다. 문제가 이해되면 답을 구하기 위하여 어떻게 할 것인가에 대한 계획을 세워야 하는데, 이 단계에서는 문제에서 주어진 것과 구하려는 것 사이의 관계를 파악하여 여러 가지 문제해결 전략(problem solving strategy)을 발견하게 된다.

◎ 계획 수립 단계는 문제해결 전략을 발견하게 된다.

문제를 해결할 것으로 예상되는 방법은 점진적으로, 또는 갑자기 떠오르기도 하고, 해결의 시도가 실패한 후에 이런저런 생각을 하다가 떠오르기도 한다. 이를 위해서 주어진 문제와 관련된 수학적 지식이 있어야 하고, 과거의 문제해결 경험이 도움이 되기도 한다. 주어진 것과 구하려는 것 사이의 관련성을 즉각적으로 발견할 수 없을 때에는 보조문제를 고려해야 한다. 성공적인 문제해결 계획을 세우기 위해서는 이미 학습된 여러 개념들이 활성화되기 쉽도록 구조화되어야 하며, 좋은 정신적 습성과 집중력 등이 뒷받침되어야 한다. 다음과 같은 발문이 이 단계에서 유용할 것이다.

- 전에 그 문제를 본 적이 있는가? 약간 다른 형태로 된 같은 문제를 본 적이 있는가?
- 관련된 문제를 알고 있거나, 도움이 될 것 같은 어떤 사실이나 정리를 알고 있는가?
- 친숙한 문제 중에 미지인 것이 같거나 유사한 문제를 생각해 보아라.
- 문제를 달리 진술할 수 있을까? 좀 더 다르게 진술할 수 있을까?
- 쉬운 관련된 문제를 생각해 낼 수 있을까?
- 문제를 보다 일반적인 형태나 특수한 문제로 변형할 수 있을까?
- 조건 가운데 일부분만 남기고 다른 것은 버려 보아라. 그렇게 하면 미지인 것은 어느 정도까지 정해지는가?
- 자료나 조건은 모두 사용했는가?
- 문제에 포함된 핵심적인 개념을 모두 고려했는가?

### 3) 계획 실행 단계

◎ 계획 실행 단계는 계획에 따라 실행하는 단계이다.

문제해결 계획에 따라 실행하는 단계이다. 계획 실행은 계획 수립에 연이어 이루어지며, 실행하는 동안 실수하지 않도록 하나하나를 주의 깊게 살펴야 한다. 아이들은 풀이의 각 단계가 옳다는 확신을 가져야 한다. 그러기 위해서는 왜 그런가를 물어보고 답을 할 수 있어야 한다.

계획의 실행 중에도 교사는 계속하여 아이에게 도움과 안내를 제시해야 하며, 계획된 문제해결 전략이 옳지 않은 경우에는 전략을 수정하도록 해야 한다. 다음과 같은 발문이 이 단계에서 유용할 것이다.

- 풀이의 각 단계를 조심스럽게 실행하도록 하여라.
- 각 단계가 올바른지 명확히 알 수 있는가?
- 그것이 옳다는 것을 설명할 수 있는가?

### 4) 반성 단계

◎ 반성 단계는 문제해결 과정을 처음부터 검토해 보는 단계이다

이 단계에서 해야 할 일은 해결 과정을 검토하는 것과 더불어 다른 해결 방법을 찾아보고, 비슷한 문제를 만들어 해결해 보는 것이다. 즉 아이들은

문제해결 과정을 처음부터 검토해 보고, 다른 방법으로 해결할 수는 없는지를 알아보고, 혹시 다른 방법이 있으면 어느 방법이 더 나은지를 생각해 보아야 한다. 또한 주어진 문제의 확장 가능성을 고려해야 한다.

아이들은 문제를 해결하고 나서, 완성된 풀이 과정을 재검토함으로써 자신의 풀이에 확신을 가질 수 있으며, 획득된 지식을 확고하게 다질 수 있다. 또한 다른 문제해결 전략으로 해결할 수 있는지 생각해 보는 것은 문제를 여러 측면에서 고려하게 되고, 사고력의 향상에도 도움이 된다.

주어진 문제와 비슷한 문제나 조건을 약간 변형시킨 문제를 만들어 해결해 보는 것은 수학적인 개념, 조건의 역할, 해결 전략 등을 확실히 다지는데 도움이 된다. 문제해결의 반성 과정은 매우 중요하며, 반드시 거치도록 지도해야 한다. 다음과 같은 발문이 이 단계에서 유용할 것이다.

- 결과를 점검할 수 있는가?
- 풀이 과정을 점검할 수 있는가?
- 결과를 다른 방법으로 이끌어 낼 수 있는가?
- 결과나 방법을 어떤 다른 문제에 활용할 수 있는가?
- 유사한 문제를 만들어 해결할 수 있는가?

### 탐구활동

한 TV기자가 아래 그래프를 보여주면서 다음과 같이 말하였다. "1998년과 1999년 사이에 연간 강도 사건 건수가 급격하게 증가하였습니다."

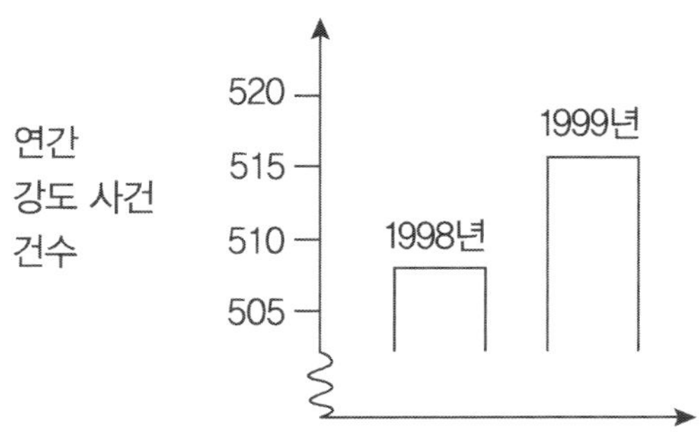


그래프에 대한 기자의 해석이 타당하다고 생각하는지 쓰시오. 제시한 답에 대한 이유를 설명하시오(이미경 외 2004).

## 13-3. 대수 지도의 의의

### (1) 대수의 역사와 문자의 의미

이집트의 수학자인 Ahmes(약 B. C. 1680~B. C. 1620)가 파피루스에 남긴 일원 일차 연립방정식의 풀이에서 시작된 대수의 역사는 3000년 이상이 되었다. 오랜 기간의 대수의 역사에서 기호와 문자의 사용은 중요한 역할을 하였다. 여기에서는 대수 발달의 역사를 기호와 문자의 사용을 중심으로 언어적 대수, 생략적 대수, 기호적 대수로 나누어 살펴본다(우정호, 1998).

언어적 대수
생략적 대수
기호적 대수

#### 1) 언어적 대수(rhetorical algebra)

언어적 대수의 시대는 Diophantus(약 246~약 330) 이전 시대에 속한다. 이 시기에는 일상적인 언어 표현을 사용하여 문제를 해결하였고, 미지수를 표현하기 위해서 특정 부호나 기호를 사용하지 않은 것이 특징이다. 풀이의 전체적인 과정이 일상 언어로만 표현된 단계이다.

#### 2) 생략적 대수(syncopated algebra)

생략적 대수의 시대는 Diophantus시대에서부터 16세기말까지 해당된다. 이 시기에는 자주 반복되어 사용되는 개념이나 계산을 축약된 용어나 머리글자와 같은 생략 기호를 사용하여 나타내었다. 예를 들어, 르네상스 시대에는 +(plus)를 p로 −(minus)를 m으로 나타내기도 하였다. 미지수를 표현하기 위해 문자를 사용하기 시작한 것도 이 시대의 특징이다. 이 시대에서 방정식은 수로 된 계수만을 가지고 있었고, 해는 수치로 된 값으로만 표현되었으며, 문자를 사용한 일반적인 풀이 방법은 나타나지 않았다.

#### 3) 기호적 대수(symbolic algebra)

기호적 대수의 시대는 프랑스의 수학자 Viète(1540~1603)에 의한 대수 발전의 단계로 기호 대수 단계가 시작되면서 문자는 미지의 양뿐만 아니라 주어진 양까지도 나타내는 데 사용하게 되었다. 이 시대에 대수는 일반해를 나타내는 도구로, 수치관계를 나타내는 규칙을 입증하는 도구로서 사용하게 되었다.

Viète가 문자를 사용하여 미지수뿐만 아니라, 임의의 상수까지도 나타냄으로써 수학의 문제를 일반적이고 형식적인 방법으로 취급하는 결정적인 계기가 되었다. 그리고 해법을 공식화하고 그 원리와 방법의 타당성을 연역적 추론에 의해 처리할 수 있게 되었다. 기호적 대수 단계에서 일반해를 나타내는 것, 법칙을 증명하는 도구로서 대수를 사용하는 것이 가능해졌다.

**탐구활동**

> 인생의 $\frac{1}{6}$은 어린 시절, $\frac{1}{12}$은 청소년 시절, $\frac{1}{7}$은 총각 시절로 보낸 사람이 있다. 그 사람은 결혼한 지 5년 후에 아들을 낳았는데, 아들은 아버지 보다 4년 일찍 죽었다. 아들의 수명은 아버지 수명의 절반이었다고 한다. 아버지는 몇 살에 죽었는가?

오랜 시간에 걸친 대수의 역사 가운데 기호적 대수 시대는 겨우 300여 년을 점하고 있지만, 그 기간 동안 대수학은 크나큰 발전을 이룩하게 되었다(우정호, 1998). 학교 수학에서 여러 가지로 문자를 이용하게 되는데, 수학에서 이용하는 문자에는 다음과 같은 의미가 있다.

◎ 문자의 의미
① 특정한 수의 이름
② 특정 미지수
③ 일반적인 미지수
④ 변수
⑤ 형식적 조작의 대상

① **특정한 수의 이름:** $\pi$, $e$와 같이 특정한 수의 이름을 나타낸다. 즉 $\pi$는 원의 둘레와 지름 사이의 비($\pi=3.14\cdots$)를 나타내며, $e$는 자연로그의 밑($e=2.718281\cdots$)을 나타내기 위해 사용한다.

② **특정 미지수:** 방정식 $2x+1=x+3$에서 $x=2$인 것과 같이 문자는 특정한 미지수를 나타낸다. 학교수학에서 방정식과 부등식에 이용되는 문자는 특정한 미지수의 의미로 이용되고 있다.

③ **일반적인 미지수:** 문자는 일반적인 값을 나타내는 기호로 이용된다. 예를 들어 자연수의 집합에서 성립하는 교환법칙을 $a+b=b+a$와 같이 나타낼 때 $a$, $b$는 임의의 자연수를 나타낸다.

④ **변수:** 함수 $y=x+2$와 같이 문자의 값의 변화를 나타내는데 이용된다. 이 경우에 $x$의 값에 따라 $y$의 값이 변하게 됨을 알 수 있다.

⑤ **형식적 조작의 대상:** 문자는 어떤 성질을 만족하는 임의의 대상을 나타내는 기호로 간주된다. 특히 대수에서 다루는 군, 환, 체와 같은 추상적인 구조에서 나타나는 문자는 임의의 대상으로 생각된다. 학교수학에서는 전개나 인수분해와 같이 형식적인 조작의 대상으로 다루는 것을 들 수 있다.

◎ 식이란 대상기호, 술어기호, 논리기호, 보조기호 등에서 몇 가지를 선택하여 일정한 수학적 규칙에 따라 조합하고 배열한 것을 의미한다.

### (2) 식의 의미

식이란 대상기호, 술어기호, 논리기호, 보조기호 등에서 몇 가지를 선택하여 일정한 수학적 규칙에 따라 조합하고 배열한 것을 의미한다. 식을 표현하는데 이용되는 기호에는 다음과 같은 것이 있다.

- **대상기호:** 상수기호: 1, 3, 5, $\frac{2}{3}$, $\pi$, ⋯
  변수기호: $a$, $b$, $A$, $B$, $x$, $y$, ⋯
  특징기호: $\bar{a}$ $i$, ⋯
- **술어기호:** 연산기호: +, ×, ∪, ∩, ⋯
  함수기호: $f$, $g$, $F$, $G$, ⋯
  관계기호: =, =, ≒, ⋯⋯
- **논리기호:** ∧, ∨, →, ⇒, ⇔, ∀, ∃, ⋯
- **보조기호:** ( ), { }, [ ], ⋯

그리고 식을 구성하는 규칙은 다음과 같다.

① 대상기호는 그 자체만으로 식(단항식)이 된다.
(예) 2, 5, 0.3, $x$ 등
② 두 식을 연산기호나 관계기호로 연결한 것도 식(다항식, 명제, 등식, 부등식 등)이다.
(예) $2+x$, $5+3=8$, $x+3=7$, $x+4>3$

관계기호가 없는 식은 다음과 같은 역할을 가진다.

◎ 식의 의미와 역할
① 어떤 대상에 대하여 어떤 차례로 어떤 조작을 하는가를 나타낸다.
② 어떤 대상에 조작을 한 결과를 나타낸다.
③ 대상사이의 수학적 구조를 나타낸다.

① 어떤 대상에 대하여 어떤 차례로 어떤 조작을 하는가를 나타낸다.
② 어떤 대상에 조작을 한 결과를 나타낸다.
③ 대상 사이의 수학적 구조를 나타낸다.

예를 들어, $2(a+b)$는 두 수 $a$와 $b$의 합에 2를 곱하는 조작의 과정이 들어 있으며, 더는 조작이 안 되는 결과를 나타낸다. 또한 이 식은 두 변의 길이가 $a$와 $b$인 직사각형의 둘레의 길이를 나타내는 수학적 구조를 가지고 있다.

또한 관계기호가 있는 식은 다음과 같은 역할을 가진다.

① 수량 사이의 조작이나 조작의 차례, 또는 그 결과 사이의 양적 관계를 간결하게 나타낸다.
② 어떤 수량에 어떤 조작을 시행하는 과정이나 결과가 어떻게 되는지를 나타낸다.
③ 수량 사이의 형식적 처리가 가능하다.
④ 여러 가지 수량 사이의 관계를 하나의 수학적 대상으로 하여 그 성질을 탐구하고 이를 이용할 수 있다.

일반적으로 수학에서 이용되는 기호 발생의 역사는 다음과 같다(박세희, 1995).

① **플러스(+)와 마이너스(−):** +, − 기호는 독일의 비드만(Widmann)이 1489년에 발표한 산술 책에 나타나 있다. 처음에 과부족(過不足)의 뜻으로 쓰였으나, 차차 덧셈과 뺄셈을 뜻하는 기호로 쓰이게 되었다. 플러스라는 말은 이 책에 나타나지 않으나, 마이너스라는 말은 사용되고 있다. +라는 기호는 and 에 해당하는 라틴어의 et를 빨리 썼을 때 나타나는 꼴에서 나왔다고 한다. 그러나 −는 어떻게 하여 그런 꼴이 되었는지 알려져 있지 않다.
② **근호($\sqrt{\ }$):** 비엔나대학 교수 쉬라이버가 1521년에 출판한 책 속에 +와 −를 덧셈과 뺄셈의 뜻으로 사용하였다. 그의 제자 루돌프는 1525년에 쓴 대수학 책에서 근호 $\sqrt{\ }$를 쓰고 있다.
③ **등호(=):** 영어로 쓰인 최초의 대수학 책이라는 레코드(Recorde, 1510−58)의 '지혜의 숫돌'에 처음 나타났다.
④ **나눗셈 기호(÷):** 스위스인 라안(Rahn)이 1659년에 취리히에서 출판한 대수학 책에서 처음 썼다.
⑤ **소수 기호:** 처음으로 소수 기호를 도입한 것은 스테빈(Stevin, 1548~1620)이다. 십진법의 체계는 이로써 완성된 셈이다.
⑥ **부등호(>, <):** 부등호는 영국의 수학자 해리옷(Harriot, 1560~1621)

이 죽은 지 10년 후에 출판된 저서에 나타난다. 또, ≥와 ≤ 라는 부등호는 그로부터 1세기 후에 부게(Bouguer)에 의하여 처음 쓰였다.

⑦ 곱셈 기호(×): 영국의 수학자 오트렛(Oughtred, 1594~1660)의 책 '수학의 열쇠(1631)'에 나타났다.

## 13-4. 문제해결 영역의 지도 방법

### (1) □의 의미와 미지수 구하기

◎ 수량이나 구체물 사이의 관계를 지도할 때에는 실물이나 교구를 이용하여 표현하게 한다.

수량이나 구체물 사이의 관계를 지도할 때에는 실물이나 교구를 이용하여 표현하게 한다. 그리고 수량이나 구체물 사이의 관계를 말이나 글로 설명해 보게 하고, 말이나 글보다 식을 이용하여 표현하는 것이 더 간결하고 정확하다는 것을 알고, 식의 필요성을 인식하게 한다. 식의 필요성을 인식하면 수량과 그들 사이의 관계를 식으로 표현하는 경험을 하도록 한다.

이를 위해 다음과 같이 일상적 용어로 표현된 문장을 수학적 용어를 사용한 문장으로, 다시 수학적 기호를 사용한 수학적 식으로 표현하는 과정에서 문자와 식을 이용한 수학적 표현의 가치와 유용성을 인식할 수 있다.

| 흰 구슬 3개와 파란 구슬 5개가 있습니다.<br>구슬은 모두 몇 개입니까? | → | 3과 5의 합 | → | 3+5 |
|---|---|---|---|---|
| [문장제] | | [수학 용어] | | [식] |

미지수를 포함하는 식은 □를 사용하여 나타낼 수 있다. 미지수 구하기의 지도는 어떤 수를 포함하는 식을 □를 사용하여 나타내는 방법을 학습한 후, □를 구하는 방법에 대하여 알아본다.

#### 1) 덧셈식에서 미지수 구하기

□를 사용한 덧셈식은 더하는 수(가수)가 미지수인 경우와 더해지는 수(피가수)가 미지수인 경우로 나눌 수 있다.

[그림 13-3]은 3+2=5를 구하는 상황으로, 이런 문제에서 미지수를 구하는

[그림 13-3] 덧셈을 해 볼까요?(교육부, 2017a, p. 66)

방법은 여러 가지 수세기 방법을 이용할 수 있다.

◎ 덧셈식에서 미지수를 구하는 방법은 여러 가지 수세기 방법을 이용할 수 있다.

### 2) 뺄셈식에서 미지수 구하기

□를 사용한 뺄셈식은 빼는 수(감수)가 미지수인 경우와 빼어지는 수(피감수)가 미지수인 경우로 나눌 수 있다. [그림 13-4]는 6−1=5를 구하는 상황으로, 문제 상황을 식으로 나타내면 미지수를 구해야 하는데, 미지수를 구하는 방법은 역연산을 이용하거나 거꾸로 수세기를 이용할 수 있다.

◎ 뺄셈식에서 미지수를 구하는 방법은 역연산을 이용하거나 거꾸로 수세기를 이용할 수 있다.

[그림 13-4] 뺄셈을 해 볼까요?(교육부, 2017a, p. 75)

### 3) 곱셈식에서 미지수 구하기

□를 사용한 곱셈식은 곱하는 수(승수)가 미지수인 경우와 곱해지는 수(피승수)가 미지수인 경우로 나눌 수 있다. 곱셈식은 동수누가의 덧셈식을 곱셈식으로 나타내기 위하여 [그림 13-5]와 같이 우유가 6개씩 3줄에 있는 상황을 제시하고 우유가 모두 몇 개인가를 알아보게 한다. 먼저 6개의 우유를 6개씩

묶어보고 6개씩 몇 묶음인지를 알아본다. 그리고 이것을 동수누가의 덧셈식으로 나타내고, 덧셈식을 곱셈식으로 나타내게 한다. 곱셈식을 이해 한 후, 6개씩 3묶음에서 □에 들어갈 수를 알 수 있다. 또 다른 방법으로 우유를 묶어서 다른 곱셈식으로도 표현해 보게 할 수 있다. 이 경우에 전체 우유의 수는 변하지 않으므로 아이들은 곱셈에 대한 교환 법칙을 간접적으로 경험하게 된다.

우유는 모두 몇 개인지 알아봅시다.

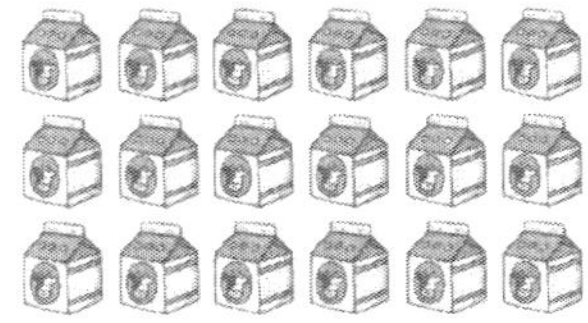

• 우유의 수를 곱셈식으로 나타내어 보세요.

[그림 13-5] 곱셈식으로 나타내어 볼까요(교육부, 2017b, p. 155)

### (2) 문제해결 전략의 지도

문제해결 전략이란 문제를 해결하기 위한 기술로서, 문제해결에 도움이 되는 절차나 해법의 단서가 되는 생각, 발견의 단서를 얻는 기술을 의미한다. 문제해결 전략은 문제를 이해한 후에 아이들이 문제를 해결해 나가기 위해서 필요하다. 일반적으로 수학 문제해결에서 이용되는 문제해결 전략에는 다음과 같은 것이 있다.

#### 1) 실제로 해보기

◎ 실제로 해보기 전략은 문제 상황을 모델 또는 구체물로 나타내고 조작활동을 통하여 해결하는 전략이다.

실제로 해보기 전략은 문제 상황을 모델 또는 구체물로 나타내고 조작활동을 통하여 해결하는 전략이다. 즉 문제 상황을 재현하는 조작 가능한 물리적 모델이나 구체물을 이용하여 실제로 해보는 전략으로 아이의 수준이 낮거나, 수학적인 개념이 불완전할 때 도움이 된다.

**문제** 그림의 흰 바둑돌을 빈칸의 위치로 옮기는데 필요한 최소한의 움직임의 수를 구하여라. 단, 흰 바둑돌과 검은 바둑돌은

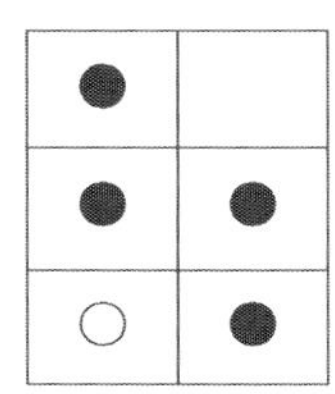

위–아래, 좌–우로만 움직일 수 있다.

### 2) 그림 그리기

그림 그리기 전략은 문제 상황을 그림으로 나타내어 문제에 주어진 정보를 명확히 파악하고 해결하는 전략이다. 이 전략을 이용할 때에는 자세한 그림보다는 문제에 포함된 정보를 정확하게 표현하는 필수적인 정보들을 그리도록 지도해야 한다.

◎ 그림 그리기 전략은 문제 상황을 그림으로 나타내어 문제에 주어진 정보를 명확히 파악하고 해결하는 전략이다.

**문제 1** 같은 우표 3장을 우체국에서 살 때, 우표 판매원이 우표전지에서 3장의 우표를 낱장으로 떨어진 것이 없도록 연결되게 하여 우표를 찢어 줄 수 있는 방법의 수를 구하여라.

**문제 2** 같은 우표 4장을 우체국에서 살 때, 우표 판매원이 우표전지로부터 낱장으로 분리된 것이 없도록 연결되게 하거나, 모두 분리하거나, 또는 연결된 것과 분리된 것을 함께 준다고 한다. 우표 판매원이 우표를 줄 수 있는 모든 방법의 수를 구하여라.

### 3) 식 만들기

식 만들기 전략은 문제 상황을 식으로 바꾸어 문제를 해결하는 전략이다. 수학에서 식의 이용은 양적인 수학적 대상 사이의 관계를 나타내는데 효과적인 방법이다. 일반적으로 미지의 양을 나타내기 위하여 □나 영어 알파벳을 주로 이용하며, 문제에 주어진 조건을 방정식이나 부등식으로 표현한다.

◎ 식 만들기 전략은 문제 상황을 식으로 바꾸어 문제를 해결하는 전략이다.

**문제** 넓이가 $36\,\mathrm{m}^2$인 밭에 배추, 무, 고추를 심었다. 배추는 밭 전체의 $\frac{5}{9}$에, 무는 그 나머지의 $\frac{3}{8}$에 심었다. 고추는 배추와 무를 심고 남은 나머지의 $\frac{2}{5}$에 심었다. 아무것도 심지 않은 밭의 넓이를 구하여라.

### 4) 규칙 찾기

규칙 찾기 전략은 수학 문제해결 과정에서 많이 이용되는 전략 중 하나이다. 이 전략은 문제에 주어진 조건을 분석하여 어떤 규칙을 찾아내고 이 규칙

◎ 규칙 찾기 전략은 조건을 분석하여 어떤 규칙을 찾아내고, 이 규칙을 이용하여 문제를 해결하는 전략이다.

을 이용하여 문제를 해결하는 전략이다. 이 전략은 표를 만들고 난 후에 그 표에서 규칙을 찾는 것과 같이 다른 문제해결 전략과 자주 병행하여 이용되기도 한다.

**문제** 아래 그림의 도형에서 정사각형의 한 변은 한 개의 성냥개비로 만들어졌다. 15번째 도형에 쓰인 성냥개비의 수를 구하여라.

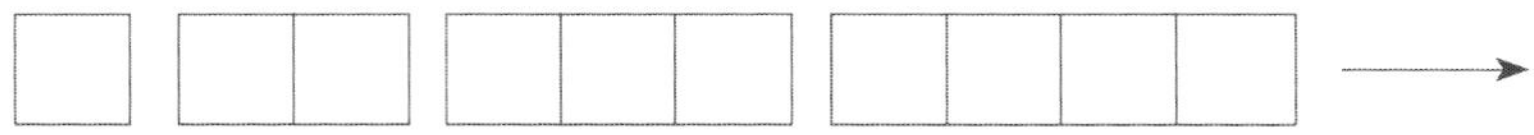

**탐구활동**

바둑돌은 위, 아래, 혹은 대각선의 비어 있는 인접한 공간으로 움직일 수 있다고 한다. 아래 그림에 있는 20개의 검은색 바둑돌과 20개의 흰색 바둑돌을 서로 바꾸는데 필요한 최소한의 수를 구하여라.

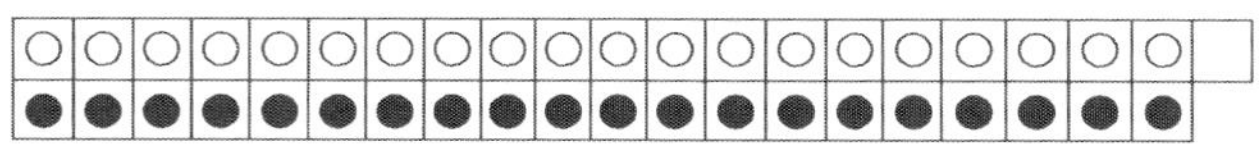

### 5) 거꾸로 풀기

◎ 거꾸로 풀기 전략은 문제를 가정과 결론 부분으로 나누었을 때 구하고자 하는 부분이 가정에 있는 문제에 적용하는 전략이다.

거꾸로 풀기 전략은 문제를 가정과 결론 부분으로 나누었을 때 구하고자 하는 부분이 가정에 있는 문제에 적용하는 전략이다. 이러한 유형의 문제를 효율적으로 해결하는 방법은 종점을 설정해 놓고 행동을 거꾸로 실행하는 것이다. 이 전략을 사용하여 해결할 수 있는 문제들은 보통 방정식을 세워 해결할 수 있지만, 초등학생에게는 거꾸로 풀기 전략을 사용하여 해결하게 하는 경험을 제공해야 한다. 이런 경험은 문장으로 된 문제를 식으로 나타내는 과정을 이해하고, 방정식을 풀기 위한 역연산 기능을 익히는데 도움이 된다.

◎ 분석법
종합법

특히, 주어진 문제의 풀이 방법을 발견하기 위한 발견술 가운데 거꾸로 풀기 전략으로 해를 구하는 방법인 분석법(analysis)이 있다. 분석법은 기원전 3세기경의 수학자 Pappus에 의해 체계적으로 정리되었다. 분석법은 구하고 있는 것을 이미 찾은 것처럼, 증명해야 할 것을 참인 것처럼 가정하고 그로부터 선행하는 어떤 것으로부터 바라는 결과가 유도될 수 있는가를 묻고, 다시 그

선행자의 선행자는 무엇인지 묻기를 계속하여, 결국 이미 알려져 있거나 참인 것으로 가정되는 것에 이르게 하는 발견술을 말한다(우정호, 2000).

이와는 반대로, 분석법의 과정을 거꾸로 하여 이미 알려져 있거나 참인 것으로 가정된 명제로부터 출발하여 분석 과정을 거꾸로 되밟아 감으로써 마지막에 요구하는 명제에 도달하는 연역 과정을 종합법이라고 한다. 즉, 분석법은 풀이 계획을 발견하는 과정이고, 종합법은 그 계획을 실행하는 과정이다.

**문제** 경민이는 몇 개의 귤을 가지고 있다. 경민이는 가지고 있는 귤의 전체의 반과 반개의 귤을 먹었다. 그러고 민지에게 남은 귤의 반과 반개의 귤을 주었다. 그리고 나서, 지윤이에게 남은 귤의 반과 반개의 귤을 주었다. 그러고 나자, 경민이가 가진 귤은 하나도 없었다. 처음에 경민이가 가지고 있던 귤의 수를 구하여라.

### 6) 표 만들기

표 만들기 전략은 문제에 주어진 정보나 자료의 수가 많을 때 표를 이용하여 정보나 자료를 분류하여 질서 있게 배열하는 방법이다. 표 만들기 전략은 예상과 확인, 규칙성 찾기 등 다른 전략과 더불어 사용되기도 한다. 예를 들어 표 만들기 전략은 다음 문제와 같이 표 만들기 자체만 활용하는 경우와 다른 전략과 같이 활용하는 문제의 해결에 도움이 된다.

◎ 표 만들기 전략은 문제에 주어진 정보나 자료의 수가 많을 때 표를 이용하여 정보나 자료를 분류하여 질서 있게 배열하는 방법이다.

**문제 1** 영수, 민이, 현아는 흰색, 분홍색, 녹색 블라우스 중의 하나를 입고, 파란색, 회색, 갈색 치마 중 하나를 입고 있다. 영수는 회색 치마를 입지 않았고 녹색 블라우스도 입지 않았다. 현아는 흰색 블라우스와 파란색 치마를 입지 않았다. 민이는 녹색 블라우스를 입었으나 회색 치마를 입지 않았다. 흰색 블라우스를 입은 사람은 파란색 치마를 입고 있다. 각 아이들이 입고 있는 옷의 색깔을 써라.

**문제 2** 한 자루에 600원인 연필과 한 개에 450원인 지우개를 합쳐서 10개를 사고 5100원을 지불하였다. 구입한 연필과 지우개의 수를 구하여라.

### 7) 예상하고 확인하기

◎ 예상하고 확인하기 전략은 문제를 해결할 때 답을 예상해 보고, 그것이 문제의 조건에 적절한지 체계적으로 확인해 보는 전략이다.

예상하고 확인하기 전략은 문제를 해결할 때 답을 예상해 보고, 그것이 문제의 조건에 적절한지 체계적으로 확인해 보는 전략이다. 만약 처음의 예상이 틀리면 다시 예상하고 확인하도록 한다. 여기에서 예상하기는 맹목적이고 막연한 추측이 아니라, 아이들이 이전의 경험이나 기지의 지식을 기초로 하여 문제와 관계있는 것을 조직적으로 예상을 하는 것이고, 두 번째 예상을 할 때에는 처음 예상보다 더 크게 예상할 것인지, 더 작게 예상할 것인지를 판단해야 한다.

**문제** 환이는 4800원을 가지고 볼펜과 공책을 합하여 10개를 사려고 한다. 볼펜은 360원, 공책은 560원인데, 환이는 되도록 공책을 많이 사고 싶었다. 각각 몇 개씩 사면 되는지 구하여라.

### 8) 문제를 단순화하기

◎ 문제를 단순화하기 전략은 문제를 보다 단순한 구조를 가진 문제로 바꾸어 해결하고, 이 해결 과정을 본 문제에 적용하는 방법이다.

문제를 단순화하기 전략은 문제를 보다 단순한 구조를 가진 문제로 바꾸어 해결하고, 이 해결 과정을 본 문제에 적용하는 방법이다. 문제를 단순화하기 전략에는 문제 구조를 간단히 하는 방법과 문제에 제시된 수보다 더 간단한 수를 대입하는 방법이 있다.

**문제 1** 다음 도형의 선을 따라 직사각형을 그리면 모두 몇 개의 직사각형을 그릴 수 있는가?

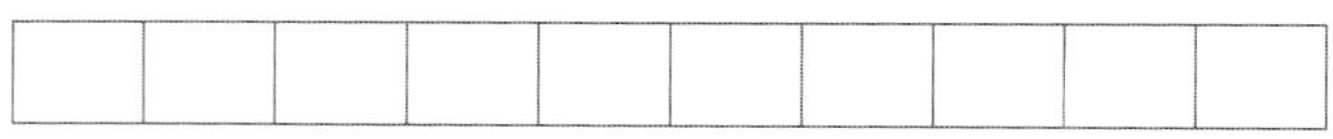

**문제 2** 1에서 150까지의 수들 중에서 7을 가지고 있는 수의 개수를 구하여라.

**문제 3** 1에서 150까지의 수들 중에서 1을 가지고 있는 수의 개수를 구하여라.

### 9) 조직적인 목록 만들기

조직적인 목록 만들기 전략은 체계적인 방법으로 일어날 수 있는 모든 가능성을 확인하는 전략이다. 아이들은 여러 가지 가능성을 범주화하여 가능한 모든 방법의 수를 체계적으로 확인함으로써 가능한 경우를 누락시키거나 불필요한 반복을 피할 수 있다.

◎ 조직적인 목록 만들기 전략은 체계적인 방법으로 일어날 수 있는 모든 가능성을 확인하는 전략이다.

**문제** 아래 그림과 같은 무늬의 그림에 3가지 색을 모두 이용하여 칠할 수 있는 방법의 수를 구하여라. 단, 인접한 지역은 다른 색으로 칠해야 한다.

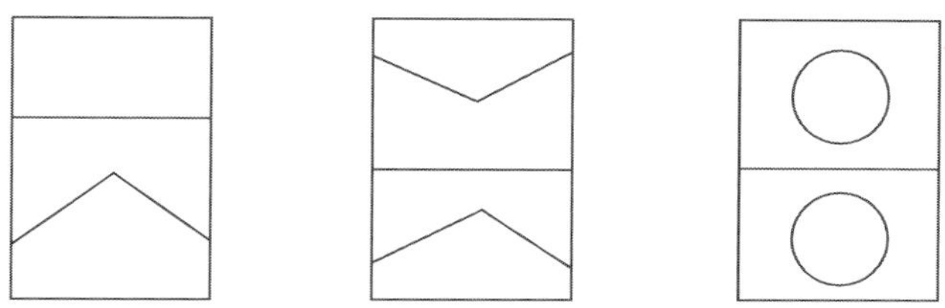

(1) (2) (3)

### 10) 관점 바꾸기

관점 바꾸기 전략은 어떤 특정한 관점이나 특정한 가정에 얽매이지 않고, 이전과는 새로운 방식으로 접근하는 전략이다. 아이들이 문제를 해결할 때, 어떤 특정한 관점이나 특정한 가정에 얽매이는 경향이 있다. 이것은 문제를 해결할 때 해에 접근하기 위한 유일한 방법만을 생각하거나, 주어진 정보에 대해 부정확한 가정에 집착하는 '사고의 고착화(mental set)' 때문에 발생한다. 이 경우에 아이들은 문제에 대한 관점을 바꾸어 문제를 다시 읽고, 이전과는 다른 방식으로 접근할 필요가 있다.

◎ 관점 바꾸기 전략은 어떤 특정한 관점이나 특정한 가정에 얽매이지 않고, 이전과는 새로운 방식으로 접근하는 전략이다.

**문제 1** 똑같은 길이의 막대 6개가 있다. 이 막대를 이용하여 4개의 정삼각형을 만들어라. 단 막대를 자르거나 구부리거나 겹쳐서는 안 된다.

**문제 2** 16시를 가리키는 시계가 5초 동안 종을 쳤다고 한다. 이 시계가 12시에 종을 치는 시간을 구하여라.

**문제 3** 빨대로 만들어진 직사각형이 있다. 이 사각형을 비스듬히 옆으로 눕히면 두 사각형의 넓이는 같은지 다른지와 그 답에 대한 이유를 써라.

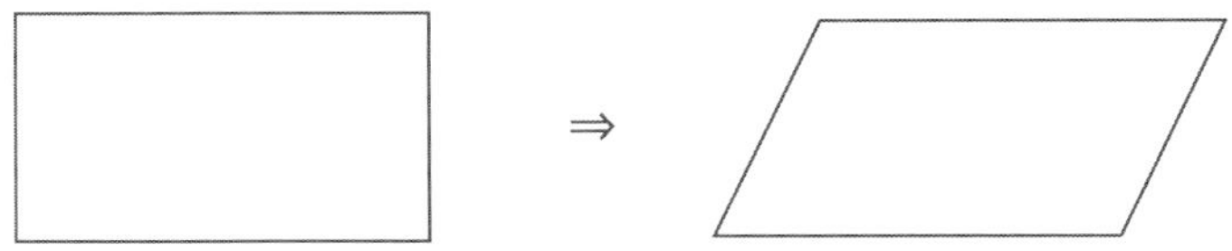

1. Polya의 문제해결 4단계를 제시하고, 각 단계에 적절한 발문을 서술하시오.

2. 초등수학에서 문제 만들기의 의의에 대하여 논하시오.

3. 문제해결 전략을 각각 제시하고, 그 전략에 따라 해결할 문제를 예로 하여 문제를 해결하시오.

4. 다음 문제와 아이의 문제해결 과정을 보고, 이에 대한 설명으로 옳은 것을 모두 고르면?

문제: 농장에 머리 수를 세어보니 10개였고, 다리 수를 세어보니 32개였다. 토끼와 닭은 각각 몇 마리인지 구하여라.

풀이: ㄱ) 주어진 조건은 토끼와 닭의 머리 수와 다리 수의 합이고, 각각 몇 마리인지를 구하라 했네.
ㄴ) 그러면 토끼와 닭이 각각 5마리씩이라고 해 보자. 그러면 다리 수의 합이 30이네. 수리 수의 합이 부족하니까, 토끼의 수를 늘려 보자. 토끼가 6마리, 닭이 4마리라고 하면 다리 수의 합은 32. 답을 찾았네.
ㄷ) 답이 맞는지 확인해 보자. 6×4=24, 4×2=8이고 24+8=32이므로 맞는 답이네.
ㄹ) 다른 방법으로는 해결할 수 없을까?

① ㄱ)은 문제 이해 단계이다.
② ㄴ)에는 계획 수립 단계와 실행 단계가 들어 있다.
③ ㄴ)에 이용된 방법은 예상하고 확인하기이다.
④ ㄷ) 단계에서는 문제 만들기를 할 수 있다.
⑤ ㄹ)에 대한 답으로 표 만들기, 식 세우기 전략을 활용할 수 있다.

5. 박교사는 아이들이 (가)문제를 해결하게 한 다음 (나)문제를 제시하였다.

(가) 토끼와 닭이 모두 10마리 있는데 토끼와 닭의 다리의 합은 30이었다. 토끼와 닭의 수를 구하여라.
(나) 어느 목수가 다리 3개인 의자와 다리 4개인 탁자를 만들고 있었다. 목수가 그동안 만든 의자와 탁자의 다리의 수를 세어보니 31개였다. 이 목수가 만든 의자와 탁자는 각각 몇 개인가?

(나)문제를 해결하는 중에 '이와 비슷한 문제를 푼 적이 있는데, (나)는 (가)와 비슷합니까?'라고 생각하였다. 다음 물음에 답하여라.

(1) 경민이는 Polya의 문제해결 4단계 중 어느 단계에 있는지 쓰시오.

(2) 경민이의 생각과 가장 관계가 깊은 수학적 사고를 쓰시오.

(3) 문제(나)를 해결하시오.

6. 다음 (가)는 박교사가 아이들의 문제해결력을 기르기 위하여 구안한 문제이고, (나)는 그 문제를 해결하는 단계이다. 물음에 답하여라.

**(가) 생활에서 알아보기**

오늘은 월요일이다. 오늘부터 100일 후가 운동회 날이라면 운동회 날은 무슨 요일인지 알아보아라.

**(나) 문제해결 단계**

- 1단계: 오늘부터 7일 후는 무슨 요일인가?
- 2단계: 오늘부터 10일 후는 무슨 요일인가?
- 3단계: 오늘부터 10일 후의 요일은 7일이 지난 뒤 며칠 후의 요일과 같은가?
- 4단계: 1–3단계에서 찾아낸 방법으로, 오늘부터 100일 후인 운동회 날이 무슨 요일인지 알아보아라.

(1) 4단계의 풀이과정의 수식과 정답을 쓰시오.

(2) (나)의 단계별 활동을 통하여 박교사가 지도하고자 하는 문제해결 전략을 1가지 쓰시오.

7. 다음은 규칙을 찾아 문제를 해결하는 과정이다. 물음에 답하시오(2015학년도 임용 문제).

교사: [표–1]은 첫째 줄에 2의 배수를 순서대로 적고, 각각의 수의 일의 자리 숫자를 둘째 줄에 적은 것이예요. 일의 자리 숫자에 어떤 규칙이 있는지 찾아보세요.

[표–1] (+2 +2 +2 +2 +2 +2 +2 +2 +2 +2)

| 2의 배수 | 2 | 4 | 6 | 8 | 10 | 12 | 14 | 16 | 18 | 20 | … |
|---|---|---|---|---|---|---|---|---|---|---|---|
| 일의 자리 숫자 | 2 | 4 | 6 | 8 | 0 | 2 | 4 | 6 | 8 | 0 | … |

학생: 일의 자리 숫자는 2, 4, 6, 8, 0이 반복되고 있어요.

교사: 같은 방법으로 첫째 줄에 3의 배수를 적으면 일의 자리 숫자는 어떤 수들이 규칙적으로 반복되나요?

학생: 3, 6, 9, 2, 5, 8, 1, 4, 7, 0이 반복해서 나타나요. 같은 방법으로 1, 4, 5, 6, 7, 8, 9 각각의 배수에 대해서도 일의 자리 숫자에 어떤 규칙이 있는지 찾아볼게요.

(중략)

교사: 규칙을 다 찾았으면 이번에는 2의 배수에서 나온 일의 자리 숫자를 순서대로 연결하여 [그림 1]에 나타내 보세요.

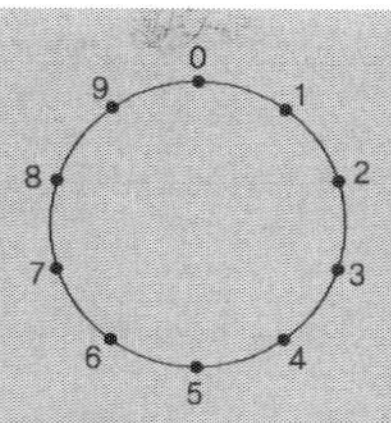


[그림 1]

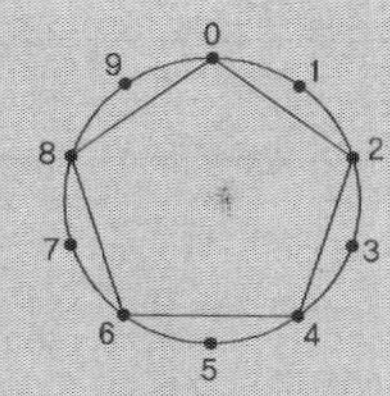


[그림 2]

학생: [그림 2]와 같이 그려지는데요. ㉠ 1, 2, 3, 4, 5, 6, 7, 8, 9 각각의 배수에서 나온 일의 자리 숫자를 순서대로 연결하여 그림으로 나타내면 여러 가지 모양이 나와요.

교사: 같은 모양끼리 모아보면 그 안에도 규칙이 있어요.

학생: 서로 다른 $x$, $y$에 대하여 $x$의 배수와 $y$의 배수에 대한 모양이 같을 때, ( ㉡ )이/가 돼요.

교사: ㉢ 지금까지는 같은 수를 계속 더하는 규칙을 생각해 보았는데, 이번에는 같은 수를 계속 곱하는 규칙을 생각해 볼까요?

학생: 2부터 시작해서 2에 2를 곱하고, 그 값에 다시 2를 곱하는 과정을 반복하면 {[표-2]를 그린 후} 일의 자리 숫자는 2, 4, 8, 6이 반복돼요.

[표-2] (×2 ×2 ×2 ×2 ×2 ×2 ×2 ×2)

| 2의 거듭제곱 | 2 | 4 | 8 | 16 | 32 | 64 | 128 | 256 | ··· |
|---|---|---|---|---|---|---|---|---|---|
| 일의 자리 숫자 | 2 | 4 | 6 | 8 | 0 | 2 | 4 | 6 | 8 |

교사: 1, 3, 4, 5, 6, 7, 8, 9 각각에 대해서도 [표-2]와 같이 자기 자신을 반복해서 곱하는 방식으로 표를 만들면 ㉣ 일의 자리 숫자에는 어떤 규칙이 나타날까요?

(이하 생략)

1) ⓐ ㉠에서 말한 모양의 서로 다른 종류가 몇 가지인지 쓰고,
ⓑ ㉡에 들어갈 식을 $x$와 $y$의 관계를 나타내는 식으로 쓰시오.

- ⓐ: ______________ 가지 • ⓑ: ______________________

2) 2009 개정 수학과 교육과정의 교수·학습 방법에서는 다양한 아이디어를 산출할 수 있는 수학적 과제를 통해 ㉢과 같은 수학적 사고를 촉진하도록 하고 있다. 이러한 수학적 사고를 무엇이라고 하는지 쓰시오.

- ______________________

3) 1부터 100까지의 자연수 $n$에 대하여 $1^n+2^n+3^n+4^n$의 일의 자리 숫자가 0이 되게 하는 $n$은 몇 개인지 ㉣에서 말한 규칙을 활용하여 구하시오.

- ______________ 개

# 참고문헌


강문봉 외 12(2005). 초등수학교육의 이해. 서울: 경문사.

강완, 백석윤(1998). 초등수학교육론. 서울: 동명사.

강지형, 김수환, 라병소, 박성택, 이의원, 정은실(2008). 초등수학교육. 동명사.

계영희(2008). 명화와 함께 떠나는 수학사 여행. 살림.

고정화(2012). 초등학교 4학년 혼합계산 지도에 대한 고찰. 수학교육학연구, 22(4), 477-494.

국립교육 평가원(1996). 수행평가의 이론과 실제. 대한교과서 주식회사.

교육과학기술부(2011). 수학과 교육과정. 교육과학기술부.

교육과학기술부(2011). 수학과 교육과정 2011-361호. 교육과학기술부.

교육부(2014). 수학 4-2 교사용지도서. 서울: ㈜ 천재교육.

교육부(2015a). 수학과 교육과정 2015-74호[별책 8]. 교육부.

교육부(2015b). 수학 6-1 교사용지도서. ㈜천재교육.

교육부(2017a). 수학 1-1. ㈜천재교육.

교육부(2017b). 수학 1-2. ㈜천재교육.

교육부(2017c). 수학 2-1. ㈜천재교육.

교육부(2017d). 수학 2-3. ㈜천재교육.

교육부(2017e). 수학 1-1 교사용지도서. ㈜천재교육.

교육부(2018a). 수학 3-1. ㈜천재교육.

교육부(2018b). 수학 3-2. ㈜천재교육.

교육부(2018c). 수학 4-1. ㈜천재교육.

교육부(2018d). 수학 4-2. ㈜천재교육.

교육부(2018e). 수학 5-1 현장검토본. ㈜천재교육.

교육부(2018f). 수학 5-2 현장검토본. ㈜천재교육.

교육부(2018g). 수학 6-1 현장검토본. ㈜천재교육.

교육부(2018h). 수학 6-2 현장검토본. ㈜천재교육.

교육부(2018i). 수학 3-1 교사용지도서. ㈜천재교육.

교육인적자원부(2007). 초등학교 교육과정 2007-79호. 교육인적자원부.

김수환, 박성택, 신준식, 이대현, 이의원, 이종영, 임문규, 정은실(1009). 초등학교 수학과 교재연구. 동명사.

김응태, 박한식, 우정호(1995). 수학교육학개론. 서울: 서울대학교출판부.

나귀수(2000). 수학교육에서 컴퓨터 활용에 대한 소고. 학교수학, 2(1), 97-110.

남승인, 류성림, 권성룡, 김남균, 신준식, 박성선, 박만구, 최근배, 권점례, 이종학(2018). 2015 개정교육과정에 의한 초등수학교육론. 서울: 경문사.

박세희(1995). 수학의 세계. 서울: 서울대학교출판부.

박영배(1996). 수학 교수·학습의 구성주의적 전개에 관한 연구. 서울대학교박사학위논문.

배종수(2011). 초등수학교육 지도법. JB Math.

류희찬·김진규·김찬종·임형(1998). 초등학교 고학년용 수학 수행 평가 문항 개발 연구, 연구보고 RR 96-Ⅱ-1, 한국교원대학교 부설 교과 교육 공동 연구소.

서동엽 (2005). 분수의 역사발생적 지도 방안. 수학교육학연구, 15(3), 233-249.

안재구 (2000). 수학문화사 Ⅰ: 원시에서 고대까지. 서울: 일월서각.

우정호(1998). 학교수학의 교육적 기초. 서울: 서울대학교 출판부.

우정호(2000). 수학 학습-지도 원리와 방법. 서울: 서울대학교 출판부.

이경화, 강현영, 고은성, 이동환, 신보미, 이환철, 김선희(2016). 과정 중심 평가의 실행을 위한 방향 탐색. 수학교육학연구, 26(4), 819-834.

이대현, 최승현(2006). 문제해결을 통한 수학적 경험. 경문사.

이미경 외 6(2004). OECD/PISA 2003 평가틀 및 예시문항: 수학, 과학, 문제해결력소양 영역. 한국교육과정평가원 연구자료 ORM 2004-25-1.

이정재(2004). 초등수학교육론. 서울: 형설출판사.

이종영(1999). 컴퓨터 환경에서의 수학 학습-지도에 관한 교수학적 분석. 서울대학교박사학위 논문.

홍진곤(1999). 반영적 추상화와 조작적 수학 학습-지도. 서울대학교박사학위논문.

한국표준과학연구원(2007). 국제단위계(제8판). http://www.kriss.re.kr/ standard/view.do?pg=standard_define.

황혜정 외 5(2004). 수학교육학 신론. 서울: 문음사.

Brown, S. I. & Walter, M. I. (1983). *The Art of Problem Posing*. Lawerence Erlbaum Associates, Publishers.

Baroody, A. J. & Coslick, P. T. (1998). *Fostering children's mathematical power: An investigative approach to K-8 mathematics instruction*. Mahwah NJ: Lawrence Erlbaum Associates.

Charles, R. I. & Lester, F. K. (1982), *Teaching Problem Solving-What, Why & How*. Palo Alto, C. A.: Dale Seymour Publicating.

De Lange, J., & Verhage, H. B. (1987). Math A and achievement testing. *Proceedings of the 11th International Conference for the Psychology of Mathematics Education*, Vol. 3, 243–248.

Devlin, K. (1994). *Mathematics, the science of patterns: The Search for Order in Life, Mind and the Universe*. New York: Scientific American Library.

Empson, S. B., & Levi, L. (2011). Extending Children's Mathematics–Fractions and Decimals–. Portsmouth, NH: Heinemann.

Eves, H. (1953). *An Introduction to the History of Mathematics*, Holt Rinehart And Winston.

Freudenthal, H. (1981). Major Problems of Mathematics Education. *Educational Studies in Mathematics*. 12, 33–150.

Freudenthal, H. (1991). Revisiting Mathematics Education–China Lectures–.Kluwer Academic Publishers.

Ginsburg, H. P., Jacobs, S. F. & Lopez, L. S. (1993). Assessment Mathematical thinking and Learning Potential in Primary Grade School. In Niss, M. *Investigations into Assessment in Mathematics Education* (pp. 157–167). Kluwer Academic Publishers.

Lenchner, G. (1983). *Creative Problem Solving in School Mathematics*. Boston: Houghton Mifflin Company.

NCTM. (1980). *An Agenda for Action: Recommendation for School Mathematics of the 1980's*. Reston, VA: The National Council of Teachers of Mathematics, Inc.

NCTM. (1989). *Curriculum and Evaluation Standards for School Mathematics*. Reston, VA: The National Council of Teachers of Mathematics, Inc.

NCTM. (1995). *Assessment standards for school mathematics*. Reston, VA: The National Council of Teachers of Mathematics, Inc.

NCTM. (2000). *Principles and Standards for School Mathematics*. Reston, VA: The National Council of Teachers of Mathematics, Inc.

National Research Council. (1990). *Reshaping School Mathematics*. Washing, DC: National Academy Press.

Polya, G. (1957). *How to solve it: Vol. 2*. New York: Doubleday. 우정호 (역) (1997). 어떻게 풀 것인가: 수학적 사고 방법. 서울: ㈜천재교육.

Peterson (2000). History of of Operation. http://mathforum.org/library/ view/52582.html.

Resnick, L. B., & Ford, W. W. (1981). *The Psychology of Mathematics for Instruction*. New Jersey:

Lawrence Erlbaum Associates, Publishers.

Reys, B. (1989). The calculator as a tool for instruction and learning. In P. R. Trafton(Ed.), *New directions for elementary school mathematics*. 1989 yearbooks. Reston, VA: The National Council of Teachers of Mathematics, Inc.

Reys, R. E., Suydam, M. N., Limdquist, M. M., & Smith, N. L. (1998). *Helping Children Learn Mathematics*. Wiley.

Steen, L. (1988). The science of patterns. *Science,* 240, 611–616.

Stein, S. K. (1996). *Strength in Numbers: Discovering the Joy and Power of Mathematics in Everyday.* John Willy & Sons, Inc.

Van De Walle, J. A., Karp K. S., & Bay–Williams, J. M. (2004). *Elementary and Middle School Mathematics: Teaching Developmentally*. New York: Allyn & Bacon.

Van hiele (1986). *The Structure and Insight*. Elsevier Inc.

Wertheimer, M. (1945). *Productive Thinking.* New York: Harper & Brothers Published. 矢田部達郎 (譯) (1952). 生産的 思考. 岩波現代叢書.

# 찾아보기

ㄴ



ㄷ

ㅈ